詹伯慧 邵敬敏 主编
赵春利 副主编

语言多维研究新视角

商务印书馆

2017年·北京

图书在版编目(CIP)数据

语言多维研究新视角 / 詹伯慧, 邵敬敏主编. —— 北京：商务印书馆, 2017
ISBN 978-7-100-15587-8

Ⅰ. ①语… Ⅱ. ①詹… ②邵… Ⅲ. ①汉语—文集 Ⅳ. ①H1-53

中国版本图书馆CIP数据核字（2017）第297068号

权利保留，侵权必究。

语言多维研究新视角

詹伯慧　邵敬敏　主编

商 务 印 书 馆 出 版
（北京王府井大街36号 邮政编码100710）
商 务 印 书 馆 发 行
北 京 冠 中 印 刷 厂 印 刷
ISBN 978-7-100-15587-8

2017年12月第1版　　　　开本 787×960　1/16
2017年12月北京第1次印刷　印张 21¼
定价：48.00元

前　言

2006年，恰逢暨南大学建校100周年，为了检阅我校语言学科的科研成果，我们曾经编辑出版了《南珠集·语言学卷》，副标题是"暨南大学中国语言文学学科论文精选"，收录了同仁的论文47篇。2016年，为了庆祝暨南大学成立110周年，也为了回顾这十年我们文学院语言学科所走过的历程，我们计划再编撰一个续集，因为华文学院的应用语言学科已经突飞猛进，不可同日而语，所以这次就不再收录他们的文章了，书名也改为《语言多维研究新视角》，共集得论文25篇。抚摸着这些稿件，我们未免心潮澎湃，浮想联翩。因为我们深深知道这十年不是平平常常的十年，是拼搏的十年，收获的十年。

我们暨南大学文学院语言学科主要由三个团队构成。

第一方阵是方言学。

暨南大学的汉语方言研究一直是暨大人文社会学科中的强项。汉语方言研究中心成立于1994年。由詹伯慧创办，前身为1984年成立的汉语方言研究室。中心成立之时，正值暨南大学第一批攻读汉语方言方向的博士研究生毕业之时。当年全国首批获授博士学位的汉语方言博士生共五位，除中国社科院李荣培养的周磊外，其余四位就是暨大詹伯慧培养的伍巍、张晓山、邵宜和邵慧君。汉语方言研究中心的发展几经波折，期间曾经中断，2007年恢复运作。2008年5月，中心获批为第五批"广东省普通高校人文社会科学重点研究基地"，先由伍巍出任中心主任，后由甘于恩继任主任迄今，詹伯慧一直担任名誉主任。十多年来，中心以"夯实基础、谋求发展"为基本指导方针，以"立足广东，引领全国，走向国际"为目标，围绕"项目意识""平台意识""联合意识""品牌意识""应用意识"五个意识扎实有效地开展各项工作，积极开展各项科研活动。

中心拥有一支长期活跃在汉语方言学界的学术团队，从20世纪80年代起，就经常承担汉语方言的重大科研项目，以出色的研究成果获得国家和省级的许多奖项，深受语言学界瞩目。教育部推荐的全国高校通用教材《汉语方言及方言调查》也是詹伯慧主编的，2011年，詹伯慧更获评为广东省首批16位优秀社会科学家之一。近几年，中心在组织力量申报国家重大项目与重点项目方面获得突破性的发展。一共承担了30多项省部级以上科研项目，其中国家社科重大项目就有三项：詹伯慧的"汉语方言学大型辞书编纂的理论研究与数字化建设"（2013）、陈晓锦的"海外华人社区汉语方言与文化研究"（2014）和范俊军的"中国濒危语言数字博物馆建设的理论与实践研究"（2014）。国家社科重点项目有四项：范俊军的"濒危语言有声语档建设的理论体系、实践规程和技术准则研究"（2012）、甘于恩的"粤、闽、客诸方言地理信息系统建设与研究"（2013）、范俊军的"中国语言生态监测理论及信息平台建设研究——以岭南地区为中心"（2013）、陈晓锦的"美国华人社区汉语方言与文化研究"（2014）。国家社科一般项目有三项：范俊军的"五岭汉语方言和瑶语生态评估及双语接触研究"（2006）、陈晓锦的"东南亚华人社区汉语方言比较研究"（2007）、刘新中的"粤方言语音特征的实验语音学研究"（2014）。国家社科青年项目有一项：侯兴泉的"汉语方言分区语音特征的层级和主次研究"（2012）。已结项的国家社科基金项目均为优秀，项目成果在语言学界和相关社会领域得到了有效应用。

近年中心出版了中心成员的研究成果《南方语言学丛书》八部，另有个人专著和主编著作（含教材）20部陆续问世。在CSSCI期刊发表论文100多篇，其中在《中国语文》《方言》等权威期刊上有18篇，例如侯兴泉《论粤语和平话的从邪不分及其类型》（2012），甘于恩、赵越《粤方言的完成体标记"休"及相关形式》（2013），范俊军《仙岛语的语言系属和地位问题》（2015）等。

中心与国内外20余所高校和科研机构开展了卓有成效的学术交流，举办多种学术研讨会，主要有四大系列："海外汉语方言国际研讨会""粤方言国际研讨会""中国濒危语言有声资源采录和立档技术高级讲习班"以及"广东汉语方言研究的理论与实践研讨会"。比较有影响的，例如"庆祝詹伯慧教授80华诞从教58周年暨汉语方言国际学术研讨会"（2011）、"第十七届国际粤方言研讨会暨海外汉语方言专题讨论会"（2012）、"全国汉语方言学会第十七届学术年会"（2013）、"第三届中国地理语言学国际学术研讨会"（2014）、"中国民族语言学会第11届全国研讨会"（2015）等。还连续举办"中国濒危语言有声资源采录和立档技术高级讲习班"（已举办3期）、"岭南汉语方言研究理论与实践研讨会暨地理语言学培训班"（已举办6届）、"南方语言学论坛"（已举办50多期）。

中心还力求科研创新和体制改革，在岭南地区各高校，如韶关学院、湛江师院、嘉应学院、深圳大学、华侨大学、汕头大学、泉州师范学院、广东技术师范学院等处设立了27个科研工作站。创办《南方语言学》半年刊，已出版10期，成为辐射全国、影响海外汉学界的重要学术交流平台。

第二方阵是语法学。

语法学科也是我们暨南大学语言学科的强项，近年来语法研究出现好的势头，主要是研究思路比较清晰，出版的著作和发表的论文获得双丰收：

第一，尽可能地把语法学与方言学结合起来。因此21世纪初邵敬敏申报了国家社科项目"汉语方言疑问范畴比较研究"，主持召开了"第三届汉语方言语法国际研讨会"，并且出版论文选《汉语方言语法研究的新拓展》，项目结题后还出版了专著《汉语方言疑问范畴比较研究》，这就为整合语法与方言两大学科提供了新的契机。

第二，发扬并拓展暨大独特的研究优势。在"语义语法研究"以及"语法学史研究"两方面有所突破，几年来出版的学术专著有20种，主要有：邵敬敏《汉语语义语法论集》《新时期汉语语法学史》《现代汉语疑问句研究》（增订本）、《汉语语法动态研究》《汉语追梦录》等，以及赵春利《现代汉语形名组合研究》与周娟《现代汉语动量词与动词组合研究》，并且多项获奖。

第三，紧紧抓住语言的应用研究。教材方面主要是修订并出版了《现代汉语通论》，并编撰新教材《现代汉语通论简明本》《汉语语法专题研究》等。即将出版对外汉语教学的研究成果《对外汉语教学语感培养研究》，另外，借着获批"虚词研究"国家课题的东风，正在着手编撰一部新颖的研究型《汉语虚词框架词典》，争取2019年出版。

此外，该团队还编撰了十多本论文集，例如《汉语语法研究的新拓展》（三）（四）（五）（六）（七）、《现代汉语语法国际研讨会30周年纪念文集》等。

在学术论文方面，该团队也喜获丰收，发表有关论文200篇左右，其中在《中国语文》《外语教学与研究》等权威期刊上发表了19篇，核心期刊近百篇。例如邵敬敏的《语义特征的界定与提取方法》（周芍合作）、《"好"的话语功能分析》（朱晓亚合作）、《"V一把"中V的泛化与"一把"的词汇化》《汉语框式结构说略》；赵春利的《语气、情态与句子功能类型》（石定栩合作）、《句末助词"吧"的分布验证与语义提取》（孙丽合作）等。

语法团队人数虽不多，但全都承担了国家社科项目，既有重大项目，如邵敬敏的"境外汉语语法学史及数据库建设"（2016）；也有一般项目，如邵敬敏的"汉语虚词词典编撰的方法论创新及其实践"（2012）、赵春利的"基于语义地图的句末助词多功能研究"（2013）、周娟的"汉语话语视角与视角标记研究"（2016）以及刚刚公示的赵春利的"汉语情态副词的语义提取与分类验证研究"（2017）。同时还承担了多项省部级的重点、规划和青年项目，例如暨南大学语法团队与南京大学合作承担国家语委重点项目"两岸（港澳台和大陆）语文状况和发展趋向比较研究"、邵敬敏的广东省重点项目"新时期汉语语法学史"（2007）、赵春利主持的教育部人文社会科学研究规划基金项目"基于语言类型学的形名组合研究"（2012）、周娟主持的教育部人文社科青年基金项目"汉语动量结构状补句位选择机制及跨语言比较"（2013）等。

辛勤的劳动变为丰硕的成果，语法团队多次获得有关奖项。例如：邵敬敏、郑娟曼《"好"的话语功能及其虚化轨迹》2007年获第二届广东省哲学社会科学优秀成果（论文）二等奖；邵敬敏《汉语语义语法论集》2009年获广东省第三届哲学社会科学优秀著作二等奖；邵敬敏"'连A也/都B'框式结构的争议及其框式化进程"2013年获国家教育部第六届优秀文科论文三等奖；邵敬敏2013年获暨南大学校长特别奖"杰出教学贡献奖"（全校唯一）；邵敬敏2015年《汉语语法的动态研究》获广东省第七届哲学社科优秀成果著作一等奖；邵敬敏领衔《现代汉语》2007年获广东省精品课程称号；邵敬敏领衔《现代汉语语法专题研究》2009年获暨南大学研究生精品课程称号；赵春利《现代汉语形名组合研究》2015年获广东省哲学社会科学优秀成果（著作）三等奖，2015年入选"暨南杰出青年学者支持计划"第一层次培养对象。此外，邵敬敏主编《现代汉语通论》入选"教育部十一五国家级规划教材"（2006年）以及"教育部十二五国家级规划教材"（2012年），并荣获第六届广东省高等教育教学成果一等奖（2010年政府奖）。

语法团队还有一大特色，就是主持或主办四大重要学术会议系列：

一是"现代汉语语法国际研讨会"：在暨南大学常设秘书组，邵敬敏为总召集人，赵春利与周娟任秘书组组长，主持筹备工作，2003年在暨南大学举办第二届，以后连续举办：2005年在浙江师范大学，2007年在青海民族学院，2009年在香港理工大学，2011年在台湾高雄义守大学，2013年在新加坡南洋理工大学，2015年在浙江大学，2017年在韩国延世大学召开，在国内外产生深远影响，获得一致好评。

二是"汉语语法南粤论坛"：由广东省中国语言学会主办，会长邵敬敏主持工作。本论坛以"现代汉语语法、方言语法、历史语法及其交叉研究"为主题，第一届于2006年在韶关学院，第二届于2008年在肇庆学院，第三届于2010年在澳门大学，第四届于2012年在嘉应学院，第五届于2014年在香港中文大学，第六届于2016年底在深圳大学举行。这一论坛因其参会学者层次比较高，中心议题为现代汉语语法与方言语法、历史语法相结合，因此已经成为高层次的学术盛会。

三是"广东省中国语言学会年会"：2009年在韩山师院，2011年在湛江师院，2013年在中山大学，2015年在华南理工大学隆重举行。

四是"现代汉语教学研讨会"：2010年在暨南大学、2013年在解放军外国语大学（江苏昆山），2014年在暨南大学，一共举办了三次。

语法团队的目标是立足广东，面向全国，走向国际。数量不求多，质量要求高，努力建设一支精干有战斗力的群体。

第三方阵是汉语史研究。

汉语史研究在暨南大学也是有优秀传统的。该团队既有从事古汉语研究的，也有从事近代汉语研究的，还有从事少数民族语言研究的，可谓三剑合璧。

一是古代汉语研究。王彦坤教授著作颇丰，尤其在字典词典编纂以及教材编写方面独占鳌头，前后出版了《现代汉语三音词词典》《前四史生僻词语考释》《历代避讳字汇典》《文史文献检索教程》等，获得学界好评。他还获得一项国家社科后期资助《南宋罗泌〈路史〉校注》（2014）。熊焰教授的专著有《于邺〈春秋〉四传〈校书〉训诂研究》，近年来对"五四"前后文言文即现代文言文的语言特色进行了系统研究，发表专题系列论文，填补了"五四"前后文言文语言研究的学术空白。

二是近代汉语研究。曾昭聪主持国家社科项目"明清俗语辞书及其所录俗语词研究"（2009）、"明清民国方言辞书及其所录方言词研究"（2015），还承担了全国高校古委会"《清平山堂话本》校注"（2007）、"《土风录》校注"（2011）、"《谈征》校注"（2015）以及《明清俗语辞书及其所录俗语词研究》（2015）等项目。他笔耕不辍，勤奋好学，发表论文上百篇，代表作有《古汉语异形词与词语释义》（2013）等。近年出版的著作有《魏晋南北朝隋唐五代词源研究史略》《汉语词汇训诂专题研究导论》《清平山堂话本校注》。其中《清平山堂话本校注》获中华优秀古籍图书奖二等奖，他还于2007年被评为南粤优秀教师。

三是民族语言研究。班弨教授主攻壮语，主要论著有《论汉语中的台语底层》《壮语描写词汇学》《甘桑石刻文摹片及字符集》等。

汉语史研究的品种比较齐全，成果也比较丰富，形成了互补互促的格局。

暨南大学文学院从事语言学研究的教师并不多，全部加起来不到20位，但是这些年来，我们欣喜地看到，大家精诚团结，在方言、语法和汉语史等方方面面做了大量的工作，取得了可喜的成果，这本论文精选只是反映了同仁的部分成果。我们回顾历史，目的是展望未来。当前，暨南大学正在建设高水平大学，其中学科建设是关键。我们语言学科完全有信心，在今后十年里，决不故步自封，一定要更上一层楼。汉语要走向世界，汉语研究要登上国际舞台，这就需要我们排除一切干扰，踏踏实实地进行研究。这本小书，既是汇报，也是鞭策；既是回顾，也是前瞻。我们相信，一分耕耘，就会有一分收获。我们更相信，长江后浪推前浪，一代更比一代强。暨南大学的语言学科是大有希望的。

詹伯慧　邵敬敏

2017年6月16日

目 录

一、汉语方言探索 …………………………………………… 1

关于闽方言研究的几点思考 ……………………………………… 3
关于方言词的用字问题
　　——以粤方言为例 ……………………………………… 19
析"築" ……………………………………………………… 32
南方方言性别标记虚化现象研究 ………………………………… 42
广州地区的客家方言 ……………………………………………… 61
泰国曼谷半山客话上声读如去声析 ……………………………… 71
广东粤方言完成体标记的共时与历时研究 ……………………… 76
河南滑县方言的五类处置式 ……………………………………… 94
海南东方市四更镇付马话同音字汇 ……………………………… 107
几个汉语方言音系中记录为8号不圆唇元音［ɯ］的音 ………… 135
株洲话单纯名词轻重格的影响因素 ……………………………… 147
广东封开南丰话的三种正反问句 ………………………………… 157
论粤语和平话的从邪不分及其类型 ……………………………… 168

二、汉语语法研究 …………………………………………… 185

汉语框式结构说略 ………………………………………………… 187

《汉语虚词框架词典》编撰的创新思路……………………… 204
句末助词"吧"的分布验证与语义提取……………………… 218
关于语义语法的逻辑界定…………………………………… 237
论话语视角标记"X说来"…………………………………… 256

三、古代汉语考释……………………………………………… 271

《史记》所见辞书未收词语考释…………………………… 273
读《诗》四法………………………………………………… 278
古汉语异形词与词语释义…………………………………… 286
明代歌曲释词三例…………………………………………… 294
唐五代四史词语考释与《汉语大词典》修订……………… 299

四、民族语言探究……………………………………………… 307

甘桑石刻文初步研究………………………………………… 309
壮语四音格及其类型学意义………………………………… 321

一、

汉语方言探索

关于闽方言研究的几点思考

詹伯慧

一、闽方言研究的现状

闽方言在汉语方言中处于相当突出的地位。就使用人口而言，据张振兴先生近年来的统计，闽、台、粤、琼等省以及浙、桂、苏、赣等省（自治区）的少数地区就有 5462 多万人，加上海外华人及港澳同胞中以闽方言为主要交际工具的也有 1000 万人，这样，世界上用闽方言作为日常交际工具的就有大约 6500 万人[①]。这个数字当然比不上作为民族共同语基础的北方方言（官话方言），但以其在海内外的影响而言，闽方言的地位和作用绝不亚于其他汉语方言。最近有人就现代汉语各方言的势力进行排队，认为最强势的方言在北方为北方方言，在南方为粤方言[②]。除了南北两大强势方言之外，我想闽方言和吴方言无疑也该属于强势方言之列。吴方言在中国大陆的影响力不亚于闽方言，但在中国大陆以外，闽方言的影响却大大超过吴方言。

闽方言的地位和影响使闽方言的研究深受海内外学术界的重视。远的如 18 世纪一些"十五音"系统的闽方言音韵著作及 19 世纪以来一些传教士编纂的闽方言字典暂且不说，单就近半个世纪海内外关于闽方言的研究来说，其人数之众多、成果之丰硕都居汉语各大方言的前列。据不完全统计，几十年来已刊闽方言研究成果的篇（册）数字，大概超过 500 项。我们在《汉语方言及方言调查》一书的附录"现代汉语方言研究参考资料选目"

---

① 参看张振兴：《闽语的分布和人口》，《方言》，1989 年第 1 期。
② 参看易丰：《汉语方言势力探微》，《语文建设通讯》，1992 年第 37 期。

中遴选了闽方言的著述371项，而同时选入的粤方言著述是206项。这还只是选到1987年为止，此次闽方言研讨会上，林伦伦先生在宣读他的《广东闽方言研究述评》一文中所附"广东闽方言研究文献要目"（截至1992年），就列出广东一省的闽方言著述181项，可见粤方言尽管被认为是比闽方言更具强势的方言，但实际上闽方言的研究成果却大大超过粤方言。几十年来闽方言研究的覆盖面已遍及闽、台、粤、琼各省不同类型的闽语，就研究内容而言，既有共时的描写研究，包括语音、词汇、语法等各个方面，也有历时的比较研究，涉及音韵、训诂等许多课题；而闽方言的形成问题、分区问题，以及一些突出的方言现象，如文白异读、连读音变、训读现象、本字探索等，或多或少也都陆续有所发现、有所讨论。此外，在研究队伍的不断壮大、研究机构的日益增多、学术活动的持续活跃方面，闽方言也是相当令人瞩目的。像这样两年一度的闽方言学者国际盛会，现在是第三届了，今后还会继续举办下去，通过这种定期举行的学术研讨会，检阅闽方言研究的成果，总结闽方言研究的经验，交流闽方言研究的心得，作用无疑是非常显著的。

尽管闽方言的研究已经取得了许多成果，甚至可以称得上是"硕果累累"，但也存在一些值得我们重视的问题。其中比较突出的就是两个不平衡：

一是研究布局的不平衡。长期以来，我们闽方言研究者的注意力较多地集中到闽南、闽东这两支闽方言上，闽南方言尤其是"众矢之的"，成为闽方言研究的聚焦点，包括福建闽南话、台湾闽南话和广东潮汕闽南话在内的三大支闽南方言，几十年来先后发表的著述估计超过400篇（册）以上，而闽方言其他支系的调查研究、成果就大大不及闽南方言了。一些地方的闽方言，如海南闽方言、粤西雷州半岛闽方言，以及分散在浙、赣、桂各省的闽方言，至今研究者仍然寥寥无几。

二是研究内容的不平衡。长期以来，我们较多地在描写分析方言音系、整理归纳方言词语，以及揭示文白异读、连读音变、本字词源等方面做文章，而对于闽方言的宏观研究，如综合比较方面和理论方面的一些问题却注意得比较少，著述也就很难见到了。1985年张琨先生发表的论文《论比较闽方言》和1986年张光宇先生的博士论文 Comparative Min Phonology[1] 以及1991年出

---

[1] Chang Kuang Yu（1986），*Comparative Min Phonology*，UC Berkeley.Ph.D.disertation；张琨，《论比较闽方言》，历史语言研究所集刊（55本第3分，1985，台北）。

版的陈章太、李如龙两位闽语学者的专著《闽语研究》①等,可算是综合比较研究闽方言中较为重要的论著。近年来在《方言》等刊物上虽然偶尔也有一点从整体上、宏观上论及闽方言的文章发表,但是从数量和分量上看,都和闽方言研究的客观需要不大相称。时至今日,我们还没有把描述整个闽方言面貌,绘制整个闽方言地图,编纂整个闽方言词典的工作摆到显著的位置上来;而福建省早在20世纪60年代就开始编写的《福建省汉语方言概况》,在印出《讨论稿》以后,陆陆续续进行了旷日持久的修改、定稿工作,迄今也还没能正式面世;至于广东、海南等省的闽方言全面调查工作,更是迟迟未能起步。可见闽方言的研究工作,还有许多填空补缺的任务需要我们去完成;研究布局和研究内容不够平衡的现状,看来一时还难以得到迅速的改变。

二、闽方言的分区问题

闽方言分布地域广,内部差异也很大。关于闽方言的分区,从大区到小区,从省内到省外,历来有不同的看法。经过几十年来的讨论和实践,现在有的问题解决了,有的问题尚未完全解决,还有待进一步研究以取得共识。

长期以来,语言学大师赵元任先生在给汉语方言分区时,一直是把闽方言作为汉语方言中两个并列的大方言区对待的。他先是在1934年为上海《申报》60周年纪念印行的《中华民国分省新图》中所提供的语言区域图里把汉语方言分为九区,其中就有闽方言和潮汕方言两区;后来在20世纪40年代他对自己所提的九区方言作了修订,修订后仍是九大方言,而闽方言仍为两区,只不过把原先的"闽方言"具体化为"福州方言",而把潮汕方言改为厦门-汕头方言。这反映出赵先生始终认为福建东部福州一带的闽方言,跟闽南地区包括粤东潮汕地区的方言,是应该在汉语方言的分区中分立两区的②。与此同时,另一位语言学大师李方桂先生,则把汉语方言分为八区,而认定"闽语"只能算作汉语八大方言中的一个区③。20世

---

① 陈章太、李如龙:《闽语研究》,语文出版社,1991年。
② 赵元任的方言分区转引自丁邦新《汉语方言分区的条件》一文注二,丁文刊于《清华学报》第14卷1、2期合刊,1992,台湾新竹。
③ 李方桂的分区原载 Chinese Year Book, 59—63,上海商务印书馆,1973年 Journal of Chinese Linguistics(Berkeley, U.S.A.),创刊号刊出李氏《中国的语言和方言》一文,再次发表他的八大方言说,此文汉译本刊于《民族译丛》,1980年第1期,北京。

纪 50 年代中期以后，中国大陆的语言学者一直采用丁声树、李荣两位先生提出的分列两区[①]。而台湾的语言学者，以董同龢（和）先生为代表，则基本上沿用赵先生的九区说而略作调整，在闽方言的处理上改从李方桂先生的闽语合为一区说[②]。海峡两岸语言学者对于汉语方言中闽方言这一支的态度，三十多年来一直保持着合为一区和分为两区两种不同的分区见解。把闽语分为两区的学者多着眼于差异性，目的在于突出两支不同闽语的差别；把闽语合为一区的学者则多着眼于一致性，目的在于显示闽方言的共性。尽管各地存在着许多差异，但仍然有"大同"的一面，有许多的"共性"。这两种不同的分合之见，应该说都是有一定根据的。

随着闽方言调查工作的逐步深入，各地闽语的研究成果日渐增加，在比较全面了解闽方言内部分歧情况的基础上，许多闽语学者，特别是福建省内的闽语学者，大都感到就闽方言的内部差异而言，分为闽北（或闽东）和闽南两个方言区是难以反映闽方言内部分歧的实际情况的，闽方言至少有好几个不同的支系，各支系都有明显的差别，但同时又存在着共同闽语的特征。与其分列闽北（东）、闽南两区，倒不如取其"大同"的共性而把各地闽方言统列为一个大方言区——闽方言区，至于这个闽方言大区中内部各种差异，则留到分区的第二个层次——次方言（或称方言片）中去反映。这种观点基本上认同于早年李方桂先生把闽方言统列一区的观点，早在 20 世纪 60 年代就已有人提出[③]，只是当时还未能引起方言学者的足够重视。进入 80 年代以后，闽语合为一个方言区之说才逐渐在中国大陆的语言学界成为主流。1979—1980 年，我写《现代汉语方言》一书和袁家骅教授修订《汉语方言概要》一书时，都用了"闽方言不再分闽南、闽北两大区"的观点，而使汉语方言的分区从原来的"八区"转为"七区"。我把这一"七区"的体系也引进到由黄伯荣、廖序东两位先生主编的大学文科教材《现代汉语》中来，黄伯荣、廖序东主编的《现代汉语》教材中汉语方言一节由我执笔。该教材 20 世纪 80 年代初由甘肃人民出版社出版，近年来改由高等教育出版社出版。随后由张志公先生主编的中央广播电视大学《现代汉语》教材也用了将闽方言合为一区的"七区说"，而原先采用"八大方言"的胡裕

[①] 参看现代汉语规范问题学术会议秘书处：《现代汉语规范问题学术会议文件汇编》，科学出版社，1956 年。
[②] 参看丁邦新：《董同龢先生语言学论文选》，食货出版社（台北），1974 年，第 354—356 页。
[③] 参看潘茂鼎：《福建汉语方言分区略说》，《中国语文》，1963 年第 6 期。

树先生主编的《现代汉语》教材,在1987年的新版本中也改从"七区说",把闽方言合为一个方言区了。1988年出版的《中国大百科全书·语言文学卷》中的汉语方言部分,在设计框架条目时,也考虑到汉语方言的分区以"七大方言"为主流,并考虑到要和社会上流行较广的现代汉语教材取得一致,同样也就从七大方言说来设立条目,而把闽方言作为一个大方言区设条了。大家知道,80年代以来,"七大方言"、"闽语合一"不但是中国大陆汉语方言分区的主流,也已成为台、港及海外各地汉语学者所乐意接受的分区体系了。在座的丁邦新教授十年前在《汉语方言区分的条件》一文中,就以汉语七大方言作为论述的对象,而把闽方言作为七大方言中的一个来看待[1]。近期由李荣先生主持编制的《中国语言地图集》尽管对汉语方言的分区作了较大的调整,把汉语方言划为十个方言区,但仍把闽方言作为一个区,改变了过去把闽南、闽北分列为两个方言区的做法[2]。时至今日,我们已可以断言,在汉语方言的分区中,把闽方言作为汉语各大方言中的一个大方言区,这一点海内外汉语学者都已取得基本一致的看法,谈及闽方言分区的问题时,注意力主要集中在分区的第二层次上,即闽方言下面如何进一步划分次方言(方言片)的问题上。

闽方言内部的分区,在相当长的时期内,一直沿用比较粗略的划分法,把原先认为差别很大,可以并列两大方言的闽北(闽东)和闽南就作为闽方言的两大支系,而以地处闽东的省会福州市作为闽北(闽东)方言的代表点,以闽南重邑厦门市作为闽南方言的代表点。至于福建以外其他地方的闽方言,包括广东、台湾、海南、浙江以及广西、江西等省中少数地区的闽语,则笼统地视为闽南系的外延,归入以厦门为代表的闽南方言。闽方言这种粗略分为两大支系的格局,在闽方言调查工作逐步深入,各种方言现象纷纷"亮相"以后,自然也就难免被打破了。打破了闽南、闽北(闽东)两大次方言对峙的局面后,新的分区格局如何建立?直到1983年,两位资深的闽方言专家陈章太先生和李如龙先生在《论闽方言的一致性》一文中,根据他们长期调查研究福建各地闽语的心得,明确提出福建闽语宜分为五个次方言区:闽东话、莆仙话、闽南话、闽中话、闽北话,并在随后发表的姊妹篇《论闽方言内部的主要差异》一文中列出这五个闽语支系的语音

---

[1] 参看丁邦新的《汉语方言区分的条件》,载《清华学报》新14卷1、2期合刊,1982年,台湾新竹。

[2] 参看李荣:《中国的语言和方言》,《方言》,1989年,第3期。

特征，还指出这五个次方言的划分不仅语言上符合事实，而且"也反映了福建先民依山傍水聚落繁衍的事实，在自然条件和经济生活上，这五个区域都有自己的特点。不仅如此，这种分布情况又是和历史上行政管理区划的建制相一致的"[①]。

至此，福建闽方言下面第二个层次的划分，算是有了比较清晰的眉目。1985年以后，笔者在撰写《中国大百科全书·语言文字卷》中的闽方言条目时，就采用了这一闽方言区五个次方言的体系，随后我们编写高等学校文科教材《汉语方言及方言调查》时，也采用这个闽方言的分区法来介绍闽方言[②]。现在看来，就福建省内闽语而言，这一五区说大体上能够比较准确地反映福建各地闽方言差异的情况。问题在于，五区的划分只着眼于福建省内的闽方言，至于福建省外各地的闽方言，是不是还一如既往，把他们统统归到闽南话一支中去呢？这就大有商榷的余地了。看来，以往把散居福建以外各地的闽方言都看作是闽南方言的支系，无疑太粗了一点。粤东潮汕地区约1000万人口的闽方言、台湾岛上有人作为"台语"看待的闽方言，跟以厦门话为代表的福建闽南话差别的确不大，同列为闽方言区下面的一个次方言区（方言片），是可以说得过去的；但是，远在广东西南角上雷州半岛通行的闽语（黎话），跟粤东闽语有着明显的差别，跟福建省内的闽南话的差异也相当突出，是不是一概归入闽南次方言？我看是可以考虑的。至于海南省通行的闽语、浙江省南部通行的闽语，从已经发表的资料来看，跟福建闽南话的差别也是相当大的，特别是海南闽语的某些特点（如声母中有近似吸气音的ɓ，ɗ，某些塞音、塞擦音缺少送气音等）甚至在所有汉语方言中都很少见，把它们从闽南话中分列出来另立一系，我看也是可以考虑的。除此以外，处于别的方言包围中的一些零星闽方言岛（如广东中山隆都话），不妨视其主要特征考虑归入闽方言的某一支系，或一时举棋难定，则暂时保持"游离分子"的状态，只确定其为闽方言的身份，不必具体划归哪一个次方言。这样一来，闽方言的内部分区，大概就会是以下这个格局：

[①] 参看陈章太、李如龙：《闽语研究》，语文出版社，1991年，第133页。
[②] 参看《中国大百科全书·语言文字卷》，中国大百科全书出版社，1988年，第292—297页；詹伯慧：《汉语方言及方言调查》，湖北教育出版社，1991年，第108—115页。

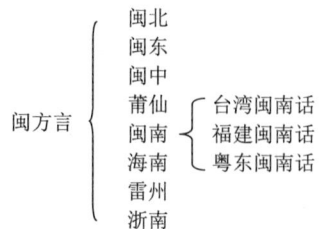

上图显示闽方言共分为八种次方言（方言片），其中福建省内五种次方言，福建省外则除了台湾闽南话和粤东潮汕话仍归福建省内的闽南话，共同组成闽方言中最为庞大的一支"闽南大军"外，其余海南、雷州和浙南的闽方言，则独立各成一支。图中还缺少广东的海陆丰闽语，我想一般可把它归入潮汕话系统，因为历史上广义的潮汕地区也包括海陆丰在内，而就语言特征来说，海陆丰话跟潮汕话也是比较接近的。

倘若上图基本符合闽方言内部差异的实际，在此基础上再进一步划分闽方言的第三个层次——方言小片（土语群），也就不会太棘手了。

方言分区必须有明确的标准，通常总是拿一些最有区别性的特征条目来作为方言分区的依据。无论是第一层次方言区的区分，还是第二层次"次方言区"（方言片）的区分，以至第三层次"方言小片"（土语群）的区分，都要有具体"对内一致性"和"对外排他性"的特征条目才行。闽方言之区别于其他大方言，其体现出"对内一致，对外排他"的共同特征条目，如语音方面的普遍反映"古无舌上音""古无轻唇音"，古全浊声母字今多读相应的不送气声母、古匣母字今口语一部分读同"群"母及"云、以"母等；词汇方面普遍以"厝"为"房子"，以"骹"为"脚"等特征，倘若也拿来作为划分闽方言各个次方言的区别性条目，显然就不合适了。拿海南闽语来说，既然我们认为它可以在闽方言中独立一支，就应该拿出它区别于其他地区闽语的特征来，例如前面提到的声母中有 ɓ、ɗ 声母，以及舌尖塞音、塞擦音缺少送气声母（无 t'、ts' 声母）等，还有词汇中突出的"训读泛滥"现象（如"不""无""没"都念 bo）等，或许就可以用来作为海南闽语的区别性特征条目。

闽方言的内部分区是在具有共同闽语特征，明确属于闽语的前提下进行的。因此，如果我们遇到某个方言具有闽方言中某个次方言所具有的特征而又并不具备闽方言共同的一些特征时，也就不能把它看作闽方言的一支来看待。例如，闽方言的莆仙一支有一个明显的区别性特征：声母中有边擦音ɬ,这是它区别于其他闽方言支系的重要依据,但粤方言中某些地方(如桂南、四邑)也有ɬ声母,难道我们能据此就轻易把四邑粤语和莆仙闽语扯到一块,认定它们的"亲戚"关系吗?当然不行。我们既不能因为有ɬ而怀疑莆仙话的闽语身份,更不能因为有ɬ而改变四邑粤语、桂南粤语的粤方言资格。

三、闽方言的本字和用字问题

闽方言是现存最古老的汉语方言之一,它保存着许多古代汉语的特点,包括语音、词汇和语法的特点。有不少语言学者对现代闽方言中的古汉语语词进行寻根溯源的考证工作,作出了不少的成绩。例如,最近出版的李新魁先生、林伦伦先生合著的《潮汕方言词考释》一书,便是考证闽语词源的一项丰硕成果。在考证词源的时候,免不了也要接触到考证本字的问题。一个活在现代闽语中的古语词,可能在写法上跟原先有出入,我们查阅文献,对证音义,费尽心机把本字考出来,还它本来的面目,这当然是很有意义的事。把本字考出来后,我们也希望能够缓解大量方言词语"有音无字"的问题,使方言用字能够有所依循,减少各行其是的混乱现象。

现实的问题是,考释词源、考证本字是语言学家的事,而使用方言、运用方言词语却是广大民众的事。在一个文化还比较落后,教育还谈不上普及的方言地区,你考出来的本字,如果是个常用的字,本来人们笔下就常用着,只是由于词义或语音演变的关系,使得常用的音义跟方言口语中的音义对不上号,因而视而不见,总觉得口中的方言词"无从下笔"。针对这种情况,只要你把考出的方言词本字公之于众,向方言地区的人民群众做些宣传解惑工作,我想,群众大概会乐于接受的。语言研究为语言应用服务,这时也许就会产生明显的效果。通过对方言本字的考证,也就可能有助于提高方言地区人民的文化水平,促进方言地区文化教育事业的发展。然而,我们考证出来的本字,倘若是个非常少用的生僻字,甚至是一般现代汉语词典中所未收录的字,就算你的考证再准确,你的解释再合情合理,你完全可以写出很有学术价值的论文来,然而却难以在方言地区得到广泛应用。这时,研究归研究,应用归应用,两者总不容易挂上钩。群众本来已经在方言词语无字可用的困境中所采取的应急办法——使用同音字、训读字或自造方言字等,尽管不及你考出来的本字科学,甚至你会觉得群众笔下的方言字是"错字"，你也无法说服他们改掉原先用错字的习惯来使用你那有根有据的本字。在这种情况下，考出本字来固然可以感到欣慰，但你考出来的本字得不到社会的应用，语言的研究成果和语言的实践相脱节，在本字没能流通的情况下，你也只好"深感遗憾"了。当前方言地区在用字上存在着的一些混乱的现象，跟我们的本字研究工作未能和方言地区的社会用字沟通，考证出来的本字又多属生僻难字、不大符合汉字使用中从简从俗的趋势不无关系。既然本字没用上，同音字、自造字、训读字也就层出不穷，五花八门，很难谈得上有所规范了。闽方言词语目前用到书面写作上还不很普遍，方言用字上的问题也还不至于像粤方言那样突出。但闽方言使用地区辽阔，内部差异远比粤方言大，随着各地乡土文化的发展，闽方言的用字也有可能日趋增多。在这种形势下，结合目前考本字和用本字的情况，个人认为有几个问题值得我们认真思考。

（一）本字应用与约定俗成问题

考出来的本字希望能得到应用，这种想法是合情合理的。方言学家探求本字跟古文字学家研究甲骨文的目的并不完全一样，相信不会有哪位古文字学家希望现在的人用甲骨文来作书面交际工具，但是历来考证本字的语言学家，多少总有一点"匡谬正误"的想法，希望考证出来的本字能在纠正方言用字的错误中发挥一点作用。如前所述，既然你考证出来的本字，群众不一定乐意使用，我们也就不能不在脑子里多打几个转：群众为什么不愿意接受考证出来的本字？这也许首先还得重新从语言文字的本质和语言文字流通的特点入手来认识；语言是约定俗成的，记录语言的文字虽然是人为的，但一旦成为公认的书面交际工具，同样要受到约定俗成的制约。群众认字写字都按约定俗成的一套办事，写字用字的人很多，懂得文字学，能考证出本字来的人毕竟很少。群众不懂本字、不懂词源，但是他们需要口头言语交际，也需要笔下文字交际，一旦嘴里说的方言遇到没有现成汉字可写时，总要想办法来对付，等不到语言学家考出本字来再来书写，这就有了同音代替，有了"训读"，也有了许多创造"俗字"和"方言字"的"新仓颉"出现。同音字也好，训读字也好，自造字也好，一经使用很快就会流通开来，成为约定俗成的东西。你考本字在后，他用俗字在前，一旦人们用惯了俗字，要改弦易辙，谈何容易！所以说，到了某个方言词已有了一个哪怕是"不大合理"的公认字时，想扭转局面实在是太难了。

此时此刻，与其评头品足、愤愤不平，说这个字写错那个字不对，倒不如平心静气地回到"约定俗成"的观念上来。其实错与不错也不是绝对的，一旦约定俗成了，长期都这样用了，"积非"不也可以"成是"吗？你考证出方言的本字来，把方言中常用口语的"娘家"找到了，对方言的研究是贡献，对汉语史的研究也是贡献，社会上自然承认你的研究成果。考出来的本字如果能用上当然最好，用不上也无妨。在用与不用的问题上，尊重既成事实，多走群众路线，不就可以减少烦恼、心安理得了吗？

（二）本字认定的准确性和差异性问题

考证本字是一项非常细致的研究工作。从事方言本字考证的人，既要熟识这个方言的语音、词汇、语法，也要通晓音韵、文字、训诂诸方面的学问。本字的确定要从形、音、义三方面同时入手，任何一个方面都不能马虎，音证、义证一般都要通过书证来检验，倘若词义的分析完全正确，语音上却存在差距，或语音上虽对上了号而词义又不尽相同，那可不要轻易下结论。考本字切忌牵强附会，更不容许捕风捉影、生拉硬套，否则容易以讹传讹，流为笑谈。如果你考出来的本字本身就错了，又怎能叫人应用？李荣先生于1991年11月在南京全国汉语方言学会的学术会议上谈及方言词典编纂中的本字问题时，他说方言本字"搞对了锦上添花，搞错了画蛇添足"。我认为这个观点是很中肯的。我们闽语研究者在考证闽方言词语的本字上下了许多功夫，有了许多成果，但有时同一个闽方言词，不同学者考出来的本字却不一样，这就令人纳闷。其中可能有对的也有错的，这作为学术探讨问题不大，一旦作为提供给方言地区人民书写方言词语的用字，倘若不能保证本字的准确性，就很成问题了。如果是准备编到方言词典中去的方言本字，学者们最好能够取得共识，尽量避免出现分歧。事实上，这个问题早已摆到我们桌面上来了。姚荣松先生提交本次研讨会的论文《两岸闽南话对方言本字认定的差异》，谈的正是这个问题。何止"两岸"对方言本字的认定有差异，就是同一岸的学者也存在着不少对闽方言本字认定的差异。"人"到底是"农"还是"侬"，"房子"是写作"厝"好，还是写作"庴"好？不是也有不同的看法吗？对方言本字认定的差异写成文章来讨论当然可以，但是既然编进词典，就具有权威性和典范作用，编者总不能各执一端、互不相让，致使读者面对不同面貌的本字而莫衷一是、无所适从吧！现在国内正在编纂几十个方言点各为一册的《现代汉语方言大词典》，希望同一方言区各方言点使用的方言本字，能通过方言大词典的编纂协调统一起来。例如"站立"这个意思的方言词，在闽方言中用本字"徛"字，在粤方言中却用"企"字，考出来的本字既然是"徛"，在闽方言系统的各种方言词典中（如厦门、福州、潮汕、海南等）是否就可以统一用"徛"？至于粤方言的词典，既然已经约定俗成，在群众笔下多用"企"表示"站立"，我看"企"就让它作为具有"站立"义项的方言词出现，但同时注明"本字为徛"。这样既尊重了群众用字的习惯，又反映了本字考证的成果，可谓两全其美。

（三）方言字、同音字的选用问题

方言词语有音无字是普遍现象，但这些词语如何表现却各行其是。如前所述，除了使用考出的本字外，还有同音代替、自造方言字、同义训读等多种方式。同一个方言词，甲方言用本字，乙方言用同音字代替，丙方言也可能自造方言字或采用训读的方式来表达，这是不足为怪的，也可算是方言特色的一种表现吧！就闽方言来说，方言学家们考出来的本字不少，但有的本字只在闽方言这部分地区通行，有的本字只在那部分地区通行。同属闽南方言，拿福建、厦门等地的闽南话跟广东潮汕地区的闽南话来比较，如果我们记录一段口语语料，注意其中的方言词语，一方面会发现厦门使用本字而潮汕话不使用本字的不少（如"颂"——穿，"喙"——嘴，"樵"——柴等），当然也有少数潮汕话用了古词连带用了本字，而厦门话不用的，如"睇"（看）；另一方面，厦门话和潮汕话自造的方言字也并不一致，如潮州的"唔"厦门用"伓"，都是表示口语中的"不"，而潮汕话由于"说话"口语是 tã，便自造了"呾"字，这在厦门话中就没有了。这类差异属于当地群众自发的用字习惯，我想可能跟方言区的民间口头文学、说唱文学等是否发达以及方言在书面语言中出现机会的多少不无关系。有的方言区群众造方言字的积极性比较高，方言俗字俯拾即是，本字的市场不免大受影响。例如粤方言，我们随便拿起一份当地的报纸来看，方言字、同音代替的字在各种副刊中用得很多，而经过我们一些语言学者考证出来的粤方言本字，却很难在报上见到。面对这种五花八门的自发使用方言字、同音字的现象，我们语言工作者该持什么态度？要不要有所引导，有所规范？应该说，引导是需要的，规范也是需要的。但首先必须细心观察，多做调查，掌握情况，然后才能在充分尊重群众用字习惯的基础上因势利导，逐步使之向着规范化的方向发展。就拿同音代替来说,既是同音代替,"音"总该是差不离吧?例如,现在粤语报刊中常见"而家"这个同音代替的方言词,意指"现在",但偶尔也能见到用"依家""宜家"甚至"呢家"等来代替"而家"的。我看,这也不必大惊小怪,之所以会出现同音代替的"异体",无非是大家都自发选择同音来代替,这些"异体"都基本音同,只不过缺乏统一的规范罢了。当前我们就是要广泛调查,从各个方面收集到方言用字的种种表现,同音也好,训读也好,自造也好,有见必录。要意识到用字的分歧也是方言特色的体现,在众多不同的方言用字中,你心目中可以认为哪一个比较合适,但还是不要轻易抛弃其余的;你可能已考证出来某个方言词的本字,但也不能因为有了本字就把群众使用惯了的方言字全否定掉。本字是早先古人创造的,方言字却是现代人创造的,现代人用自己创造出来的方言字来记录现代使用着的口语,可能要比用古代人使用的本字更为自然。我们一方面要做本字的考证工作,另一方面也要做方言词语用字的考察工作。一旦考证本字有了成果,同时对方言用字的了解也比较全面,就会心中有数,比较有把握,可以根据不同的情况来考虑方言用字中哪些是较为可行的,哪些是有待商榷的,分别就不同的类型进行分析,再提出处理的办法来供社会用字参考。就闽方言来说,由于方言成分进入书面语的机会远不及粤方言多,更没有诸多敞开大门广纳方言词语的新闻媒体、商业广告、通俗报刊等在推波助澜,除了民间说唱、地方戏曲之外,方言词语在书写中市场比较狭窄,因此,方言俗字、同音代替等现象还不至于太引人注目。但是,这个问题仍然不能不加以关注,拿闽语中最有势力的闽南方言(外延包括潮汕和台湾的闽语在内)来说,在一些地方性通俗作品中,甚至在报纸副刊上,有时也可见到方言词语出现,这些方言词语的表现形式如何,有没有各自的用字规律可循,我们应该如何对待,仍然是很值得注意的问题。

(四)方言字(词)典的注音问题

方言用字的问题必然牵连方言字(词)典的注音问题。倘若语言学家们考证出来的方言本字受到广大方言使用者的支持,能在社会的语言应用中发挥积极的作用,所有考证无误的本字在方言区畅行无阻,原先使用非本字的人也乐意"改邪归正",抛弃自造字或同音代替、训读等方式,那么,方言字(词)典中收录的方言词,既以本字的面貌出现,也按通行的音读来注音，两者自然不会产生矛盾。例如闽语中表示"人"这个意义的方言词如确实应是"农"，那么，在闽方言的词典中，就收"农"这个词，标音或 lan（厦门等地）或 naŋ（潮汕等地），然后，在释义中注明"人"的义项，不就万事大吉了吗？问题却出在：社会上的用字并不因"人"本字为"农"而采用"农"来表示"人"，换言之，闽方言区人民的书写习惯仍用"人"字而不用"农"字，那么，在闽方言字（词）典中，这个"人"的注音该如何处理？要不要用实际上是所谓训读音的 lan 或 naŋ 来注"人"的音？字（词）典一般总是带有规范性，对读者的读音会有指导意义，字（词）典上注的音读者一般都会承认它是正确的读音，自己的读音如果不符合字（词）典中的注音，就考虑自己的读音错了，应该跟着字（词）典改正过来。

与此同时，作为字（词）典，又应该如实反映出每个字（词）在社会上流行的、得到社会公认的、业已约定俗成的实际读音，不能无视客观上的实际音读，哪怕这个音读并不符合语音的规律，只要已在群众中通行无阻、习以为常，就不能够回避现实，不能够充耳不闻。到底应该在方言字（词）典中如何处理注音的问题呢？一般来说，可以有两种不同的方式：

一是把社会上虽不流行，但根据规律折合的、符合古反切今读的音认作正确读音，和社会上虽已广泛流行但不符合规律的误读音（或训读音）同时注出，并且表明编纂者的态度：或以前者为正音而以后者为"俗音"，或两者并列，其中一个作"又音"看待；二是编纂者在两种读音中有所选择，只取其一作为正音注出而舍弃另一个读音，到底选择哪一个，也就表明了编纂者的态度。

这两种不同的处理方式我们在已刊的一些闽方言字（词）典中都可以看到，有时同一部方言字（词）典，在对待不同的字（词）目时，又交叉使用了两种不同的方式。拿广东人民出版社出版的两本小型潮汕方言字典——1979年版李新魁编的《普通话潮汕方言常用字典》和1983年版吴华重主编的《潮州音字典》来看，对潮汕方言字（词）的注音就大不一样。且以"夜"字为例，本字无疑是用"暝"（莫庭切，一般闽语多写作"冥"，而"夜"字的反切则是羊谢切。潮汕地区通常并不写作"冥"或"暝"）来表示"夜晚"的意思，而是跟民族共同语一样仍用"夜"来表示"夜晚"，但这个"夜"字的读音却明显采用了"冥"的读音，也就是"夜"字的训读音 me。李著在"夜"字下先注 ia^7 也^7，再注上"俗"mên^5 骂^5，显然是认为潮汕方言"夜"字应正音为 ia^7，而时下通行的读音 mên^5 只不过是"俗读"；吴著"夜"的注音是："毛楹³〔猛³〕，又：毛楹⁵〔猛⁵〕"，显然都是注的"冥"字的音读，承认"冥"的读音就是潮汕方言"夜"的读音，既不管这个读音是否是"训读"，也不考虑拿反切的拼音方法，根据"夜"的反切来推断它是另一个符合语音规律的读音。透过这个实例，看出两位作者的态度是截然不同的。

李新魁先生比较注意字（词）典的规范性、指导性作用，社会上已有的读音如果不合该字的反切，即不符合语音规律的，尽管已经广泛通行、约定俗成，也只能承认这个音是"俗读"，字（词）典的首要任务是把每个字根据语音规律确定的正确的形、音、义告诉读者，起到字（词）典的典范作用，发挥字（词）典的指导性功能；而吴华重先生则完全从俗从众，他的出发点是：字（词）典的注音应该是约定俗成的实际读音的记录，某个方言词在社会上的实际读音是什么，我们就把它作为正式的读音反映出来，不必再管其他的读音。

两种对待方言字（词）典注音的不同态度，从理论上看，李氏的做法似乎较为全面稳妥，但从实践上看，被李氏定为正音的音读，社会上不遵守不流通，因为现代语言的读音，不一定都是按照语音规律、按照反切来定的；而李氏认为属俗读的音，却很容易在社会上广泛流传，这"俗"与"正"的关系如何处理？如果我们提倡改变俗读的习惯，确立正音的规范，难免会给人以将书本上理论上的音读强加给广大民众的印象。事实上也是很难做到的，如果无意改变俗读的影响，字（词）典的正音作用又将何以发挥？"典范"的功能又从何体现出来？看来，这又得回到我们的研究与推广、考证与应用之间的关系上来思考了。

研究的成果、考证的结论当然很值得珍视，但成果是否能全部用来指导语言的实践和应用，始终还是一个问题。语言的实践归根结底还不能不受到约定俗成的制约，联系社会流通的因素，我们在供一般应用的方言小字（词）典中，认为语言工作者不能只是考虑如何吸纳研究、考证成果的问题，而要同时考虑能否获得社会认同的问题，这样才能做到合理对待方言字读音中的正读和俗读。当然，对于那些明明属于错误的读音，即使社会上早已相当流行，我们仍有责任使之得到及时的纠正。不过，最好赶在某个讹读音还没"积非成是"之前就做好工作，一旦时间拖得太久，使用的人积习难改，也就"回天乏力"，最后可能不得不承认这种讹读音的地位了。

编纂较为详尽的大、中型方言字（词）典，当然更应该做到充分接纳，充分反映方言研究、方言考证的成果。对于这个问题，林伦伦先生提出过方言字典"要注意注音的规范化问题，要注出每个字普通话有对应关系的有古反切为依据的正音，做到无一字无根据"。同时，要认识到方言字典也应该是方言的翔实材料，应该尊重语言符号约定俗成的原则，如实地把每个字在方言中的读音记录下来。因此，我们主张方言字典对俗读字和训读字应该正俗（训）音均注，并用"训""俗"等符号加以区别[①]。这些意见很值得重视，这个问题还有进一步探讨的必要。

四、闽方言研究的展望

如前所述，当前闽方言的研究虽然相当热闹，却存在着地区不平衡和内容不平衡的问题。这些不平衡现象的解决，必然会大大推动闽方言研究事业的进一步发展，使闽方言研究中某些薄弱的环节能够得到加强，从而达到更好地揭示闽方言整体面貌的目的。从目前的实际情况出发，要充分发挥闽方言研究队伍"兵强马壮"的优势，跳出各自为战的篱笆，把眼光多放到整个闽方言上，多看到宏观的问题上。只要齐心协力、加强协作，有组织有计划地打几场"攻坚战"，就一定会在较短的时间内做出较大的成绩来。当前有必要抓好以下三项工作：

（1）闽、台、粤、琼、浙等省的闽语学者，尽快组织好本省闽语的普查工作，整理出各调查点闽语的音系，收集一定数量的方言词语，在此基础上争取通过多年的努力，编写出本省闽方言点字音对照和词汇对照来。

（2）就闽方言共同的一些突出问题选择若干代表点进行综合比较研究，在三五年内写出一批反映闽方言若干特点在各闽方言区的表现，附有相当数量的对照比较图表及闽方言特征的分布地图。

（3）在各省分别摸清省内闽方言的分布区域及其语言特征的基础上，组织跨省协作的研究组，汇总各省闽语资料，有步骤地进行闽方言的全面综合研究，制出各地闽方言的声、韵、调对照表，字音对照表和词汇对照表，着手绘制闽方言全图。至此，作为汉语方言中最为复杂的闽方言，其全貌也就会展现于世，而闽方言总论一类的专著也会接踵产生。上述这几项大工程的顺利开展，必须有一定的研究组织来进行策划，做到决策民主

---

① 参看林伦伦：《潮汕方言与文化研究》，广东高等教育出版社，1991年，第73页。

化；每个课题开始以后，要经常讨论总结研究过程中出现的问题。像现在举行的这种闽方言研讨会无疑应该坚持继续举行下去，每两次这样规模的研讨会中间，还可以穿插一些小型的专题研讨会。这样一来，闽方言的学术研究氛围就一定会越来越活跃，闽方言的研究也就必然会沿着不断拓展、不断深入的方向健康发展下去。为适应闽方言研究工作的发展，组织好闽方言学者间的协作，是否有必要组织一个跨地区的闽方言研究会，最好也能在这次会上酝酿一下，提出一个方案来。

关于方言词的用字问题

——以粤方言为例

詹伯慧

一、引 言

长期以来，我国十分重视语言文字应用的规范问题，1955年在北京举行的那次影响极大的"现代汉语规范问题学术会议"，就是一次全面研讨现代汉语规范中方方面面问题的学术盛会。由于记录汉语的汉字体系的特殊性，汉语的规范问题，一般也包括汉语的书写形式——汉字的规范问题。40多年前出台的简化汉字方案，正是推行汉字应用规范化的一项重大措施。几十年来的实践证明，把简化汉字作为我国通用的规范汉字来使用，对于推动我国语言文字应用的现代化，促进文化教育事业的发展，都发挥了极其显著的作用。近十多年来，针对社会上出现的一些汉字使用混乱、不注意汉字规范的现象（如乱造简化字、滥用繁体字等），国家及地方各级语言文字职能部门和广大语言文字工作者做了大量的纠偏工作，目的就在于强化文字应用中的规范意识，贯彻语言文字规范化的精神。

当前，在汉字的社会应用中，出现了一种不容忽视的现象，即在大力规范通用汉字应用的同时，在通行汉语方言的地区，特别是南方方言势力较为强劲的地区，随着一些方言词语的书面化，出现了不少专用于表达方言词语的方言用字。以粤方言为例，据不完全统计，进入粤方言地区书面语并出现在粤方言辞书的粤方言词语特殊用字，少说也有两三百个。由于地方性的报刊及影视作品,以至广告招牌等都频频出现,这些记录粤方言词语的方言用字几乎可以说是家喻户晓。在改革开放的大潮中,随着南北交流的日益频繁,一部分原先只属于粤方言地区专用的方言词语也"北上"进入民族共同语,其中个别属于粤方言词专用的方言字也出现在像《现代汉语词典》《新华字典》以至出版不久的《现代汉语规范字典》这样权威的共同语词典中来了。例如"靓""孖""腩""煲""镬""焗"等。众所周知,推广普通话的目的并非要消灭各地方言,而是要使方言地区的人民除了会说自己的家乡话外,都学会使用共同语——普通话作为全社会共同交际的语言,使共同语成为通用的语言。在"推广共同语、保留方言"的政策下,像粤方言这样的"强势方言",是不大可能因为大力推广普通话而丧失它继续作为地方性社会交际工具的作用的。既然粤方言会长期存在、长期流通,也就带来了粤方言的词语连同它特有的用字会在一些粤方言区的地方性报刊、影视,以及一些带有粤语地方色彩的通俗文艺作品中出现。面对这样的现实,作为粤方言地区的语言文字专业人士,本着理论联系实际的精神,当我们在考虑语言文字应用的规范问题时,难道就不应该也想想出现在粤方言区中的方言用字问题?事实上,方言用字问题早就引起方言学者们的注目了。近一二十年来,在一些有关方言的学术会议中,我们常常听到有关方言字问题的讨论。就拿粤方言词的用字来说,编过多本粤方言辞书的粤语专家周无忌先生就先后在第六届(1997)、第八届(2001)国际粤方言研讨会上发表专论,论述粤方言中的方言词用字问题,深受与会学者的瞩目[1];《谈谈〈广州话正音字典〉粤方言用字原则》(第八届国际粤方言研讨会上宣读;2001年12月,广州)。暨南大学博士研究生黄小娅近期还专门以《近两百年来广州方言词汇和方言用字的演变》为题撰写了博士论文,文中以大量篇幅论述广州方言词用字的演变[2]。香港理工大学粤语学者张群显博士和包睿舜博士(Robert S. Bauer)最近也在合作完成关于粤方言用字的专著[3]。可见粤方言用字问题,是多么值得探讨的现实问题。

---

[1] 参看周无忌《粤方言词语用字应予规范》(第六届国际粤方言研讨会上宣读,1997年8月,澳门)。

[2] 黄小娅:《近两百年来广州方言词汇和方言用字的演变》(暨南大学汉语言文字学专业博士论文,2000年,广州)。

[3] 张群显、包睿舜:《以汉字写粤语》(未刊稿)。

二、方言词用字的种种表现

下面我们以粤方言为例，先来看看方言词用字的种种表现。

（一）沿用古已有之的古（本）字

广义的本字通常包括两类：一类是某些方言都在使用着的一些本字，但在民族共同语和另外一些方言中却已经不大使用，或者说只在带有文言色彩的书面语和成语中才能遇上。而在某些方言中，这类本字却频频出现在日常用语中，在书面语和口语中都可以见到。其实这只是保存古词古义所用的本字，这些字在我国的通用汉字中也都可以见到，算不上是什么方言的专用字，如粤方言中的"翼"（翅膀）、"颈"（脖子）等。另一类则是某个方言中保留了某个古代汉语的语词，不仅音义依旧，而且用字上也完全沿用了该古词的写法，这种写法（本字）在现代通用汉字中已不大使用，被看作只是出现于一般人很少接触的古籍中，堪称是生僻汉字。许多以考本字为题的著述，所考的本字正是这类鲜为人知的生僻古字。如粤方言中常用的"睇"（看）、"焗"（闷热、焖煮食物）、"黐"（粘）、"睩"（眼睛转动）、"敁"（展开）、"菢"（孵）、"捆"（打），等等。

（二）训读字

用现有跟该词词义相同或相近的通用汉字来书写读音并不相同的另一个方言词。如粤方言中的"孖"，意为"双"，《广韵》为"子之切，双生子也"。粤方言取其义，而读音为 ma^{55}，则无所本。又如粤方言"罅"，意为"缝儿"，《广韵》为"呼讶切，杩韵"。"罅，孔罅。"粤方言取其义而另读为 la^{33}，亦无所本，为训读字。

（三）自造方言俗字

方言地区存在着不少民间通用的方言俗字，这些俗字大都沿用"六书"的造字方式来创造，造出来的方言字一般只用于本方言，在本方言的字（词）典中可以看到。下面是粤方言的例子：

1. 会意字

仿效"六书"中的会意字新造出来的方言字。例如："孭"（背负）、"嫲"（母，母的）、"氹"（水塘）、"奀"（瘦小）、"嬲"（生气）等。

2. 形声字

仿效"六书"中的形声字新造出来的方言字，声符以粤音为据，义符则起到意义归类的作用。例如："谂"（想）、"掟"（扔）、"搣"（拔）、"餸"（下饭的菜）、"煲"（锅，煮）、"脷"（舌头）、"肶"（腿）等。特别令人瞩目的是，粤方言词中有许许多多新造的方言字，就简单化地由口旁加上一个表示声音、用作声符的声旁来组成。这个口旁虽不同于传统形声字的义符，但它却笼统地表示这个字是方言口语中的特殊用字，让人一看就知道这是粤方言词新造的方言词用字。不妨把这许多带口旁的新造字也看作粤方言特有的方言形声字。例如，"咗"（相当于助词"了"）、"唥"（装衣物的箱子，一般多指"皮箱"）、"啱"（对，刚好）、"啖"（量词"口"）、"呃"（骗）、"咁"（这样，那样）、"唞"（歇息）、"喐"（动）、"嘅"（助词"的"）、"嘢"（东西）、"叻"（能干），等等。

3. 借用音同或音近的通用汉字作为"假借式"的方言词用字

这跟前述的"训读字"有所不同。"训读"是借义不借音，"假借式"方言字是借音不借义。粤方言词用字中，这类现象很多。外地人看着这类面熟的字形，却没法理解在粤方言中它被假借过来后所表示的词义。例如"叹"可以表示"享受"的意思，"痕"可以表示"痒"的意思，"喊"可以表示"哭"的意思，"茅"可以表示"蛮横"的意思，"点"可以表示"怎样"的意思，"杰"可以表示"稠"的意思，"凑"可以表示"照料（小孩）"的意思，"遮"可以表示"伞"的意思，"虾"可以表示"欺负"的意思，"而家"可以表示"现在"的意思，"点解"可以表示"为什么"的意思，"牙烟"可以表示"危险"的意思，"边度"可以表示"哪儿"的意思，如此等等，真是不胜枚举。此外，外来语词译音的用字一般也是借音不借义，亦属这一"假借式"类型，如"波"（球，源自英语 ball）、"骚"（表演，源自英语 show）、"多士"（烤面包，源自英语 toast）、"士多"（商店，铺子，源自英语 store），如此等等，在粤方言中堪称不胜枚举。值得注意的是，同一个来源的外来词，不同方言借入时，由于各自运用自身熟悉的通用汉字或本方言特有的方言字来对译外来词语，也就自然出现同一个外来词进入汉语不同方言时会有不同的面孔出现的现象。

以上以粤方言为例，大致归纳了方言词用字的几种类型。其中以自造方言俗字为数最多，沿用古字（本字）次之，而以使用训读字的为数最少。

在大量的自造方言俗字中，尤以借助音同或音近的方式居多。这反映出粤方言词的用字是充分利用了"六书"中的"形声""假借"的造字方式来使得大量具有特色的粤方言词得以用方块汉字表现出来。在粤方言书面语中常见的方言词用字，大都是长期以来广泛流行于民间的，有的俗字可以追溯到百年以上的历史，例如明代的木鱼书《花笺记》《二荷花史》等都是用粤方言写的文学作品，已有500年的历史了。其后流行于粤方言区的大量民间说唱艺术，包括南音、龙舟、咸水歌、粤讴等，都是我们研究岭南文学艺术的宝贵财富，蕴涵着许多粤方言词语及为这些词语而创造的方言俗字。时下出现在两广粤方言地区，特别是香港、澳门两个特别行政区的传媒、影视、报刊以及到处可以遇见的广告、标牌中的形形色色的方言用字，应该说，大部分也都是由来已久、代代相传下来的方言俗字。只有一部分方言字是随着社会发展的需要，才于近几十年中由粤方言地区广大的人民群众陆续创造出来的。例如，出现在港澳地区的新造粤方言字"𨋢"（电梯）就是一个很典型的新字，其造字构思仍没有跳出"六书"的体系。取"立体的车"来表示"电梯"，语音上又接近这一外来事物的英文原名lift，堪称是当代"仓颉"的佳作。

三、汉语方言用字的规范问题

上面我们略举了汉语方言词用字的一些情况。实际上，在书写方言词时，不同的人笔下有可能会用不同的汉字来表示同样一个方言语词。这就使得某些方言词在"入文"之际，由于作品、作者以及出现场合的不同而可能有不同的词形出现。明明是同一个方言的同一个词，倘若写法上有所不同，难免会被误认为是不同的方言词。这类现象如果只是偶尔见到，倒也无须过于介意。但到了像粤方言这样，方言词语大量出现在各种地方性的文字作品中，有的甚至在中小学生的作业中也可见到的地步，始终缺乏规范性的写法而任由方言词用字的随意性和不稳定性现象维持下去，就难免要影响语言运用的效果了。例如，表示"现在"意义的粤方言词，通常人们多写作"而家"，但也有写成"依家"或"宜家"的；另一个表示"刚才"的粤方言副词，通常人们写作"头先"，却有人写作"求先"；表示"给予"意义的粤方言词，通常人们多写作"畀"，但也有人写作"俾"，甚至还有写作"比"的，如此等等，并非个别现象。除了一词多形以外，还有用同一个字形来代表不同方言词的现象，例如一个"冚"字，在粤方言词中既用来表示"（器皿）严密、严实"，又用来表示"盖"的动作，还用在表示"全部"的方言词中（如"冚唥""冚啲"），这在书面语中同样也难免会造成混乱。粤方言词用字中存在的种种缺乏规范的现象，在粤方言通行地区，早就引起社会各界，特别是文教界、学术界的深切关注了。目前两广、港澳及海外操粤方言者约七八千万人，对粤方言词用字进行规范的呼声常常可以听到。随着粤方言的发展，方言词方言字可能还会不断产生，倘若不注意对粤方言词的用字进行必要的引导和规范，那么，方言词用字的混乱现象将愈演愈烈，势必给粤方言的使用和研究带来诸多的不便，也会影响到粤方言的健康发展，不利于粤方言地区经济、文教事业的发展。

下面就粤方言词用字的规范问题谈谈我们的看法。

汉语方言用字采用什么原则来加以规范？拿粤方言来说，多年来我们粤、港、澳一些研究粤方言的学者，在共同审订粤方言的读音以及随后编纂《广州话正音字典》中，就有意识地注意到粤方言词在书写上出现的情况，对粤方言词的用字有过一些思考和讨论。从粤方言中有音无字较多的实际出发，我们认为应尽量为粤语口语中的每一个方言词找出或造出适当的用字来，尽量少用"开天窗"（口）的办法。对于普遍存在方言"入文"、方言书面化现象的粤方言来说，广大人民群众笔下用到方言词时，常有无字可写之苦，倘若经过我们专业人士的努力，许多方言词都结束了无字可写的局面，那该是多大的好事！应该说，这正是语言文字研究为语言文字应用服务的一大善举。朝着这一思路，我们要考虑的是尽量往方言词用字"一音一字"的方向去努力。文字是记录语言中的语词的，汉字不是拼音文字，长期以来一直存在着用同一汉字代表不同语音的现象。与此同时，也存在着一音多字的现象，多音多义字在汉字中占有相当的比重，这是现代汉字的实际表现。这种表现正是历史悠久、相对稳定的方块汉字难以跟不断发展的语言相适应的结果，是历史遗留下来的、不可避免的现象。现在我们要为尚未明确或尚未固定以何种字形来表达的汉语方言词确立它的书写规范形式，自然应该遵循"一音一字""同词同字"的原则来考虑，以避免产生方言词用字"音无定字"的麻烦，给粤方言的教学研究和社会应用带来诸多的不便。这一工作应该参照前述汉语方言词用字产生的多种方式，一方面为尚未有书面形式的方言词确立一个合适的书写形式；一方面为那些在同一方言词中存在着的不同书写形式遴选一个比较合适的字形，对方言词中同音异字、同词异字而缺乏规范的现象进行必要的整理，最终达到克服方言词用字随心所欲、混乱局面的目的。总之，我们在考虑方言词用字问题时，指导思想始终十分明确，方言词用字必须合理规范。至于具体如何做好方言词用字的规范工作，我们的粗浅看法是：

（一）某些方言词的用字业已进入《新华字典》《现代汉语词典》的，宜乎无条件地作为方言词的规范用字

众所周知，《新华字典》和《现代汉语词典》这两部权威的辞书，是不轻易收入方言字（词）的。而在新版的这两部字（词）典中，我们发现有一些粤方言词的用字，例如"焗""孖""腩""睇""煲""嘥""冇""枧""镬""冚""靓"等，都已被收录进去，说明了这些方言词的用字在汉语中有比较高的使用频率。这类已进入民族共同语辞书中的方言词用字，在方言词的书面语中，自然应该可以当作规范字形来看待，大概不会有什么争议。

（二）充分尊重约定俗成的方言俗字

拿粤方言来说，在方言词的用字中，有许多是长期以来流行在粤方言地区的通俗作品中，并在社会上广为传播的方言俗字，这在前面已经介绍过。由于许多方言俗字历史悠久，家喻户晓，我们在考虑方言词用字的规范问题时，自然没有理由把它们撇开而费尽心机去另找"更合适"的字形。语言文字总是约定俗成的产物，拿粤方言来说，数以百计的方言俗字，正是长期扎根于粤方言区群众之中，日积月累而成为大家都乐于使用的约定俗成的方言用字的。像"嘢""啱""唔""咁""哂""剒""瞓"等在粤方言中很常见的方言俗字。当年我在参加《汉语大字典》编纂、负责收录各种流行于方言中的特殊用字时，就尽可能地有闻必录，使这部大字典名副其实地成为我国收字最多的汉语字典。像这类业已约定俗成的方言俗字，即令有些不大符合汉字传统的造字原则，作为方言地区方言词的专用字，我想也就不妨顺其自然，不必过于计较，多挑剔了。

（三）有选择地使用古字本字

各种汉语方言都跟古代的汉语存在着继承发展的关系。南方一些历史悠久的方言，如闽语、粤语等，保留着较多古代汉语的词汇，这是十分自

然的事。随着许许多多古词古义在粤方言中的保存，一些在现代汉语中已不用或少用的古汉语用字自然也在粤方言中被沿用下来，而且还在粤方言词的用字中占有相当大的比重。其实这许多出现在粤方言书面语中的古字，正如我们在前面介绍方言词用字表现时所提到的，有一部分古（本）字实际上并非严格意义上的方言词专用字。这部分"古（本）字"在现代汉语的辞书中也大都可以见到，只不过它们作为口语语词在共同语和其他方言中并未出现，而只出现在某一特定的方言（如粤语）中。这样一来，人们也就把记录这类古代语词的用字看作是某个方言的方言词专用字了。

　　方言特有的口语词利用古字来表达，我们认为应该有所选择，不能无条件地一概"存古"。那些在古汉语书面语中出现较多，人们比较熟悉、容易理解的古字，用来表达本来就是从古代继承下来的方言词，自然是顺理成章，不会有什么问题。可是，有些方言中的口语词表面上已不容易看出它跟古代语言的承传关系，语言学者本着考本溯源的精神在考本字上下功夫考证，结果往往能为这些方言中的口语词考出它的"本字"来。在语言学的层面上，考本字当然是具有学术价值的研究课题。但是，经过学者考证出来的本字，有不少很生僻，甚至很难写的古字。倘若一股脑儿地把这些生僻字都用来作为相应方言的书写形式，恐怕就值得商榷了。一些生动活泼的方言口语词，有可能由于用了生僻难懂的古（本）字而蒙上一层晦涩的面纱，这是许多在口头和通俗书面语中经常使用方言词语的人士所不愿意见到的。语言文字的第一职能无疑是人们之间的交际和交流，倘若方言词的表达用的多是生僻难懂的文字，势必要妨碍语言功能的充分发挥，这是不能不加以考虑的。我们是否可以定下一个原则：当有音无字的方言词需要用上经过严格考证、确凿无误的古字本字时，就得看看这个古字本字会不会过于冷僻，对广大民众的使用会不会带来不便。必须明确，在记录方言词时适当运用古字本字，绝不是为存古而用古。倘若该方言词在当地社会中已有普遍认可的用字，不论这个字通过什么方式产生，是否能够"存古"，我们都没有必要以不符合古字本字为由而去做正本清源的纠偏工作。这也就是考证归考证，应用归应用。考证的学术成果不容抹杀，但在社会应用的层面上，考虑取舍的角度就不单纯只是学术问题了。这正如古文字学家在学术研究中会不断有所发现、有所前进，但从来也没有哪一位古文字学家动过要让古文字来代替现行的通用文字（包括已简化的汉字和未简化的汉字）在社会上广为流通的念头。举例来说，粤方言中表示第三人称单数的代词用"佢",此字的本字应是"渠",但既然"佢"已为粤方言区广大人民长期习惯使用,也就不必因为它不符合本字的写法而一定要改用"渠"来代替"佢";同样的道理,粤方言中一般以"企"表示"站立"的意思,有学者考出此字的本字应该写作"徛",但既然长期以来大家都写作"企",都理解这个"企"就是"站立"的意思,也就宜乎从众从俗,不必计较它符不符合本字的写法了。总之,在已经有了通俗写法、在社会上广为流通的情况下,我们就不必再费心机去考虑是否要用本字写法的问题了。

(四)原则上认同借用音同音近的字,必要时可考虑有所规范

在方言词的用字中,大量借用了音同或音近的汉字[参见前述二(三)3],这种做法原则上应该加以认可。只是当同一个方言词用了多个不同字形的同音(或近音)字来书写时,就有必要考虑要不要取其一作为规范写法的问题了。这类方言用字规范的原则无非就是比较几种不同的写法,既要看看哪一种写法更符合方言读音的实际,所借的字音读起来是否贴切,也要看看几种不同写法在应用中实际出现的频率,在多作比较后再来提出规范写法的意见。归根结底,最终还是以约定俗成的原则为依归。如表示"还有"中的"还",粤方言读为 tʃuŋ22,就有"仲""重"等不同的写法;表示"上班"就有"返工""翻工"等不同的写法;表示"刚才"既可以写"头先",也有人写"求先";还有作指示词"这—""那—"用的 kam35,粤方言既有取"甘"音加口旁的"咁",也有取"敢"音加口旁的"噉"。这些不同的写法,如果能够有所规范,一定会受到粤语应用者的欢迎。有一种情况是,方言中某个词跟共同语其实并没有多少差别,只不过语音不同,方言中就大可不必另找一个音同的字来作为这个词的方言写法,以别于共同语中与之相应的词。例如"裤子"粤方言叫 fu33,其实就可以跟共同语一样写作"裤",没有必要再借"夫"的音,新造一个粤方言的形声字"裇"。与此相关,对于那些由于方言读音不同而各自翻译成不同文字的外来借词,难免也会给人们的学习和应用带来额外的负担。这类译音词的用字有必要在不影响方言地区人们正确理解的前提下参照共同语的译音作适当的规范。例如"麦克风""马达""巧克力"等,在现代汉语的书面语中经常出现,方言区的人民同样十分熟悉,随着普通话在方言地区的日益普及,这些外来词在粤方言区家喻户晓,也许有朝一日,"马达"可能会代替"摩打",

"巧克力"可能会代替"朱古力",成为粤方言词汇中的一员呢!

(五)尽量避免同一个字充当不同方言词的书写形式

用同一个字来表示不同词义的方言口语词,这种现象是方言词用字混乱的主要表现之一,解决的唯一办法是摸清底细,了解方言词中这类实例到底有多少,然后进行必要的规范。拿粤方言来说,像前面提到过的"冚"这个字,就不要让它时而用作动词"盖"($k'em35$),时而用作形容词"(器皿)严密"(hem^{22});同样的道理,也不要让"冧"这个字时而用作动词"哄骗(小孩)"(lem^{55}),时而用作动词"倒塌"(lem^{33}),如此等等。倘若不加规范,当人们在粤方言的书面语中看到"冚唔冚"时,就无法理解到底是指的"盖不盖"还是指的"盖得严不严"了。与此相关的还有一个值得考虑的问题:我们在几部权威的汉语字(词)典中都看到有"甩"这个字(词),意思是"挥动、抛开",读作 shuǎi,但粤方言却把此字用来作为表示"脱落"的方言词,读作 let^{55},这样恐怕也就不合适了。"甩"字显然不能当作仅仅是粤方言词的用字来看,它在共同语中有固定的音义,如果借其音而用来当作粤方言中与之同音的某一个方言词的书写形式,那倒没有什么不可〔参看前述三(五)〕,但如果并不只是借音,而是取共同语中一个有固定音义的字来书写方言中另外一个音义毫不相干的方言词,就难免产生一些误会。在方言词的用字中,我们是不希望出现这类情况的。

四、汉语方言词典中的"本字"与"俗字"问题

前面谈了方言词用字规范中的几个具体问题。我们在《广州话正音字典》所收的 8781 个字目中,有 230 多个属于粤方言词的特别用字。其中除了借用通用汉字的以外,有 177 个字在普通话中一般是不用的,这 177 个字也就是没有普通话读音的广州方言用字。我们把这 177 个方言用字用附录的方式集中列在字典的末尾供读者参考。一般说来,我们《正音字典》在对待粤方言词的用字时,大体上是按照前述规范的原则来处理的。鉴于汉语方言的词典越出越多,粤方言的字(词)典更如雨后春笋般出现在众多的辞书丛中,而各种方言词典在对待古(本)字和俗字的态度和处理的方式上又各行其是,颇不一致,笔者愿借此机会再就汉语方言词典用字中的"本字"和"俗字"问题略抒管见。

（一）三种不同的处理方式

如前所述，方言词的用字既然可以有种种不同的类型，同一个方言词也可能有不同的用字。时下我们看到的一些汉语方言词典，对于方言词的用字，处理的方式各有一套，其中分歧较大的焦点主要集中在如何对待"本字"和"俗字"上。在到底使用"本字"（古字）还是使用"俗字"的问题上，存在着三种不同的处理方式：一是编者着重于考证本字，意在通过为每一个尚无现成用字的方言词都考出一个有确凿根据的本字来，以达到引导读者正确使用方言词用字的目的。这类方言词典对于存在民间的方言俗字，没有进行调查，即使看到了也视若无睹，采取了"不值得提"的态度，基本上是不用方言中存在的俗字来记录方言词的。二是编者着意了解社会上方言词用字的实际情况，对大量存在于民间的方言俗字基本上持认同的态度。在这类方言词典中，大致上能尽录广为流行的方言俗字，至于本字（古字），凡经考证出来而又通俗好懂的，一概作为方言词用字录入，但对于那些生僻难懂的本字（古字），则视乎有无必要而有所选择地加以吸收，并非所有生僻的本字都一概录入。三是编者在编纂方言词典时就十分明确，在方言词的用字上既要广泛收录社会上业已通行的方言俗字，也要注意录入经过方言学者认真考证而得出的"本字"（古字）。这类方言词典对方言词用字的具体做法是：首先以业已流行的俗字来表示方言中的特有语词，然后注意该方言词的写法是否已有学者考出其"本字"（古字），若有考出可信的"本字"（古字），则将该"本字"（古字）同时列出；对于那些并无通行俗字表达的方言词，倘若有现成已经考出的"本字"（古字）可用，也就酌情使用"本字"（古字）来记录这个方言词了。上述三种不同的处理方式，无疑反映出方言词典的编纂者对待"俗字"和"本字"（古字）在方言词用字中所处地位的不同态度。

（二）把学术研究和社会应用结合起来考虑

我们认为，从学术研究的角度出发，每一个方言词的用字都有必要深入挖掘、追根溯源，对方言词进行严格的科学考证。语言学者在音义吻合的前提下考求出不少汉语方言词的"本字"（古字）来，这自然是很有意义、很有价值的事。历来不少考求方言本字的专论和专著，都是这方面的学术研究成果。有学者还利用这些成果编纂《字源》《语源》一类的辞书。

毫无疑问，考本字、溯语源在中国传统语言学研究中的作用是不能低估的。可是，如果我们注意到编撰汉语方言词典的目的并不只是为方言的研究服务，为汉语史的研究服务，而且要为广大方言使用者的语言应用服务，那么我们在处理汉语方言词用字的问题时，就非把学术研究和社会应用两个方面结合起来考虑不可了。作为学术研究成果所考证出来的方言词的"本字"（古字），是否要一个不漏地全部作为现代方言词的用字放到方言词典中来，从方便广大读者使用方言词典的角度出发，也就有值得斟酌的余地了。关于方言词典的作用，李荣先生在为41卷《现代汉语方言大词典》所写的《分地方言词典总序》中说：

"方言调查记录语言的现状，方言比较反映语言的历史。方言词典用分条列举的形式表达调查研究的初步成果。读者可以用来查考方言词语的意义。语言工作者可以据此从事专题研究，文史方面的学者，也可以取用其中的语料。"[①]

这段话表明编纂现代汉语方言词典的作用是多方面的，并非只是为了显示方言中的每个与众不同的特殊词语都是"有所本"的。对于方言词典中存在着的方言词用字问题，看来还是有必要兼收方言区中广为流传的方言俗字和经过语言学家们考证出来的"本字"（古字），不宜只收"本字"（古字）而把所有的方言俗字都拒之门外。其实就广大使用方言词典的读者来说，尽管方言俗字存在着某些使用上的混乱现象，但是许多人相对而言还是更乐意接受通俗好懂的俗字的。拿粤方言来说，大量方言俗字来自民间，都是为了填补方言词无字可写的空白而产生的。在我国通用的汉字中，有许多冷僻字在汉字规范化的整理过程中，已被作为"异体"字从汉字（词）典中淘汰出去。现在我们编纂汉语方言词典，在为特殊的方言词选择适当的书写形式时，怎么能回过头来千方百计地寻找那些冷僻古字，让它们来个"借尸还魂"呢？如前所述，其实解决方言词用字问题的路子是宽阔的，并非只有考求"本字"（古字）这一办法。作为文字，我们始终认为，约定俗成的原则总是应该得到充分重视的，为方言词厘定适当的用字，更非切实掌握有无约定俗成的书写形式可供利用不可。倘若方言词典中某个方言词已有在社会中通行的方言俗字可用，我们千万不要随意抛弃，即使我们已经考求出可信的本字来，估计这个本字会被广大的方言使用者所接受，

[①] 参看李荣主编的《现代汉语方言大词典》（分卷本），江苏教育出版社。

但还是让本字和俗字都出现在方言词典中为好。如果某个方言确有约定俗成的写法，方言词典就应该以此写法列目，然后再附上确凿可信的该方言词的本字，加以"本字应为 X"的说明。这样既尊重了约定俗成的用字习惯，也提示读者这个方言词是"有所本"的，实在是何乐而不为的大好事。至于某些实在过于冷僻的"本字"，估计读者是不大可能使用的，我们就大可不必非把它视为某个方言词的"正确写法"不可。把这些由语言学家们费尽心血考求出来的冷僻古字，放到专论专著中去，使之在方言史研究、汉语史研究以及一般文史研究中发挥作用，也是很有意义的。循着这样的思路来处理方言词典中"本字"（古字）和"俗字"的问题，无疑是比较切合实际的，因而也必然会受到方言词典使用者的欢迎。前述第三种处理"本字"和"俗字"的方式［见四（一）］，既既录"俗字"，又录"本字"，只要有现成的"俗字"就尽量用"俗字"来书写方言词的处理方式，正是值得赞赏的处理方式。事实上，"俗字"和"本字"并不完全是对立的。不少方言词典中的"俗字"，从来源上看正好也就是"本字"。"俗字"和"本字"合二为一的现象在方言词的用字中并不少见。可以想见，如果在方言词典中，过多运用冷僻的"本字"来书写方言词语而妄顾是否已有方言俗语在社会上广为流行的事实，这样的方言词典难免会给读者的应用带来不便，有违语言研究密切结合语言应用、为语言研究提供服务的精神。必须明确，考求本字是方言研究中一项重要的工作，却不是编纂方言词典的主要内容。方言词典中出现多少方言词的本字，也绝不是评价方言词典水准高低的标尺。如何正确处理"本字"与"俗字"的关系，倒是值得方言词典编纂者关注的问题。

析"筑"

伍 巍

一、"筑"的本义与基本义

"筑"古汉语的基本义为捣土，许慎《说文解字》木部："筑，捣也，从木筑声。"如《诗·大雅·绵》："筑之登登，削屡冯冯。"《说文解字》手部"捣，筑也"可互证。上古"捣"属"幽"部字，"筑"属"觉"部字，在读音上，"捣""筑"当为阴、入对转关系，所以"捣""筑"义互训。段玉裁注："此蒙上筑墙言所用筑者，谓器也，其器名筑。因之人用之亦曰筑"。依段说，"筑"的本义当为名词，《史记·黥布列传》"项王伐齐，身负版筑，以为士卒先"（裴骃集解："李奇曰：版，墙板也，筑，杵也。"）。原始筑墙的方法是用两块墙板平行相夹，以木销子平行固定墙板间的距离，再在两板之间填土夯实，一层层垒叠即成墙。此种筑墙方法又名"干打垒"，广东客家某些地区今仍沿用此法造墙。筑墙的夹板古代称作"版"，夯土用的木杵古代称做"筑"。"筑"由名词发展为动词"捣（土）"，继而成为"筑"的常用义项亦是顺理成章的事。

二、"筑"的转义分析

历时地观察，"筑"由其基本义"捣（土）"引申出五个主要义项：1.建造、修建；2.填、塞；3.撞击；4.扎、捅刺、斩斫；5.击打（参见《汉语大词典》、《辞源》、江蓝生《唐五代语言词典》），且五个义项一直见用于近、现代汉语方言，只不过各方言所用的"本字"不尽统一，但词义与读音均有着整齐的对应关系（本文所引材料中所注用的方言同音字，以相应的方言词典为据，即在同一词典中同音。语音对应规律将放在最后讨论）。

（一）建造，修建

"捣（土）"最初就是进行"建造"活动，所以由"捣"引申出"建造、修建"。如：

（1）曰止曰时，<u>築</u>室于兹。（《诗·大雅·绵》）

（2）今所居之宅，伯夷之所<u>築</u>。（《论衡·刺孟篇》）

（3）高骈在西川，<u>築</u>城御蛮。（《容斋随笔》卷一一）

（4）补得几处地板，<u>築</u>得一两处漏点。（《拍案惊奇》一五）

这一义项在近、现代汉语方言中沿用最广，只不过北方话今天更常用的是"建筑"、"构筑"等双音词。

（1）张慎义《蜀方言》卷上："下捣曰<u>筆</u>。"（许宝华、宫田一郎《汉语方言大辞典》卷五）

（2）<u>築</u>墙。|这墙卜倒去，着过<u>築</u>囉。这墙快倒了，要重新修一下。築 tøy?²⁴，方言与"竹"同音（《福州方言辞典》）

（3）<u>築</u>园墙。"築"音 tuo?⁵，与"笃"同音。（江淮官话黄姑方言）

（4）贼后关门，雨后<u>築</u>缺。築缺：修筑田埂的缺口。该谚语为"马后炮"的意思。"築"音 tsuə?⁵，方言与"竹"同音。（同上）

<u>築</u>漏。築 tso?⁵，方言音同"竹"、"筆"，张六切。（《苏州方言词典》）

"築"由"建造、修建"义又直接引申为建筑物，一般指整幢的"房屋"。如：

（5）畏人成小<u>築</u>，偏性合幽栖。（杜甫《畏人》诗）

今天香港粤语仍有"小築"一词，一般指一两层的私人小别墅。该类建筑物在今天香港的九龙塘、西贡一带很常见。

（二）填、塞

"築"（捣土）的过程是一个不断填料充土的过程，所以"築"（捣土）可以引申为"填、塞"。如：

（1）即引力士十余曳囚至，<u>築</u>其口以物填塞其口，令不能言语，反接送狱中。（《新唐书·酷吏传·姚绍之》）

（2）巡盐御史乃请令运司食盐较定斤两，築包装填盐包于司，俟支盐人役至，数包予之。（《典故纪闻》卷一七）

该义今仍见用于福州方言与江淮官话的黄姑方言：

（3）食勿会完，乞伊硬築（tøyʔ²⁴）裏吃不完，将它硬填塞进去。（《福州方言词典》）

（4）包包都築爆去包包都塞得撑破了。（同上）

（5）築硝药築tuk¹，音同"竹"。（福建武平县坪畲客话）

（6）築结来捣使之实。（同上）

（7）一竹筒小菜子築（tsuoʔ⁵）得满满的一竹筒咸菜填塞得满满的（"築"与"竹"同音）。（江淮官话黄姑方言）

（三）撞击

动词"築"本身即是以杵舂扎、击捣，所以"築"又引申出"撞击"义：

（1）丰不以实告；师怒，以刀环築杀之。（《资治通鉴·魏高贵乡公正元元年》卷七六）

（2）我的腰丑（tou²¹³）痛了。|丑个章子。（《武汉方言词典》）

（3）筷子殺殺齐殺toʔ⁵，通摄阴入端母字，该与"笃"同音。（《上海方言词典》）

（4）拿把筷子筜筜齐筜tsoʔ⁵，"集韵入声屋韵张六切"，与"竹"同音。（《苏州方言词典》）

（5）拿筷筜筜齐筜tʂoʔ⁵，与"竹"同音。（常熟方言）（《汉语方言大词典》卷五）

（6）这一沓纸硉齐了硉tsu²¹，撞，与"竹"同音。（《成都方言词典》）

（7）一屁股築在地上，把屁股築着生疼築tuoʔ⁵与"笃"同音。（江淮官话黄姑方言）

由此又进一步引申出"用力放置"或"堆积"的意思：

（1）把箱子往地下一丑（tou²¹³）（《武汉方言词典》）

（2）他把揉好的面剂子面团往桌上一築（tuoʔ⁵）用力放置，就不管了。（江淮官话黄姑方言）

（3）水桶硉（tsu²¹）漏了。（《成都方言词典》）

（4）陆氏于寺外築钱百万，募画工。《太平广记》卷四一《会昌解颐》

（5）清早起来没事干，就像一泡牛屎築（tuoʔ⁵）坐在门口。（江淮官话黄姑方言）

（四）扎、捅刺

"築"由"舂扎、击捣"又引申出"扎、捅刺"义。如：

（1）贼以刀築其口，使不得言。（《三国志·魏书·三少帝纪》）

（2）白以鞭築地成窍，置虫于中，沃盥其上。（《酉阳杂俎》卷一五）

（3）金父见之，欲号。舟人以篙築之，亦溺。（《聊斋志异·庚娘》）

该义项今普遍见用于有关汉语方言：

（1）棍子不要横到搦拿，许样那样会㐄到人家㐄tu?⁵，通摄阴入端母字，与"笃"同音。（《南昌方言词典》）

（2）饭有滴子生，你加滴子水，再搦筷子㐄几个眼饭有点儿生，你加点儿水，再用筷子捣几个气眼。（同上）

（3）搦到针莫乱约手乱挥，㐄到人家眼睛会㐄睛个。（同上）

（4）用棍子㐄（tou²¹³）。|㐄地下。（《武汉方言词典》）

（5）肉还没炆烂，筷子毲都毲不进毲tu¹³，集韵沃韵都毒切，与"扉"同音。（《萍乡方言词典》）

（6）他的飞镖一个个都㐄到红星上去了㐄tɔ?⁴，与"笃"同音。（《扬州方言词典》）

（7）㐄洋机扎缝纫机。（同上）

（8）他挨毲了一刀毲tɔ?⁵，集韵沃韵都毒切，读端母，与"督"同音。（《柳州方言词典》）

（9）用针来㐄（tou²¹³）。（《武汉方言词典》）

（10）叫人毲打脊梁毲tuə?²，阴入，与"扉"同音。（《太原方言词典》）

（11）擉穿张纸擉tok⁵，集韵烛韵枢玉切，与"扉"同音。（《广州方言词典》）

（12）㐄窿扎个洞。㐄tuə?²，阴入，与"毲"同音；㐄脊背捅脊梁背。（《实用广州话分类词典》）

（13）捋𨈽钉戳（tok⁴⁴），戳与"督"同音。（《东莞方言词典》）

令人奇怪的是这个词在今天的梅县客话中读作"tuk⁵"，属阳入调，但不送气。黄雪贞《梅县方言词典》同样记作"□tuk⁵"（302页）。这一读音似不可解。有关历史材料证明，早期的客家话该词仍为通摄不送气的阴入声字，1879年巴色会（专门给客家人传教的欧洲基督教组织）编写的客家话启蒙课本《启蒙浅学》载："嗻"，"用尖状物扎"或"雨水淋"。该书十三讲"论走兽个皮毛"："猪毛好硬，会嗻人。"（1879，

BaSer missionary society）"嚗"是个俗造的形声字，"雨水淋"当是"涿"，《集韵》作"都木切"，通摄阴入声字，可见"嚗"、"涿"同音。此外，我们从俗造形声字"嚗"的谐声关系上也可以判断这是一个阴入字。

由"扎、捅刺"义进一步引申出"斩斫"、"挖掘"的意思。如：

（1）断苏切脯，築肉臛芋。（《全上古三代秦汉三国六朝文·全汉文·僮约》卷四二）

（2）磔肉磔 tɔk¹¹，集韵沃都毒切，与"啄"同音。｜刀磔着手。（《厦门方言词典》）

（3）剁藷箬 把甘薯叶剁碎。剁 tak⁵，广韵屋韵丁木切，读作阴入，与"督"同音。（《雷州方言词典》）

（4）剁物配 把煮熟的鱼肉鸡鸭等切成块块。（同上）

（5）他撞上来，不分好歹，望菩萨钉耙就築。（《西游记》八回）

（6）築地 築 tʂu³³，与"竹"同音，用锄头深挖。（《洛阳方言词典》）

（五）击、敲打

"捣"（上）本身有撞击、敲击的意思，由"捣"又可引申出"击"、"敲打"义。如：

（1）刘伶着《酒德颂》"义气所寄"。（《世说新语·文学》）刘孝标注："（刘伶）尝与俗士相忤，其人攘袂而起，欲必築之。"

（2）永日迢迢无一事，隔街闻築气毯声。（韦庄《丙辰年鄜州遇寒食城外醉吟》）

该义项今天仍见用于某些方言。如：

（1）磔石子（tɔk¹¹）敲打。（《厦门方言词典》）

（2）头浪毁（toʔ⁵）脱伊两记 毁，用指关节、棍棒等轻击，与"笃"同音。（《上海方言词典》）

（3）乧栳子骂人 乧 toʔ⁵，敲击，多指用手指或拳头，与"笃"同音。（《丹阳方言词典》）

（4）毁木鱼 毁 toʔ⁵，敲击，与"笃"同音。（《杭州方言词典》）

（5）毁一个毁栗子 以指关节敲人的动作形式。（同上）

（6）乧球 打球。乧 toʔ⁵，音同"督"。（《苏州方言词典》）

以上的材料证明，"築"的五个转义义项均来源于"築"的基本义"捣"，五个转义义项之间存在着密不可分的引申与被引申关系。

三、"筑"读音的讨论

在例举的上述方言材料中，其"本字"分别有"筑""殳""擎""丑""砻""塈""刾""擢""戳"九个不同的写法。现将该词在各方言中的所见义项、读音、方言同音字及方言音韵关系列表对比如下（"方言同音字"均选各方言词典同音节内所列同音字）：

用字	地点	方言读音	方言词义	方言同音字	方言调属	方言同音字中古音韵地位	方言音韵特点
筑	洛阳	tʂu³³	深挖	竹	阴平	通屋知三等	古阴入归读阴平
	福州	tyʔ²⁴ tøy²⁴	修筑 填塞	竹	阴入	通屋知三等	阴阳两类入声独立 知组字保留舌头音
	黄姑	tuoʔ⁵ tsuoʔ⁵	修筑、撞击填塞	笃 竹	阴入	通沃端一等 通屋知三等	保留阴入，少数知组字保留舌头音
	苏州	tsoʔ⁵	修建	竹	阴入	通屋知三等	阴阳两类入声独立
	萍乡	tʂu¹³	捣、建造	竹	阴平	通屋知三等	古阴入大凡归阴平
擎	苏州	tsoʔ⁵	捣、撞、击	竹	阴入	通屋知三等	阴阳两类入声独立
	常熟	tʂoʔ⁵	捣扎	竹	阴入	通屋知三等	阴阳两类入声独立
	萍乡	tʂu¹³	填塞、捅	竹	阴平	通屋知三等	古阴入大凡归阴平
丑	扬州	tɔʔ⁴	扎、刺	笃	入声	通沃端一等	阴阳两类入声合一
	武汉	tou²¹³	扎刺、敲击、撞击	阝	阳平	通沃端一等	古阴阳入均归阳平齿音只有平舌声母
	南昌	tuʔ⁵	扎、捅	督	阴入	通沃端一等	阴阳两类入声独立
	丹阳	tɔʔ³	敲击	笃	阴入	通沃端一等	阴阳两类入声独立
	广州	tok⁵	扎、捅	督	阴入	通沃端一等	阴阳两类入声独立
	苏州	tɔʔ⁵	打、击	笃	阴入	通沃端一等	阴阳两类入声独立
殳	萍乡	tu¹³	扎、戳	屎	阴平	通沃端一等	古阴入大凡归阴平
	太原	tuəʔ²	戳、指	屎	阴入	通沃端一等	阴阳两类入声独立
	柳州	toʔ⁵	捅、刺	沰	入声	通沃端一等	残留一类入声
	上海	toʔ⁵	扎、捣	笃	阴入	通沃端一等	阴阳两类入声独立
	杭州	toʔ⁵	敲击	笃	阴入	通沃端一等	阴阳两类入声独立

续表

用字	地点	方言读音	方言词义	方言同音字	方言调属	方言同音字中古音韵地位	方言音韵特点
磔	厦门	tɔk¹¹	敲打、刴	啄	阴入	江觉知二等	阴阳两类入声独立宕江通摄部分合流
䂮	成都	tsu²¹	撞击、碰	竹	阳平	通屋知三等	古阴阳入均归阳平
剢	雷州	tak⁵	砍、刴	督	阴入	通沃端一等	阴阳两类入声独立
擉	广州	tok⁵	刺、扎、杵	督	阴入	通沃端一等	阴阳两类入声独立
戳	东莞	tok⁴⁴	戳、扎	督	阴入	通沃端一等	阴阳两类入声独立

不妨再将各方言所用"本字"的中古音韵地位及字义列表如下：

方言"本字"	築	箠	丑	毅	磔	䂮	剢	擉	戳
中古反切	张六《广韵》	张六《集韵》	同"毅"	都毒《集韵》	都毒《集韵》	侧六《广韵》	丁木《广韵》	珠玉《集韵》	敕角
中古声母	知	知	端	端	端	庄	端	章	彻
原字字义	捣也	以手築物	同"毅"	椎击物	落石也	塞也	刀锄	刺也	刺也

记作"築"的有洛阳、福州、黄姑、苏州、萍乡方言词典，记作"箠"的有苏州、常熟、成都方言词典，记作"丑"的有扬州、武汉、南昌、丹阳、广州、苏州方言词典，记作"毅"的有萍乡、太原、柳州、上海、杭州方言词典，记作"磔"的有厦门方言词典，记作"䂮"的有成都方言词典，记作"剢"的有雷州方言词典，记作"擉"的有广州方言词典，记作"戳"的有东莞方言词典。考察各方言的音系，我们发现，该词在各方言中的实际读音无一不与中古通摄一等"屋""沃"韵或三等"屋"韵相通，各方言用字除"䂮""擉""戳"三字外，无一不属中古端母或知母。

大家都知道，中古屋、沃韵字的韵母（除零声母字外）在今天的大多数方言中已基本合流，由此可以肯定，上述方言所用的不同"本字"，其调类和韵均同出一源。如果上述方言材料反映的是同一个词（同一本字），那么有两个问题需要解答：1. 为什么该词的声母有些方言读作 ts-，有些方言读作 tʂ-，有些方言又读作 t- ? 2. 为什么有些方言为一等本字，有些方言为三等本字？回答是：上述方言的音系材料告诉我们，该词读作"ts-"的黄姑、苏州、成都方言均没有对立的翘舌音声母，读作 tʂ- 的洛阳、萍乡、常熟方言中声母均有平翘舌音的对立，说明该词的本字只有为中古知、照组字才能解释这一现象。同一词，苏州方言与黄姑方言 tʂ-、t- 两读，萍乡方言 tʂ-、t- 两读，所记"本字"分别属三等与一等；福州、厦门闽语，广州、东莞粤语只有 t- 一读，照组字在这些方言中并无读舌头音的记录，说明该词的本字只有为中古的知母字才能解释这一现象。该本字也只有属中古知母三等字，才能解释某些方言读作齿音，而大多数南方方言读作舌头音 t- 的事实。根据钱大昕"古无舌上"的结论，知母字上古归读端母是不争的事实，结合该词词义的分析，读为舌头音 t- 应当是知母字上古读音的保留。如此看来，"丑""殀""磬""刴"在上述方言中，都应该是"築"古读的同音替代字。

"箏"《集韵》"张六切，以手築物"，音义与"築"全同，当是"築"的异体；"丑"不见于《说文》，亦不见于《广韵》《集韵》。《汉语大字典》："丑同'殀'。""殀"，《集韵》"都毒切，说文：椎击物也"，属通摄沃韵端母一等字，按规律今只能读作舌头音，若写作"殀"，在"扎、捅刺"义项中则无法解释苏州方言的"tsoʔ⁵"与常熟方言的"tʂoʔ⁵"；"磬"《集韵》"都毒切，落石也"，属通摄沃韵端母一等字，与"殀"音韵地位相同，写作"磬"自然与厦门方言的"敲打、刴"两个义项不合；《集韵》"侧六切，塞也"属通摄屋韵庄母字，写作庄母字"磬"则无法解释吴、闽、粤、客方言读舌头音的事实，也与张慎仪《蜀方言》"下捣曰箏"之"箏"（tsu²¹）不一，且"埣"塞也与成都方言的"撞击、碰"义不合；"刴"，《广韵》"丁木切，刀锄"，通摄屋韵端母字，此属名词，明显与雷州方言的"砍、刴"（动词）义不合；"擉"《集韵》"珠玉切"（昌母烛韵字），在今天的广州话中只能读作送气齿音"tʃʰ-"，与"tok⁵"音不合；"戳"《集韵》"敕角切，刺也"，属江摄觉韵彻母字，在《东莞方言词典》中读音记作"tok⁴⁴"（与"督"同音），东莞方言亦无彻母字读作舌头音的记录，写作"戳"当是笔误。由表列可知，上述方言的"箏""丑""殀""磬""刴""埣""擉""戳"各词与"築"的语音、语义完全相合，可以相信，这个词的本字应该就是"築"。

"築"在北京话中读为 tʂu⁵¹，在福州话中读为 tyʔ²⁴ 或 tøy²⁴（见《福州方言辞典》第379、382页），这是同一个字在汉语南北不同方言中所反映的时间序列上的读音差异；上海方言记作"殺"（集韵都毒切）读作舌头音 to?⁵，常熟方言记作"搩"读作翘舌音 tʂo?⁵，苏州话亦记作"搩"读作平舌音 tso?⁵，这正是同一个字在同一方言不同地域里所表现的时间序列上的读音差异；属于江淮官话的无为黄姑方言"築"在"築园墙"中读"tuo?⁵"，在"填塞""修建"义中读"tsuo?⁵"（均属口语读音），这正是同一个字在同一方言、同一地域里所反映的时间序列上两个历史阶段的读音。由此可见，上述各方言在该词的读音上有着一脉相承的源流关系。

"築"作为一个沿用已久的口语常用词，其声母在今天的汉语方言中普遍保留古汉语的读音是很自然的。按一般规律，像这样一个沿用已久、分布如此之广的口语常用词，其用字本不应该这么复杂，只因为方言词语一般只注重说而不注重写，这样，语音的发展往往使得某些口语词的早期读音与今天的字面读音相脱离。今天多见于书面语的"建築"一词中的"築"声母读作齿音倒是大家都知道的事实，这倒使我们一下子不易辨别出"築"读音的"原始"面貌来，故而有些方言只得另寻"本字"或俗字，如此不免模糊了一个常用口语词的语源关系。澄清"築"的本字和词义源流，可以使我们更清楚地认识这个常用词的发展衍变脉络。

概括"築"古今词义发展的基本脉络当是：

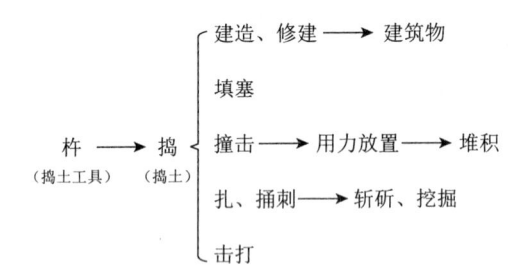

```
                    ┌ 建造、修建 ──→ 建筑物
                    │ 填塞
杵    ──→  捣    ──┤ 撞击 ──→ 用力放置 ──→ 堆积
(捣土工具) (捣土)   │ 扎、捅刺 ──→ 斩斫、挖掘
                    └ 击打
```

其读音的古今发展脉络当是：

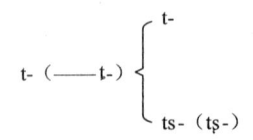

$$t\text{-} (\text{——} t\text{-}) \begin{cases} t\text{-} \\ \\ ts\text{-} (t\text{ʂ-}) \end{cases}$$

参考文献

[1] 段成式：《酉阳杂俎》，北京：中华书局，1981年。
[2] 洪迈：《容斋随笔》，长沙：岳麓书社，1994年。
[3] 高亨：《诗经今注》，上海：上海古籍出版社，1980年。
[4] 凌濛初：《拍案惊奇》，上海：上海古籍出版社，1982年。
[5] ——《全唐诗》，上海：上海古籍出版社，1986年。
[6] ——《全上古三代秦汉三国六朝文》，北京：中华书局，1958年。
[7] 蒲松龄：《聊斋志异》回校会注会评本，上海：上海古籍出版社，1978年。
[8] ——《三国志》，北京：中华书局，1959年。
[9] ——《史记》，北京：中华书局，1959年。
[10] ——《太平广记》，北京：中华书局，1961年。
[11] 王充：《论衡》，上海：上海人民出版社，1974年。
[12] 吴承恩：《西游记》，上海：上海古籍出版社，1955年。
[13] ——《新唐书》，北京：中华书局，1975年。
[14] 徐振锷：《世说新语校笺》，北京：中华书局，1984年。
[15] 余继登：《典故纪闻》，北京：中华书局，1985年。
[16] ——《资治通鉴》，北京：中华书局，1956年。

（**注**：本文的方言材料主要引自李荣《现代汉语方言大辞典》（江苏教育出版社，1998—2002），许宝华、宫田一郎《汉语方言大词典》（中华书局，1999），麦耘、谭步云《实用广州话分类辞典》（广东人民出版社，1997）。此外，江淮官话无为黄姑方言是作者的母语，所引材料据笔者母亲的发音记录；福建武平县民主乡坪畲客话材料由严修鸿博士据其母语提供。）

南方方言性别标记虚化现象研究

伍 巍 王媛媛

自 20 世纪 50 年代始,汉语南方方言词语中性别标记的运用就引起了某些学者的关注(岑麒祥 1953),此后的研究主要偏重于诸如"鸡公""鸡母""犬雄"一类词的结构分析(桥本万太郎,1985;项梦冰,1988;丁邦新,2000)。近年有些学者逐渐涉及这类词的语义发展(伍云姬,1995;邵宜,2006)。我们认为:性别标记的语义来源于指人或动物的名词所附带的性别内涵,生理的自然性别是汉语性别标记发生虚化的语义基础;这类词的结构特点与其语义发展密不可分,性别标记语义的虚化是引起这类词语法关系变化的主要原因,且性别标记在各发展阶段上虚化程度不同,其语法内涵也不尽相同;性别标记的虚化进程在不同语言、不同方言中的发展不尽同步,但其虚化的基本轨迹与方式大体相同。

一、南方方言性别标记的虚化现象

(一)南方方言性别标记的语源

南方方言性别标记的来源大体可分两类,一类来源于表人称谓的名词,如"公、母、婆、娘、𤚥、嫲"等;另一类来源于表动物的名词,如"雌、雄、牯"等。

1. 表人称谓的名词：

公：对男性或男性尊长的尊称。《吕氏春秋·异用》："孔子之弟子从远方来者，孔子荷杖而问之曰：'子之公不有恙乎？'次及父母，次及兄弟妻子。"

母：母亲。《诗·邶风·日月》："父兮母兮，畜我不卒。"

婆：母亲或年长女性。《乐府诗集·横吹曲辞·折杨柳歌》："阿婆不嫁女，那得孙儿抱。"

娘：母亲。《太平广记》卷九十九引《法苑珠林》："母语女言：'汝还努力为吾写经。'女云：'娘欲写何经？'"

㜷：母亲。屈大均《广东新语·文语·土言》："广州谓母曰奶，……亦曰㜷。凡雌物皆曰㜷。"（《广东新语》1985，第 336 页）《广东通志·风俗志》："广州谓父曰爸，亦曰爹；母曰妈，亦曰㜷，音拿上声。"今广州话母子俩仍作"两仔㜷"。

嫲："嫲"是方言俗用字，梅州客话读作 ma[11]（阳平），本字不明。今梅州客话面称母亲为"阿嫲"，与"阿爸"（父亲）相对，可见"嫲"最早也当是个名词。

2. 表动物专名的名词：

雄：鸟父。《说文》："雄，鸟父也。"

雌：鸟母。《说文》："雌，鸟母也。"

牯：公牛。《正字通》："牯，俗呼牡牛曰牯。"

历史语言事实告诉我们，以上这两类词本来都是名词，具有实在的意义，如果进行义素分析，这些名词都具有明显的性别标志特征。正因为这些表人的称谓名词和表动物专名的名词都含有表性别的义素成分，才使这些名词具备了向性别标记虚化的语义基础与衍变条件。

（二）南方方言性别标记的虚化表现

作为语素，以上这两类性别标记在现代南方方言中的使用范围有扩大的趋势，不仅可以出现在动物性别称呼词语中表动物的性别，还可以出现在一般动物的通称、某些植物的类称或其他无生命体的称呼词语中。例证中的［女性］／［男性］、［雌性］／［雄性］分别表示相应语素的自然性别类属；［无性］表示相应语素虚化后不具备自然性别语义。

1. 梅县客话（《梅县方言词典》）
（1）表人称谓
~公 ［男性］：阿公（祖父）、老公（丈夫）、斋公（留发出家修行的男人）
~牯 ［男性］：贼牯（小偷）、憨牯（反应迟钝的人；傻子）
~嫲 ［女性］：生离嫲（任性女孩）、斋嫲（留发出家修行的女人）、老举嫲（妓女）
~婆 ［女性］：媒婆、觋婆（女巫）
（2）动物性别称呼
~公 ［雄性］：鸡公、鸭公、鹅公
~牯 ［雄性］：牛牯、马牯、羊牯、狗牯、猫牯、兔牯
~嫲 ［雌性］：鸡嫲、鸭嫲、鹅嫲、牛嫲、狗嫲、猫嫲、猪嫲
（3）动物统称
~公 ［无性］：蚁公（蚂蚁）、虫先公（蚯蚓）、猪屎粪公（屎壳郎）、虾公（虾）
~嫲 ［无性］：虱嫲（虱子）
~婆 ［无性］：鹞婆、别婆（蝙蝠）
（4）植物称名
~嫲 ［无性］：姜嫲（老生姜，与"子姜"相对）
（5）无生命体的称名
~公 ［无性］：鼻公（鼻子）、手指公（大拇指）、碗公（较大的碗）
~嫲 ［无性］：刀嫲（较大的砍刀，与小刀相对）、索嫲（粗绳子，与细绳相对）、勺嫲（舀水用的瓢）、舌嫲（舌头）、笠嫲（斗笠）
~牯 ［无性］：腰牯（腰）
~婆 ［无性］：袄婆（棉袄）

2. 福州闽语（《福州方言词典》）
（1）表人称谓
~公 ［男性］：大公（曾祖父）、师公（和尚或道士）、斋公（火居道士）
~母 ［女性］：依母（伯母、中年的妇女）、亲母（亲家母）、先生母（师母）
~婆 ［女性］：依婆（伯祖母；老年妇女）、菜婆（女道士）

（2）动物性别称呼

~雄［雄性］：马雄、猫雄、鸟雄

~母［雌性］：马母、牛母、犬母、猫母、猪母、鸡母、鸟母

（3）动物统称

~母［无性］：虱母（虱子）、阿姨母（蝉）

~婆［无性］：虾蟆婆（蟾蜍的一种，体较大）

（4）植物称名

~母［无性］：初母（留做种子用的丝瓜）、藻母（大叶浮萍）

（5）无生命体的称名

~母［无性］：姜母（姜）、石头母（比"石头卵"大的卵石）、熏筒母（一种大而长的旱烟袋）、缸母（极大的碗）、拳头母（拳头）

~婆［无性］：茶婆（旧式的茶壶，容量较大）、缸婆（极大的碗）

3. 涟源湘语（《涟源方言研究》）

（1）表人称谓

~公［男性］：阿公（祖父）、外公（外祖父）、丈人公（岳父）、斋公（和尚）

~婆［女性］：阿婆（祖母）、外婆（外祖母）、丈人婆（岳母）、斋婆（尼姑）

~娘［女性］：娘（母亲的背称）、家娘（婆婆）、后来娘（继母的背称）

（2）动物性别称呼

~公［雄性］：鸡公（子）、鸭公（子）、狗公（子）、猫公（子）、猪公（子）

~婆［雌性］：鸡婆（子）、鸭婆（子）、狗婆（子）、猫婆（子）、猪婆（子）

（3）动物统称

~公［无性］：虾公（子）（虾）

~婆［无性］：崖鹰婆（老鹰）、虱婆（子）（虱子）、偷油婆（蟑螂）、蛆婆（子）（蛆）

（4）植物称名

~娘［无性］：芋子娘（做种的芋头）

~婆［无性］：麻竹婆（斑竹）

（5）无生命体的称名

~公［无性］：树蔸公（树根和靠近根的茎）、锤公（锤子/拳头）、脚臀公（脚跟）

~婆［无性］：奶婆（乳房/乳汁）

4. 广州粤语（《广州方言词典》）

（1）表人称谓

~公［男性］：阿公（外祖父）、家公（夫之父）、寡公（鳏夫）、老公（丈夫）

~婆［女性］：阿婆（外祖母）、家婆（夫之母）、寡婆（寡妇）、老婆（妻子）

~乸［女性］：婆乸（女人、娘儿们的俗称）、后底乸（后娘，后母）

（2）动物性别称呼

~公［雄性］：牛公、猪公、鸡公（未阉过）、猫公

~牯［雄性］：狗牯

~乸［雌性］：鸡乸、猫乸

~婆［雌性］：鸡婆（老母鸡）

（3）动物统称

~公［无性］：蚊公（大蚊子）、虾公（大虾）、春米公（一种黑色昆虫）

~乸［无性］：蜞乸（蚂蝗）、蛤乸（癞蛤蟆）

~婆［无性］：熊人婆（熊类泛称）

（4）植物称名

~乸［无性］：芋乸（大芋头）

（5）无生命体的称名

~公［无性］：蒲桃公（长形蒲桃，肉厚无核）、绿豆公（坚硬、煮不烂的绿豆）、手指公（大拇指）、饭公（饭团）

~婆［无性］：纽婆（中式布纽的纽圈儿）、暖婆（汤婆子，铜制取暖用具）

5. 赣语（《南昌方言词典》、《客赣方言调查报告》，未注地点均为南昌方言词）

（1）表人称谓

~公［男性］：太公（曾祖父）

~婆［女性］：太婆（曾祖母）

（2）动物性别称呼

~公［雄性］：鸡公、猪公、狗公、鸭公

~牯［雄性］：牛牯（茶陵、新余、宜丰）

~婆［雌性］：鸡婆、猪婆、狗婆、鸭婆

（3）动物统称

~公［无性］：蚁公（蚂蚁）（新余）、虾公（茶陵、吉水、新余、宜丰）

~婆［无性］：虱婆（虱子）（永新、新余、宜丰）、牙婆（老鹰）（宜丰、吉水）、蛰婆（蟑螂）（南昌、吉水）

（4）植物称名

~公［无性］：蔗公（甘蔗）（上高）

（5）无生命体的称名

~公［无性］：鼻公、膝头公（平江）

~牯［无性］：拳头牯（拳头）（永新、吉水、宜丰）、膝头牯（永新、吉水、修水）

~婆［无性］：笠婆（斗笠）（吉水）

从上面的材料我们可以看出，南方方言"公""母"等性别标记可以出现在以下几类词中：（1）表示人的身份的称谓，如"外公""寡婆"；（2）具有性别区分的动物称名，如"鸡公""狗母"；（3）动物的泛称，如"蚁公""虾公""鹰婆""虱嫲"（梅县）；（4）某些植物称名，如"蔗公"（上高）、"姜母"（福州）、"芋㜷"（广州）；（5）无生命体的称名，如"鼻公""奶婆"（新化）、"笠嫲"（梅县）、"缸母"（福州）。不难看出，在（1）（2）两类词语中，"性别标记"是表人的身份的称谓或自然"性别"的义素，具有实在的意义，而在（3）（4）（5）三类词语中，"性别标记"则不再具有表示自然性别的语义功能，但却赋予这三类词一些附加意义，而这些附加义与自然性别语义仍存在某种内在联系。

二、南方方言性别标记的虚化机制

纵观上述方言材料，我们可以清楚地看出南方方言性别标记的衍变经历了"泛化"与"虚化"两个过程。

（一）南方方言性别标记的泛化

1. 同类属泛化

这里的"类属"主要指人与动物两个范畴的区别。"同类属泛化"指某些表人的专用名词泛化后，可以作为具有同类性别特征的其他人的通称；某些表动物的专用名词泛化后，可以作为具有同类性别特征的其他动物的通称。

（1）表人专名泛化后用于一般表人名词

"公"本来只有"对老年男子的尊称、祖父、父亲"等义项，在南方方言中泛化后则可用于其他男性称呼词语中，如梅县话的"斋公、老公"，福州话的"大公、师公"等。"母"本来只有"母亲、家族或亲戚中的长辈女子"等义项，在南方方言中泛化后可用于其他女性称呼词语中，如福州话的"依母、亲母"；"嬷""姆"本指母亲，南方方言泛化后可用于其他女性称呼词中，如梅县话的"生离嬷、斋嬷、老举嬷"，广州话的"使嬷（女佣）、后底姆（后母）、婆姆"等。它们在表人称谓中泛化前是名词，泛化后是名词语素。

（2）表动物专名泛化后用于一般动物称呼

"牯"本来专指"公牛"，在南方方言中泛化后可以用于其他雄性动物的称呼词语中，如梅县话的"牛牯、马牯、狗牯、猫牯"等；"雄"本为"鸟父"，泛化后可指鸟类之外的其他雄性动物，如"猫雄""马雄"。动物专名泛化前是名词，泛化后主要为表示动物性别的语素。

词义泛化现象的出现是语言的经济性原则导致的，它要求用最少的词表达最丰富的内容，而"母、嬷、婆、公、牯"等泛化后适用的对象与泛化前该词所指称的对象在自然性别上具有一致性，这又为泛化提供了语义基础，使泛化成为可能。

2. 跨类属泛化

"跨类属泛化"主要指用表人的"性别标记"来标记动物的性别。"公"本用于男性称呼，"母、婆、嬷、姆"本用于女性称呼，词义泛化后，"公、母、婆、嬷、姆"不但指人，同时可以标记动物的雌雄性别，如梅县话的"鸡公、鸡嫲",南昌话的"狗公、狗婆",广州话的"鸡公、鸡僆、鸡婆"等。这一原理不难理解,人与动物在自然性别上有相通之处,女性和雌性动物均具有生育后代的能力,男性和雄性动物均可以产生精细胞,所以将表人名词中的"公、母、婆、嫲、僆"等语素用于动物性别称谓符合语言的一般认知规律。

南方方言性别标记的"跨类属泛化"在人们熟悉的家禽家畜名词中表现得最为普遍,其中雌性禽畜的名称更为稳定,不像雄性家禽家畜那样在某些方言中往往会有"鸡公"~"公鸡"之类两可的称名。这是因为家禽、家畜是人们最为熟悉的动物,尤其是雌性的家养禽畜与人们日常生产生活的关系更为密切,以最常见的家禽鸡来作比,人们重视母鸡是因为它会下蛋,而农村多余的公鸡一般都要阉割,所以说,雌性禽畜的称名往往更稳定。

这里有一个问题需要解释,为什么"性别标记"多由指人跨用到指动物,而动物"性别标记"较少跨用到指人?回答是,因为语言是人类独有的,认知是客观世界在人类主观世界中的反映,凭借语言形式而呈现。词义的引申发展客观上是人的主观认知的积累与发展,人首先熟悉的莫过于自身,由己及他(它)、由此及彼、由近及远这是人类的一般认知规律。人类将自身的性别认知推及到动物,再以语言的形式加以确定当是很自然的道理。性别标记泛化之后,不但使用的范围发生变化(由小变大),使用的类属范畴也发生变化(由人扩大到动物)。与"同类属泛化"相比,"跨类属泛化"是性别标记进一步泛化的表现。在整个泛化阶段,"公、母、婆、嫲、僆"等语素始终具有自然性别的区分功能,基本语义并未彻底虚化。

此外尚有一种特殊的泛化形式——比拟泛化:以人或动物的性器官形体作比,拟用于某些无生命物的命名,如江淮官话将木制器具衔接处的"榫"分成两部分:突出的榫头名为"公榫",有眼的榫口名为"母榫";广州粤语谓中式的布纽扣坚实凸起的纽头为"纽公",有圈的纽眼部分为"纽母";柳州方言亦将金属的按扣分作两部分,凸出的一片谓"扣(子)公",凹进去的一片谓"扣(子)母";柳州方言亦将螺丝分成两部分命名,凸起的螺钉称之为"丝公",有螺口的螺帽称之为"丝母"。"比拟泛化"的运用无疑对非生命体赋予了类似于人或动物的某些有生特征,所以仍具备性别标记的基本语义。

（二）南方方言性别标记词的虚化

继"跨类属泛化"之后，南方方言的"性别标记"可进一步出现于某些小动物、植物名称或某些无生命体的物名词中，这时，原有意义上的"性别标记"不再具有自然性别的语义内涵，只表示某类特征含义，这是词义虚化的表现。

南方方言性别标记的虚化主要通过隐喻方式实现，隐喻对象一般都为小动物、某些植物或无生命的物名词。隐喻方式主要分为"性别生育特征"隐喻、"性别力量特征"隐喻两种。

1. 性别生育特征隐喻虚化

"性别生育特征"隐喻一般均施用于某些小动物或某些植物命名中，且以雌性隐喻为多。女性区别于男性，雌性区别于雄性的最显著特征就是具有孕育后代的能力。对于一些小动物，尤其是非家养的小动物，它们个体的自然性别差异并不像家禽家畜那样与人们的日常生活有着密切的关系，而且有些小动物的自然性别往往不容易区分，因此，这些小动物的自然性别就不再是人们日常生活认知的关注点，人们的关注点往往转移到这类小动物的总体所具备的某类特征。比如虱子等小动物，因其繁殖能力特别强，人们便在指称这类小动物时，自然地将生育能力概括地作为这一类动物的凸显信息，主观认定这类小动物具备雌性的特点，如"虱母（虱子）、蛩婆（蟑螂）、蜞蟆（蚂蟥）"等。动物的自然性别区分与人类的生理性别区分毕竟有较明显的相似之处，因而使得这一"隐喻"的进一步泛化成为可能；又因为这一"隐喻"在人类的主观认知关注点上，经历了从小动物个体的生理属性特征到整体的概括属性特征的转移，成为人们用以区分此类小动物与彼类小动物之间典型差异的概括认知，从而使"性别标记"脱离了原有意义上的自然性别内涵，走上语义虚化的道路。如"虱母（虱子）、蜞蟆（蚂蟥）"等名称中的"母、蟆"已不再具有生理雌雄性别的区分作用，而是作为该类小动物能产特征的标志。某些植物命名同样如此，如福州话的"初母"（做种的丝瓜）、涟源话的"芋子娘"（做种的芋头）等命名，也是这类植物能产功能的隐喻。与此相对，广州粤语称不结果的木瓜植株或无籽的木瓜果叫"木瓜公"。

当"性别标记"的语义在某些小动物或植物名称上获得类属特征的隐

喻虚化后，其进一步映射到有相似的能产特征的有关无生命体的物名中即成为可能，如潮州闽语称酒曲为"酵母"，涟源话称酒曲为"酒娘"，昭通、毕节话称面酵子为"母子"（"子"为词缀，轻声）。

性别标记虚化后因为不再具备原来表示自然性别的语义内涵，只是人们主观上的一种隐喻认定，所以也就打破了原来意义上整齐的雌雄对应关系。如潮州闽语有"酵母"，无"酵公"一词；福州闽语有"虱母"而无"虱公"一词。

2. 性别力量特征隐喻虚化

"性别力量特征"隐喻也可以说是一种雄性特征隐喻。在中国传统的文化观念中，男性一般为"强势"的象征，女性一般为"弱势"的象征。就动物而言，打斗常常是力量的显示，雄性大多是强壮、有力的，雌性大多是柔弱、纤小的，因此人们很容易将力量的强弱与性别特征联系在一起。上文提到，对一些非家养的小动物，它们的自然性别区分已不再是人类认知的关注点，人们的关注点往往转移到这一类小动物所具备的总体特点，其中力量的大小是人们认知这些小动物的另一个凸显信息，凡是力量大的、厉害的小动物，人们就在这些动物的命名上投射"雄性"的概念，如"蜈蚣、蚁公（蚂蚁）、黄公（黄蜂）、喷屎公（屎壳郎）"等。这一认知概念的转移同样完成了"性别标记"语义的虚化，"公、母、婆、嫲、㛑"等语素也不再具有个体生理意义上的雌雄分别，性别标记符号因此衍变成了该类小动物力量特征的标志符号。

就一般情况而言，生命体力量的大小往往与体型的大小直接相关，所以，对体型较大又并不虚弱的小动物，我们也往往冠以"雄性"的标记，如梅县话把"草鱼"叫做"鲩儿"而把个儿大的草鱼叫做"鲩公"；广州话小蚊子称"蚊仔"，大蚊子称"蚊公"。

当"性别标记"在小动物的称名中以虚化的附加义完全取代自然性别语义后，其出小动物称名进一步推移到有相似特点的无生命物名词中就成为顺理成章的事了。历史语言事实也证明了这一推演过程："吴公"（蜈蚣）一词早见于《尔雅》，"罔公"（蜘蛛）、"喜母"（蜘蛛）等词在《尔雅》郭璞注中已见载，而常见的非生命体物名"频婆"（苹果）（《佛说阿弥陀经讲经文》）、"酒母"（酒曲）（王安石《和王微之等高斋》诗）、"芋奶"（《如净语录》）等词均初见于唐五代之后。

"力量"特征又往往容易使人们联想到"坚固"的性质与质地，将这一隐喻概念进一步映射到无生命体的物名或某些植物名称上,"性别标记"就成了质地坚实、疏松与否的象征。于是,凡为坚固、硬、挺的东西,人们往往冠之以"雄性"标记,如"拳头牯"(永新,拳头)、"膝头公"(平江,膝盖)、"锤公"(涟源,锤子);凡为松软粗疏、空而不实的东西,人们往往冠之以"雌性"标记,如"奶婆"(涟源,乳房)、"缸婆"(福州,大碗)、"薰筒母"(福州,粗大的旱烟袋)、"藻母"(福州,大叶浮萍)、"笠嫲"(梅县,斗笠)、"勺嫲"(梅县,水瓢)等。随着性别标记的"力量特征"隐喻在无生命体物名或某些植物名称中的进一步推衍,性别标记就彻底变成了某一物体性质特征的标志符号。这样,汉语南方方言的性别标记就彻底完成了它的虚化过程,成了一个只具附加意义的语素。

概括地总结,汉语南方方言性别标记的虚化大体经历了四个基本阶段:

　　　泛　　化　　　　　　虚　　化
1　　　　2　　　　3　　　　4
同类属泛化→跨类属泛化→动、植物名词中的虚化→非生命体物名中的虚化

(三)南方方言性别标记的语法分析

上文我们着重论述了南方方言性别标记在语义上由"泛化"到"虚化"的发展进程,就其所充当的语法成分而言,它分别经历了"词——名词中心语素——限定语素——词缀"四个阶段。性别标记最早作为独立的名词上文已经提及,下面不再赘述。

1.充当名词性中心语素

这一阶段仅限于"同类属泛化"过程中的"指人专名泛化",如"斋公"(和尚)、"师公"(和尚或道士)、"亲母"(亲家母)、"斋婆"(尼姑)、"使嫲"(女佣)、"后底𡚸"(继母)等。这类名词的读音一般均为"中重"或"中轻(稍轻)重"格式,后一音节无语音弱化现象。很显然,这里的"公、母、婆、嫲、𡚸"是表人的名词中心语素,"斋、使"等前一语素是限定成分,整个词为偏正结构。这类名词无整齐的"~公"、"~母"对应形式,如客家话有"番嫲"无"番公",广州话有"使嫲"无"使公"。我们无法否认这里的"公、母、婆、嫲、𡚸"在标志人称语义为主的同时,已带有明显的性别标记语义,男、女身份泾渭分明。正因为如此,在相关的上下文语境中,如果以"斋公—斋婆"对举,逻辑重音落在后一语素;如果以"斋公—

师公"对举,逻辑重音落在前一语素。也正因为这类名词中"公、母、婆、嫲、嬷"兼有性别标记成分,为这些语素进一步泛化为性别标志提供了语义基础。

2. 充当性别标记的限定性语素

这一阶段包括"同类属泛化"中的"表动物专名泛化"如"狗牯""猪牯""猫雄""马雄",跨类属泛化"如"鸡公""狗公""猪公""鸡嫲""鸡婆""鸡嬷""鸟母""狗婆"及"比拟泛化"中的"纽公""纽母"等。这类名词有一个明显的特点:有"狗公"("狗牯")必有"狗母"("狗婆""狗嬷""狗嫲");有"猪母"("猪嫲""猪婆""猪嬷")必有"猪公"("猪牯"),性别之分无一不对举存在,词义等于普通话的"公狗""母狗","公猪""母猪"。这类名词的读音亦为"中重"格式,除萍乡等少数方言外,后一音节一般无语音弱化现象。这类名词中的"公、牯、母、婆、嫲、嬷"等语素在特定的对举上下文语境中往往是逻辑重音的落点,如广州话"呢系狗公,唔系狗嬷"(这是公狗,不是母狗),即使如萍乡方言,作为口语轻声词的"鸭公—鸭婆"对举时,"~公"、"~婆"依然是逻辑重音的落点所在,与同一方言中的"~子"等词缀有明显的区别,说明这类名词中性别标记语素的语义并未彻底虚化。在相应的方言中,"公、牯、母、婆、嫲、嬷"等性别标记今天还可以单独充当区别词,如广州话"呢只蟹系公个重系嬷个?"(这只蟹是公的还是母的?),梅县客话"个只系公(牯)欸,个只系嫲欸"(这只是公的,那只是母的)。不同的是这类词语的修饰限定成分在后,中心语在前,故我们称之为"正偏"结构。

我们承认,在雌性动物中某些方言往往还有生育者与未生育者称名的区别,如广州话生蛋的母鸡为"鸡嬷",未生蛋的母鸡为"鸡项","~嬷"、"~项"于性别语义外尚兼有其他附加意义。我们认为这是雌性标记的下位区别成分,不管是"鸡嬷"还是"鸡项",它首先应当是雌性的鸡,在上位语义中无法构成对"雌""雄"两类性别区分的否定,何况很多方言并不具备这一下位区别。即使如广州话的"鸡嬷",也只在与"鸡项"的对比中才显现"已生育"的语义,一般多概指雌性鸡,且"项"不能单独充当区别词。可见,这里的"公、牯、母、婆、嫲、嬷"等语素已发展成为以区分雌、雄性别为主要功能的区别语素。

3. 充当词缀

当性别标记经过"性别生育特征隐喻"（如虱母、蚕婆、蜞䗫）与"性别力量特征隐喻"（如蚁公、锤公、奶婆、笠嫲）的虚化过程后，这类名词在形式上呈现两个特点：（1）再没有"虱公""奶公"等与之对应的形式，这说明它们在语义上已彻底脱离了作为"性别标记"的功能；（2）在这些名词中作为语素的"公、牯、母、婆、嫲、䗫"置于任何上下文语义中不再负担逻辑重音。我们还发现在南昌方言中属于正偏结构的"鸡公"、"鸡婆"读音仍为中重格式（《南昌方言词典》第14、15页），后一音节并不轻读，而"鼻公"（鼻子）一词今天已成为轻声词（《南昌方言词典》第268页），这显然是语义虚化后所带来的语音弱化现象，也是区别于"公、母、婆、嫲、䗫"等作为"限定性语素"的语音表征。所以"蚁公、锤公、虱母、笠嫲"等词里的"公、牯、母、婆、嫲、䗫"应当是词缀。当"性别标记"符号在有关小动物称名或无生命体称名中彻底虚化为名词词缀时，"性别标记"符号就不再拥有具体的词汇意义，而只具有语法意义。

其实，性别标记的虚化不仅仅只存在于汉语的有关方言中，汉藏语系相关的语言也有类似的现象。请看有关材料：

黔东苗语　　"父亲"谓 pa³、"母亲"谓 mɛ⁶，"公鸡"称 pa³ qei¹、"母鸡"称 mi⁸ qei¹。以 "pa³" 为词头的词如 pa³ taŋ¹ ma⁴（马镫），pa³ tɕɑŋ⁴（角尺）， pa³ li³ qɛ⁸（燕子）；以 "mi⁸" 为词头的词如 mi⁸ pi⁴（大拇指）， mi⁸ zə⁴（钥匙）。

水语　　　　"母亲"谓 ni⁴，"母鸡"称 ni⁴ qa:i⁵。以 "ni⁴" 为词头的词如 ni⁴ toŋ¹（拇指）、ni⁴ luk⁸（蜜蜂）、ni⁴ kha:ŋ⁵（风）、ni⁴ hum⁵（土）、ni⁴ tin²（石头）。

毛难语　　　"母亲"谓 ni⁴，"公鸡"称 ka:i⁵ sai³，"母鸡"称 ka:i⁵ ni⁴。以 "ni⁴" 为词头的词如 ni⁴ mat⁷（跳蚤）、ni⁴ mət⁸（蚂蚁）、ni⁴ si:m³（拇指）、ni⁴ zi²（锁），以 "sai³" 为词头的词如 sai³ zi²（钥匙）。

在汉藏语范围内，性别标记虚化用法较普遍的应数藏语。拉萨藏语附加成分 pa⁵⁴、po⁵⁴、wa¹² 通常表示"阳性"，如"爸爸" pa⁵⁴ pa⁵⁴、"男主人" nɛ⁵⁵ po⁵⁴、"公鸡" tɕha¹² pho⁵⁴；ma¹²、mo¹² 通常表示"阴性"，如"妈妈" a⁵⁴ ma¹²、"女主人" nɛ⁵⁵ mo¹²、"母鸡" tɕha¹² mo¹²（金鹏，1983）。下列词语的"阴性""阳性"已是完全虚化的用法：

阳性		阴性	
puŋ^{55} pa^{54}	（肩膀）	o^{12} ma^{12}	（乳房）
kaŋ^{55} pa^{54}	（脚）	sẽ^{55} mo^{12}	（指甲）
lak^{12} pa^{54}	（手）	ter^{14} mo^{12}	（爪）
kok^{12} pa^{54}	（蒜）	ŋuŋ^{55} ma^{12}	（竹子）
ɬak^{54} pa^{54}	（风）	ka^{55} ma^{12}	（星星）
sam^{14} pa^{54}	（桥）	ɕi^{12} ma^{12}	（筛子）
tsik^{54} pa^{54}	（墙壁）	tɕha^{55} ma^{12}	（扫帚）
khaŋ^{55} pa^{54}	（房子）	tsa^{12} ma^{12}	（瓦罐）

可见，"性别标记"的虚化现象是汉藏语系很多语言的常见现象。

三、南方方言性别标记虚化与有关语言语法"性"范畴的联系

自然生理性别的区分是人类共有的概念，但自然的生理性别概念与语法范畴内的"性"概念并不是一回事，也并不是每一种语言都具备发展为语法"性"范畴的必然机制，这是汉语有别于法语、德语、俄语等具备成熟的语法"性"范畴语言的特征之一。

法、俄等有关语言语法"性"范畴与汉语南方方言"性别标记"虚化用法的主要区别在于：前者体现在一个相对完整的语法平面上，它通过构形法实现，在语言内部具有完整的系统性与普遍性；而后者的虚化用法仅限于汉语的词汇层面，以构词（附加）法实现，并不具备语法规则上的系统性，即使在汉语内部也不具普遍性。

尽管南方方言"性别标记"的虚化用法与俄语、法语等语法"性"范畴有着明显的区别，但两者间有以下两个重要的相似点不可忽视：

（一）语义虚化的源流一致

我们以一系列材料证明了南方方言"性别标记"的虚化用法源于生理自然性别词的隐喻发展；具备语法"性"范畴的语言，其语法"性"范畴也应当来自于生理自然性别的隐喻与发展，根据有二：

1. 法语的语法"性"范畴阴、阳两分，且只限于名词；德语与俄语的语法"性"范畴均阴性、阳性、中性三分，其中德语涉及名词、冠词、形容词三类，俄语涉及名词、形容词、代词及动词过去式四类。纵观所有具备语法"性"范畴的语言，无论是哪种语言，名词的"性"必不可少，这使我们相信，有关语言"性"范畴的发展最先当以名词为基础。这一"基础"可由汉语南方方言性别标记的虚化过程提供旁证。

2. 有关具备语法"性"范畴的语言中指人的常用名词，其语法的"性"属至今与人的自然生理性属完全一致。

法语：

阳性名词		阴性名词	
père	n. m.（父亲）	mère	n. f.（母亲）
gendre	n. m.（女婿）	fille	n. f.（女儿）
épox	n. m.（丈夫）	épouse	n. f.（妻子）
veuf	n. m.（鳏夫）	veuve	n. f.（寡妇）

俄语：

阳性名词		阴性名词	
отéц	（父亲）	мать	（母亲）
брат	（兄弟）	сестрá	（姐妹）
мáльчик	（男孩）	дéвочка	（女孩）
мужчи́на	（男人）	рожéница	（产妇）

有些与人类的生产活动关系密切的家禽、家畜，其语法"性"属与生理性属也是一致的：

法语：

阳性名词		阴性名词	
coq	（公鸡）	poule	（母鸡）
mule	（公骡子）	mulet	（母骡子）
taureau	（公牛）	vache	（母牛）
cheval	（公马）	jument	（母马）

俄语：

阳性名词		阴性名词	
гуса́к	（公鹅）	гусы́ня	（母鹅）
пету́х	（公鸡）	ку́рица	（母鸡）
жеребе́ц	（公马）	кобы́ла	（母马）
бык	（公牛）	коро́ва	（母牛）

这些词是人们日常生活中极熟悉的词，词义概念十分清晰，其自然生理性属的区分对人们的日常生活、交际亦至关重要，所以，其语法的"性"属与自然生理性属至今一致，这是我们认为语法"性"范畴最初源于人们自然性别认知的可靠理由。

（二）隐喻认知方式一致

前面我们对汉语南方方言"性别标记"的虚化方式作了两种概括：1.性别生育特征隐喻；2.性别力量特征隐喻。在具备语法"性"范畴的相关语言里，其语法化过程中的某些常用词语的"性"范畴归属与汉语南方方言"性别标记"的虚化形式惊人地一致。以法语为例："酵母 levure"、"生育 procréer"、"子孙、后裔 postérité"等词均为阴性名词；"稻子 riz"、"白蚁 termite"为阳性名词，而"稻田 rizière"、"白蚁巢 temitière"为阴性名词，这与汉语南方方言"性别生育特征"隐喻形式十分相近。"蝎子 scorpion"、"大胡蜂 frelon"、"啄木鸟 pic"、"下巴颏 manton"、"膝盖 genou"、"铁锤 marteau"、"雷 tonnerre"、"辣椒 paprika"、"胡椒 poivre"等都属阳性名词；"乳房 mamelon"、"膀胱 vessie"、"坑 fosse"、"独木舟 pirogue"、"蛋壳儿 coque"、"羽毛 plume"、"薄皮 pellicule"、"螨 mite"、"瘦马 rossinante"、"谎话 menterie"、"幻想 rêverie"等都是阴性名词，这与汉语南方方言"性别力量特征"隐喻形式几乎没有什么区别。"钥匙 panneton"、"榫头 tenon"、"浮雕 relief"属阳性名词；"锁 serrure"、"榫眼 mortaise"、"凹雕石刻 intaille"属阴性名词，这与汉语南方方言"性别形体特征"隐喻形式也如出一辙。法语至今仍然有一部分确有自然性别区分的名词却只有阳性或只有阴性，如 éléphant（大象，阳性）、souris（老鼠，阴性）、

fourmi（蚂蚁，阴性）等，这显然类似于汉语南方方言中的"蜈蚣""虱母"之类的认知隐喻。如果有必要特别强调其性别，法语仍要以加带性别形容词的词汇手段来表示，如"une femme médecin"（女医生）、"une souris mâle"（雌老鼠）。这应当是法语语法化过程中所经历的历史发展事实。

  不可否认，对于一些并无自然生理性别区分或某些自然生理性别区分对人类认知并不重要的一些称名，在语法"性"范畴内人们对"性"的认定有一定的任意性，比如"墙壁"在法语中属阳性名词（mur），而在俄语中却属阴性名词（стена）；"太阳"在法语中属阳性名词（soleil），在德语中属阴性名词（sonne），而在俄语中却属中性名词（солнце）。此类现象在汉语方言中同样如此，如"大拇指"吉首方言为"手指娘"，梅县客话、广州话均为"手指公"；"拳头"涟源湘语为"锤公"，客赣方言为"拳头牯"，福州闽语为"拳头母"；"鹅卵石"柳州方言为"马卵牯"，福州闽语为"石头母"。类似的现象在汉藏语系的有关语言中同样存在："月亮"藏语为 ta^{12} wa^{12}（wa^{12}、po^{54} 为男性、雄性词尾），毛难语为 ni^4 njen^2（ni^4 毛难语、水语义为"母亲"）；"蝙蝠"藏语为 kaŋ^{14} po^{54}，水语为 ni^4 qo^2。我们认为，这一"任意性"不但与语法的抽象概括有关，也与不同地域、不同文化背景下人们认知的主观角度有关。通过对比可以看出，在语言层面上，对于"性别标记"符号虚化后的主观认知方式，南方方言与具备语法"性"范畴的相关语言是一致的。

四、结　语

  通过对汉语南方方言"性别标记"虚化过程的分析及与相关语言的比较，我们可以得出一个较为清晰的结论：汉语南方方言"性别标记"的虚化源于名词，其自然性别是虚化用法的语义基础，在一系列的虚化过程中，"性别标记词"逐渐由词汇层面走向语法层面。这一发展衍变的线索可以帮助我们认识有关印欧语语法"性"范畴生成的基本过程。

材料来源：

本文汉语方言材料分别引自李荣《现代汉语方言大词典》（江苏教育出版社，1998 年版）分卷本：《梅县方言词典》、《福州方言词典》、《广州方言词典》、《南昌方言词典》、《柳州方言词典》；麦耘、谭步云《实用广州话分类辞典》（广东人民出版社，1997 年版）；谢栋元《客家话北方话对照词典》（辽宁大学出版社，1994 年版）；李如龙、张双庆《客赣方言调查报告》（厦门大学出版社，1992 年版）；陈章太、李行健《普通话基础方言基本词汇集》（语文出版社，1996 年版）；陈晖《涟源方言研究》（湖南教育出版社，1999 年版）。

藏语材料引自金鹏《藏语简志》（民族出版社，1983 年版）；苗语材料引自《苗瑶语方言词汇集》（中央民族学院出版社，1987 年版）；壮侗语材料引自王均等《壮侗语族语言简志》（民族出版社，1984 年版）。

参考文献

［1］岑麒祥：《从广东方言中体察语言的交流和发展》，《中国语文》，1953 年第 4 期。

［2］龚人放：《俄语语法词法》，北京：北京大学出版社，1983 年。

［3］乔本万太郎：《语言类型地理学》（余志鸿译），北京：北京大学出版社，1985 年。

［4］项梦冰：《试论汉语方言复合词的异序现象》，《语言研究》，1988 年第 2 期。

［5］伍云姬：《谈雌雄动物名称的演变》，石锋《汉语研究在海外》，北京：北京语言学院出版社，1995 年。

［6］刘纶鑫：《客赣方言比较研究》，北京：中国社会科学院出版社，1999 年。

［7］丁邦新：《论汉语方言中的"中心语—修饰语"的反常词序问题》，《方言》，2000 年第 3 期。

［8］张惠英：《语言与姓名文化》，北京：中国科学出版社，2002 年。

［9］唐玉环：《汉语性别表达的隐喻投射》，《益阳师专学报》，2002 年第 5 期。

［10］唐玉环：《性别观念的实现方式与语言的共性》，《华中科技

大学学报》，2003年第2期。

［11］毛意忠：《法语现代语法》，上海：上海译文出版社，2003年。

［12］吴登堂：《词义的泛化》，《辽宁师专学报》，2004年第2期。

［13］邵宜：《客赣方言"名词+雌/雄语素"结构不表雌雄现象研究》，《广西师范大学学报》，2006年第1期。

广州地区的客家方言

陈晓锦　郑　蕾

一、客家及客家方言在广州的分布

广州目前下辖十区二市：越秀区、荔湾区、天河区、黄埔区、海珠区、白云区、萝岗区、花都区、南沙区、番禺区，增城市、从化市。全市的客家人当不少于200万。其中增城占到大概50万，花都有40万，其余地区约有100多万。本文讨论的广州客家方言指的是越秀区、荔湾区、海珠区、天河区、白云区、黄埔区、萝岗区等广州中心区域的客家方言，不包括从化市、增城市、番禺区、花都区和南沙区。

据统计，在当今广州近千万的户籍人口当中，约有五分之一的市民是客家人的后代（《广州日报》2006.01.21B5《印象广州》）。他们中的绝大多数都是双方言——客家方言和粤方言的使用者，尤其是年轻人，都可以操流利的粤语，而祖先留下来的客家话，也依然在社区中和家庭里使用，不过，他们的客家话已经开始渗入了粤方言的因子，对不少年轻人来说，客家话已成为他们的上辈曾经使用过的方言。

广州的客家人相当多是近现代之后才迁徙来的，客家人第一次大规模进驻广州地区可以追溯到明清时期。最早进入广州的客家人主要来自广东的梅州地区，定居地集中在广州白云区的太和镇、人和镇，天河区的客村、凤凰街以及越秀区的洪桥街一带。因为来的时间比较早，可以算是广州地区"土生土长"的客家人。这批客家人的后代，现在仍生活在他们祖先来时所生活的广州地区，而在市区周边的则有相当一部分仍以务农为主。

1. 白云区

全区合计使用客家方言的人口约有 6 万人，占全区总人口的 7% 左右（《广州市白云区志》）。区境内的客家人除少数老人以外，大多能说客家话和广州话两种方言。

辖区东面的山区，从北至南沿九连山余脉直到白云山麓，到萝岗丘陵，都有客家人聚居。如：九佛镇的凤尾、棠下、佛朗、迳下等行政村及红卫农场；钟落潭镇的马洞、马圳、白土、长腰岭等行政村；良田镇的金盆、光明、陈洞等行政村；太和镇的穗丰、兴丰、谢家庄、头陂、白山、大源、和龙、米龙、石湖、大沥、草庄、田心、沙亭岗；同和镇的同和、永泰、东平、柯子岭等行政村；萝岗镇的长平、黄麻等行政村。另，石井镇的庆丰村有一自然村是磨刀坑水库区的移民点。

1.1. 太和镇

太和镇位于白云区东北部，该镇大部分是山区，是白云区内客家人聚居最多的一个镇，全镇约有 4 万人，其中客家人有 2.66 万人，占全镇人口的 60% 以上（《广州市白云区志》）。该镇的客家话有"山区客"和"平原客"之分："山区客"分布于东部多丘陵的地区，与增城相邻，语言特点与增城客家话相近；"平原客"分布在西部平原地区，与"本地话"（即广州话）杂处，有受"本地话"同化的情况（参见李新魁等，1995：95）。

1.2. 钟落潭镇

钟落潭镇共有 15 个行政村和钟落潭 1 个居民委员会，总人口约 39000。除说粤方言外，尚有约 2800 人说客家话（李新魁等，1995：91）。

1.3. 石井街

其中新庄、兴隆等社区有 1000 多人讲客家话，系 20 世纪 60 年代的移民。

1.4. 三元里街

以 1841 年抗英闻名天下的三元里街原是客家人的聚居地，但原居民现已大多迁离。

2. 天河区

2.1. 凤凰街

凤凰街下辖的渔沙坦村和柯木塱村 95% 以上的村民都是客家人。这两个村的居民大多来自梅县、蕉岭、大埔等地，日常大多讲客家话、广州话。

2.1.1. 渔沙坦村

渔沙坦，地处广州市东北部丘陵地区，三面环山，共有 12 个自然村；

中山村、金鸡村、黄屋村、水口村、旺岗村、张屋村、大坝村、楼角村、蓝屋村、廖屋村、梁屋村、李屋村。

渔沙坦村的客家人，于清初至清同治年间（1645—1864年间），从粤东地区陆续迁来，至今仍然保留着浓厚的客家特色，客家山歌、婚俗等民间风俗传统完好保存了下来。

渔沙坦村曾分为12支基本上以姓氏划分的生产队，村中主要姓氏有：李、黄、陈、徐、廖、范、梁、蓝、张、曾、温等。从他们的族谱可以一窥。

　a.大坝村陈姓，原籍广东紫金县长乐，后迁至龙川老隆，又迁至广州郊区九佛，再迁至广州河南客家庄（今海珠区）。道光年间，又迁至渔沙坦大坝村。中山村陈姓清光绪年间从增城迁来此地定居。水口村陈姓，于乾隆年间，从福建迁至广东五华县水寨；后又迁至广东紫金，清末又从紫金迁至黄陂水口；1958年，因国家修建水库，于是又从黄陂水口迁至渔沙坦。

　b.剑咀村范姓，其祖先在清朝乾隆年间，从粤东迁徙至渔沙坦剑咀村安家落户。中山村范姓，原居黄陂水口村，1958年上半年，因国家修建天麓湖水库，搬迁至中山县，是年下半年又迁至到渔沙坦。

　c.黄屋村黄姓，于清乾隆初年从广东蕉岭迁来。至今，已有200多年。

　d.渔沙坦何氏，原从梅县迁徙至广州郊区八斗（今白云区），其后迁至黄陂樟坑，再后又迁至筲箕窝横槺岭。1957年建筲箕窝水库时，才迁徙至金鸡村定居，至今约50余年。

　e.蓝屋村蓝姓，为畲族后裔，于清乾隆年间从广东蕉岭迁至渔沙坦开村。蓝姓的畲族后裔都讲客家话。

　f.楼角村李姓，据说祖先为唐西平王，其三十七世祖李仙，于乾隆年间，从广东兴宁县迁往增城河口，清光绪初年又迁至渔沙坦楼角（阁）开基。

　g.剑咀村梁姓，于清乾隆间，从粤东迁来开村定居，至今已200多年。

　h.廖屋村廖姓，于清乾隆年间，从广东兴宁县迁至渔沙坦升村。大坝村廖姓，则是清朝初年从广东紫金县永安迁移来的。剑咀村廖姓，在清朝乾隆年间，从紫金迁来。

　i.犁头咀村练姓，清乾隆年间从紫金迁移来。至今已有200多年。

　j.犁头咀村温姓，清光绪年间从惠州、增城迁来。

　k.渔沙坦谢姓，其祖先从河南固始迁移至福建宁化石壁，明洪武四年（1317），又移居五华长乐（今梅州市），后又移居至广州白云区大原岐山。清末年间，复迁至渔沙坦村。

l. 旺岗村徐姓，原籍广东蕉岭县大路背，后迁徙至惠州。于清乾隆初年（1736年后），迁移至渔沙坦旺岗。

m. 张屋村张姓，清末从博罗迁至广州五仙桥，后又迁至渔沙坦开村落户，至今已有100多年。

n. 犁头咀村曾姓，于清光绪年间从惠州、增城迁来，至今已有100多年，8代。

2.1.2. 柯木塱村

柯木塱属丘陵地形，周边有石狮顶山、公坑顶山、火炉山。地域狭长，沿广汕公路南北两侧分布成13个自然村落：背坪村、新欧村、榄元村、贺屋村、新村、上涂村、邹屋村、杨屋村、方屋村、欧岗村、元墩村、大坪村、新屋村。村民主要由兴宁、蕉岭、河源等地迁来，至今有300多年历史。该地主要姓氏有杨、张、涂、徐、贺、廖、刘、曾、彭、李、黄、邹等，其中：

a. 杨姓：祖先为广东梅县大埔人。

b. 张姓：祖先为广东五华太田村人，后迁到萝岗镇木潗。1958年修木潗水库，再迁到柯木塱。

2.2. 沙河街

广州沙河街是驰名中外的沙河粉发源地。关于沙河粉的来源有不少传说，其中一说河粉起源于客家人，客家人一直把这种食品叫"水粄""粄皮"或"粄条"。传说在一百多年前，一些以打石为业的东江客家人，从粤东一带来到广州沙河谋生，这些客家人善做味美的水粄。客家人的水粄都是用大米磨浆蒸制而成的，皮薄、爽滑、有韧性，后人就把这种产自沙河的美味食物称为"沙河粉"。沙河的客家人多来自揭阳、丰顺、五华等。

3. 越秀区

3.1. 洪桥街

洪桥街的小北路一带有部分人使用客家话。

清同治年间，洪桥大街到小北门城墙内，已有许多客家人居住，他们以家庭式纺织布为生。20世纪40年代左右，有几个广东兴宁、五华等地的客家老板来到越秀山东南面山脚、小北路一带的洪桥街、天香街、大石街、小石街等地开织布厂或作坊，从事染织业的生产，或做蒸酒的生意。这些客家老板雇佣的工人多是来自家乡的客家人。当这些工人在广州立足扎根后，又引来了不少亲朋好友前来投靠。于是，这里的客家人群体不断扩大。

他们最初聚居在广州小北（属越秀区洪桥街办管理）一带，即今洪桥街、三眼井下街、上街、豆腐寮等街巷。

现在，这些街巷里仍有散居的客籍人士，而大多数客籍居民已随儿女搬迁出去。

3.2. 登峰街

西坑社区金贵、长腰岭、清水塘、田螺墩4个村讲客家话。

二、广州渔沙坦客家方言特点

已在广州生活了几百年的广州客家居民，目前仍然保留了客家的文化传统习俗，如渔沙坦的客家居民指操粤方言的广府人为"蛇（畲）佬"，这种称呼在广东惠州、河源、惠阳、东莞客家话中也有，是自认"正宗汉人"的客家人将本地其他汉族居民当作畲族看待（参见刘镇发，2001：30）。

此外，渔沙坦的客家人保留着同音姓氏避讳，如罐子，陈姓居民一般不称"埕"［ts'in˧］，因"埕"与"陈"同音，称之为"瓮"［uŋ˥］；"筜"、"谢"同音［ts'ia˥］，因此姓谢的人不说"上筜坡"或"下筜坡"，而说"上溜"［soŋ˥ liu˥］或"下溜"［ha˥ liu˥］；"羊"与"杨"同音［ŋoi˥］，姓杨的人就称"羊"为"黄猄"［vɔ˧ kiaŋ˥］等等，都是很好的例子。但与强势的粤方言为邻，广州客家方言也不可避免地受到了粤语的影响。

本节以迄今仍为客家人聚居点的天河区渔沙坦的客家话为例，对渔沙坦客话的语音、词汇进行分析，以期显示落户广州的客家方言长期与粤方言接触后的现时面貌。渔沙坦客话的发音人均为该地土生土长的客家人，主要发音人一是陈国芳，女，现任渔沙坦村委会档案室职员，48岁；另一是陈民生，男，现是渔沙坦村委会员工，54岁。

1. 渔沙坦客家话音系

1.1. 声母16个（包括零声母）

p p' m f v t t' l ts ts' s k k' ŋ h ø

1.2. 韵母61个

a ɔ e œ i u ai au eu ɔi œy ia iɔ iu ui iau iɔi

am em im iam iem an en ɔn in un ien nɔi iun

aŋ ɔŋ eŋ œŋ iŋ uŋ iaŋ iɔŋ iœŋ iuŋ ui ŋuan m

ap ep ip iap at ɔt et it ut iet

ak ɔk ek œk ik uk iak iɔk iuk

1.3. 声调 6 个

阴平 [┐] 44　阳平 [˩] 22　上声 [˩] 21　去声 [˥] 53　阴入 [˩] 2　阳入 [┐] 5

2. 渔沙坦客家话语音特点

2.1. 声母

①古全浊声母今逢塞音和塞擦音,不论平仄,大都念为送气清音,例如:爬_并 p'a ˩ ∣ 步_并 p'u ˩ ∥ 台_定 t'ɔi ┐ ∣ 惰_定 t'ɔ ˩ ∥ 瓷_从 ts'ɿ ˩ ∣ 自_从 ts'ɿ ˩ ∣ 绸_澄 ts'au ˩ ∣ 袖_澄 ts'iu ˥ ∥ 豺_崇 ts'ɔi ˩ ∣ 闸_崇 ts'ap ┐ ∥ 葵_群 k'ui ˩ ∣ 柜_群 k'ui ˥。

②部分古非、敷、奉母字,口语读 p、p',如:发 pɔk ┐ ∣ 肺 p'ui ˥ ∣ 肥 pui ˩。

③古泥、来母合流,念 l 声母,如:你 = 李 li ┐ ∣ 努 = 鲁 lu ˩。这是受粤语影响。

④古精、知、照组声母合流,念 ts、ts'、s,如:左 tsɔ ˩ ∣ 猜 ts'ai ┐ ∣ 碎 sɔi ˥ ∣ 珍 tsin ┐ ∣ 趁 ts'in ˥ ∣ 陈 ts'in ˩ ∥ 庄 tsɔŋ ┐ ∣ 创 ts'ɔŋ ˥ ∣ 森 sim ┐。

⑤有唇齿浊擦音声母 v,出现在古晓、匣、影、喻母合口韵字,如:唤 vɔn ˥ ∣ 禾 vɔ ˩ ∣ 枉 vɔŋ ˩ ∣ 划 vak ┐ ∣ 颖 viŋ ┐。

2.2. 韵母

①没有撮口呼韵母,如:猪 tsu ┐ ∣ 煮 tsu ˩ ∣ 预 i ˥。

②保留了古鼻音韵尾 -m、-n、-ŋ 和塞音韵尾 -p、-t、-k,如:蓝 lam ˩ ∣ 帆 fan ˩ ∣ 岗 kɔŋ ┐ ∥ 甲 kap ˩ ∣ 法 fat ˩ ∣ 逼 pik ˩。

③受粤语的影响,渔沙坦客话也出现了 œ 系列的韵母,但这些韵母管的字不多,主要出现在宕摄开口三等字中。有的韵母只出现在个别音节中,如:靴 hœ ˩ ∣ 驴 lœy ˩。见表一。

表一

	例字	渔沙坦客家话	梅县客家话	粤语广州话
1	靴	hœ ˩	hio ┐	hœ ┐
2	驴	lœy ˩	lu ˩	lœy ˩
3	想	sœŋ ˩	siɔŋ ˩	sœŋ ┐
4	强	k'œŋ ˩	k'iɔŋ ˩	k'œŋ ˩

续表

	例字	渔沙坦客家话	梅县客家话	粤语广州话
5	羊	iœŋ ˩	ioŋ ˩	jœŋ ˩
6	量	liœŋ ˩	lioŋ ˥	lœŋ ˩
7	芍	ts'œk ˩	sok ˩	ts'œk ˩
8	脚	kœk ˥	kiok ˩	kœk ˧

2.3. 声调

①声调6个，调类的分合与声母的清浊有关。

②古平声按声母清浊分阴阳，清声母字今读为阴平，浊声母今读为阳平，如：多 tɔ ˥ ｜煎 tsin ˥ ｜鹅 ŋɔ ˩ ｜其 k'i ˩。入声也依清浊分阴阳，如：敌 t'ik ˩ ｜竹 tsuk ˥ ｜麦 mak ˥ ｜舌 set ˩。

③上声、去声不分阴阳，但古上声全浊声母大部分读去声，如：罪 tsui ˥ ｜赵 tsau ˥ ｜痔 tsʅ ˥。古次浊声母大部分读为阳平，如：老 lau ˩ ｜马 ma ˩ ｜秒 miau ˩；一部分读阴平，如：买 mai ˥ ｜鲤 li ˥ ｜美 mui ˥。古去声字大多读为去声，如：帽 mau ˥ ｜地 t'i ˥ ｜碎 sɔi ˥；一部分读阴平，如：毅为 ŋai ˥ ｜柜 k'ui ˥ ｜兑 tɔi ˥。

3. 渔沙坦客家方言的词汇特点

3.1 渔沙坦客家话词汇的传承

渔沙坦客话保留了许多客家方言的老说法，并且一直传承至今，我们选了几个颇具特征的词，将其与客家方言的代表点梅县客家话，以及广州粤语作比较：

表二

	概念	渔沙坦客家话	梅县客家话	粤语广州话
1	番石榴	□pak ˥	□pat ˥	番石榴 fan ˥ sɛk ˩ lɐu ˩˥
2	蝙蝠	蝠婆 p'it ˥ p'ɔ ˩	蝠婆 p'iɛt ˥ p'o ˩	蝠鼠 fuk ˥ su ˩
3	水蛭	湖蜞 fu ˥ ki ˥	湖蜞 fu ˩ k'i ˩	蜞㽞 k'ɛ ˩ na ˩
4	拜访	逻人 la ˩ ŋin ˩	逻人 la ˩ ŋin ˩	探亲戚 tam ˩ ts'ɐn ˥ ts'ik ˥
5	山沟	河沥 hɔ ˩ lak ˩	坑沥 haŋ ˥ lak ˩	山沟 san ˥ k'ɐu ˥

续表

	概念	渔沙坦客家话	梅县客家话	粤语广州话
6	父母	爷娭ia˩ ɔi˥	爷娭ia˩ oi˥	老窦老母lau˥ tu˧˩ lau˩ mou˩˧
7	儿子	徕子lai˥ tse˩	徕子lai˧ ie˩	仔tsɐi˥
8	舌头	舌嫲sek˥ ma˩	舌嫲set˥ ma˩	脷lei˩
9	萤火虫	火焰虫foi˩ iam˥ ts'un˩	火焰虫foi˩ iam˩ ts'un˩	萤火虫jiŋ˩ fo˧ ts'uŋ˩
10	闪电	火蛇眨fo˩ sa˩ ɲiap˥	火蛇口fo˩ sa˩ e	闪电sim˥ tin˩

上表渔沙坦客家话中的说法与梅县客话一致，而不同于广州粤语。

3.2 渔沙坦客家话词汇的变化与发展

渔沙坦客家话词汇在传承的同时，也在岁月的流逝中慢慢接受粤方言的影响，产生了新的变化，例如：客话表示性别的特征词缀通常有"公""牯""婆""嫲"等，而在渔沙坦客话中，几乎不用"牯"，常用的词缀是"公""婆""嫲"，如：公狗、公牛、公马等。梅县客话的"狗牯 kieu˩ ku˩｜牛牯 ŋiu˩ ku˩｜马牯 ma˥ ku˩"，渔沙坦客话叫"狗公 keu˥ kuŋ˥｜牛公 niu˩ kuŋ˥、马公 ma˥ kuŋ˥"。另外，有的词语的意思也有了变化。如梅县客话"挨 k'ai˥"表示用扁担挑东西，而渔沙坦客话的"挨 k'ai˥"却有很多用法，不仅表示挑东西，还含有"拿、掏"等意思，词义扩大了。

客家话的常用词"粄 pan˩（点心）"，指米制糕点，《玉篇·米部》："粄，米饼。"《广韵》上声缓韵博管切："粄，屑米饼也。"梅县客家人的米制糕点都叫"粄"，如年糕为"甜粄"，还有面粄、发粄、艾粄、软粄、硬粄……但是渔沙坦客家人仅以其指糯米糍一类的甜品，词义缩小了。又如，人称代词，见表三。

表三

概念	渔沙坦客家话	梅县客家话	粤语广州话
我	倻 ŋai˩	倻 ŋai˩	我ŋɔ˩˧
你	尔 ŋi˥	尔 ŋi˩	你lei˩˧
他	傒 ki˥	傒 ki˩	傒 k'œy˩˧

续表

概念	渔沙坦客家话	梅县客家话	粤语广州话
我们	倻哋ŋai˨ ti˥	倻兜ŋai˨ teu˥ / 倻等人 ŋai˨ ten˥ ŋin˨	我哋ɔ˩ tei˨
你们	尔兜人ŋi˥ teu˥ ŋin˨	尔兜ŋi˥ teu˥/尔等人ŋi˥ ten˥ ŋin˨	你哋lei˩ tei˨
他们	佢兜人ki˨ teu˥ ŋin˨	佢兜ki˨ teu˥/佢等人ki˨ ten˥ ŋin˨	佢哋kʻœy˩ tei˨

渔沙坦客话的人称代词大致还是和梅县客话相同的，不过代词的复数形式还是出现了一些变化，如表示"你们""他们"的形式。而称"我们"为"倻哋"，则明显受了广州粤语影响，这一代词前一语素"倻"体现客家话特征，而后一语素，表示复数的"哋"却是地道的粤语特征。代词本来是封闭的词类，不容易受到影响，因此，这一细小的变化极应受到关注。

再看一些渔沙坦客家话词汇接受粤语影响的例子，见表四。

表四

	概念	渔沙坦客家话	梅县客家话	粤语广州话
1	父亲	老窦lau˨ tɐu˩	阿爸a˥ pa˥	老窦lau˩ tɐu˨
2	母亲	老妈子lau˨ ma˥ tsi˩	阿姆a˥ me˥	老妈子lau˩ ma˥ tsi˩
3	老太婆（通称）	伯爷婆pak˨ ia˥ pʻɔ˨	老阿婆lau˨ a˥ pʻɔ˨	伯爷婆pak˨ jɛ˥ pʻɔ˩
4	妇女	婆嫲pʻɔ˨ la˥	妇人家fu˩ ŋin˨ ka˥	婆嫲pʻɔ˨ na˩
5	元（钱）	文mun˥	块kʻuai˩	文mɐn˥
6	扫墓	拜山pai˩ san˥	醮地sai˥ tʻi˩	拜山pai˨ san˥
7	杀（动物）	劏tʻɔŋ˥	刣tʻai˨、宰tsˆ˩	劏tʻɔŋ˥
8	寻找	揾vun˨	寻tsˆim˨	揾wɐn˨
9	马上	嗱嗱声la˨ la˨ saŋ˥	力历lit˥ lak˥	嗱嗱声la˥ la˥ sɛŋ˥
10	湿淋淋	湿□□sip˥ lap˨ lap˨	溚湿tap˨ səp˨	湿□□sɐp˥ lɐp˨ lap˨

广州地区的客家方言岛在广府人聚居地的包围之中，由于在广州"土生土长"，与广府人接触频繁，以及受到粤语媒体的强大影响等等，使用人数与流行区域逐渐缩小，同时，客话中的粤语成分不断增加，或许在将来，这里的粤客双方言区最终会演变为单一的粤方言区。

参考文献

[1] 广州市天河区地方志编纂委员会编：《广州市天河区志》，广州：广东人民出版社，1998年。

[2] 广州市越秀区地方志编纂委员会编，李廷贤主编：《广州市越秀区志》，广州：广东人民出版社，2000年。

[3] 广州市白云区地方志编纂委员会编：《广州市白云区志》，广州：广东人民出版社，2001年。

[4] 广州市天河区渔沙坦村委员编：《渔沙坦村志》，广州：广东人民出版社，2005年。

[5] 曹保平：《赣南客家地名的特征》，《嘉应学院学报》，2004年第2期。

[6] 曹保平：《客家地名与客家方言》，《语文学刊》，2004年第7期。

[7] 陈修：《梅县客方言研究》，广州：暨南大学出版社，1993年。

[8] 黄雪贞：《梅县客家话的语音特点》，《方言》，1992年第4期。

[9] 李新魁、黄家教、施其生、麦耘、陈定方著：《广州方言研究》，广州：广东人民出版社，1995年。

[10] 李荣主编，黄雪贞编纂：《梅县方言词典》，南京：江苏教育出版社，1995年。

[11] 练春招：《从词汇看客家方言与粤方言的关系》，《华南师范大学学报》，2000年第3期。

[12] 刘镇发：《香港客粤方言比较研究》，广州：暨南大学出版社，2001年。

[13] 刘镇发：《客家：误会的历史，历史的误会》（学术研究丛书），广州：学术研究杂志社，2001年。

[14] 宋伶俐、朴正俸：《成都客家方言岛词汇使用现状调查——以"华阳凉水井客家话"为例》，《暨南学报》，2010年第1期。

[15] 谢永昌：《梅县客家方言志》，广州：暨南大学出版社，1994年。

泰国曼谷半山客话上声读如去声析[*]

陈晓锦

一、引言

泰国的客家人主要来自广东梅州、丰顺、揭西等地，客家方言在泰国一般只在祖籍地为中国客家方言流行区的中、老年华人中流通。本文讨论的是祖籍地为广东揭西的客家人讲的半山客话之上声调问题。"半山客"是使用这种话的华人的自称，他们以此区别也使用客家方言，但祖籍地为广东梅州等地的"深客"。由于处在泰语和潮州话等的包围之中，曼谷半山客话既留存了带自母体方言的特点，也不可避免地受到了各种影响。半山客话"上声读如去声"之特点就与曼谷潮州话的影响很有关系。

本文的材料来自笔者的曼谷实地调查。发音人陈德来先生（男，被调查时78岁，第二代华人）和陈新兴先生（男，被调查时67岁，第二代华人）是兄弟俩，除了会说泰语、华语、潮州话，两位陈先生的半山客话也很流利，调查中常会举例说明半山客话与深客话的区别，例如："艾"半山客音 ŋe^{42}，深客音 ŋai^{42}；"街"半山客音 ke^{33}，深客音 kai^{33}；"去"半山客音 kʻɤ^{42}，深客音 kʻi^{42}，等等。陈德来先生经常在曼谷的中文报刊上发表一些客家山歌等作品，而最让人惊讶的是，能读出中国社会科学院语言研究所编的《方言调查字表》里的大部分字的陈新兴先生统共只读过一年书，他的汉语知识基本上是自学来的。

---

[*] 本文为广东省社科规划项目"泰国潮、粤、客方言比较研究"之成果。

二、曼谷半山客话的声母、韵母、声调

1. 声母 18 个，包括零声母

p pʻ m f v t tʻ n l ts tsʻ s z k kʻ ŋ h ø

2. 韵母 60 个，包括 1 个自成音节的声化韵

单元音韵母　　a e ɿ i ɔ u

复元音韵母　　ai ɔi ei au eu ɔu ia iɔ iu ui ue uɔ ui iau uai

鼻音韵尾韵母　am em im iam an en ɔn iɔn un in iun uan aŋ ɔŋ iŋ uŋ iaŋ iɔŋ iuŋ

塞音韵尾韵母　ap ep ip iap at et ɔt it ut uat uet ak ɔk ik uk iak iɔk iuk

声化韵母　　　n̩

3. 声调 6 个

阴平 33　阳平 24　上声 21　去声 42　阴入 2　阳入 5

古平、上、去、入四声在曼谷半山客话中平声、入声各依声母的清浊分阴阳，上声、去声不分，如同国内的大多数客家方言。声调中还有一个与国内大多数客家方言相同，堪称客家方言特征的特点，即，部分上声清声母和浊声母字，还有一些去声的清声母字读为阴平。例如：錶[帮]piau33、鸟[端]tiau33、估[见]kʻu33、买[明]mai33、鲤[来]li33、软[日]ŋiɔn33、藕[疑]ŋeu33、伴[並]pʻan33、稻[定]tʻau33、柱[澄]tʻsu33、拒[群]kʻi33、厚[匣]pʻun33。

曼古半山客话另一特点却较为鲜见，那就是，相当一部分上声字读如去声。

三、曼谷半山客话上声读如去声分析

中国社会科学院语言研究所的《方言调查字表》共收了上声字 752 个，其中有 46 个发音人无法提供读音，这些字是：瘵、盬、褚、苎、孺、殆、廗、奋、獭、鈚、佗、豕、秕、雉、髓、揣、聪、糗、掩、廳、魘、舔、簟、檩、葚、辇、囷、趼、笕、瞳、宪、龈、忖、磔、操、辋、攘、搆、濚、蠓、冢、晃、鲞、骒、俟、麽。

其余的上声字有 237 个曼谷半山客话不读上声 21 调，读去声 42 调。也就是说，读去声 42 调的上声字数量不少，大约占了全部上声字

的三分之一。上声读如去声的字，不以声母的清、浊为界，清声母字、浊声母字都有，但我们注意到，这些字中的相当部分是同样流行在曼谷的华人社区，并且在华人社区中位居第一的汉语方言曼谷潮州话里读阴上53调的。

要清楚地解释这点，我们有必要先了解一下曼谷潮州话的声调系统。曼谷潮州话如同中国广东的潮州话，有八个声调，古平、上、去、入四声各依声母的清浊分阴阳，阴平调值33，阳平调值55，阴上调值53，阳上调值35，阴去调值213，阳去调值11，阴入调值2，阳入调值5。将半山客话上声读去声的字与潮州话这些字的调值相比较，可以帮助我们寻求半山客话上声字调值产生变化的原因。

以下例子括号外的是曼谷半山客话所有上声读如去声的字，括号内的是曼谷潮州话的读法，潮州话的例子按例字的不同调值分列，读阴上53调的排在前面，然后才是读其他调值的，潮州话发音人不能提供读音的例字也分别注明。

清音声母字

帮母　簸、鄙、比、饱、表、板、版、扁、匾、本、秉、饼、保、堡、宝（53调：鄙、比、饱、表、板、版、扁、匾、本、秉、饼、保、堡、宝；213调：簸）

滂母　剖（35调：剖）

端母　肚_{猪肚}、抵、倒、胆、典、等、打、短、断_{断绝}、点（53调：抵、倒、胆、典、等、打、短、点；35调：肚_{猪肚}）

透母　体、讨、腿（53调：体、讨、腿）

非母　府、俯、腑、斧、否、粉（53调：府、俯、腑、斧、否、粉）

精母　左、祖、宰、载、姊、挤、早、枣、盏、嘴、澡、酒、剿、剪、攒、纂、奖、桨（53调：左、祖、宰、姊、早、枣、澡、纂、桨；33调：剿；213调：挤、嘴；11调：载、盏、攒、奖）

清母　娶、取、采、睬、彩、此、惨、寝、浅、抢（53调：取、采、睬、彩、此、惨、寝、浅、抢）

心母　洗、玺、徙、死、扫、嫂、散、伞、癣、损、笋、榫、醒、悚（53调：洗、死、嫂、癣、损、笋、榫、醒、悚；213调：扫、散、伞、悚；无音：玺、徙）

知母　拄、展、转（53调：展、转；35调：拄）

彻母　耻、丑、逞（53调：耻、丑、逞）

照母　盏（53调：盏）

穿母　楚、铲、处相处、喘、厂（53调：楚、铲、喘、厂；213调：处相处）

审母　耍、使、史、驶、产、爽、省省长、节省、所、洒、数动、暑、鼠、黍、矢、屎、水、陕、闪、赏、响、少多少（53调：耍、使、史、驶、爽、省节省、省长、所、暑、鼠、矢、屎、水、陕、闪、赏、响、少多少；213调：数动；11调：黍；2调：洒）

见母　改、解、鬼、稿、寡、剐、九、久、韭、敢、检、简、柬、拣、管、馆、紧、谨、广、讲、港、境、景、警、颈、矿（53调：改、解、鬼、稿、寡、剐、九、久、敢、检、简、柬、拣、管、馆、紧、谨、广、讲、港、境、景、颈；33调：韭；35调：警；213调：矿）

溪母　启、岂、可、款、犬、肯、孔、杞（53调：启、岂、可、款、犬、肯、孔、杞）

晓母　许、虎、浒、海、贿、悔、喜、嬉、好、晓、喊、险、显、享、响、栩、毁（53调：许、虎、浒、海、喜、嬉、好、晓、险、显、享、响、毁；33调：栩）

影母　椅、袄、懊、掩、碗、影（53调：椅、袄、懊、碗、影；33调：掩）

浊音声母字

并母　陛、鳔、剖、拌、笨、并（53调：笨；35调：鳔、剖、拌、并；11调：陛）

明母　藐、渺、（35调：藐、渺）

奉母　负、愤、忿（35调：负；11调：愤、忿）

微母　舞、鹉、挽、网（53调：舞、鹉、挽；35调：网）

定母　肚肚腹、杜、诞、断断绝、艇（53调：肚肚腹、艇；35调：杜、断断绝；11调：诞、）

泥（娘）母　脑、扭、纽（53调：脑、扭、纽）

来母　李、里、垒、老、篓、卵、陇、垅、两两个、览、揽、槛、累积累（53调：李、里、垒、篓、陇、垅、两两个、文读、览、揽、槛；35调：老、累积累）

从母　皂、靖（35调：皂、靖）

邪母　象、像、橡（35调：象、像、橡）

澄母　纣（11调：纣）

禅母　竖（35调：竖）

日母　耳、饵（53调：耳_文读_、饵；35调：耳_白读_）

群母　件、强_勉强_（53调：强_勉强_；35调：件）

疑母　瓦、拟、蚁、俨、眼、（53调：眼；55调：拟；35调：瓦、蚁）

匣母　沪、解_晓_、蟹、艦、汞（53调：解_晓_、艦；35调：沪、蟹；213调：汞）

喻母　与、引、荞、诱（53调：与、引、荞、诱）

　　以上的例字，曼谷潮州话不读53的字加起来一共只有27个。其中例字全部读53的清音声母有彻母、非母、照母和溪母，浊音声母有泥（娘）母和喻母。如上所述，潮州话在曼谷，在泰国，是华人社区中地位无可挑战的大方言，对当地的其他汉语方言有着不可低估的影响，使用其他汉语方言的人士很多也会说流利的潮州话，完全可以说，是潮州话阴上53调调型的影响使得半山客话的上声调产生了调型相似的变化。潮州话的阴上调调值高降，半山客话上声调调值低降，半山客话的调类中本无高降调，产生变化以后的上声字就归入了调型半高降的去声，读成42。

　　上面的上声字有的曼谷潮州话本身并不读阴上53调，但半山客话也读去声，则是由于别的原因造成的。例如，一些音韵地位相同的字的调值引起的一种"连带"作用。如，流摄开口三等上声尤韵见母字"韭"，曼谷潮州话音读阴平 ku^{33}，不读阴上；半山客话音读成去声 kiu^{42}，是因为与"韭"同一音韵地位的"九、久"潮州话音 kau^{53}、ku^{53}，调值53，"九、久"半山客话调值也是42。有的时候，调值的转换不是直接的，例如，效摄开口三等上声宵韵明母字"藐、渺"，潮州话读阳上35调，但同一音韵地位的"秒"字读阴上53调；有意思的是，半山客话"藐、渺"调值变42，相反，"秒"的调值却保持其上声字的原调21。

广东粤方言完成体标记的
共时与历时研究*

甘于恩

粤方言的完成体标记是认识粤语语法特色的一个重要节点。对于粤语的语法特点，较普遍的认识是内部分歧小，这种观点始自《汉语方言概要》（"粤方言内部分歧不大"，第177页），后来不少学者沿用，如"粤方言内部分歧不算很大"（詹伯慧主编2002，第101页），或说"粤方言是汉语中与普通话及其他方言相差较大、内部则较为一致的一种强势方言"（刘丹青2000、2010）。随着越来越多的调查材料的问世，我们觉得这种说法与事实并不相符。以前之所以有这种认识，主要原因有二：一是我们对粤语的调查不够深入，不少深具特色的粤方言未曾得到研究；二是研究方法、手段存在缺陷，未能揭示粤语语法的深层特点，包括区内方言的隐性差异。本文以完成体标记为例，反映粤语内部的语法差异，说明基于语言事实的方言语法研究，对于方言语法学的精确建构，具有重要价值。

一、广东粤方言完成体标记的分类与分布

1. 分类与分布

《广东粤方言概要》说粤语"完成体用'咗'或'□ hɛu'等"（詹伯慧主编2002，第113页），是一种比较笼统的说法。以下以表格形式将各类标记列出：

---

* 本研究获得以下基金资助：2013年度国家社科基金重点项目"粤、闽、客诸方言地理信息系统建设与研究"（项目号13AYY001）、国家社科基金2004年度项目"广东粤方言地图集"（项目号04BYY032）。

广东粤方言完成体标记的共时与历时研究　77

表 1　完成体标记的分类与分布

序号	语音形式	书写形式	通行地点	备注
1	tsɔ³⁵	咗、唨	广州（海珠、黄埔）、香港、澳门、番禺（市桥、万顷沙）、佛山（市区）、南海（桂城）、深圳、宝安（新安、沙井）、从化（街口、神岗）、东莞（麻涌）、高要、电白（羊角）、封开（罗董）、佛冈（石角）、花都（新华、北兴）、韶关（市区）、曲江（马坝）、仁化（县城）、乐昌（乐城）、乳源（桂头）、连州（市区）、连南（三江）、清新（龙颈、太和）、新会（荷塘）、信宜（金垌）、云浮（云城）、湛江（赤坎）、化州（河西）、肇庆（端州）【35】	1.语音形式以广州话（含海珠、黄埔2点）； 2.电白（羊角）现属茂南区； 3.云浮（云城）以"咗"为主，偶用a； 4.湛江（赤坎）、化州（河西）"佢冲咗凉"、"佢冲凉嗲[tɛ²¹]"两种说法皆存。
2	a/ɛ/e/ə	啊、哦（或同音形式）	东莞（常平）、博罗（长宁）、高明（明城）、南海（九江、丹灶）、三水（西南）、顺德（大良）、增城（荔城）、江门（蓬江杜阮、江海礼乐）、台山（台城、四九）、开平（赤坎）、新会（会城、司前）、鹤山（沙坪、古劳）、斗门（井岸、莲溪）、中山（古镇）、广宁（南街、石咀）、怀集（甘洒、马宁）、四会（市区、石狗）、海丰（鹅埠）、连州（清水）、罗定（船步、素龙）、英德（浛洸）、郁南（千官）、云安（六都）【33】	1.台山包括台城、四九2点；高明包括明城、西安2点； 2."哦"的写法见《粤西十县市粤方言调查报告》第732页，对应于四会白话的[e²¹]； 3.罗定（素龙）表示完成还可以采用别的形式，如"收了衣服"说成"收得衫翻"； 4.三水（西南）、郁南（千官）也用"咗"； 5.斗门（井岸）应是两种形式ə⁴⁵和"开"并用，前者为多； 6.南海西樵、沙头、金沙（东联）、桂城（虫雷岗）、大沥（兴贤）使用此标记，但未计入。

续表

序号	语音形式	书写形式	通行地点	备注
3	hɐu/hɛu/heu/ha/he/hɔ	休（唙）	东莞（莞城）、佛冈（汤塘）、佛山（禅城）、顺德（陈村）、三水（芦苞、乐平）、封开（南丰）、深圳（大鹏、南头）、英德（英城）、阳山（阳城）、中山（三角）、珠海（前山）【14】	1.陈晓锦（1992）曰东莞（莞城）完成体标记为"起"，可能与调查点的选取不同有关；2.禅城包括张槎、澜石2点；3.中山（三角）完成体标记读 hɔ¹¹（上阴平）；4.顺德（陈村）也用"咗"。
4	tei/tɛ³¹	嗲	茂名（新坡）、电白（七迳）、遂溪（遂城、北坡）、高州（曹江、西岸）、化州（合江）、吴川（梅箓）、湛江（坡头）【9】	1.电白等地的完成体标记尚未成熟，与经历体的界限不太清晰，"游咗三次水"（游了三次泳）说成"游过三次水"，而［tɛ³¹］一般只置于句末，如"佢洗身tɛ³¹"（他洗澡了）；2.遂溪（北坡）、湛江（坡头）的tei/tɛ只置于句末，如"佢洗身tei"，或不用tei而用其他句末语气；3.化州（合江）、高州（曹江）tɛ³¹可以置于动宾之间。
5	kuɔ/ku	过	开平（月山）、恩平（沙湖）、高明（更合）、连山（吉田）、廉江（廉城、吉水）、肇庆（鼎湖）【7】	1.开平（月山）有时用表完成的语气词；2.连山（吉田）"过"与句末语气词liu³⁵结合使用；3.廉江（廉城、吉水）与经历体共用"过"（或配合使用［tɛ］）。
6	pou	逋（嘈、啵）	阳春（春城、潭水）、阳西（织篢）、德庆（德城、高良）、中山（石岐）【6】	1.阳西（织篢）pou或读pə³³；2.中山（石岐）"逋"读送气音，音为phu⁵⁵。
7	piu⁴⁵/piu⁵⁵	□	新兴（新城、天堂）①【2】	
8	put⁵	□	阳春（春湾）【1】	
9	pʰoi⁴⁴	□	博罗（罗阳）【1】	

---

① 张燕芬（2010？）提到天堂有"标"［peu］、"唙"（休）［heu］两种说法，其中天堂内洞说"标"，天堂（镇）说"唙"（休）。《广东粤方言地图集》所调查的地点应是前者。新兴各地主要说"标"，主要有：稔村、水台［pə］、太平、六祖、里洞［pə］或［pu］（据张燕芬2010？）。

续表

序号	语音形式	书写形式	通行地点	备注
10	phau^{33}	抱	惠州（本地话）【1】	1.《东江中上游土语群研究》曰："全部或绝大多数土语都用体态词'抱'或挑高调值来表示完成体"。（183页） 2.刘若云（2006，168页）说："惠州话体貌助词'抛'、'阿'用在动词之后，表动作的完成。"
11	hɔi/hoi	开	龙门（龙城、路溪）、信宜（东镇）、徐闻（南华）、增城（朱村）①【5】	1.龙门（路溪）常不用完成体标记，而用表完成的语气词"啰"； 2.徐闻（南华）"开"为完成体标记，配合使用句末语气词tei，且并用"咗"。
12	tu^{33}/tou^{33}	都、嘟	恩平（江洲）、阳东（东城、雅韶）、阳江（江城）、阳西（儒洞）【5】	恩平（江洲）与a并用
13	hi^{35}	起	清远（横荷、洲心）【2】	有时也用ə^{35}
14	kuaŋ^{53}	光	连山（禾洞）【1】	
15	la^{21}	□	吴川（吴阳）【1】	阳春（潭水）"游了三次泳"说成"游了le^{35}三次水"，与吴阳有一定的相似性，但完成体标记主要还是"通"
16		紧	南海（盐步）②【1】	进行体标记为"紧+宾+处/度"
小计			122	盐步点材料引自彭小川（2004）

2.总结以上表格，可发现如下几点：

（1）粤语有两种完成体标记较具优势，一是"咗"，在总数122个点中，有35个点通行此标记，占28.7%；另一是"啊"（及其变体），有33个

---

① 增城（朱村）是最接近广州市区使用"开"为完成体标记的方言点，此外南海（松岗、官窑）亦使用"开"作为完成体标记（彭小川 2004）。其实在广州各区，亦见"开"作为完成体标记的方言点，如白云区人和、龙归、江村、新市、石井诸点（李新魁、黄家教、施其生、麦耘、陈定方，1995，第585页）及海珠区部分地区。

② 彭小川（2014）提到使用"紧"做完成体标记的有盐步的横江、平地、联安、六联、河西等地。

点使用或基本使用此标记，占 27%，如果加上清远 2 个点，则通行的比率与"咗"接近。二者相加超过一半，这跟传统认知略有出入，一般以为多数粤语使用"咗"表完成体，但对另一标记"啊"（及变体）则较少注意。

（2）[h-]的说法集中在佛山、南海、东莞、中山（含原属香山县的珠海）以及深圳的乡村地区，北至清远的汤塘、英城、阳城，说"休"的方言也许有一个相对接近的共同源头。14 个点发现有这种用法[①]，占总数的 11.5%。

（3）"嗲"的说法分布于湛江、茂名的多数地点，但城市方言仍有使用"咗"的，"嗲"的说法有一些限制，与"咗"并不完全对当（这点下文还会涉及）。用"嗲"的有 9 个点，占总数的 7.4%，但粤西有 2 个点"咗"配合"嗲"使用，若加此则有 8.9% 的比例。

（4）[p/ph-]的说法见于两阳（阳春、阳西）、德庆和中山（石岐）等 6 点，加上[pi(ε)u]（新兴 2 点）、"抱"（惠州 本地话）、"pʰoi^{44}"（博罗 罗阳）和"put^5"（阳春 春湾）5 点，占 8.9%。

（5）用"过"的有 7 个点，分布在江门（开平、恩平）、佛山（高明）、肇庆（鼎湖）交界地带以及清远的个别点，占 5.7%。

（6）使用"开"和"都"的各有 5 点，分别占 4.1%，但使用"都"的集中于两阳和恩平（江洲），使用"开"的则比较分散。

（7）其他零星的用法分别有："光"（连山【禾洞】）、"la^{21}"（吴川【吴阳】），使用"起"的有 2 个点，在清远、清新（这 2 点有时也用[ə]）。

二、粤方言完成体标记的地理分布研究

从地理上说，我们可以看出粤语完成体标记具有类型分布的意义，主要有如下几点：

2.1 "咗"的使用虽然在广东粤语中属于强势，但主要集中于珠三角广州市各点和港澳 2 点的范围，这些地方基本上可归入"城市粤语"的范畴，其他区域"咗"的使用并不多见，若有，当系后期粤人迁入导致粤语普及所带来（如粤北的韶关诸点，湛江赤坎等点），城市粤语在大都市和县城

[①] 表 1 中未列入南海诸点，包括南海桂城（石碇）、凤鸣（三山）、罗村（务庄、塱沙）、小塘（鹤巢里）、狮中、金沙，皆使用"休"，另官窑的刘边、唐边、黄洞、红星读作[ɛu^{53}]，当是[hɛu]的进一步演变。

比较流行，相应地这些地方也是"咗"通行的区域。换言之，"咗"原先只局限于广府一带，其他地方的"咗"往往有并用形式，这些地方的"咗"是后来叠加上去的。

2.2 "啊"［a/ɛ/e/ə］（调值多为阴去）在佛山、肇庆、云浮、江门四个地级市比较集中，其语源暂不明。这些地方的粤语我们不妨称之为"乡村粤语"（包括勾漏、四邑及佛山市区的周边区域），"啊"类完成体标记应该是西片粤语早期的强势说法（目前仍然强势），并向东渗透至东莞、增城、博罗等地。我们也可以提出一个假设：在广府片粤语进入之前，广东中西部（甚至包括东部的一些地区）的土语主要使用"啊"类完成体标记，广府粤语来到之后，挤压了"啊"类标记的分布空间，形成了目前这种楔形分布的格局（中间"咗"，两边"啊"）。当然，这一假设还有待于从共时和历时的角度予以证实。

2.3 ［h-］（阴平）的分布似乎不太有规律，不过如果考虑了河流的因素，则不难解释。这一标记的走向乃自北往南延伸，从阳山的阳城始，沿着连江进入英德境内（英城），再沿北江与西江会合，进入三水境内（芦苞、乐平），之后是珠江各支流，有两条分叉，一条向南往佛山（张槎、澜石）、顺德（陈村）、中山（三角）、珠海（前山）至澳门（早期的澳门话亦使用"休"），另一条向东往莞城、南头、大鹏。

2.4 "嗲"集中分布于湛、茂两市的乡村地区，这一带早期是闽语通行区（有些地方目前仍然是），粤语的使用乃是近几十年的事，所以我们有理由怀疑"嗲"可能来自非粤语，很可能是操闽语的居民转换母语之后，带入的成分。遂溪（北坡）、湛江（坡头）的 tɛ/tei 只置于句末，功能上与典型的完成体标记"咗"并不相对应，当然，少数方言（化州合江、高州曹江）"嗲"可以居于谓语动词之后、宾语之前，可看出"嗲"从句末语气词过渡到完成体标记的过程。

2.5 "过"作为完成体标记使用，见于江门、佛山、肇庆的交界地带，虽然只有 7 个点（实际上不止 7 点），但颇能反映早期粤语完成体与经历体并无明显分野的事实（这其实也是早期汉语的事实），完成体与经历体都与过去的时间相关，只不过完成体侧重于已然，经历体侧重于曾然，涉及的都是过去的动作或状态。粤语的某些方言，"过"可以身兼二职，如廉江（廉城、吉水）粤语完成体与经历体共用"过"，表明这两种体貌在该方言中尚无明确的分工，因此也许可以窥视早期粤语体貌的基本情况——那就是体貌的细微分工尚未出现,语法功能的细密划分并未落实。电白等地也是如此,其完成体标记尚未成熟,与经历体的界限不太清晰,"游咗三次水"(游了三次水)说成"游过三次水",而[te³¹]一般只置于句末,如"佢洗身te³¹"(他洗澡了)。"事实上,'过'作完成体词的情况在广州话中也是常见的。"(吴芳2007,329)尤其是一些表心理活动的动词,用"过"表示动作的完成是很常见的,如"佢谂过喇,今次一定要去"。

2.6 [p/ph-]主要见于阳春(2点)、阳西、德庆(2点)、中山(石岐)和宝安(沙井)(共用"咗"),似乎较为分散,但如与"都"联系起来,则可以发现,[p/ph-]/"都"主要分布在两阳的漠阳江流域及周边地区。而"都"很可能是[p/ph-]的变异形式,这点下面会继续讨论。

2.7 使用"开"作完成体标记的,属于非典型粤语,与其他方言杂处,如龙门(龙城、路溪)属东江土语(刘叔新认为是早期粤语),信宜(东镇)、增城(荔城)周边都有客家方言。就广府粤语而言,"开"是始续体标记,而非完成体标记,可是客家方言不少是用"开"作完成体标记的①,因而,这几个点的"开"很有可能是借入的语法标记。

三、粤方言某些完成体标记的语源考释

3.1 关于[h-](阴平)的语源讨论。粤语完成体标记使用较为广泛的另一标记声母为h-,调类为阴平(常见的读音形式有[hu]、[hɛu]、[hau]、[he]等)。如:

(1)阳山_{阳城}:佢洗□[he⁵¹]身。(他洗了澡了)
(2)三水_{芦苞}:佢行□[hɛu⁵⁵]出去街。(他上街了)
(3)佛山_{禅城张槎}:我搬□[hɐu⁵⁵]屋喇。(我搬了家了)
(4)东莞_{莞城}:我游□[hɐu²³]三次水。(我游泳游了三趟。)
(5)深圳_{南头}:我嗌晓[hau³³]你几次喇。(我叫了你几次了)
(6)深圳_{大鹏}:啲衫燋晓[hau³³]哦。(那些衣服全干了)
(7)中山_{三角}:我叫敲[hau⁵⁵]你几勾喇。(我叫了你几次了)
(8)珠海_{前山}:我只手袋畀人整烂□[hɐu⁵⁵]。(我的手提袋被人家

---

① 王李英《增城方言志》(第二分册,广东人民出版社,1998)曰:增城客话"表动作完成多用'开',也用'完'"。(第272页)

搞烂了)

（9）佛冈汤塘：风吹开哓［hɐu²³］个度门。（风把门吹开了）

顺德陈村话则三种形式并用"咗"、［hɛu⁵⁵］、［ə⁵⁵］，"咗"是广府片的优势说法，而后二者则可能是早期的用法：

（10）顺德陈村：我食 hɛu⁵⁵ 饭喇／我食［ə⁵⁵］饭喇。（也可以说"我食咗饭喇"）

这个完成体标记在词形写法上各地并不一致，不少地方按照同音原则进行书写，如写作"哓"（深圳南头）、"敲"（中山三角），也有未写词形的，为了客观起见，我们且用方框"□"加注音方式表示。其句法特点是：置于谓语动词和宾语之间，表动作的完成，宾语有时可以省略，则成为"动＋完成体标记"的格式，如顺德陈村"我食□［hɛu⁵⁵］喇"；有时完成体标记似乎可以放在句末，如珠海前山"我只手袋畀人整烂□［hɛu⁵⁵］"，但这个［hɛu⁵⁵］仍然只是体标记，而非句末语气词，因为在［hɐu⁵⁵］之后可加上表完成的语气词"喇"（广州话同此，可说"我食咗喇"，"咗"是体标记），所以例（8）也可说成：

（11）我只手袋畀人整烂□［hɛu⁵⁵］喇。（我的手提袋被人家搞烂了）。

粤语完成体标记［h-］的分布与水系密切相关，北起阳山阳城（是否最北端的粤语点尚有待考察），连江水系连接之，至英德境内与北江汇合，向南进入西江流域，包括佛山境内的三水（芦苞）、张槎、澜石、顺德（陈村）、东莞（莞城）、深圳（南头、大鹏）、中山（三角）、珠海（前山）等地，老澳门话亦用［hɛu］作为完成体的标记（林柏松1988）。［hɛu］声调为阴平，各地粤语语音形式有所差别。这个［h-］的原始形式是什么呢？甘于恩、吴芳（2007）曾经推测"一个比较可能的来源是'开'"（粤语"开"多读 h-母），因为不少粤、客方言都有用"开"表完成体的情形，不过我们也怀疑［hɛu］来自"开"的可靠性，"因为从音韵地位看蟹摄字的韵母多为 -ai、i，读 -ɛu 韵不符音变规律"。同理，读 -ɐu、au 亦不符音变规律。

3.2 ［h-］（阴平）语源的假设。从语义的相关性出发，这里不妨先提出一个假设，粤语的［hɐu］／［hɛu］／［hau］等可能来自古汉语的"休"字。在古汉语中，"休"为动词，意指"休息"，又引申为"停止"、"废止"，可以带宾，如"且如今年冬，未休关西卒"（杜甫《兵车行》）、"休妻"，未见"动词＋休＋宾语"的用法，但"由于'休'常用于句末，又带有'完了'的词义，宋代以后渐虚化，用来表示语气，大体相当于今处句末的'就

是了''算了',带有无奈、忍让、不满的语气"(孙锡信 1999)。例如:

(12)武松笑道:"却才去肚里发一发,我们去休。"(《水浒传》29 回)

(13)丈夫生儿有如此二雏者,异时名位岂肯卑微休。(唐杜甫《徐卿二子歌》)

(14)要来小酌便来休,未必明朝风不起。(李清照《玉楼春》词,例引自孙锡信 1999)

明代"休"还可以用作祈使语气词,但已少见,如:

(15)如今说也没用,不如睡休。(《石点头·瞿凤奴情愆死尽》,例引自孙锡信 1999)

广东明清时期流行的木鱼书也有类似的用法,如:

(16)冼尽铅华归淡泊,女红诸物尽抛休。(东莞木鱼《禅院追鸾》,"冼"应作"洗")

据郭必之、片冈新(2006)研究,19 世纪至 20 世纪初期外国传教士所编粤语辞典及教科书有不少"休"的用例,字形写作"哓",例如:

(17)佢去哓边处呀?(他去了哪儿?Dennys,1874:30,引自郭必之、片冈新 2006)

看来粤方言的完成体标记与古汉语有一定的关系,但未必是直接的继承。而更大的可能是自身从句末语气词逆向演变为完成体标记,这种逆向演变从粤西粤语表完成的句末语气词"嗲"也可以观察到,甘于恩(2011)指出:

粤西的"嗲"实际上有两个,一个是居于谓语动词与宾语之间的"嗲$_1$"(功能相当于普通话的"了$_1$"),另一个是句末的"嗲$_2$"(相当于普通话的"了$_2$")。但是从总体格局来看,"嗲$_2$"占了绝对优势,很明显,"嗲$_2$"时间上应该在前,"嗲$_1$"应该是后起的,合江、曹江的"嗲$_1$"当系受了后来进入的广府粤语"咗"的类型侵袭而产生的——这点在地理上亦较为合理,合江与化州市区河西街相邻,曹江则与羊角相邻,后者完成体标记使用"咗",加上广府粤语在粤西的影响不断加大,这种功能的变化是可能的。换句话说,在化州(合江)、高州(曹江)两点,完成体标记的出现是一种逆向的演化,即"嗲$_2$"→"嗲$_1$",与传统的演变路线有所不同。

换句话说,这类粤语的"休"从近代汉语继承了"休"的句末语气词用法之后,由于句末语气词在语义上与完成体标记具有相似点,从而触发了"休"完成体功能的产生。实际上,也有学者认为,现代汉语标准语的"了$_1$"乃是从"了$_2$"位移而来(收了粟麦←粟麦收了)(俞光中、植田均 1999）。这么说来，粤语的"休"作为完成体标记的演变轨迹，并不是孤立的。倘若属实，则称之为"逆向"未必准确，而应该说是因为位移引起的语法功能的变化（女红诸物尽抛休→尽抛休女红诸物；只手袋整烂休→整烂休只手袋）。

从语音演变层面看，"休"中古音在流开三尤韵晓母，粤语代表点广州话读 jɐu 之类，似与上述各点的语音尚有距离。但各粤语点的语音形式其实与"休"有密切的相关性。以下以表格形式列出各点的读音：

表 2　粤语诸点完成体标记的读音

方言点 \ 读音	完成体标记读音	中古尤韵读音 抽	中古尤韵读音 九	晓母三等声母读音 戏	晓母三等声母读音 歇
阳山阳城	he⁵¹	tʃhau⁵¹	kɐu⁵⁵	hi³³	hit³
三水芦苞	hɛu⁵⁵	tshau⁵³	kɐu³⁵	hi³³	hit³
佛山禅城张槎	hɐu⁵⁵	tshau⁵¹	kɐu³⁵	hei³³	hit³
东莞莞城	hɐu²³	tshau²³	kɐu³⁵	hei³³	khek³
深圳南头	hau³³	tshɐu²¹³	kɐu³⁵	hei³³	hiʔ5
深圳大鹏	hau³³	tshɐu³³	kɐu³⁵	hei²²	khit³
中山三角	hau⁵⁵	tshɔ¹¹	kɔ³⁵	hei³³/hei²¹³	hit²³
珠海前山	hɐu⁵⁵	tshau⁵⁵	kɐu¹³	hi²³	hit³
佛冈汤塘	hɛu²³	tʃhɐu⁵⁴	kɐu³⁵	hi²³	hit³
南海桂城（部分）	hɐu⁵⁵	tshau⁵³	kɐu³⁵	hei³³	hit³
南海官窑	ɛu⁵³	tshau⁵⁵	kɐu¹³	hei³³	hit³
南海小塘（狮北）	jɐu⁵³	tshau⁵³	kɐu³⁵	hei³³	hit³

通过上表可以看到，流摄读 -uɐ 是粤语比较普遍的层次，近于中古流摄的拟音 -əu*①，各点的读法，其实可以视为不同的分化层次：

$$əu^* \to (h) ɐu \to (h) ɐu (eu) \to (h) ɛu (eu) \to (h) au$$
$$\searrow (h) e$$

在东莞莞城话的流摄中，我们还可看到两个主要层次："皱"、"州"分别读 [tsuɐ³³]、[tsuɐ²³]，其他例字则读为 [-au] 韵，流开一个别字

---

① 中古流开一韵母拟音为 əu，开三则带有介音 î。见李新魁（1986）。

甚至读［-ɐu］韵，如"母"［mɐu²³］。这说明几种读法在流摄中都可能并存。同时由于"休"为语法标志，容易产生弱化，导致声母脱落的语音现象，这种现象我们可以在南海官窑的完成体标记中看到：

$$hεu → εu$$

至于晓母在粤语中读 h- 母属于常例，但三等韵有介音ǐ，可能引发粤语声母 h- 向半元音 j- 变化，如广州话"衅"（臻开三晓母）读［jen³³］。我们在南海小塘可以看到这种后期的变化形式［jɐu⁵³］①，其他各点则多保留早期声母 h- 的读法。

3.3 "p-/ph-"语源的讨论。

3.3.1 概说。在广东的阳春（春城、潭水）、阳西（织篢）、德庆（德城、高良）、中山（石岐）6 个粤方言点，完成体标记使用 pou/phou，声调为阴平。但在新兴、阳春（春湾）、惠州，语音表现有所差异。例如：

（1）阳春春城：我搬 pou³³ 屋（我搬了房子）。

（2）阳春潭水：其洗 pou³⁵ 身（他洗了澡）。

（3）阳西织篢：其畀大水淋湿 pou³³/pu³³（他被大雨淋湿了）。

（4）德庆德城：佢送 pou⁴³³ 三本书过我。（他送了三本书给我）

（5）德庆高良：佢游 po⁵²⁻³³ 三次水。（他游泳游了三回）。

（6）中山石岐：佢行 phou⁵⁵ 出去街（他上街去了）。

以上 6 点 pou/po 多数读 33 调，为阴平，阳春潭水读 35 调、中山石岐读 55 调（且声母送气），亦为阴平，德庆 2 点的 433 或 52 为阴去，但粤西阴平与阴去有混的趋势，故声调的同一性大概是没有问题的。

新兴各点完成体标记读为 piu/piɛu，例如：

（7）新兴天堂：风吹开 piu⁵⁵ 度门（风把门吹开了）。

（8）新兴新城：我个手袋畀人舞烂 piu⁵⁵（我的手提袋被人搞破了）。

阳春春湾的完成体标记读为入声，如：

（9）佢 nei⁴⁵ 结 put⁵ 婚啦？（他们结了婚吗？）

惠州城里的同类标记读为送气，且韵母有所不同，例如：

（10）惠州城里：佢哭 phau³³。（他哭了）

惠州城里话的归属学术界尚有争议，不过就完成体标记而言，明显与上述粤方言同源，下文还会加以论述。

---

① 彭小川《南海方言的语法特点》，《粤语论稿》（2004，100 页）用同音形式"优"代替。

3.3.2 解说。为了简洁起见，我们将上述各点的完成体标记标写为：pv¹，p 代表双唇塞音（含送气），v 代表元音，右上角的小 1 代表阴调类。现在我们要了解的是，这个 pv¹ 最早的语音形式是什么？其可能的语源又是什么？

我们可以从地理上将粤西至粤中一带的完成体标志联系起来，发现有 3 条比较清晰的演化路径：一条以 pou（或 pu）为起点，阳江江城、恩平江洲的 tou 为一端（声母由双唇塞音变为舌尖塞音）；另一条以 pou（或 pu）为起点，以中山的 phou 为过渡，惠州的 phau 则系演变的另一端（罗阳的 puoi 是否有源流关系待考）；第三条以 pou（或 pu）为起点，直接演变为新兴的［piu/piɛu］（调类亦为阴平）。

我们考察 pv¹ 的演变轨迹，应该是：

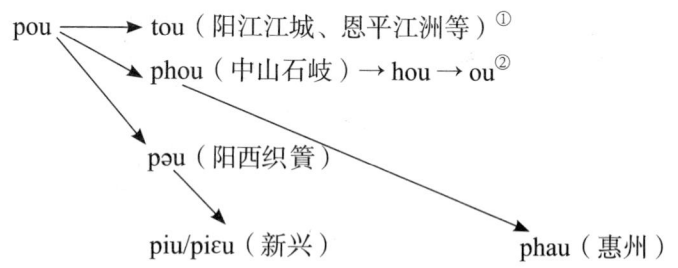

pou ⟶ tou（阳江江城、恩平江洲等）①
　　⟶ phou（中山石岐）→ hou → ou ②
　　⟶ pəu（阳西织簀）
　　　　⟶ piu/piɛu（新兴）
　　　　⟶ phau（惠州）

多数讨论文章，对于上述完成体标记，处理为有音无字的音节，或用同音字代替，如惠州城里话便写作"抛"。但"抛"可能并非真正的语源。

那么，pv¹ 的真正语源是什么呢？我们认为来自古汉语的"逋"。"逋"的中古音韵地位为遇合一平模帮，反切为博孤切，其义项有三：1. 逃亡：~逃。~迁。~荡。2. 拖欠：~负。~租。~债。3. 拖延：~留（逗留）。pv¹ 乃是由"逋"的本义（逃）虚化而来。

"逋"是"逃"的意思，与标准语"了"一样皆具有"消失"义，这是它虚化为完成体标记的语义前提。其虚化的过程，可能先从某些具有时间性、过程性的动词开始（如"吃""做"等），允当结果补语，然后慢慢扩散至多数动词，成为一种体标记（当然，"逋"作为体标记还是有限制的，某些静态动词如"系"、"似"是不可以后接"逋"的，这点与共

---

① tou 另一可能的语源是"到"，广西南宁白话疑问句、否定句可用"到"（音［tu³³］，调值为阴去）作完成体标记，如：空调坏到吗？冇坏到。但南宁"到"在这里只是动相补语，真正的完成体标记是"晒"。关于动相补语与完成体标记的区别，请参看吴福祥（2009：156）。

② 在赵元任的《中山方言》中，phou 有两个变体：hou 与 ou，见例 15 "我哋都喫 phou⁵⁵（或 hou⁵⁵, ou⁵⁵）晚饭咯"（第 68 页）。

同语是一致的)。

前面讲到 pv¹ 的第一条演变路线以 tou(汉字写同音字"都")为一端。说"都"的方言点有：恩平(江洲)、阳江(江城)、阳东(东城、雅韶)、阳西(儒洞)，共5点，因为"都"可能与粤语的动相补语"到"有联系，所以我们必须解决"逋"演变为"都"的机理和可能性，必须解答"都"是否真正来自"逋"的疑问，换句话说，以下演变公式是否成立，值得探讨：

pv¹ → tv¹

阳春、阳西一带方言的完成体标志，音 [pou³³]（更早的读音形式有可能是 *pu)。"都"声调为33调，在恩平归入阴平去调，但阳江江城、东城一带属于阴平调，估计"都"属阴平调的可能性较大。因此，单从调类来说，"逋"与"都"的类别大体一致。从语音演变机制来看，二者惟一的差异在于，"逋"的声母为双唇塞音，"都"为舌尖前塞音，发音方法一样，而发音部位亦比较靠近，因此，从唇塞音变读为舌尖塞音，是非常可能的。粤西、粤中一带的粤语，不少方言"踢"字读为 ph- 声母，如：

方言点	读音一	读音二
恩平江洲	tʰek³	pʰiak³
台山台城	—	pʰiak³
斗门南门	—	pʰiak³
郁南都城	—	pʰiak³

"踢"为透母字，多数粤语读 th- 母，但读音二读为 ph-，是为滂母的读法，4个点都有此读，不可能是误读，说明 th- 与 ph- 具有互变的可能(无独有偶，客家方言也有这种 th-↔ph- 音变的事例，引自江敏华)。既然如此，帮母也可能向端母的方向演变。故此，pv¹ → tv¹ 作为一种特殊的、区域性的语音演变法则，在粤语中是成立的。

3.4 "嗲"的语源："嗲"粤西一带音 [tei/tɛ]，调值多为阳去(31或21调)。其语源很可能来自闽语的 [lɛ]("伫地"的合音)[①]，"伫地"

[①] 林华勇、郭必之(2010)谈到廉江粤语的"紧□[tɛ²¹]"(即将实现体标志)时，认为"廉江粤语的即将实现体大概源自客语的'紧□[tɛ²¹]'。紧与实现体标记'□[tɛ²¹]'词汇化并在词汇化过程中产生了语音的变化"(第91页)，可备一说。不过廉江客话的即将实现体的标记是"紧欸"，"欸"[ɛ]的声调是阴平，廉江粤语的"□[tɛ²¹]"是否就源于"欸"，仍有可疑之处。

的本义是"在那儿",引申为持续体标记,如"伊 lɛ 食饭"(他在吃饭),但是持续的语义与动作变化没有绝对的界限。如吴福祥(2009)在论证普通话完成体标记"了"的来源时说过:"由动词+完成动词'了'构成的'动+了'格式,通常隐含'时间持续'和'数量变化'两项语义特征。""持续"也可以视为一种连续的静态动作,如果将功能扩展至动态动词上,则很可能触发完成体标记的产生。这从遂溪(北坡)、湛江(坡头)的 tɛ/tei 只置于句末也可以看出一些端倪,如"佢洗身 tei",开始时可能仅指"他正在洗澡",后来泛化则指"洗澡"的状态趋于实现(无独有偶,南海盐步的"紧"走的正是这条路),表示一种语气(有人称为"完整体",陈前瑞、张华 2009 认为"现代汉语中词尾'了'的基本功能是完整体")。但这时的[tɛ/tei]还不能视为完成体标记,这跟共同语的"了₂"有异曲同工之妙,吴福祥(2009)说:"'了'字只有见于'动+了+宾'格式,才可以认为是完成体助词。"居中的 tei/tɛ 我们刚好在化州(合江)、高州(曹江)两点中发现,而这种功能的完成,也许是受了粤语"咗"影响,是一种功能的同化,化州(合江)、高州(曹江)的 tei/tɛ 才是发育完善的完成体标记。

四、几点讨论

4.1 体标记的类型交叉:在广东粤方言中,体标记既有地理分布上的完整格局,又有参差不齐的类型交叉。这种交叉体现为:①早期类型与后期类型的交叉(如"休"与"咗");②强势方言与异质方言的交叉(如"咗"与"嗲""起");③功能与类型交叉(如"嗲"在化州(合江)、高州(曹江)可以带宾,功能与河西、羊角的"咗"对应,形式则同于"嗲",但其他点的"嗲"不能带宾)。

4.2 体标记的逆向演化:多数体标记乃是来自实词(动词),就完成体标记而言,最初的动词是"完成、完毕、经过、消失"义类动词,后处于补语位置,即为动相补语,逐渐虚化后成为体标记,最后成为句末语气词(或"完整体标记")。典型的例子是官话的"了"(完了)至"了₁"、"了₂"的演化。不过,并非所有粤语完成体标记都是沿着此路径发展。

回看表 1,我们可以发现,粤西的"嗲"实际上有两个,一个是居于谓语动词与宾语之间的"嗲₁"(功能相当于普通话的"了₁"),另一个是句末的"嗲₂"(相当于普通话的"了₂")。但是从总体格局来看,

"嗲₂"占了绝对优势，很明显，"嗲₂"时间上应该在前，"嗲₁"应该是后起的，合江、曹江的"嗲₁"当系受了后来进入的广府粤语"咗"的类型侵袭而产生的——这点在地理上亦较为合理,合江与化州市区河西街相邻，曹江则与羊角相邻，后者完成体标记使用"咗"，加上广府粤语在粤西的影响不断加大，这种功能的变化是可能的。换句话说，在化州（合江）、高州（曹江）两点，完成体标记的出现是一种逆向的演化，即"嗲₂"→"嗲₁"，与传统的演变路线有所不同：

咗（作用于粤语方言）
↓

佢洗身嗲→佢洗身嗲→佢洗咗身/佢洗身嗲（并用，化州河西）→佢洗咗身嗲（徐闻南华）→佢洗嗲身嗲（化州合江、高州曹江）

4.3 弱势方言体标记的变异：就广东粤方言而言，弱势不单指方言使用人口少，还指方言的类别，主要有这两种：一是原县城方言，二是边界方言。这两类方言特别容易受权威方言（广府片）或邻片方言的影响，产生变异。

县城是县域的政治、经济、文化中心，与省城的交往密切，又由于不少地区方言内部差异较大，需要使用一种具有权威性的语言来进行沟通，但普通话在广东地区通行程度很有限，故广东不少地方采用广州话作为一种"次标准语"，广州话成为政治、经济、文化甚至教学活动的交际语言。这在很大程度上强化了广州话的使用区域，也推动县城方言不断向广州话靠拢，完成体标记自然也无法例外。异化大致有两类，一是替换，如南海(桂城)用"咗"，但非县城的九江、丹灶二点属于第二类的形态，即"啊"类，我们推测早期南海桂城使用"啊"类或"休"类的可能性较大，只是"啊"类后来被强势的"咗"所替代。第二类是并用，这种情况各地甚多，如三水（西南）用"啊"[a]，但"咗"亦并用，前者是固有形式，后者是外来形式。再如云浮（云城）以"咗"为主，也用[a]，体标记仍处在相互竞争的状态中。

边界方言容易受邻片方言的影响，如同样是东莞方言，莞城用"休"，常平用"啊"，但临近黄埔的东莞（麻涌）则同于广州话，用"咗"，与广州海珠区接壤的顺德（陈村）则"休""咗"并用。恩平（江洲）方言处于两阳片和四邑片的交界地带，所以既用"都"，也用"啊"。

参考文献

［1］Dennys, Nicholas B.1874 *A Handbook of the Canton Vernacular of the Chinese Language: Being a Series of Introduction Lessons, for Domestic and Business Purposes*. London: Trübner & Company.

［2］陈伯煇：《论粤方言词本字考释》，香港：中华书局，1998年。

［3］陈前瑞、张华：《从句尾"了"到词尾"了"——〈祖堂集〉〈三朝北盟会编〉中"了"的发展》，冯力、杨永隆、赵长才主编：《汉语时体的历时研究》，北京：语文出版社，2009年。

［4］甘于恩、吴芳：《广东顺德（陈村）话调查纪略》，《粤语研究》，2007年第2期。

［5］甘于恩、许洁红：《一种新发现的完成体标记》，《学术研究》，2013年第3期。

［6］甘于恩、赵越：《粤方言的完成体标记"休"及相关形式》，《中国语文》，2013年第6期。

［7］郭必之、片冈新：《早期广州话完成体标记"哓"的来源和演变》，《中国文化研究所学报》2006年第46期（香港中文大学）。

［8］何伟棠：《广东省增城方言的变调》，《方言》，1987年第1期。

［9］侯精一主编：《现代汉语方言概论》，上海：上海教育出版社，2002年。

［10］黎纬杰：《粤方言的变调完成体》，《第二届国际粤方言研讨会论文集》，广州：暨南大学出版社，1990年。

［11］李新魁：《汉语音韵学》，北京：北京出版社，1986年。

［12］李新魁、黄家教、施其生、麦耘、陈定方：《广州方言研究》，广州：广东人民出版社，1995年。

［13］林华勇、郭必之：《廉江粤语中因方言接触产生的语法变异现象》，《南方语言学》2辑，广州：暨大出版社，2010年。

［14］林柏松：《石岐方音》，暨南大学硕士论文，1987年。

［15］林柏松：《近百年来澳门话的发展变化》，《中国语文》，1988年第4期。

［16］林柏松：《顺德话中的"变音"》，《第二届国际粤方言研讨会论文集》，广州：暨南大学出版社，1990年。

[17] 刘丹青：《粤语句法的类型学特点》，香港《亚太语文教育学报》2000 年 3 卷 2 期；《南方语言学》2 辑，广州：暨南大学出版社，2010 年。

[18] 刘若云：《惠州话动词体貌初探——兼与普通话比较》，《双语双方言》9 辑，汉学出版社，2006 年。

[19] 刘叔新：《东江中上游土语群研究——粤语惠河系探考》，北京：中国社会出版社，2007 年。

[20] 罗竹风主编：《汉语大词典（6）》，上海：汉语大词典出版社，1990 年。

[21] 彭小川：《南海方言的语法特点》，《粤语论稿》，广州：暨南大学出版社，2004 年。

[22] 彭小川：《广州话助词研究》，广州：暨南大学出版社，2010 年。

[23] 单韵鸣：《广州话语法变异研究》，暨南大学博士学位论文，2011 年。

[24] 孙锡信：《近代汉语语气词》，北京：语文出版社，1999 年。

[25] 吴芳：《广东粤方言完成体标志的分布及"咗"的语源》，《第 11 届粤方言研讨会论文集》，南宁：广西人民出版社，2007 年。

[26] 吴福祥：《重谈"动＋了＋宾"格式的来源和完成体助词"了"的产生》，《汉语时体的历时研究》，北京：语文出版社，2009 年。

[27] 杨敬宇：《清末粤方言语法及其发展研究》，广州：广东人民出版社，2006 年。

[28] 俞光中、植田均：《近代汉语语法研究》，上海：学林出版社，1999 年。

[29] 袁家骅等：《汉语方言概要》，北京：文字改革出版社，2 版，1989 年。

[30] 詹伯慧主编：《汉语方言及方言调查》，武汉：湖北教育出版社，2000 年。

[31] 詹伯慧、陈晓锦：《东莞方言词典》，南京：江苏教育出版社，1997 年。

[32] 詹伯慧主编，甘于恩等：《广东粤方言概要》，广州：暨南大学出版社，2002 年。

[33] 詹伯慧、张日昇主编，甘于恩等：《珠江三角洲方言字音对照》，广州：广东人民出版社，1987 年。

[34] 詹伯慧、张日昇主编：《粤西十县市粤方言调查报告》，广州：暨南大学出版社，1998年。

[35] 张洪年：《香港粤语语法的研究》，香港：中文大学出版社，1972年，2007年修订。

[36] 张燕芬：《新兴方言动词体貌研究》，中山大学硕士论文，2010（？）。

[37] 赵元任：《中山方言》，《历时语言研究所集刊》20辑，南京，1948年。

（本文由《粤方言的完成体标记"休"及相关形式》[《中国语文》2013年6期]和《一种新发现的完成体标记——广东粤方言的"逋"》[《学术研究》2013年3期]综合而成，有较大增删。）

河南滑县方言的五类处置式*

胡 伟　甘于恩

一、引言

滑县位于河南省北部，与濮阳、延津、浚县、长垣、封丘、内黄接壤。县城道口镇南距郑州市130公里，北距安阳市70公里，东北距濮阳市53公里，西南距新乡市70公里，西北距鹤壁新市区25公里。滑县县域面积1814平方公里，人口140万，辖12镇10乡1新区。据贺巍（2005），滑县方言属于中原官话郑开片。

滑县方言（以滑县半坡店的语言为例）表示处置意义的格式有五类：单标型处置式、单代型处置式、介代呼应型处置式、介代短语型处置式和简略型处置式。

表1　滑县方言的五类处置式

	处置标记	复指代词
单标型处置式	+	-
单代型处置式	-	+
介代短语型处置式	+	+
介代呼应型处置式	+	+
简略型处置式	-	-

---

* 【基金项目】国家社科基金重点项目"粤、闽、客诸方言地理信息系统建设与研究"（研究号13AYY001）；中国博士后科学基金第56批面上一等资助项目（项目号2014M560691）。

滑县方言中的音变现象丰富，借鉴贺巍（1989）、辛永芬（2006）的做法，子变韵在本韵字右上方加标"Z"，如"桌^Z"；D变韵在本韵字右上方加标"D"，如"卖^D"；合音词在前字的右上方加标"H"。两可的情况用"/"标示。

二、单标型处置式

2.1 处置标记

单标型处置式是有处置标记而无复指代词的处置式。滑县方言中的处置标记读音为[ke^{24}]，与动词"搁"同音，但二者词性和意义在滑县方言中区分明显，处置标记[ke^{24}]是介词，意义相当于北京话的"把"，"搁"为动词，意义为"放"。笔者把处置标记[ke^{24}]记为同音的"搁"。根据贺巍（1989、1993），卢甲文（1992），张恒（2007）的研究和笔者的调查，河南郑州、开封、洛阳、南阳的处置标记主要是"给"。辛永芬（2011）报道浚县方言中的处置标记是"□[kai^{213}]"或"弄^D[no^{213}]"，浚县与滑县毗邻。滑县方言中的处置标记"搁"与上述地区中的"给"和"□[kai^{213}]"应该同源，都来源于"给"。"给"在滑县方言中读为[kei^{55}]，在滑县人的语感中，"给"只有动词一种用法，意义为"给予"，[ke^{24}]只用作处置标记，它们的区分十分明显，"给"的语法化引起了语音等方面的演化。

2.2 语法意义

滑县方言中介词"搁"的作用是引进动词所支配、关涉的对象，充当谓语动词的状语。语法意义是表示由于某种动作或原因的影响而产生某种结果或状态。由于句子中必须出现表示"结果"或"状态"的词语，因此，"搁"字句的谓语结构就要求是复杂的，不能只是单音节动词。

2.3 单标型处置式的分类

李蓝（2013）把汉语方言里有处置标记的处置式分成了五种，这五种在滑县方言里都有"搁"字句对应。

2.3.1 强处置句

强处置句由"处置标记+可见对象宾语+（动作性）VP"构成，动作行为明显，句子的处置义很强。如：搁窗户关^{D}上。

2.3.2 一般处置句

一般处置句由"处置标记+对象宾语"构成，句子有明确的处置对象，但处置义不及强处置句强。如：搁作业写完[D]。

2.3.3 对待义处置句

对待义处置句由"（方向性）处置标记+（指代词）处置对象+（方式性）谓语"构成，主要用来表示用什么方式对待处置对象。如：恁能搁俺咋着？

2.3.4 致使义处置句

致使义处置句由"处置标记+兼语式处置对象+动结式 VP 构成"，句子有明显的致使义。如：电影搁大伙儿都瞧迷了。

2.3.5 命名义处置句

命名义处置句由"处置标记+处置对象+命名义动词+处置结果"构成，用来给处置对象命名。如：大伙儿都搁他叫老王。

2.4 否定词、助动词的位置

否定词以及助动词只能出现在"搁"字结构之前，而不能在它之后。

（1）恁白搁雨伞带过来你别把雨伞带进来。*恁搁雨伞白带过来。

（2）俺能搁事儿办好[D]。*俺搁事儿能办好[D]。

在一些习惯用法中，"不"字可以放到"搁"字结构后面。

（3）忒不搁人当人了。——忒搁人不当人了。

（4）不搁这当回事儿。——搁这不当回事儿。

2.5 构成"搁"字句的动词

构成"搁"字句的动词一般应该有较强的动作性，能够带表示结果的补语或宾语。从动词的性质上说，能进入"搁"字句的动词一般为非持续及物动作动词；"搁"字句的谓语结构要求是复杂的，不能只是单音节动词。

2.6 "搁"字处置式的类型

滑县方言单标型处置式的标准形式为：（A）+搁+B+V+X（A 为施事，B 为受事等，V 是动词或动结式，X 为动词或动结式后的其他成分，下同）。

滑县方言单标型处置式的结构类型主要有十二类。

1）（S）+搁+N+V+趋向补语

（5）俺搁老师嘞衣裳拿过来了我把老师的衣裳拿过来了。

2）（S）+搁+N+V+结果补语

（6）他搁驴嘞腿打折了他把驴的腿打断了。

3）（S）+搁+N+V+动量补语

（7）他搁松瓜片儿又炒[D]一遍他把松瓜片儿又炒了一遍。

4)（S）+搁+N+V+时量补语

（8）他搁衣裳泡^D一整天他把衣服泡了一天。

5)（S）+搁+N+V+嘞+状态补语

（9）他搁屋里扫嘞可干净他把屋里面扫得很干净。

6)（S）+搁+N+V+程度补语

（10）你快搁人烦死^D了你快要把人烦死了。

7)（S）+搁+N₁+V+（给/到/在/成）+N₂+了/吧

（11）我早斗搁碗还给他了我早就把碗还给他了。

（12）他搁这个桌^Z面改成黑板了他把这个桌子面改成黑板了。

8)（S）+搁+N₁+连动结构+了/吧

（13）恁搁俺家嘞红薯捎^D走卖^D吧你把我家的红薯捎走卖了吧。

9)（S）+搁+N+V+了/着

（14）他搁书丢了他把书丢了。

（15）搁门开着吧把门开着吧。

10)（S）+搁+N₁+V+N₂

（16）搁门安把锁把门安把锁。

11)（S）+搁+N+VV

（17）搁恁屋里收拾收拾把你屋里收拾收拾。

12) S+搁+N+一+V

（18）他搁花儿一扔，拿起^H棍儿斗打他把花儿一扔，拿起来棍儿就打。

2.7 "搁"字宾语的特点

伯纳德·科姆里在《语言共性和语言类型》（沈家煊译，1989）一书中提出了生命度和生命等级序列的概念，生命等级序列为：第一/第二人称代词＞第三人称代词＞其他人类名词短语＞动物名词短语＞无生命物名词短语。从语义上看，"搁"的宾语主要是动作的受事，受事对象众多，"搁"的宾语还可以是工具、处所、时间、与事、使事乃至施事。生命度无论高低的词语都可作"搁"的宾语，即生命度等级序列中的五类词语都可作"搁"的宾语。

受事宾语如：

（19）服务员不当心搁茶杯打碎了服务员不小心把茶杯打碎了。

工具宾语如：

（20）写过来写过去，俺搁笔都弄坏了写来写去，我把笔都弄坏了。

处所宾语如：

（21）他搁地面铺上地砖了_{他把地面铺上了地砖。}

时间宾语如：

（22）搁这个月熬过去斗好了_{把这个月熬过去就好了。}

与事宾语如：

（23）俺还有搁衣服钉上扣儿嘞_{我还没有把衣服钉上扣子呢。}

使事宾语如：

（24）他嘞话，搁大娘笑嘞合不上嘴_{他的话，把大娘笑得合不拢嘴。}

施事宾语如：

（25）咋着搁小偷跑了_{怎么把个小偷跑了？}

从信息论的角度看，"搁"的宾语一般是定指的、已知的，前面常加"这""那"或其他限制性的修饰语，否则不好构成"搁"字句。

（26）恁搁那个笔给 ^{D} 俺_{你把那支笔给我。}

（27）汽车搁那个小树儿撞倒了_{汽车把那棵小树儿撞倒了。}

代表不确定的事物的名词不能跟"搁"组合，例如：

（28）他买了可多书_{他买了很多书。} ＊他搁可多书买了。

三、单代型处置式

单代型处置式是没有处置标记而有复指代词的处置式，它的形式为：（B）+（A）+ V^D + 复指代词 +X。这是一种不使用"搁"类标记词而表达处置意义的格式，格式中的动词如果是单音节动词时必须变韵，如果是动词短语时大部分后一个动词变韵，动词后必须有一个代词用来复指受事成分，被复指的受事成分可以在动词前出现，也可以省略。X 是动词后的其他成分，有一定的限制。辛永芬（2011）把方言中与代词复指相关的处置式类型归纳为单代型、介代呼应型、介代短语型、介词与介代短语呼应型、介代短语与代词呼应型五种类型，笔者借鉴了这些名称。单代型处置式与辛永芬（2011）报道的浚县方言中的复指型处置式有所不同，如滑县方言中的复指代词可以省略。

3.1 结构特点

受事成分位于句首，交际过程中受事对象明确，有时可以不出现。施事位于受事成分后，语境中默认为第二人称，可以不出现。如果受事、施事同时出现，一般情况下是受事在前，施事在后。如：

(29) (饭)(你)吃^{D}它 你把饭吃了。

谓语核心为动词或动结式，使用变韵形式，单音节动词重读并变韵，动结式后一个音节大多重读并变韵。这样的动词或动结式有：熬、扒、起、耙、掰、搬、剥、娶、染、挑、贴、停、捅、糊、脱、洗、掀、消、腌、验、种、用、熨、砸、杀、淋湿、扑灭、灌满、喝完、推倒、晾干、擦净、踩死、烧开、叫醒、气死、倒光、砸烂、搅乱、弄落、打烂、打晕、灌迷、放坏、晒黑、戳穿、扳直、修好、弄穷、炸焦、踢翻、拔掉、煮烂、烫平、灌醉、抓紧、晒裂、撵跑、倒空、摆平、挑明、磨平、读熟、背会、算清、洗净、擦干、撂倒、关严、弄脏、晒干、扭弯、哭肿、气病、治好、剪短、弄洒等。

复指代词用来复指受事成分，它后边是零形式或有表示处所、位移的成分。

(30) 鸡儿杀^{D}它 把鸡杀了。

(31) 狗拴^{D}它当院吧 把狗拴到院子里吧。

(32) 那个猪撵^{D}它走吧 把那头猪撵走吧。

动词后不加"它"仅仅表达一种动作，没有处置义；加"它"后，动作就有了处置义。如"喝！"没有处置义，而"喝^{D}它"则表示"把它喝了！"，含有处置义。

"它"还能用于兼语句中，兼语句的前一动词常用"叫、请、喊"等。

(33) 树你叫老二砍^{D}它 你让老二把树砍了。

如果是"扔、丢"等动词时，复指代词"它"也能位于句中，"V它"位于受事的前面做定语，这种句子比较少见。如：

(34) 扔^{D}它嘞书白要了 扔了的书别要了。

3.2 语义特点

3.2.1 生命度越低的受事越容易出现在句首。

与辛永芬(2011)报道的浚县方言中的复指型处置式一致，受事都是定指性比较高的成分，常常位于句首，它能否在句首出现跟这个名词所指称事物的生命度有关，即在生命度等级序列"第一/第二人称代词＞第三人称代词＞其他人类名词短语＞动物名词短语＞无生命物名词短语"中除人称代词外，其他越是位于等级序列后面的成分越容易在句首出现。人称代词作为受事在单代型处置式中不能位于句首。

(35) 鞋恁捎^{D}它来吧 你把鞋捎来吧。

（36）俺嘞牛牵^D它圈里吧_{把我的牛牵到圈子里吧。}

（37）买羊嘞偷^D它走了_{买羊的人把羊偷走了。}

3.2.2 动词语义是使受事的状态或动态发生变化，动词或动结式使用变韵形式。

动词语义是使受事的状态或动态发生变化，如"纸烧^D它"中"烧"改变了纸的状态。在单代型处置式中，当复指代词后为处所成分时，动词变韵是终点格标记，相当于普通话动词后的"到"或"在"。当复指代词后无处所成分时，动词变韵是完成体标记，相当于普通话动词后的"了₁"。如：

（38）馍盖^D它篮^Z里_{把馍盖到篮子里。}

（39）鞋穿^D它_{把鞋穿了。}

3.2.3 复指代词有不同读音，如为轻声该代词容易被省略。

与辛永芬（2011）报道的浚县方言不同的是，复指代词后如果是零形式，整个式子表示一种有结果的处置，复指代词不读轻声，正常发音。如：

（40）饭吃完^D它_{把饭吃了。}

类似的句子还有：床铺^D它。｜画贴^D它。｜锅砸^D它。｜地扫^D它。｜头剃^D它。｜酒喝^D它。｜鞋脱^D它。｜萝卜拔^D它。

复指代词后 X 如果有表示处所的成分或表示位移的成分，它不负载重音，只读轻声，这时的复指代词容易省略，变成了后文中的简略型处置式。

1）X 为表示处所的成分，整个构式意义为将某人或某物移动到某一地方（或抽象地点）。如：

（41）苦水儿恁斗咽^D它肚里吧_{你就把苦水儿咽到肚子里吧。}

（42）那事儿俺早斗记^D它心里了_{我早就把那事儿记到心里了。}

2）X 为表示移动的成分

X 为表示移动的成分，整个构式表示将某人或某物进行移动。

（43）恁撵^D它走吧_{你把它撵走吧。}

（44）俺搬^D它来吧_{我把它搬来吧。}

（45）火烧恁去买^D它来吧_{你去把烧饼买过来吧。}

滑县方言中单代型处置式可以省略代词，变成简略型处置式，这可能经历了这样一个阶段：

（46）那事儿俺早斗记^D<u>它</u>心里了。→那事儿俺早斗记^D心里了。

变化的动因应该是语言的经济性原则在起作用，笔者认为其他方言中的此类处置式也可能会有类似的发展。

3.2.4 复指代词后的成分有一定语义限制：或者是零形式；或者是表示处所的成分，包括抽象的处所；或者是表示位移的成分，一般是"来、去、走、跑"。如：

（47）不要嘞书恁撕^{D}它你把不要的书撕了。

（48）树叶儿恁吹^{D}它筐里吧你把树叶儿吹到筐子里吧。

（49）放好^{D}它再跑啊把它放好再跑啊。

3.3 语法意义

单代型处置式都可以相应地替换为单标型处置式而意义不变。单代型处置式主要用来表示位移处置和结果处置。单代型处置式常用在陈述句或祈使句中，陈述句一般用于表示已然情况，祈使句一般用于表示未然情况。如：

（50）板凳俺搬^{D}它走了啊我把板凳搬走了啊。

（51）板凳恁搬^{D}它走吧你把板凳搬走吧。

四、介代呼应型处置式

介代呼应型处置式是既有处置标记"搁"，又有复指代词的处置句，它用处置介词与复指代词呼应表达处置意义，记做"（A）+搁+B+ V^D+复指代词+X"。

（52）搁酒喝完^{D}它。

类似的句子还有：搁饭倒^{D}它。｜搁电视关^{D}它。｜搁树砍^{D}它。｜搁猪喂^{D}它。｜搁黄瓜摘^{D}它。｜搁蒜苗掐^{D}它。｜搁麦割^{D}它。｜搁柴火烧^{D}它。｜搁书扔^{D}它吧。

受事一般为动物、植物、无生命物等名物词。

介代呼应型处置式结构中的动词一般是非持续性及物动词。这类动词都具有共同的语义特征，那就是都可以表示动作"完成了"或"完成掉"。单音节的动词要变韵，如"喝、倒、丢、关、喝、吃、咽、吞、泼、洒、扔、放、涂、抹、擦、碰、砸、摔、磕、撞、踩、杀、宰、切、冲、卖、还、毁、系、解、忘"。其中句中的"它"复指前面的受事，使句子意义自足完整。

用处置介词与复指代词呼应表达处置意义的句式被广泛使用，与只用处置介词的句式相比，这种强化式所表达的处置意义更为强烈，一般用在语气强烈的祈使句中。

五、介代短语型处置式

介代短语型处置式是复指代词常跟一个起介引作用的介词（滑县方言中的此介词是处置标记"搁"）相邻共现，组成一个介代短语，记做"（B）+（A）+搁+复指代词+V^D+X"。

（53）书搁它买了_{把书买了}。

介代短语型处置式中的动词如果是单音节，后面往往有语气词"了"，"了"有足句和足调的作用，这时的单音节动词不变韵。

六、简略型处置式

简略型处置式是既无处置标记也无复指代词的处置式。简略型处置式有两种不同形式。

1）（B）+（A）+V^D+X。

这种形式是谓语核心为动结式的单代型处置式的省略式。受事是定指的，放在句首，一般是动物名词短语和无生命物名词短语。施事如果出现则放在受事后，谓语核心是动结式，后面一般要跟一个语气词，如"吧"等。要求或命令别人做或不做一件事的语气最强烈。

（54）菜弄烂^{D}它吧。——菜弄烂^{D}吧。

类似的句子还有：米恁吃完^{D}吧。｜布晾干^{D}吧。｜桶倒空^{D}吧。

2）（A）+V^D+B+X

句子中没有处置标记也没有复指代词。受事一般是"恁、俺、他"等人称代词，受事后一般是"来、走"等动词或处所宾语。例如：

（55）接^{D}恁来吧_{把你接来吧}。

（56）俺捎^{D}恁走吧_{我把你捎走吧}。

（57）他差点儿翁^{D}俺沟里_{他差点儿把我推到水沟里}。

七、其他方言中代词复指处置式的相关形式

学界对用代词复指来表达处置意义的现象给予了相当多的关注，根据李新魁等（1995）、黄伯荣（1996）、李如龙和张双庆（1997）、项梦冰（1997）、徐烈炯（1998，2003）、陈淑梅（2001）、左林霞（2001）、麦耘（2003）、朱冠明（2005）、刘丹青（1997，2008）、王东等（2007）、叶祖贵（2009）、辛永芬（2011）、陈山青（2011）的报道，代词复指处置式是一种强势句式。左林霞（2001）报道的孝感方言中这种句式在20世纪50年代以前是唯一的格式。借鉴上述学者的成果，笔者认为有复指代词的处置式在同一方言中主要有下列存在形式类型。

7.1 同一方言中只有一种类型

7.1.1 单代型

（58）那个狗撵^{D}它走吧_{把那只狗撵走吧}。（浚县）

（59）床铺它呕_{把床铺了}。（固始）

单代型处置式在中原官话中比较常见。

7.1.2 介代呼应型

（60）把门关严它。（巢县）

（61）把这盆水泼了它。（英山）

（62）你把我打死它。（孝感）

（63）把门关哒它。（公安）

（64）把事情办好了它。（鄂南）

介代呼应型在中原官话、江淮官话、西南官话中常见。介代呼应型处置式中，处置介词加上复指代词，有加强语气的作用。

7.2 同一方言中有两种类型共存

7.2.1 单代型和介代呼应型共存

（65）柴火垛子烧它_{把柴火垛烧了}。｜你要再乱说，我把你杀了它。（罗山）

（66）侬地板拖拖伊_{你把地板拖一下}。｜拿旧书旧报侪卖脱伊。（上海）

（67）耐衣裳侪汏清爽俚_{你把衣服洗干净了}。｜拿哀两段课文背熟俚_{把这两段课文背熟了}。（苏州）

（68）饮晒啲啤酒佢啦_{把这些啤酒喝了吧}！｜将条颈链卖咗佢，唔系有钱啰_{把项链卖了，不就有钱了}！（广州）

（69）门开咗佢_{把门打开}。｜将啲功课做咗佢，唔喺唔带你哋去睇戏<sub>把这些

功课做完,不然的话不带你们去看电影。(香港)

单代型和介代呼应型共存的方言目前所见有:中原官话罗山方言、吴语区的上海和苏州方言、粤语区的广州和香港方言。

7.2.2 介代短语型和介词与介代短语呼应型共存

(70)酱油逮渠递丐我把酱油递给我。｜你逮妹妹逮渠丐我你把孩子给我。(温州)

(71)撮饭甲伊食了。｜伊将个碗甲伊扣破喽。(潮州)

(72)我双鞋佮伊物对地块去把我的鞋给弄哪儿去了?｜伊对凄凄惨惨趁来许几个钱拢佮伊输到白白去他把辛辛苦苦赚来的几个钱全给输光了。(汕头)

介代短语型和介词与介代短语呼应型共存的方言目前报道有:吴语区的温州方言、闽语区的潮汕方言。介代短语型中的代词用来复指被置于动词前的受事成分,有的方言中是与普通话中"把"对应的介词,有的方言中不一定是与普通话中"把"对应的介词,但这些介代短语在句中是用来表示处置意义的。介词与介代短语呼应型主要存在于闽语和吴语地区,它在用处置介词将受事成分置于动词前的基础上又使用介代短语进一步强化了处置意义,是一种强化处置句式。

7.3 同一方言中有三种类型共存

7.3.1 介代短语型、介词与介代短语呼应型和介代短语与代词呼应型共存

(73)许几个学生共伊叫入来把那几个学生叫进来。｜将大厝共伊卖嘹去,哪会无钱把大房子给卖了,哪能没钱?｜许的钱着共伊开伊了那些钱要把它花完。(泉州)

介代短语与代词呼应型目前见于报道的只有闽语区泉州方言,这种句式可以理解为双重处置,表达了一种强烈的处置意义,是介代短语与复指代词前后呼应的强化句式。

7.3.2 单代型、介代呼应型和介代短语型共存

(74)墙推倒其把墙推倒。｜把电视关咖其把电视关了。｜飞机票把其买哒把飞机票买了。(衡阳)

衡阳方言为笔者的调查。

滑县方言也是这三种形式共存,例子见上文。

单代型、介代呼应型和介代短语型共存的方言目前调查有:中原官话滑县方言和湘语衡阳方言。

四种形式或五种形式共存于同一方言的目前尚未见报道。

八、结　语

　　滑县方言单标型处置式的处置标记为"搁";它的谓语结构要求是复杂的,不能只是单音节动词,动词一般为非持续及物动作动词;"搁"的宾语主要是动作的受事,受事对象众多。单代型处置式中的动词当是单音节动词时必须变韵,当是动词短语时大部分后一个动词变韵,动词后必须有一个代词用来复指受事成分;生命度越低的受事越容易出现在句首,人称代词不能做受事。介代呼应型处置式中的动词一般是非持续性及物动词;介代呼应型、介代短语型处置式用处置标记与复指代词呼应,与只用处置标记的句式相比,这种强化式所表达的处置意义更为强烈。简略型处置式的使用频率最低,有两种不同形式,受事对象明确,祈使语气最强烈。滑县方言中的复指代词可以省略,这体现了语言的经济性。

参考文献

　　［1］伯纳德·科姆里:《语言共性和语言类型》,沈家煊译,北京:华夏出版社,1989年。

　　［2］陈淑梅:《鄂东方言语法研究》,南京:江苏教育出版社,2001年。

　　［3］丁全、田小枫:《南阳方言》,郑州:中州古籍出版社,2001年。

　　［4］甘于恩:《广东四邑方言语法研究》,广州:暨南大学出版社,2010年。

　　［5］贺巍:《获嘉方言研究》,北京:商务印书馆,1989年。

　　［6］贺巍:《洛阳方言研究》,北京:社会科学文献出版社,1993年。

　　［7］贺巍:《中原官话分区(稿)》,《方言》,2005年第2期。

　　［8］黄伯荣主编:《汉语方言语法类编》,青岛:青岛出版社,1996年。

　　［9］李蓝、曹茜蕾:《汉语方言中的处置式和"把"字句(上)》,《方言》2013年第1期。

　　［10］李蓝、曹茜蕾:《汉语方言中的处置式和"把"字句(下)》,《方言》,2013年第2期。

　　［11］李如龙、张双庆主编:《动词谓语句》,广州:暨南大学出版社,1997年。

　　［12］李新魁、黄家教、施其生、麦耘、陈定方:《广州方言研究》,

广州：广东人民出版社，1995 年。

　　［13］刘丹青：《苏州方言的动词谓语句》，《动词谓语句》，广州：暨南大学出版社，1997 年。

　　［14］——《语法调查研究手册》，上海：上海教育出版社，2008 年。

　　［15］刘荣琴：《滑县方言述略》，北京：中国戏剧出版社，2009 年。

　　［16］卢甲文：《郑州方言志》，北京：语文出版社，1992 年。

　　［17］麦耘：《广州话以"佢"复指受事者的句式》，《第八届国际粤方言研讨会论集》，北京：中国社会科学出版社，2003 年。

　　［18］沈家煊：《如何处置"处置式"》，《中国语文》，2002 年第 5 期。

　　［19］施其生：《汕头方言的动词谓语句》，《动词谓语句》，广州：暨南大学出版社，1997 年。

　　［20］王东、罗明月：《河南罗山方言"把+O+V+它"式处置式》，《信阳师范学院学报》，2007 年第 6 期。

　　［21］项梦冰：《连城客家话语法研究》，北京：语文出版社，1997 年。

　　［22］辛永芬：《浚县方言语法研究》，北京：中华书局，2006 年。

　　［23］辛永芬：《豫北浚县方言的代词复指型处置式》，《中国语文》，2011 年第 2 期。

　　［24］徐烈炯、邵敬敏：《上海方言语法研究》，上海：华东师范大学出版社，1998 年。

　　［25］叶祖贵：《河南固始方言表处置的"V 头"及"头"的合音来源》，《中国语文》，2009 年第 5 期。

　　［26］张恒：《开封话的"给"与"给"字句》，河南大学硕士学位论文，2007 年。

　　［27］张双庆：《香港粤语的动词谓语句》，《动词谓语句》，广州：暨南大学出版社，1997 年。

　　［28］张雪平：《河南叶县话的"叫"字句》，《方言》，2005 年第 4 期。

　　［29］朱冠明：《湖北公安方言的几个语法现象》，《方言》，2005 年第 3 期。

　　［30］左林霞：《孝感话的"把"字句》，《孝感学院学报》，2001 年第 5 期。

海南东方市四更镇付马话同音字汇

刘新中　区　靖

一、概　况

付马村在海南省西部的东方市四更镇，位于昌化江下游的南岸，离南面的八所镇约 16 公里，西面 6 公里处便是北部湾。20 世纪 60 年代人口有 600 多，2007 年约 1700，2017 年全村人口已经超过 3000。村名由"英德"而来，"英德"是早期讲哥隆话的人对老付马村称呼的音译。"付马"与"驸马"没有关系，虽然清光绪二十三年（1896）编纂的《昌化县志》有"附马村"的记载。据发音人介绍，此村 1958 年之前叫"副马"。全村共有 12 个姓，其中最大的姓氏为文，根据族谱记载，他们的始祖文普镌来自江西省吉安府庐陵县罗菪村里，明朝中叶到海南，至今已有 22 代。其他超过 100 人的姓氏为吉、符、张、郭，不足 100 人的姓氏是王、赵、刘、卢等。

付马话源自江西，现在的付马话与其始发地的庐陵（今江西吉安）现在的语言已经很不相同，可以把它当作一种独立的方言。它的许多特点既有历史层次问题，也有语言接触与语言变异的因素。文白异读、训读等现象都很突出。付马话是一个较为典型的濒危方言，操付马话的人无一例外都是双语人。付马村的周围都是讲哥隆话（村话，属于壮侗语族黎语支）的村落，四更镇则讲海南话（海南闽语）。付马村里的人讲付马话，他们与周围村落的人讲哥隆话，出去镇上就能讲一点海南话，到东方市则需要讲海南话或者普通话。付马村的人受教育的程度普遍比较低，大多数只能完成义务教育，语音中错误类推的情况特别突出就反映了这种情况的一个侧面。2003 年春至 2009 年夏，笔者先后五次对付马话进行了调查。本文的主要发音人吉呈明,是付马小学的退休教师,生于 1942 年 10 月;另一位主要发音人文业光,付马村农民,生于 1945 年,未离开过付马村。

对付马话影响大的是海南话和普通话,这是付马话文读最重要的两个来源。本文在需要区别时,遇到有两种以上读音的标出文读或者白读以及其他读音时,文读下画线为双横杠,如"文",白读下画线为单横杠,如"白",训读下画线为单波浪线,如"训"。其他情况在右下角标出。本文单字音的文本主要依据中国社科院语言研究所编的《方言调查字表》,另外还补充了词汇调查中的一些音节。

二、付马话的声韵调

2.1 声母 19 个,包括零声母。

ɓ p' m f v tθ ɗ t' n l ts ts' s ɻ k k' ŋ h ø

声母的主要特点:

(1) [ɓ ɗ] 虽然有时候发成浊音的 [b d],但与海南闽语的 [ɓ ɗ] 一样,在年轻人中更明显。

(2) [ts ts' s] 在非齐齿呼前被动发音部位与普通话差不多,在齐齿呼前读 [tɕ tɕ' ɕ]。

(3) 齿间塞擦音 [tθ],有时读为擦音 [θ],两者不区别意义,不构成音位对立。年轻人中"心丨层"等字有时读 [tθ θ],有时读 [t]。

(4) [ɻ] 摩擦重的时候是 [z]。

(5) [n] 在齐齿呼前读为 [n̠]。

(6) 声母中的文读主要受周围哥隆话和海南话的影响,"病"白读为 [p'],文读 [ɓ];"毒"白读为 [t'],文读 [ɗ];"无"白读为 [m],文读为 [v]。有些文读则是受了普通话的影响,如"鱼"白读为 [ŋ],文读为零声母。

2.2 韵母 63 个。

a	ia	ua	ɔ	cu	ɜ		i	u	ɯ		ɿ
ai	lai	uai	ɔi		iɜ	ɛi		ei	ui	ɯi	
au	iau							ou	iu	ɯu	
am	iam		ɔm	mc				im			
an	ian	uan	ɔn	nc				in	un	ɯn	

aŋ	iaŋ	uaŋ	ɔŋ	uɔŋ		eŋ	oŋ		uɯ	iɯ
ap	iap		ɔp					ip		ɯp
at	uat			ɜ	iɜ			it	ut	ɯt
ak	uak	ɔk		ɛk	kɜ		ok	ik	uk	iuk

（1）韵母有丰富的文白异读。一些韵母有较为明显的文白读音分工，如［ɔ］和［ɐu］中，文读多读为［ɐu］，如"贺祸锅座初多"；［uɯ］的文读形式是［in］和［ian］，如"犬"。

（2）［ɔŋ］在与舌根音相拼时多为［uɔŋ］，如"衔"。

（3）［u］韵母有时读得像［o］。

（4）［uɯ］有时读得像［ən］，如"分"。

（5）［oŋ］有时读为［uŋ］，如"横｜轰｜宏"；"用"［ɹoŋ］因为有了声母［ɹ］，［oŋ］韵母前面似乎有一个［i］；"肉"的韵母为［ok］，但有时读为［iok］。

2.3 声调 8 个

阴平［˧˥］35　　上声［˦˦］44　　去声［˧˩］31　　阴入［˦］4
东抽气　　　　　九草老多　　　　送动实满　　　　谷百拍

阳平［˥˧］53　　　　　　　　　　　　　　　　　　　阳入［˨］2
门铜情　　　　　　　　　　　　　　　　　　　　　六毒绿

阳平文［˨˧］23　　　　　　　　　　　　　　　　　入声文［˥］5
无含　　　　　　　　　　　　　　　　　　　　　　鸭竹

阴平部分字古属去声，上声部分字古属平声，去声部分字古属上声，这些字以及阳平文、入声文两类字一般都是来自异方言的文读音。以上调类除阳平文、入声文，都是根据白读层的古音来源命名的。文读层声调自成系统，如果根据其古音来源单独命名，则有：阴平［˧˥］44、阳平［˨˧］23、上声［˧˩］31、去声［˧˥］35、入声［˥］5。现将文白两个系统对比如下：

白读层　阴平［˧˥］35　阳平［˥˧］53　上声［˦˦］44　去声［˧˩］31　阴入［˦］4　阳入［˨］2
文读层　阴平［˦˦］44　阳平［˨˧］23　上声［˧˩］31　去声［˧˥］35　　入声［˥］5

白读层阴平与文读层去声调值同，白读上声文读阴平同，白读去声与文读上声同。

三、付马话同音字汇

本字汇按韵母次序排列，同一韵母内又按声母次序排列，一声母内又以阴平、阳平、阳平ᵪ、上声、去声、阴入、阳入、入声文为序。写不出的字用方框"□"表示。注释、举例右下角小字齐下。例中用"~"代表所释字。写不出的字不再用方框表示，直接标写读音。"（老）"表示老一代人的读音，年轻人已经不知道这样的读音；"（新）"表示现在年轻人的发音，这些年才出现的读音；"（口）"表示主要出现在口语中；训读下加"＝"表示；有文白异读的字下加单横线"＿"表示白读，双横线"＝"表示文读。

a

б	[˥]巴芭疤 [˩]爸霸坝平川櫺柄把~握|~守|—	
p'	[˥]杷枇~耙犁~|~地琶琵~ [˧]爬 [˩]帕怕	
m	[˥]妈 [˥]麻 [˥]码~子 [˩]骂马	
v	[˥]瓦砖~ [˩]瓦~解话	
tθ	[˥]洒	
d'	[˩]大~夫	
t'	[˥]他 [˥]塌榻	
n	[˥]拿 [˥]哪~个? [˩]那	
l	[˩]腊蜡辣镴锡~	
ts	[˥]渣诈 [˥]假真~ [˩]炸~弹煤~窄榨~油	
ts'	[˥]叉差~别|~不多杈枝~ [˥]茶渣查调~楂山~茬昨 [˩]岔三~路	
s	[˥]沙纱莎~草 [˥]傻 [˩]萨	
ɹ	[˧]崖山~涯天~	
k	[˥]假 [˩]价嫁	
h	[˥]□~庐:厨房 哈~腰虾蝦~蟆 [˧]□喉咙 [˩]下底~□~今:现在	

ia

n	[˧]□掰	
ts	[˥]假真~	
s	[˥]穴 [˩]遐瑕霞邪 [˥]虾鱼~	
ɹ	[˥]牙芽衙 [˥]哑邪丫~头鸦桠~杈伢小孩子亚 [˩]雅	
k	[˥]加家痴傢~具嘉 [˩]驾架稼贾姓假放~价	

海南东方市四更镇付马话同音字汇　111

| h | [˧] 暇　[˨] 下~降吓夏春~厦偏~厦~门 |

ua

s	[˧] 刷　[˨] 耍
k	[˧] 瓜　[˧] 剐寡瓜　[˨] 挂
k'	[˧] 夸侉　[˧] 垮跨
ŋ	[˧] 瓦砖~|~解
h	[˧] 花话　[˧] 华~山|姓~桦~树　[˦] 华~中~划　[˧] 花　[˨] 画化
ø	[˧] 洼蛙
ɓ	[˧] 泼拨波玻~璃菠~菜钹跛~足
p'	[˧] 坡颇　[˦] 婆　[˧] 坡　[˨] 破薄~荷
m	[˧] 磨抹　[˦] 摹~仿模~范|~子摩磨~刀|~面|石~魔　[˨] 末沫
tθ	[˦] 锄　[˧] 左初~中　[˨] 助坐锉作琐
ɗ	[˧] 朵躲
t'	[˦] 徒　[˧] 妥椭~圆
n	[˧] 糯~米
l	[˦] 啰唆朘手指文骡螺~蛳　[˨] 攃~起来
ts	[˧] 佐搓　[˨] 措~置
ts'	[˧] 初大年~一　[˧] 楚□~汉人：男人
s	[˧] 梳　[˨] 树　[˧] 唆啰~
k	[˧] 戈哥歌窠　[˧] 歌　[˨] 个~人|一~
k'	[˨] 可
ŋ	[˧] 俄鹅蛾　[˧] 我　[˨] 我
h	[˧] 禾和~气河荷~花　[˨] 荷薄~何河
ø	[˧] 阿~胶|~哥

uɔ

v	[˨] 卧
tθ	[˦] 莝切碎的草锉座
ɗ	[˧] 多　[˧] 多　[˨] 垛柴~剁惰
t'	[˧] 拖　[˦] 鸵驼宅（老）　[˨] 拓
n	[˧] 挪
l	[˧] 锣　[˦] 罗锣箩　[˧] 裸~体
ts	[˧] 周
ts'	[˧] 丑初

s	[˧]搜	
k	[˧]锅 [˩]过果裹猓	
k'	[˧]科棵(文)颗一~珠	
h	[˩]贺鹤 [˨]和~面 [˧]火伙 [˩]货祸	

ε

p'	[˧]□碌碡
m	[˧]揹
v	[˨]桅船~杆 [˩]魏矮
tθ	[˧]姐
d	[˧]爹 [˥]□神
ɹ	[˧]日
k	[˥]佢他
h	[˧]累

i

ɓ	[˧]鐾~刀布币闭蓖~麻弊被 [˩]陛~下毙箅~子
p'	[˧]批妻棲
m	[˧]蜜 [˧]迷谜 [˩]麵□物件米
tθ	[˧]趣婿女~序细 [˥]挤齐脐褚姓 [˧]洗舒西需鬚 [˩]际剂一~药济寂聚
d	[˧]低弟帝第 [˩]涕鼻 底抵
t'	[˧]屉抽~替递 [˨]啼提题 [˧]梯 [˩]体
n	[˥]泥倪□~孙: 外孙 [˧]汝 [˩]女
l	[˧]历丽美~励例隶虑 [˥]黎 [˨]犁 [˩]礼吕旅
ts	[˧]制住注驻柱 [˥]荠 [˩]储~薯暑署朱珠猪蛛殊稽 [˩]主拄~枴杖
ts'	[˥]刍除 [˨]厨徐 [˩]契~约处~所|相~取娶鼠
s	[˧]世式势饰(新)逝树竖寺 [˧]书分须墟 [˩]系~鞋带|连~係
ɹ	[˧]输运~豫誉荣~遇裕愉渔鱼余疫(新)抑艺忆亿 [˥]于淤盂娱愚虞迁 [˨]宜 [˧]如儒擩 [˩]愈~好|病~恕庶郁与及, 给与宇羽雨语吁芋
k	[˧]车~马炮鸡稽居 [˥]渠佢他局 [˧]拘饥~饿 [˩]矩规~句巨拒具俱剧~烈剧戏俱据距锯~子|木头计继举
k'	[˧]去来~|~皮气 [˥]骑 [˨]局 [˧]区~域驱 [˩]启

h	[˥]溪虚嘘吹~墟~市繫奚系连 [˩]许	
ø	[˥]易交~	

u

ɓ	[˥]部怖恐~饰(老) [˧]醭 [˥]补 [˩]布步铺店~補簿辅(新)
p'	[˥]步 [˧]菩~萨 [˥]铺~设蒲 [˩]捕脯杏~甫辅讣浦普谱
m	[˥]幕 [˩]募墓慕暮雾
f	[˥]夫肤妇釜父付附富负副 [˧]孵~小鸡扶芙俘~房 [˧]扶符伏蝠蝙~ [˩]府斧腐
v	[˥]乌污巫诬务误悟雾勿 [˥]吴吾梧~桐蜈~蚣无 [˧]吴无 [˥]雨互瓠~芦 [˩]恶恨~可~五午伍武侮鹉鹦~舞
tθ	[˥]索绳~租粗做数诉素塑~像 [˥]粗租疏注~苏梳~头疏~远蔬~菜 [˩]础柱下石楚组祖
ɗ	[˥]都~城都~是妒杜肚腹~鱼~猪~度渡镀踱 [˧]屠 [˩]堵赌
t'	[˥]肚 [˧]图涂 [˩]兔肚土吐呕~
n	[˧]奴 [˥]糯~米 [˩]怒努
l	[˥]鲁橹露路鹭~鸶 [˧]卢庐茅~|~山芦~草炉房 [˩]赂
ts'	[˩]醋
s	[˥]酥 [˩]嗉鸟~子
k	[˥]古鹽~子股估~计姑孤箍 [˩]故固顾雇锢~露锅鼓
k'	[˥]箍裤库 [˥]苦裤枯
ŋ	[˧]吴 [˥]五伍
h	[˥]户屌瓠~子~瓜斛 [˧]鬍(胡) [˥]乎忽 [˩]护沪虎

ɯ

tθ	[˥]丝疵吹毛求~次忌~讳士事巳~辰~四似祀祭~肆已字自 [˧]瓷~器慈辞磁~石兹滋 [˧]匙汤~词祠辞 [˥]紫锁师诗狮嗤~笑筛~子司私思斯寺伺饲资 [˩]四此使死子
ɗ	[˥]猪
ts'	[˥]鼠
ts	[˥]猪
s	[˥]书恃 [˥]嗣 [˩]事
k'	[˩]稠
ŋ	[˥]饿
ø	[˧]而 [˧]儿 [˩]二贰~心耳饵

ɿ

| ts' | [˧] 慈 | | | |
| s | [˧] 狮 | [˩] 事式势世 | | |

ai

ɓ	[˧] 败拜	[˩] 罢摆		
p'	[˧] 拍派	[˧] 排牌簰筏		
m	[˧] 迈卖	[˧] 埋	[˧] 米买	
f	[˧] □搧	[˩] 肺		
tθ	[˧] 推猜菜堆再在载满~载年~载重	[˧] 裁纔豺才材财	[˧] 矮	
	[˩] 采彩睬			
d	[˧] 低袋戴代待带	[˧] 呆獃□遮		
t'	[˧] 太泰屜替	[˧] 台抬苔殆	[˧] 胎	[˩] 第大替
n	[˧] 奈耐	[˧] 倪	[˩] 乃奶	
l	[˧] 辣擸把~赖癞	[˧] 黎	[˧] 来	[˧] 篱竹~懒
ts	[˧] 灾栽斋	[˧] 栽宰	[˩] 债宅桨	
ts'	[˧] 菜	[˧] 柴	[˧] 猜钗	[˩] 砌
s	[˧] 赛寨蔡	[˧] 筛	[˩] 祭晒辈小沟	
ɹ	[˩] 蔼和~			
k	[˧] 蟹盖溉概	[˧] 该	[˩] 改解晓也解讲~｜~开	
k'	[˧] 溉概	[˧] 开慨慷~	[˩] 丐乞~凯	
ŋ	[˧] 哀埃	[˩] 艾爱碍		
h	[˧] 鞋	[˧] 孩	[˧] 海	[˩] 蟹亥骇惊~害瞎
ø	[˧] 倚靠	[˧] 哀埃灰~	[˩] □精液	

iai

| ɹ | [˧] □番~｜木瓜 | [˧] 崖山~涯天~捱~打□~粪：施肥 | | |
| k | [˧] 尴~尬街揩楷麦~谐介戒芥界械 | [˧] 尬尴~ | [˧] 楷皆 | |

uai

ɹ	[˧] 乖怪	[˧] 枴乖	[˩] 怪	
k'	[˧] 快块	[˩] 块快		
h	[˧] 坏画话	[˧] 淮怀		

ɔi

| ɓ | [˧] 譬 | | | |
| p' | [˧] 被~子 | [˧] 皮 | [˧] 陪培赔 | |

海南东方市四更镇付马话同音字汇 115

m	[˧] 梅媒煤 [˦] 每
f	[˦] 飞非 [˨] 肥 [˩] 废费~用
v	[˨] 围
tθ	[˦] 腮虽岁 [˨] □四脚蛇 [˦] 死 [˩] 在最字洗
ɗ	[˩] 队碓
l	[˦] 来捞 [˧] 黎来 [˩] 锐利
tsʻ	[˩] □扔
k	[˦] 饥饿 [˦] 几~个改盖
kʻ	[˦] 开 [˨] 倚骑 [˧] 魁
ŋ	[˦] 宜 [˦] 耳饵蚁 [˩] 艾
h	[˦] 灰溪 [˨] 回茴~香 [˦] 海恢 [˩] 去害坏
ø	[˩] □伯母

ɛi

ɓ	[˦] 辈背~诵杯 [˦] 杯
pʻ	[˦] 胚~胎佩配倍焙~干 [˧] 培 [˩] 肺
m	[˦] 梅媒煤 [˦] 美 [˩] 妹昧每
f	[˦] 飞废费~用 [˧] 肥 [˦] 飞非痱~子 [˩] 匪翡~翠裴
v	[˦] 苇卫未位畏胃谓慰魏 [˦] 微唯围 [˦] 威 [˩] 纬违伟伪苇~芦
tθ	[˦] 坠最对粹纯~碎隧~道 [˧] 罚 [˦] 虽 [˩] 喘(老)绥
ɗ	[˦] 队碓
tʻ	[˦] 退 [˩] 腿
n	[˦] 你
l	[˦] 累极困累连~ [˦] 雷 [˩] 累 [˧] 雷

ei

ɓ	[˦] 背~诵 [˦] 杯
pʻ	[˦] 佩配倍焙~干 [˧] 培
m	[˦] 每
f	[˦] 飞非痱~子 [˩] 匪翡~翠裴 [˦] 废费~用
ʋ	[˦] 卫未位畏胃谓慰魏 [˧] 围 [˦] 威 [˩] 纬违伟伪苇~芦
l	[˧] 雷 [˦] 累

ui

| ɓ | [˦] □提 [˩] □拿 |

m	[˥]□女阴	
d	[˩]兑	
t'	[˥]□垫 [˩]退	
l	[˥]雷	
ts	[˥]□~水:潜水 [˥]岁醉 [˩]缀赘钻	
ts'	[˥]崔姓催	
s	[˥]水 [˩]脆	
ɹ	[˥]悦阅 [˩]锐	
k	[˥]圭闺傀~儡 [˥]鬼 [˩]桂剑跪	
k'	[˥]傀~儡魄魁 [˧]奎槐 [˥]盔 [˩]溃~脓蜕蛇~皮	
h	[˥]会~计会开~桧 [˥]悔 [˩]会~不~会开~绘晦惠慧贿秽	

ɯi

m	[˥]□naʔ~:仔
tθ	[˥]税芮 [˥]薯死 [˩]四肆
d	[˥]队
t'	[˥]投 [˥]土
n	[˥]女 [˥]内
l	[˥]敨
ts'	[˥]箸
k	[˩]锯
k'	[˥]倚站立 [˩]去
ŋ	[˥]鱼渔
ø	[˥]医~病 [˩]□拽□母亲

au

ɓ	[˥]包胞报豹暴报抱 [˥]袍 [˥]宝饱胞 [˩]鲍姓瀑~布曝保堡
p'	[˥]鉋 [˧]狍 [˥]鳔抛 [˩]抱刨~地炮枪~泡~在水里跑
m	[˥]冒贸帽茂 [˥]毛矛茅 [˥]锚 [˩]耗卯貌牡
tθ	[˥]羞糙糟粗~灶造建~ [˧]曹槽~巢遭糟躁 [˥]早扫~地操~作缲~边潲~雨 [˩]草剿皂澡蚤扫~帚
d	[˥]刀到盗道 [˥]到刀叨~唠 [˩]导岛倒打~倒~水祷
t'	[˥]涛滔 [˧]头 [˩]逃桃陶萄 [˥]□摘 [˩]豆盗稻套透浩(老)讨

海南东方市四更镇付马话同音字汇 117

n	[˧]恼脑 [˩]闹□骂	
l	[˧]捞涝旱~ [˨]劳 [˩]唠叨牢 [˧]老漏	
ts	[˧]照诏笊篱罩 [˧]韶~关(老)昭沼池~召 [˩]兆赵枣找爪~子	
tsʻ	[˧]朝今~ [˨]朝~代潮 [˧]吵炒抄略取钞钱~超招	
s	[˧]馊饭~了臊~气骚烧 [˨]韶~关(新) [˧]扫~地少多~ [˩]少~年邵绍	
ɹ	[˧]淆绕~线要~想~要~求耀鹞 [˨]姚窑谣摇 [˩]挠铙牛柔侥~幸扰尧肴 [˧]妖腰邀要~求 [˩]绕围~晓杳~无音信	
k	[˧]高交勾钩搞 [˨]告够 [˧]搞稿羔高膏篙糕蒿铰教~书教~育 [˩]窖	
kʻ	[˧]敲□饭勺 [˧]口 [˩]考烤靠窍酷	
ŋ	[˧]熬 [˨]熬 [˧]咬	
h	[˧]好喜~ [˨]豪壕 [˧]好~坏号~数 [˩]号呼~浩(新)厚後	
ø	[˧]傲奥懊~悔~恼鏊 [˧]袄	

iau

ɓ	[˩]表錶	
pʻ	[˧]飘票车~膘肥~ [˨]瓢嫖~赌 [˧]漂~白标 [˩]漂~亮	
m	[˧]妙庙 [˨]描苗 [˧]猫 [˩]渺秒藐	
tθ	[˧]浇(新)蕉芭~销鞘刀~醮打~ [˨]稠(老) [˧]俏宵悄静~~捎~带梢树~椒樵消焦(老)瞧硝箫萧霄 [˩]小	
d	[˧]勺~子 [˧]雕刁苟貂 [˩]吊掉调音~钓调~动	
tʻ	[˧]挑 [˨]条调~和 [˩]跳	
n	[˩]尿	
l	[˧]廖料 [˨]燎火~眉毛 [˩]嘹了~撩~起来燎潦聊遼	
s	[˧]稍潲猪~	
ɹ	[˧]浇(老)钥~匙 [˩]跃	
k	[˧]叫教~书教~育轿较 [˨]扰搅骄 [˧]狡绞铰交膠郊焦(新) [˩]缴上~	
kʻ	[˨]桥矫~乔侨娇荞 [˩]巧	
h	[˧]孝效校上~学~|~对酵 [˧]嚣	

ou

m	[˨]谋否无 [˩]亩	
f	[˩]否	

ɖ	[˥]兜 [˩]斗抖 [˥]豆逗鬭	
tʻ	[˩]偷 [˧]图(老) [˥]透叶	
l	[˥]陋	
ts	[˥]周洲州舟 [˥]昼宙给皱骤奏 [˩]走咒	
tsʻ	[˥]抽 [˧]仇绸筹酬雠 [˥]醜 [˩]臭~香~丑嗅用鼻~寻凑	
s	[˥]受叟收飕 [˥]手守 [˩]寿受兽售 授树手首	
tɕ	[˧]愁 [˩]酒搜游 [˥]酒稠(新)掏~出来	
k	[˩]苟九久韭救 [˥]构购	
kʻ	[˥]叩~头寇 [˥]求 [˩]口扣~住	
ŋ	[˩]偶~然;配~藕	
h	[˥]呼~叫;~鸡 [˧]狐胡壶湖 [˥]厚後候后	
ɹ	[˥]优优幽悠~~尤犹 [˥]油柚 [˧]友由邮油 [˥]友有酉	
	[˩]又右佑(祐)有酉	
v	[˥]□跟	
ø	[˥]欧殴瓯怄~气沤 [˩]舅呕~吐藕	
	iu	
ɓ	[˥]□胆~;蜻蜓□扎	
m	[˩]谬	
tɕ	[˩]酒	
tɕ	[˥]轴休椒就秀袖莠诱锈铁~ [˥]笑僦鹙楸秋~千秋~天因修	
ɖ	[˥]钓 [˥]丢	
tʻ	[˥]钓 [˩]掉丢	
n	[˥]尿 [˩]扭纽	
l	[˥]榴石~ [˧]刘流留硫~黄榴石~ [˥]了了~ [˩]柳	
ts	[˥]招 [˩]照	
s	[˥]烧 [˥]少多~	
ɹ	[˥]腰	
k	[˥]究 [˥]九鸠炙灸针~咎枢 [˩]旧救久韭	
kʻ	[˥]匏拈~ [˧]仇姓求球 [˥]纠~缠纠~正丘	
h	[˥]嗅用鼻子闻 [˥]朽	
ø	[˥]要~想~鞠 [˥]窑 [˧]油 [˩]又右佑幼	
	iɯ	
tɕ	[˥]射(老)借藉~故笪射麝~香谢蔗 [˥]写借蔗蛆 [˩]泻姐且	

ɗ	[˥]爹			
l	[˩]囗玩，游戏			
ts	[˩]厥懕			
ts'	[˥]车马~ [˥]车马~遮			
s	[˥]射(新)舍社 [˥]蛇 [˩]斜蛇邪 [˥]舍 [˨]写奢赊			
ɹ	[˥]耶液腋夜 [˩]爷 [˥]宵 [˨]夜也者~│~是野			
k	[˩]瘸~腿			
h	[˥]靴			

ɯu

m	[˥]谋否某 [˩]谋无 [˥]舞囗弟媳 [˨]亩			
f	[˨]否			
v	[˥]囗跟			
tθ	[˥]嫂腮鬓 [˥]搜游 [˩]愁 [˥]酒稠(新)掏~出来 [˨]嫂			
d	[˥]都豆逗鬥 [˥]屌~水兜 [˨]斗抖			
t'	[˥]透吐 [˥]头投图(老) [˥]吐~痰偷			
l	[˥]漏陋 [˥]留 [˩]楼蝼丝~搂~抱搂~耧播种用的农具篓 [˨]屡			
ts	[˥]昼宙绉皱骤奏 [˥]走周洲州舟 [˨]咒			
ts'	[˥]抽 [˥]泅 [˩]仇 [˥]醜囗土匪 [˨]臭香~嗅用鼻~帚凑丑			
s	[˥]收飕受 [˥]手守树 [˨]寿受兽售授树手首			
ɹ	[˥]优忧幽悠尤犹 [˥]油柚 [˩]友由邮油 [˥]友有酉 [˨]又右佑(祐)有酉			
k	[˥]钓(老)构购 [˥]狗九久韭救勾~当沟钩 [˨]苟			
k'	[˥]叩~头寇 [˥]求 [˨]救旧臼扣~住口狗			
ŋ	[˨]偶~然偶配~藕			
h	[˥]厚後候 [˩]狐胡壶湖侯喉猴 [˥]呼~叫~鸡 [˨]后			
ø	[˥]欧殴瓯怄~气沤 [˨]舅呕~吐藕			

am

f	[˥]犯泛范范 [˨]犯范范			
tθ	[˥]三监国子~鉴 [˥]三			
ɗ	[˥]担~任囗嘈			
t'	[˥]贪 [˩]谭潭 [˨]淡			
n	[˥]男南囗~samɤ:唾液 [˩]男南			

l	[ㄱ]篮 [ㄥ]览揽榄橄~滥
s	[ㄱ]衫
k	[ㄥ]感憾撼
ŋ	[ㄱ]哑暗 [ㄱ]崖
h	[ㄱ]咸 [ㄥ]含函喊
ø	[ㄱ]揞~住暗

iam

tθ	[ㄱ]签籤渐 [ㄥ]潛濺暂潜浅
d	[ㄥ]典腆~肚子
t'	[ㄥ]甜 [ㄱ]添舔
n	[ㄱ]念 [ㄥ]黏 [ㄥ]念撚撵
l	[ㄥ]镰廉 [ㄱ]脸
ts	[ㄱ]占 [ㄱ]黏~米丨~起来 [ㄱ]尖歼~灭
k	[ㄱ]减 [ㄱ]兼捡 [ㄥ]俭减碱
k'	[ㄱ]欠 [ㄱ]谦嵌 [ㄥ]坎(老)
h	[ㄱ]险
ø	[ㄥ]嫌验严酽~茶盐

ɔm

k	[ㄱ]柑乾~湿
k'	[ㄱ]□痒
ŋ	[ㄥ]□~睡：趴着睡
h	[ㄥ]含
ø	[ㄥ]□孵□捂

im

tθ	[ㄱ]心 [ㄱ]潜淺心
t'	[ㄥ]甜 [ㄱ]舔 [ㄥ]添
n	[ㄥ]念
l	[ㄥ]镰 [ㄥ]林淋~漓临
ts	[ㄱ]针 [ㄱ]针尘(老)珍斟 [ㄥ]诊枕疹趁
ts'	[ㄥ]沉 [ㄱ]沈枕动词
s	[ㄱ]深甚 [ㄥ]沈婶审 [ㄱ]深
ɹ	[ㄱ]任姓任责~纴缝~ [ㄥ]壬
k	[ㄱ]金襟禁~不住禁~止 [ㄱ]岑今妗吟

| k' | [˥] 钦 [˧] 禽擒 [˨] 琴 [˥] 钦禽擒 |
| ø | [˥] 阴 [˧] 阴荫 [˩] 淫嫌盐 |

an

ɓ	[˥] 办瓣 [˧] 扳班颁斑 [˨] 贩板版
p'	[˥] 攀 [˧] 盘 [˨] 盼扮
m	[˥] 蔓 [˧] 馒~头 [˨] 蛮 [˨] 慢
f	[˥] 饭 [˧] 藩凡繁 [˨] 烦矾 [˥] 反扮盼帆番~儿~翻藩凡潘
tθ	[˥] 撒□蘑菇燦赞散分~丨鞋带~了 [˧] 残惭 [˨] 蚕馋 [˥] 杉渗参~加丨~差丨人~餐拵篸 [˨] 惨伞
d	[˥] 单担挑~但诞蛋 [˧] 胆单担耽禅~让丹 [˨] 担胆店(新)
t'	[˥] 淡嘆 [˧] 谈痰 [˨] 禅~宗蝉掸鸡毛~子弹~琴弹子~谈壇檀毯 [˥] 探摊滩 [˨] 炭坦
n	[˨] 难患~难~易
l	[˨] 蓝篮拦兰欄烂 [˥] 懒（口） [˨] 敛
ts	[˥] 蟾~蜍盏战站~立颤 [˥] 沾粘~贴瞻 [˨] 店(老) 栈践(新)
ts'	[˥] 产铲删(新)
s	[˥] 山搧扇善 [˥] 山珊(新) 氆杉 [˨] 疝~气闪陕~西
ɹ	[˥] 腌怨 [˧] 延筵袁援~救辕 [˨] 燃园 [˥] 焉心不在~姻烟 [˨] 晏晚也雁敛殓冉染眼
k	[˥] 柬裥幹 [˥] 简憨砍簪干甘肝泔~水柑尴~尬桿奸间~断间空~艰监~视铜车~涧钳乾~湿 [˨] 竿竹~赶敢稈稻~橄欖
k'	[˥] 看~守丨~见 [˥] 坎刊勘 [˨] 看(白) 砍
ŋ	[˥] 岸按案 [˧] 银 [˨] 岩颜 [˥] □牛~：蝴蝶安鞍
h	[˥] 汉汗銲翰 [˧] 闲 [˨] 寒韩 [˨] 旱限罕
ø	[˥] 淹阉

ian

ɓ	[˥] 鞭汴便~宜便方~辫变 [˥] 边蝙 [˨] 辨辩贬扁匾
p'	[˥] 编骗欺~遍一~丨~地 [˨] 便~宜 [˥] 偏篇 [˨] 片
m	[˥] 面麵 [˧] 湎~池谜绵棉 [˨] 娩分~缅免
tθ	[˥] 羡线 [˨] 前钱 [˥] 千迁仙先鲜~轩喧楦鞋~ [˨] 剪钱~行贱箭选癣
d	[˥] 掂~掇颠 [˨] 电佃奠殿垫~钱店(新)
t'	[˨] 田 [˥] 木忝捵天

n	[ˊ]年	
l	[ˇ]练楝~树煉恋戀~糊 [ˉ]揀 [ˊ]连莲联	
ts	[ˇ]践(老) [ˉ]拈~起来鲇~鱼 [˪]眷倦剪卷遣展	
tsʻ	[ˊ]缠	
s	[ˇ]扇善 [ˋ]旋~吃~做镟~休 [ˊ]衔 [ˉ]闪陕~西 [˪]选	
ɹ	[ˊ]言 [ˉ]蔫花萎渊庵 [˪]宴谚燕~子	
k	[ˇ]见件建苋~菜舰 [ˉ]检捲~起绢砚(老)坚肩 [˪]券犍~子	
kʻ	[ˇ]牵圈圆~圈猪~ [ˉ]乾~坤权虔全 [ˊ]拳颧~骨 [ˉ]犬	
ŋ	[ˊ]研	
h	[ˇ]县现宪献眩 [ˋ]玄悬贤弦 [˪]显	
ø	[ˇ]院願 [ˋ]沿炎盐元员园原缘源俨~然铅 [ˉ]远掩阎(新)冤 [˪]厌艳砚(新)	

uan

ɓ	[ˇ]半伴拌绊 [ˉ]般搬	
pʻ	[ˇ]判叛	
m	[ˇ]幔漫 [˪]瞒满	
tθ	[ˇ]删(老)珊(老)蒜算	
d	[ˇ]端断~绝断决缎椴锻~炼 [ˉ]短 [˪]段	
tʻ	[ˊ]团糰	
n	[ˉ]缓 [˪]暖	
l	[ˋ]乱 [ˊ]鸾 [ˉ]卵	
ts	[ˇ]撰 [ˉ]酸专 [˪]传~记钻转~螺丝转~眼	
tsʻ	[ˇ]串窜患钻 [ˊ]船传~记传~达 [ˉ]川穿 [˪]篡喘(新)	
s	[ˇ]闩	
k	[ˇ]惯灌罐 [ˉ]官棺观参~棺鳏寡关观寺~ [˪]冠~军冠衣~贯馆管	
kʻ	[ˇ]宽 [˪]款	
ŋ	[ˋ]顽~皮	
h	[ˇ]欢幻唤换焕 [ˊ]还~有还~原环 [˪]宦	
ø	[ˇ]弯湾万 [ˊ]玩古~完 [ˉ]剜豌~豆阮 [˪]碗宛挽晚皖	

ɔn

ɓ	[ˇ]搬 [˪]半	
pʻ	[ˇ]攀 [ˋ]盘	

m	[˥] 满	
ɗ	[˥] 短	
n	[˩] 嫩	
ts'	[˥] 春	
ɹ	[˩] 闰	
k	[˥] 军 [˥] 干肝	
h	[˥] 看~见 看~守	

in

ɓ	[˥] 宾彬殡鬓 [˩] 禀			
p'	[˥] 拼~命 [˦] 贫便~宜 [˥] 品			
m	[˦] 眠民闽~越 [˩] 问抿悯敏			
v	[˥] 远			
tθ	[˥] 千臻榛先尽进晋肾慎信讯迅 [˦] 前寻 [˦] 秦 [˥] 剪津亲亲~家辛新真侵 [˩] 浸			
t'	[˥] 天 [˦] 田			
n	[˦] 年			
l	[˦] 憐邻燐鳞檀 [˩] 吝~啬 赁租~			
ts	[˥] 振镇震 [˥] 砖			
ts'	[˦] 缠 [˦] 臣陈唇			
s	[˦] 辰晨娠神 [˥] 勋薰申伸身熏			
ɹ	[˦] 人仁 [˥] 忍饮米汤饮~酒隐 [˩] 刃靭认饮~马			
k	[˥] 巾斤筋军君芹 [˩] 劲有~近紧谨锦			
k'	[˦] 勤群 [˥] 均钧坤裙匀 [˩] 件			
ŋ	[˦] 银			
h	[˥] 欣			
ø	[˥] 因音殷烟燕~京印 [˥] 窨 [˩] 引			

un

m	[˦] 门	
tθ	[˥] 酸 [˩] 算	
ɗ	[˥] 都断 [˥] 短	
n	[˥] 嫩	
t	[˥] 酸孙□累	
t'	[˩] 断	

124　一、汉语方言探索

l	[˥]卵男阴
ts	[˥]准準
tsʻ	[˥]蠢春椿椿树
s	[˥]酸　[˦]殉　[˧]纯莼~菜醇酒味旬荀循　[˩]笋榫~头顺舜
ɹ	[˥]韵闰润　[˦]云雲　[˩]晕运
k	[˥]官棺棍困　[˥]滚
kʻ	[˥]昆菌　[˧]馄~饨　[˥]昆
h	[˥]训　[˥]昏荤婚
ø	[˥]碗　[˩]刎吻

ɯŋ

ɓ	[˥]逩奔笨　[˥]奔锛　[˩]本
pʻ	[˥]□禾~:稻茬儿喷~水喷~香　[˧]盆
m	[˥]闷　[˦]门　[˧]门
f	[˥]愤　[˦]坟　[˧]坟焚　[˥]份一~奋分~开纷芬忿 [˩]粪粉
v	[˥]□大姑子,大姨子　[˦]云
tθ	[˥]砖捐衬忖寸俊　[˦]权旋　[˧]存巡　[˥]笋蒜村蹲森尊遵撙孙　[˩]蕈挑~损
d	[˥]沌盾矛钝遁囤饨~饨　[˥]敦~厚扽墩顿屯肫~肝
tʻ	[˥]吞
n	[˥]嫩　[˦]□你们　[˥]软
l	[˥]□舔论议~　[˧]伦沦轮崙　[˩]论~语　[˩]练
ts	[˥]砖□蹲
tsʻ	[˦]尘(新)□坛子
s	[˥]逊串窜　[˦]船　[˩]莘
k	[˥]根跟　[˩]垦恳
kʻ	[˦]群裙　[˥]垦狗
ŋ	[˥]恩　[˦]□荆棘
h	[˥]很痕　[˩]恨
ø	[˥]问　[˦]文纹闻蚊　[˥]稳温瘟

aŋ

| ɓ | [˥]邦帮　[˩]绑 |
| pʻ | [˥]□瘫痪傍榜　[˦]滂~沱旁螃~蟹 |

海南东方市四更镇付马话同音字汇　125

m	[ㄱ]□蚊子　[ㄟ]忙芒茫莽蟒虻牛~　[ㄴ]忘	
f	[ㄱ]防房　[ㄟ]纺　[ㄱ]芳方肪脂~　[ㄴ]仿相似彷~佛仿~效放妨~害访	
v	[ㄱ]妄旺兴　望忘　[ㄟ]亡王　[ㄱ]网往枉(新)汪一~水　[ㄴ]枉(老)辋网	
tθ	[ㄱ]仓苍丧~失|婚~　[ㄱ]桑　[ㄴ]藏隐~	
d	[ㄱ]当~时当~作灯铛挡阻~　[ㄱ]党　[ㄴ]荡放~当典~	
t'	[ㄱ]汤烫　[ㄟ]藤　[ㄟ]唐堂棠塘糖螳~螂　[ㄴ]趟去一~	
l	[ㄟ]郎狼廊螂　[ㄱ]朗　[ㄴ]浪	
ts	[ㄱ]脏~脏丈仗帐杖胀账障保~瘴气　[ㄱ]掌涨张章樟　[ㄴ]藏西~脏葬长生~	
ts'	[ㄱ]创　[ㄟ]长~短肠场　[ㄱ]昌菖~蒲疮　[ㄴ]畅倡提~唱	
s	[ㄱ]上~山上~面　[ㄟ]常　[ㄱ]尝偿赏裳衣~桑嗓伤商　[ㄴ]倘~使躺尚	
ɹ	[ㄱ]央殃　[ㄟ]扬阳杨　[ㄟ]羊洋烊融化　[ㄱ]嚷壤土~攘　[ㄴ]让样养疡溃~仰痒秧	
k	[ㄱ]港~口巷冈刚钢纲缸扛　[ㄴ]岗	
k'	[ㄱ]杭航　[ㄱ]骯~脏康慷慨糠　[ㄴ]抗炕坑	
ŋ	[ㄟ]昂	
h	[ㄱ]行~列筕　[ㄴ]项	

iaŋ

tθ	[ㄱ]象像橡~树匠降下~将大~　[ㄟ]墙详祥　[ㄱ]将~来浆霜孀相互~相~貌厢湘箱襄镶　[ㄴ]酱奖桨蒋想	
n	[ㄱ]酿　[ㄟ]娘	
l	[ㄟ]凉良梁粮　[ㄱ]两~个二贰　[ㄴ]亮谅辆量数~	
ts'	[ㄱ]枪　[ㄴ]抢	
ʂ	[ㄴ]厂	
k	[ㄱ]僵缰~绳礓石~疆姜薑　[ㄴ]讲	
k'	[ㄟ]强强勉~　[ㄱ]羌	
h	[ㄱ]乡香向　[ㄴ]享响饷	

uaŋ

ts	[ㄱ]赃装　[ㄴ]壮状撞(新)撞(老)	
ts'	[ㄱ]窗　[ㄟ]床　[ㄱ]闯(新)　[ㄴ]闯(老)	

s	[ㄱ]双霜 [ㄱ]爽 [ㄴ]丧	
k	[ㄱ]光 [ㄱ]广 [ㄴ]逛	
kʻ	[ㄱ]匡筐眶眼~ [ㄱ]狂 [ㄴ]况旷矿扩	
h	[ㄱ]荒慌 [ㄱ]皇黄蝗 [ㄱ]谎 [ㄴ]晃	

ɔŋ

pʻ	[ㄱ]冯 [ㄱ]棚彭膨~胀
m	[ㄱ]蒙 [ㄴ]梦
f	[ㄱ]缝~衣服|一条~ 逢凤奉捧 [ㄱ]蓬篷 [ㄱ]讽放封峰锋蜂 [ㄴ]??
v	[ㄱ]黄
tʻ	[ㄱ]汤烫 [ㄱ]糖肠
ts	[ㄱ]装
tsʻ	[ㄱ]藏隐~
s	[ㄱ]床 [ㄴ]上~山|~面
ɹ	[ㄴ]样
k	[ㄱ]虹 [ㄱ]缸扛
h	[ㄱ]糠 [ㄱ]兄

uɔŋ

s	[ㄱ]双一~ 双~生
k	[ㄱ]光

eŋ

ɓ	[ㄱ]冰并~且并合~病拼姘~头 [ㄱ]浜一条~兵 [ㄴ]丙秉柄饼
pʻ	[ㄱ]聘 [ㄱ]平评坪屏瓶萍
m	[ㄱ]命 [ㄱ]萌名明鸣铭
tθ	[ㄱ]净靖静姓性 [ㄱ]情 [ㄱ]青晶睛眼~精蜻蜓~清晴星腥请 [ㄴ]井醒
d	[ㄱ]顶鼎丁疔钉~住钉铁~靪订~约汀 [ㄴ]锭定
tʻ	[ㄱ]听~见 [ㄱ]廷亭庭停蜓蜻~ [ㄱ]听~其自然厅 [ㄴ]挺艇
n	[ㄱ]宁安~宁~可凝
l	[ㄱ]拎伶另 [ㄱ]岭零陵 [ㄱ]灵铃翎 [ㄴ]领
ts	[ㄱ]争正正~月郑政 [ㄱ]整贞侦征
tsʻ	[ㄱ]卿擎称 [ㄱ]呈程逞~能成诚城
s	[ㄱ]生蛏圣盛~满盛兴~ [ㄱ]声升

海南东方市四更镇付马话同音字汇   127

ɹ	[ʌ]仍	[˥]嬰纓	[˩]影				
k	[˥]劲~敌竟敬境镜	[˥]京经经~纬茎荆惊鲸	[˩]颈景警颖				
kʻ	[˥]轻~重 [ʌ]琼	[˥]顷倾	[˩]庆				
h	[ʌ]行	[˩]幸兴					
ø	[˥]映 [˩]蝇 [ʌ]迎盈荣莹萤营赢	[˥]英莺樱~桃鹦~鹉	[˩]杏				

oŋ

ɓ	[˥]崩帮						
pʻ	[ʌ]朋						
m	[ʌ]懵 [ʌ]盟蠓	[˥]猛	[˩]孟梦				
f	[˥]丰风枫疯						
v	[˥]瓮						
tθ	[˥]葱 [ʌ]从~容从跟~ [˥]椶囱~烟~忽聪松宗综棕踪鬃 [˩]总讼宋送颂纵~横|放~						
d	[˥]冬东冻栋 [˥]东冻冬 [˩]动董懂						
tʻ	[˥]痛撞(老)洞 [ʌ]同桐铜童瞳筒噇 [˥]桶通熥 [˩]统捅~破了						
n	[ʌ]囊曩攘齉农侬浓脓						
l	[ʌ]笼拢龙聋隆陇垅庞宠 [˥]□大 [˩]弄						
ts	[˥]春~米众重轻~ [˥]中~间中射~忠终盅钟锺仲 [˩]种~树肿种~类冢						
tsʻ	[˥]充冲铳 [ʌ]虫丛 [ʌ]怂~恿重~复						
s	[˥]嵩双 [ʌ]崇□谁						
ɹ	[˥] [ʌ]戎绒茸容熔蓉茱氄融茸参~弘鹿 [˥]甬~道拥痈庸雍 [˩]诵用永咏泳勇涌						
k	[˥]拱~手贡 [˥]蚣~蚣工弓公功攻宫恭躬 [˩]供~给|养共巩,固禾缸~豆						
kʻ	[˥]□抠 [ʌ]穷 [˥]空~缺空~虚腔 [˩]控恐孔						
h	[˥]閧 [ʌ]红洪虹天上的~鸿宏雄熊 [˥]凶吉~凶~恶胸 [˩]哄~骗烘~干横畚~横~直(老)						
ø	[˥]轰翁						

ɯŋ

| m | [ʌ]盲□瞎子□穿山甲 | | | | | | |

tθ	[ㄱ] 憎赠 [ㄟ] 层蹭曾 姓曾~经增 [ㄱ] 森牲生笙甥争睁筝	
	[ㄥ] 省反~|节~|~长	
ɗ	[ㄱ] 澄邓凳瞪~眼镫鞍~ [ㄟ] 橙~子 [ㄱ] 灯登 [ㄥ] 澄等	
t'	[ㄟ] 腾藤 [ㄥ] □突	
n	[ㄟ] 能	
l	[ㄱ] 冷 [ㄥ] 令	
ts'	[ㄟ] 秤	
s	[ㄱ] 僧	
k	[ㄱ] 粳~米 [ㄱ] 哽骨~在喉更~换庚耕羹 [ㄥ] 更~加埂田 耿梗~子:茎	
k'	[ㄥ] 肯□肋骨	
ŋ	[ㄱ] 硬	
h	[ㄟ] 衡恒横~直(新) [ㄱ] 亨烹	
ø	[ㄟ] 蝇□勤快	

iɯŋ

tθ	[ㄟ] 墙
l	[ㄟ] 凉 [ㄱ] 两儿~ [ㄥ] 量~长短
ts'	[ㄟ] 长~短 [ㄱ] 仗 [ㄥ] 唱
k	[ㄱ] 姜
h	[ㄱ] 香
ø	[ㄱ] □烤央秧 [ㄟ] 杨 [ㄱ] 养羊

ap

tθ	[ㄥ] 杂□己~:蟑螂 [ㄱ] 札
ɗ	[ㄱ] 搭答 [ㄱ] 答搭
t'	[ㄱ] 塔
n	[ㄱ] 纳
l	[ㄥ] 猎□(鱼)鳞
ts	[ㄱ] 扎札 [ㄱ] 札
ts'	[ㄱ] 拓插
ø	[ㄱ] 鸭 [ㄱ] 鸭

iap

t'	[ㄱ] 沓帖请~贴
k	[ㄱ] 甲胛肩~押 [ㄥ] 匣箱~
k'	[ㄱ] 缺

海南东方市四更镇付马话同音字汇   129

| h | [˧] 血 | [˨] 夹夹袷协挟~菜 | [˥] 峡狭 |

ɔp

k	[˥] 鸽	[˥] 鸽
k'	[˥] 恰	[˨] 洽
h	[˨] 合盒	[˥] 蛤~蜊合
ø	[˨] □搂□扛□一~纸

ip

tθ	[˥] 鳖	[˨] 揖作~接
t'	[˨] □己~：牛虻□撮
l	[˨] 立笠粒	[˥] 泣
ts	[˥] 蛰执质□挽	[˨] 直植
ts'	[˥] □猪~：猪蹄
s	[˥] 湿滋汁	[˨] 十拾~起来
ɹ	[˨] 入
k	[˥] 给~你	[˨] 及级急	[˥] 极
h	[˥] 吸

ɯp

tθ	[˥] 接妾捷
t'	[˨] 叠蝶碟
ɹ	[˨] 叶	[˥] 页
k	[˥] 劫	[˨] 闸
h	[˥] 胁

at

ɓ	[˥] 八□跳蚤□围嘴儿	[˨] □~窟：后脑勺儿	[˥] 拔
p'	[˥] □篮子，筐
f	[˥] 法髪发	[˨] 罚伐筏	[˥] 乏
v	[˥] □攥	[˨] 滑	[˥] 袜
tθ	[˥] □重孙	[˨] 贼
ɗ	[˥] 达
l	[˥] 辣
ts'	[˥] 擦察□塞
s	[˥] 杀
k	[˨] □挂念

130　一、汉语方言探索

uat
ɓ　　　［˥］□餜
k　　　［˥］刮括包括
k'　　　［˥］□划

ɔt
ɓ　　　［˩］饽面~勃　［˥］拨
m　　　［˩］没抹~布末周~
ɗ　　　［˩］夺
t'　　　［˥］脱秃
k　　　［˥］割聒~耳朵葛
k'　　　［˥］揭渴
h　　　［˥］阔　［˥］喝

ɛt
ts　　　［˥］□姑妈　［˩］□妹妹，小姑子
s　　　［˥］虱说小~　［˩］舌　［˥］涩
ø　　　［˩］涂擦□~声；声音沙哑

iɛt
ɓ　　　［˥］鳖别离~别区~
m　　　［˩］灭　［˥］篾竹~
tɕ　　　［˥］雪切~开节　［˩］截
ɗ　　　［˩］秩跌
t'　　　［˥］铁
n　　　［˩］捏业日
l　　　［˩］列烈裂劣
ts　　　［˥］折弄~了折~断哲辙浙摺~叠妹　［˩］捷蜇蝎子~人
ts'　　　［˥］彻撤
ɹ　　　［˥］越压月热
k　　　［˥］结揭(新)洁决诀　［˩］绝杰
k'　　　［˥］歇蝎　［˥］缺
ŋ　　　［˩］孽

it
ɓ　　　［˥］笔迫瑟　［˩］弼　［˥］必

海南东方市四更镇付马话同音字汇

p'	[˧] 匹一~布 辟劈僻壁璧
m	[˩] 觅密蜜 □打~下
tθ	[˧] 七 [˩] 疾集辑编~习术~术述術 [˧] 率~领悉戌
n	[˩] 热
l	[˧] □胳肢 [˩] 律率~速~
s	[˧] 失 [˩] 实舌
ɹ	[˧] 一 [˧] 日热
k	[˧] 吉
k'	[˧] 讫乞屈 [˩] 倔~强掘掘橛~子
h	[˧] 吃吃/喝 [˩] 域
ø	[˧] 乙一□举 [˩] □伸□拧

ut

ɓ	[˩] □温，暖和
ɗ	[˩] □吻
t'	[˧] 突
ts	[˧] 卒兵~
ts'	[˧] 出猝仓~拙
k	[˧] 骨筋 滑猾狡~
k'	[˧] 窟~窿
ø	[˧] 沃 [˩] 核

uɯt

ɓ	[˩] 拨□暖和□捧
f	[˩] 佛彷~佛
v	[˩] 物□撵走
tθ	[˧] 雪铡~刀
ts'	[˧] 出□相似
s	[˧] 宿
ŋ	[˩] 月□打瞌睡
h	[˧] 血 [˩] 窟~窿核
ø	[˧] □拔 [˩] □结巴

ak

| ɓ | [˧] 北 [˩] 腹肚腹 |
| m | [˩] 墨笔~ |

l	[˩] □刺
k	[˥] 刻
h	[˥] 黑

uak

| k | [˥] 钁锄 |

ɔk

ɓ	[˥] 剥　[˩] 缚
f	[˩] 缚
p'	[˩] 薄
m	[˩] 木莫
t'	[˥] 脱
n	[˩] 肉
l	[˥] 乐　[˩] 六绿 □~匙：钥匙
ɹ	[˩] 溺~水
k	[˥] 各郭廓角谷　[˩] 国
k'	[˥] 觉　[˥] 壳渴喝~采
ŋ	[˥] 恶岳扼轭
h	[˥] 豁　[˩] 活学壳
ø	[˥] 喊扼

εk

ɓ	[˥] 百
p'	[˩] □啨
m	[˩] 麦
ɗ	[˩] □逃跑
ts	[˥] 拆开析
k'	[˥] 客
ŋ	[˩] 额
ø	[˩] 疫

ok

ɓ	[˥] 柏伯
p'	[˥] 卜仆扑朴　[˥] 赴
m	[˩] 目牧穆墨~水木　[˥] 麦脉
f	[˥] 福腹　[˥] 服复~杂复~原覆反~

海南东方市四更镇付马话同音字汇   133

tθ	[˥] 竹促足缩束肃速宿谏　[˩] 族粟蜀续俗　[˥] 竹
ɗ	[˩] 毒独　[˥] 读督牍犊牛~子
tʻ	[˩] 读
n	[˩] □按
l	[˩] 六绿陆录禄　[˥] □凹　[˥] 六鹿
ts	[˥] 粥烛筑　[˩] 逐祝浊
tsʻ	[˥] 触
s	[˥] 叔弟淑速畜~牧蓄储~　[˩] 熟煮~　[˥] 赎属嘱
ɹ	[˥] 郁　[˩] 辱褥玉育狱　[˥] 肉
k	[˥] 谷穀　[˩] 国　[˥] 局
kʻ	[˥] 哭
h	[˩] 或惑获霍
ø	[˥] 屋握家

　　　　　　　　　　ik

ɓ	[˥] 碧臂~喻毙　[˥] 擘用手~开槃黄~逼
tθ	[˥] 积迹绩脊戚息昔惜　[˥] 只夕籍席
ɗ	[˥] 摘的目~　[˩] 敌笛　[˥] 籴狄滴嫡适
tʻ	[˥] 剔踢
n	[˥] 逆顺~
l	[˩] 力
ts	[˥] 赫翼掷
tsʻ	[˥] 尺斥赤
s	[˥] 室锡择~菜　[˩] 石　[˥] 食粮~即
ɹ	[˥] 益释
k	[˥] 击　[˩] 一~菊橘　[˥] 掬激
kʻ	[˥] 屐木~　[˥] 曲~折
h	[˩] □嚼
ø	[˥] 役译亦

　　　　　　　　　　ɯk

ɓ	[˥] 柏伯　[˩] 白帛陌~生
m	[˩] 疫(老) □地~：狐狸
tθ	[˥] 策册色责侧　[˩] 泽□坐贼
ɗ	[˥] 得德　[˩] 特

l	[˨] 勒
k	[˥] 革格隔胳
k'	[˥] 客刻　[˨] 核_{果子}~核_审~
ŋ	[˥] 额
h	[˥] 黑　[˥] 霍

iwk

l	[˥] □一种捕鱼工具
k	[˥] 脚腿
k'	[˥] 却
ø	[˥] 药

参考文献

[1] 昌梅香：《吉安赣方言语音研究》，暨南大学博士论文，2008年。

[2] 陈昌仪：《赣方言概要》，南昌：江西教育出版社，1991年。

[3] 李荣主编：《中国语言地图集》，香港：香港朗文出版有限公司，1987年。

[4] 李如龙、张双庆主编：《客赣方言调查报告》，厦门：厦门大学出版社，1992年。

[5] 刘纶鑫：《客赣方言比较研究》，北京：中国社会科学出版社，1999年。

[6] 刘新中：《海南闽语的语音研究》，北京：中国社会科学出版社，2006年。

[7]（明）《正德琼台志》，宁波天一阁藏。

[8]（清）光绪二十三年李有益纂修，《昌化县志》。

[9]（清）康熙十一年创修，四十四年续修，民国十八年重修，《感恩县志·舆地》。

[10] 邵宜：《论赣方言的音韵特征》，暨南大学博士论文，1994年。

[11] 孙宜志：《江西赣方言语音研究》，北京：语文出版社，2007年。

几个汉语方言音系中记录为8号不圆唇元音［ɯ］的音

刘新中

引　言

　　表面上看，国际音标符号的元音图中的ɯ，是元音u的同部位的不圆唇元音，从它在汉语7大方言的音系中的分布来看，主要分布在官话方言和潮汕方言。相对于i、a、u这样非常多见的元音而言，较为少见，因此对于它的一些特点需要了解多一点，免得张冠李戴。

　　科技的进步，尤其是计算机技术的发展，为语言研究提供了十分便利的工具，刘复、赵元任、王力、岑麒祥、吴宗济等先生介绍引进的运用科技手段研究语音的工作，也在新的时期有了巨大的发展。21世纪前后，国内外出现了许多利用计算机技术提取、分析、研究汉语语音的成果，但是从方言语音的角度说，相应的成果还是不够的。笔者从事方言研究已经有20多年的实践，深感记录方言语音时需要借助现代语音学的技术提取、分析汉语方言语音的重要性，它可以帮助我们在准确描写音系的同时，尽可能准确记录、说明有些元音、辅音、声调的特点。汉语方言的语音问题涉及面很多，既有共时层面的，更要考虑历时的演变；既要注重每个方言的个性，还要考虑包括所有方言的大汉语的共性。本文就是希望能够抛砖引玉，借助计算机和语音分析工具，对于汉语方言语音现象做一些分析研究，以利于方言的共时比较和历史语音演变的研究。

136　一、汉语方言探索

一、［ɯ］的一般描述

1.1 IPA-HELP 中的声音所表示的共振峰数据以及声学元音图（formant chart）

先看国际语音学会公布的国际音标表中的元音分布图，见图1。

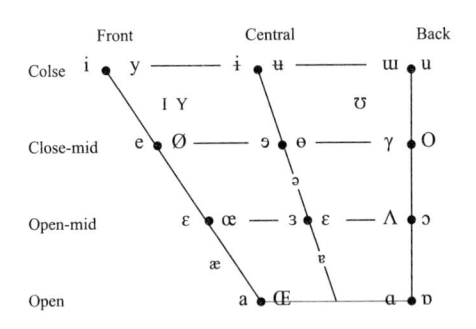

图 1　国际语音学会 2005 版中的元音图表

图1所反映的是一个较为理想的参照系，在我们的实际研究中，可以根据这些来描述、说明我们的语音系统的元音的位置和特点。对 ɯ 的描写是后、高、不圆唇，英文的描写是 Closed Back Unrounded，这个描写与 u 相对[1]。

我们根据美国暑期语言学 SIL 的 IPA-HELP 中的声音，先将这些元音声音的数据用 Praat[2] 提取出来，然后根据元音共振峰数据做成一个声学元音图。下面是我们根据 IPA-HELP 中的声音用提取的相关元音所表示的共振峰数据，见表1。

表 1　IPA-HELP 中的声音所表示的共振峰数据

前	F1	F2	央	F1	F2	后	F1	F2
i	285	2513	ɨ	310	2240	u	279	588
y	258	2124	ʉ	310	1862	ɯ	352	1189
ɪ	382	2181	ɘ	402	1367	ʊ	405	747
ʏ	318	1821	ɵ	413	1158	ɤ	424	1059
e	385	2336	ɜ	433	1342	o	341	618
ø	348	1721	ɞ	418	1249	ɔ	450	616

续表

前	F1	F2	央	F1	F2	后	F1	F2
ɛ	512	1843	ə	482	1058	ʌ	558	1006
œ	516	1136	ɐ	549	1143	ɑ	690	1015
æ	815	1551				ɒ	524	723
ɶ	559	1157						
a	828	1293						

这些数据与我们的认知基本是一致，但是还是有很多的差异。我们根据这些数据作成一个声学元音图。见图2。

VOWEL OF THE IPA-HELP

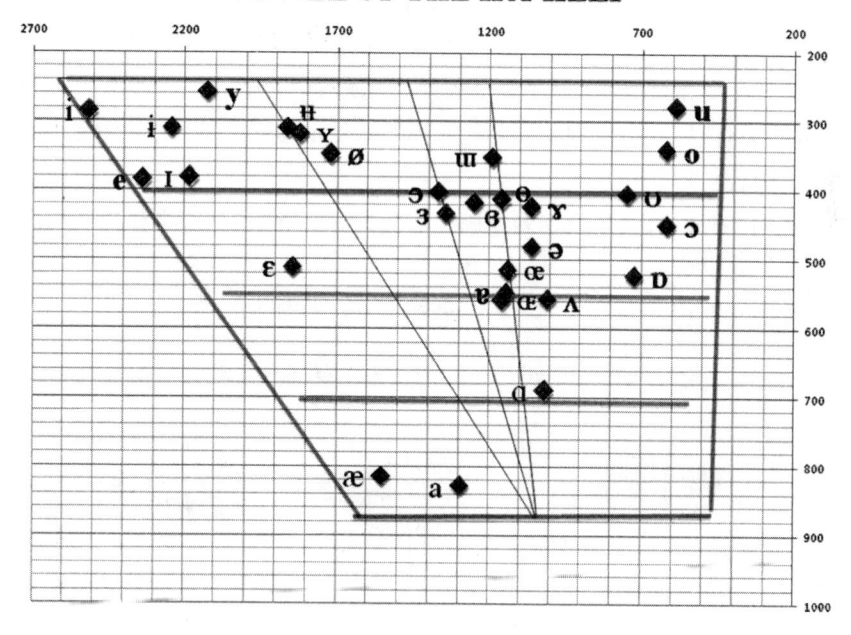

图2　IPA-HELP 中的声音所显示的声学元音图（formant chart）

我们通常描写为前系列的元音，i-y、e-ø、ɛ-œ 以及 ɪ-ʏ 的位置没有问题，但是 æ 的位置偏低，ɶ 的位置偏央、偏高。æ 的位置偏低较容易理解，也可以解释为什么我们常常听到很多英美人的 æ 都很像 a。

央元音系列 ɨ-ʉ 的位置与我们的理解而言偏前了很多，几乎与前元音

138　一、汉语方言探索

差不多了。ɘ-ɵ、ɜ-ɞ 的相对位置是没有问题的，但是 ə 的位置就比 ɜ-ɞ 还要低，这似乎与表 1 中的位置不一致。但是 ə 与 ɐ 的高低位置关系以及 e、o 的位置关系是没有问题的。这也可以解释英语的音标中 [ə]、[ɜ] 的纠结问题。Peter Roach（2000，F35，P18）把长 [əː] 就描写为 [ɜː]。这里反映出英语中的长短音除了时长的差别，音质的差别也是十分明显的 [3]。

后元音系列基本没有问题，只是 ʊ 低于 o，表面上与表 1 所反映处的 ʊ 的位置不同，但是与我们听到的美国人的 book 中的 ʊ。后低元音 ɒ 和 ɑ 的前后关系没有问题，但是 ɒ 比 ɑ 高，甚至比 ʌ 还高，这也容易使我们联想到英国英语的 ɔ 到美国英语中读为 ɒ。

就元音的高低来看，高、半高元音问题不大，半低、低元音交叉的情况较为明显，比如 a 和 ɑ 除了前后，还有高低的差别，œ 和 ɐ 的前后、高低都十分接近，这是由于 œ 偏后、偏高的结果。

从上述的数据以及声学元音图来看，ɯ 前后的位置处在央元音的位置，而高低处在半高的位置，但是要是观察一下所有的八个标准元音的不圆唇 - 圆唇的相对位置就会发现，同部位的不圆唇偏前偏低，同部位的圆唇元音偏高、偏后。

我们还可以看一下后系列不圆唇的几个元音和央元音系列的不圆唇元音的共振峰模型。

先看 ɯ、ɤ、ʌ 这三个元音的共振峰模型，见图 3。

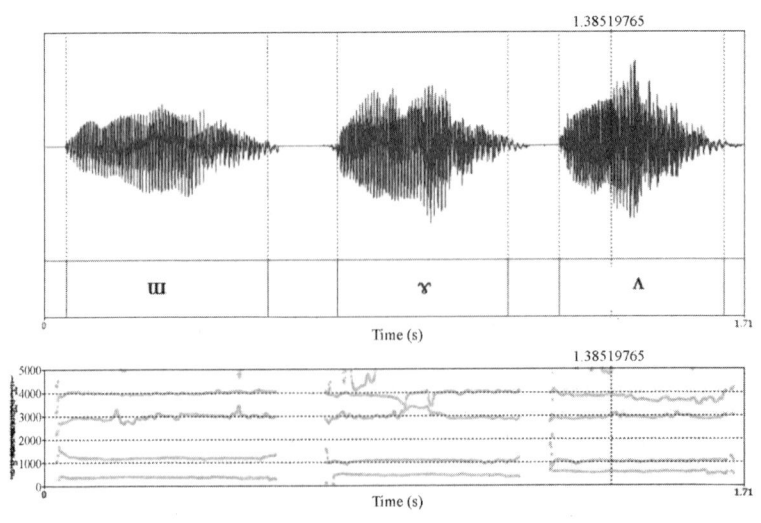

图 3　ɯ、ɤ、ʌ 的共振峰模型

我们看到 ɯ、ɤ、ʌ 的第一共振峰依次是 353、424、559，ɯ、ɤ、ʌ 的第二共振峰依次是 1189、1059、1006，这说明这三个元音依次由高变低，由前到后。

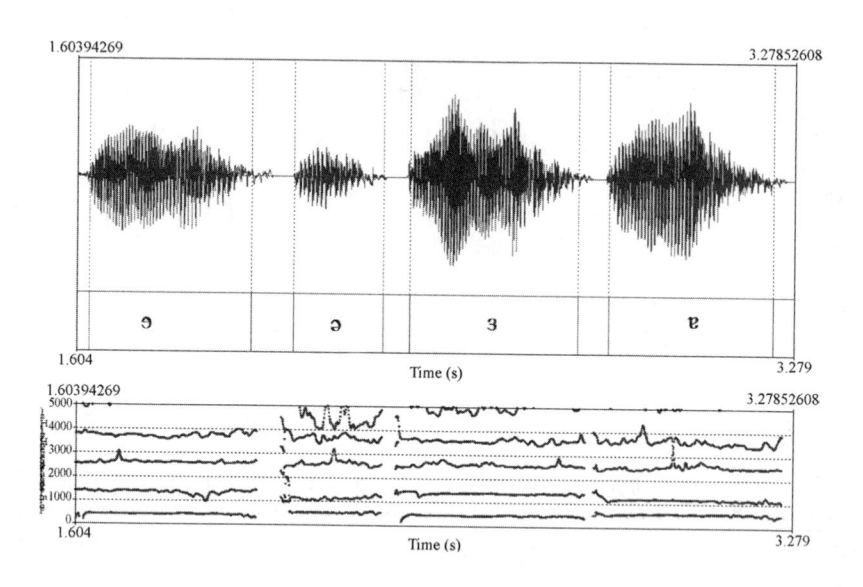

图 4　ɘ、ɜ、ɐ、ɞ 的共振峰模型

我们看到 ɘ、ɜ、ɞ、ɐ 的第一共振峰依次是 402、433、482、549，这说明这四个元音依次由高变低，但是前后的情况就不同了，ɘ、ɜ、ɞ、ɐ 的第二共振峰依次是 1367、1342、1058、1143，如果按照数据前后的顺序是 ɘ、ɜ、ɐ、ɞ。

ɯ 的第二共振峰依次是 1189，与 ɐ 的 1143 差不多，与 u 的 588 以及 o 的 618 都相距较远，较为明显地向央、中元音靠。我们可以取前高、后高、中低三个极点的元音作参照，将上述 7 个央、后不圆唇元音放入其中，就可以明显看出后系列不圆唇元音偏低、偏央的特点，见图 5。

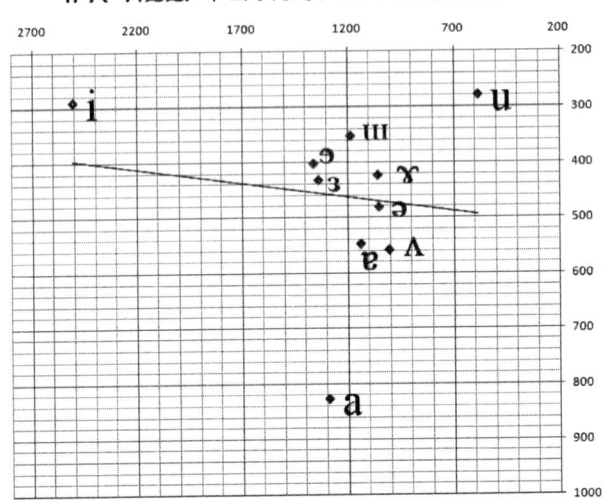

图 5 IPA-HELP 中央后不圆唇元音在声学元音图中的位置

从这个元音图看，与国际语音学会公布的元音说明图的空间位置基本一致。差别较大的是，如前所述，ə 和 ɜ 的位置，ɜ 偏高而 ə 的位置虽然稍偏后一点。

我们根据上述的比较分析把 ɯ 的特点总结如下：

表 2　IPA-HELP 中的声音所表示的 ɯ 的特点

声音来源	音标符号	F1	F2	文字说明
IPA-HELP	ɯ	353	1187	央偏后、半高偏高、不圆唇元音

根据上述的分析，我们不妨把 IPA-HELP 中提供 ɯ 的共振峰数据作为参照，以此来比较一下一些汉语方言音系中描写为 ɯ 的元音的特点。

二、在汉语方言音系中描写为 [ɯ] 的几个方言中的元音 [ɯ] 的共振峰特点

下面汉语方言中的材料来源，海南乌烈军话的材料为笔者的调查，其余 8 个点的录音以及音系记录来自侯精一主编的《现代汉语方言音库》（上

海教育出版社、上海教育音像出版社，2002年10月）。

我们首先是根据侯精一先生主编的《现代汉语方言音库》的音系记录，《现代汉语方言音库》中的发音人都是地道的本方言的使用者，录音也都规范、统一。我们提取音系中那些含有[ɯ]元音的音节，选择那些描写为[ɯ]的元音，然后用Praat标注，接着用脚本提取这些元音的第一、第二共振峰的数据。我们将提取的元音数据作归一化的处理，形成表3。

表3 IPA-HELP中的声音与汉语方言音档中所表示的ɯ的共振峰数据

	ɯ		i		a		u	
	F1	F2	F1	F2	F1	F2	F1	F2
IPA-HELP	353	1187	285	2513	828	1293	279	588
乌烈军话WL	332	1142	331	2286	844	1463	405	805
汕头话ST	472	1517	310	2290	940	1368	393	694
西安话XA	405	1174	293	1934	780	1214	396	821
西宁话XN	370	1201	285	2479	826	1143	339	738
合肥话HF	391	1266	316	2250	1036	1351	576	1003
武汉话WH	321	1274	319	2322	821	1283	392	957
银川话YC	461	1253	317	2081	843	1262	455	737
兰州话LZ	471	1361	354	2168	729	1150	449	776
南京话NJ	362	876	307	2000	652	914	352	716

我们根据表3中IPA-HELP的ɯ以及我们挑选的9个汉语方言音系中记录为ɯ的元音的第一、第二共振峰的数据，做成一个声学元音图，见图6。为了便于比较，我们同时提取了这些方言中元音i、a、u的有关数据，这样我们同时可以看到ɯ在它们相应的音系格局中的大体位置。一般的音系格局中，所有的元音都基本上处在由元音i、a、u三个点组成的三角形之内，因为元音i、a、u正好是前高、后高、低三个极点。

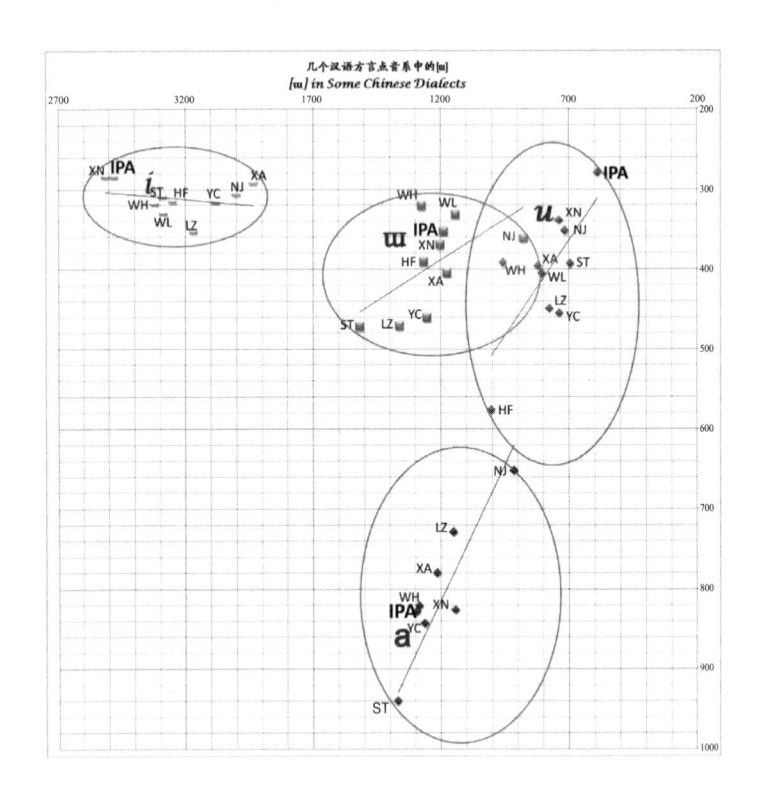

图 6 IPA–HELP 和 9 个方言点音系的 ɯ 在声学元音图中的位置

图 6 中的大写拉丁字母是表 3 中所列的汉语方言点的拼音。从图 6 我们清楚地看到，与 IPA-HELP 的声音样本 ɯ 较为接近的是海南乌烈军话、武汉话、西宁话、西安话、合肥话中的 ɯ，而银川话、兰州话、汕头话、南京话音系中的 ɯ 离 IPA-HELP 的声音样本 ɯ 较远。这一点我们从相应的录音中也能凭耳朵感知到。

此外，我们还根据表 3 的数据，整理出几个汉语方言音系中记录为 ɯ 的第一共振峰 F1 和第二共振峰 F2 的数据范围，见表 4。

表 4 IPA–HELP 中的声音与汉语方言音档中所表示的 ɯ 的共振峰数据范围

	IPA–HELP的共振峰数据		9个汉语方言的共振峰数据范围	
	F1	F2	F1	F2
ɯ	353	1187	321–472	876–1517
i	285	2513	285–354	1934–2479

续表

	IPA-HELP的共振峰数据		9个汉语方言的共振峰数据范围	
i	F1	F2	F1	F2
a	828	1293	625–1036	914–1463
u	279	588	339–576	694–1003

我们可以根据语音的声音数据并且结合我们的听感，对于汉语方言音系中记录为ɯ的元音做一些简单总结：与IPA-HELP的声音样本ɯ最为接近的是海南乌烈军话、武汉话、西宁话、西安话、合肥话中的ɯ，其次是银川话、兰州话、汕头话、南京话音系中的ɯ。

三、汉语方言语音记录中语音学与音系学的平衡

仅从数据和音质上来看，有些方言音系中记录为ɯ的元音与IPA-HELP的声音样本ɯ差别很大，那它还是ɯ吗？

这实际上涉及音位代表符号的选择问题。我们在记录汉语言方言的语音时，当然，记录其他语言的语音也一样，必须找到一个语音学与音系学的平衡点。音系学强调音类，而语音学似乎更注重音质，我们的听感较多与音质相关。无论哪一个方面的判断，最后的归结点在于是否区别意义，这就是语言学的语音学。

一般来说，方言学者的音类的归纳能力很强，但是，在一个音系内没有归类的问题是否就万事大吉了呢？不尽然，如果音类的代表符号搞错了，恐怕也不应该，比如ɯ、ɿ当成了ɤ、ə总是不合适的。就以汉语方言音档中记录为ɯ的元音为例，汕头话的实际上更像ə，银川和兰州的则与ɜ较为接近，西宁话的ɯ则是与IPA-HELP所提供的录音样本基本一致。这是从共振峰、听感两个方面都能够感受到的。

下面的图7[4]是汕头话的元音[ɯ]与IPA-HELP录音中的ɯ、ə等的元音的共振峰模型的对比。汕头话的[ɯ]元音的共振峰与IPA-HELP所提供的[ə]的录音样本所显示的共振峰基本一致，而与IPA-HELP所提供的[ɯ]的录音样本不同。请看图7。

144　一、汉语方言探索

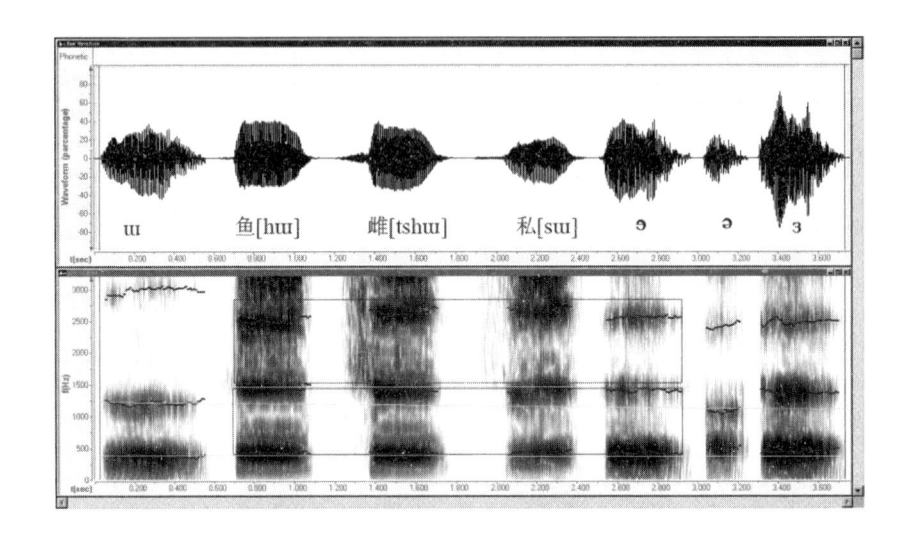

图 7　IPA-HELP 的 ɘ 与汕头话的 ɯ

那么，与汕头话的 ɯ 的第一、第二共振峰是：472、1517，IPA-HELP 所提供的 [ɘ] 的录音样本所提取的第一、第二共振峰是：402、1367 也是相对接近的。

下面我们再看看西宁话的 ɯ 和，IPA-HELP 所提供的 [ɯ] 的录音样本的共振峰的语图。见图 8。

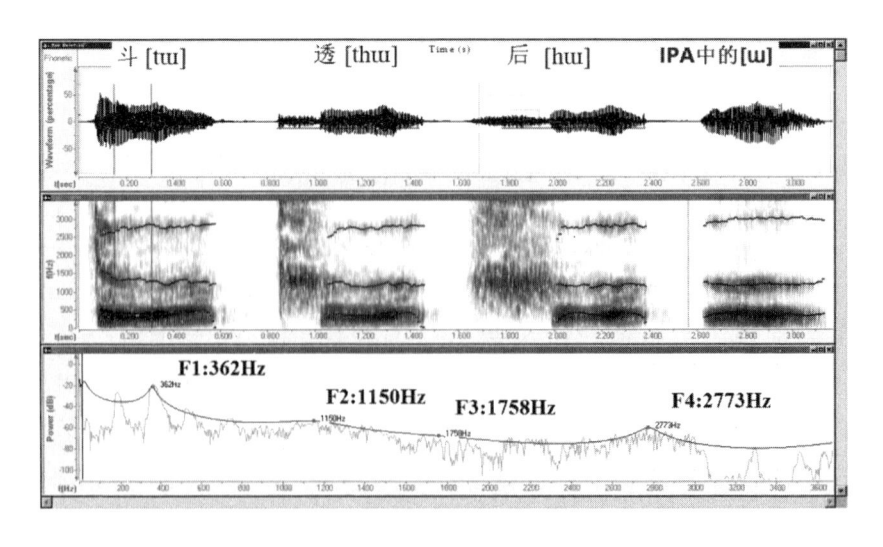

图 8　IPA-HELP 的 ɯ 与西宁话的 ɯ

图 8 所反映的是 IPA-HELP 的 ɯ 和西宁话的 ɯ，第二栏是西宁话包含 ɯ 元音的三个音节以及 IPA-HELP 所提供的 [ɯ] 的录音样本，第三栏是西宁话"斗"[tɯ]音节中的 [ɯ] 的录音的在两个线段之间的共振峰数据第一、第二共振峰分别是 362 和 1150。这与前面的数据也较为一致，IPA-HELP 所提供的 [ɯ] 的录音样本的第一、第二共振峰是 353、1187，西宁话的第一、第二平均共振峰是 370、1201，数据几乎相同。从数据和语图两个方面都能够较好地说明 IPA-HELP 所提供的 [ɯ] 的录音样本与汉语方言记录为 [ɯ] 的实际关系。

上述的讨论说明，我们在方言的语音记录、描写时适当运用语音分析的工具是非常有必要的。但是即使是使用了相应的语音分析工具，是不是所有汉语方言中的语音描写都必须以语音数据作为符号代表选择的依据呢？不可能。因为这就必须要考虑传统记录中的习惯，既然汕头话中的 ɯ 和 ɿ 等元音音素的音位代表过去都记录为 ɯ，我们就没有必要非要改成 ɤ 不可。但是在音系的说明中则应该尽可能提供相应的语音学数据，这样不但使我们的语音描写在继承方言学优良传统的基础上更加科学，而且会有利于不同方言间的比较。

方言调查中的语音记录、描写涉及的问题很多，准确地记录、描写总是研究的起点，这一点多强调一点没有坏处，这也是本文写作的基本动因。

附　注

［1］SIL，IPA Help 2.1，Copyright © 2008 SIL International. Rev：05 Jan 2006 *Handbook of the International Phonetic Association*，Cambridge University Press，First published 1999，Tenth printing 2009.

［2］Praat 的版本：praat5221_winsit

本文的元音分析，主要步骤是：1）用 Praat 给已经选取的元音做好标注；2）用 Praat 的脚本提取元音的共振峰数据；3）用 Excel 电子表格处理共振峰数据并作图。元音共振峰脚本是由 David Weenink 亲自编写。

［3］Peter Roach，*English Phonetics and Phonology: A Practical Course*，Second edition，Foreign Language Teaching and Research Press & Cambridge University Press，2000.

［4］图 7、图 8 的语图用 Speech Analyzer3.1 制作，软件来源：http：

//www.sil.org/computing/catalog/，© 2007 SIL International.

参考文献

［1］李荣主编：《现代汉语方言大词典》（综合本），南京：江苏教育出版社，2002年。

［2］侯精一主编：《现代汉语方言音库》，上海：上海教育出版社，2003年。

［3］北京大学中文系编：《汉语方音字汇》，北京：文字改革出版社，1989年。

［4］保尔·巴西（Paul Passy）：《比较语音学概要》（*Outline of Comparative Phonetics*），刘复译述，上海商务印书馆，1921年初版，1933年再版。

［5］Roman Jakobson, C. Gunnar M. Fant, Morris Halle 1963 *Preliminaries to speech analysis* [electronic resource]: *the distinctive features and their correlates*, 3rd ed, Cambridge, Mass.：M.I.T. Press, (1965 printing).

［6］Wang Li 1932 *Une Prononciation Chinoise de* Po-Bei, Paris Librairie Ernest Leroux。

［7］Peter 2006 Ladefoged, *A Course in Phonetics*.

［8］J.C. Catford 2001 *A Practical Introduction to Phonetics*，Oxford University Press; 2nd Revised edition.

株洲话单纯名词轻重格的影响因素

钟 奇

株洲话词的轻重格与十余项因素有关。这些因素包括调型、句调核、叠音、词长（以上属语音、韵律）、语法结构、词类（以上属语法）、语义类别、语义关系、语义虚实、语义突显（以上属语义）、信息结构、词频、语气强弱、类比（以上属语用）等。鉴于问题的复杂性，我们从轻重格影响因素相对较少、无内部结构的单纯名词入手开始研究。

崔振华（1998：35-38）、陈晖（1999：32-37）已观察到湘方言益阳、涟源话的轻重音与语法、语义、连读变调等有关，并总结出偏正、动宾等结构语词的主流轻重格。但偏离主流者与何种因素相关则未作细究。

一、株洲话音系概况

株洲市位于湖南东部，城区方言分中心城区话、周边厂矿话、本地话三种。本文的研究对象为中心城区话，也称长沙话，属新湘语，以下只称株洲话。

发音人：易建锋（M1），1965年生，男；钟志（M2），1968年生，男；钟俨（M3），1970年生，男；朱建萍（F1），1964年生，女；何岚（F2），1967年生，女。本文记录的多是M1的口音。

1.1 声韵调系统

①声母（24个，含零声母）：

p 帮，pʰ 怕，m 毛，f 发，t 多，tʰ 听，l 男，ts 子，tsʰ 草，s 死，z 日，

tʃ 纸，tʃʰ 齿，ʃ 舌，ʒ 肉，tɕ 尖，tɕʰ 秋，ȵ 牛，ɕ 心，k 狗，kʰ 看，ŋ 我，x 红，ø 二。

②韵母（43 个）：

ɿ 自，i 弟，u 苦，y 雨，a 吵语气词，ɑ 爬，ia 夏，ua 瓦，ya 抓，o 我，io 脚，ə 白，uə 国，ie 姐，ye 月，ai 排，uai 快，yai 甩，ei 飞，uei 柜，yei 水，au 高，iau 飘，əu 走，iəu 九，an 单，ian 江乂，uan 关，yan 窗，ien 天，yen 船，ə:n 扇，on 盘，ən 门，in 心，uən 问，yn 云，aŋ 帮，iaŋ 江乂，uaŋ 王，ʒ̍ 是乂，m̩ □~妈: 妈妈，n̩ 你白。

③单字调（6 个）：

阴平 [˧˦] 34 高　上声 [˦/˦˨] 44/42 古　阴去 [˦˥] 45 盖　入声 [˩˦] 14 笔
阳平 [˩˧] 13 穷　　　　　　　　　　阳去 [˨˩] 21 近白

上声[˦]44、[˦˨]42 两可，为自由变体。本地人对变体间的差异浑而不察，无明显的差异感知。本文分别只记作 [˦] 44。阴平发音人 F2 读 [˧] 33。

1.2 轻重音与变调

轻重音分主重音（ˈ）、次重或中重音（ˌ）、轻音（不标）3 级。

重轻格：爷娘父母 ˈia˩˧ ȵian˩˧/˦ ｜ 炒饭名词 ˈtsʰau˦ fan˨˩。中重格：睏觉睡觉 ˌkʰuən˦˥ ˈkau˦ ｜ 炒饭动宾短语 ˌtsʰau˦ ˈfan˨˩。重轻轻格：石头牯石头 ˈʒ̍˩˧təu˩˦ ku˩˦。中轻重格：六六六农药名 ˌləu˩˦ ləu˩˦ ˈləu˩˦。

其中"数字 - 数字"表示由本调变为变调，"数字/数字"表示本、变调两可。

存在唯轻重音对立对：

下面方位词 ˈɕia˨˩ mien˨˩ ≠ 下面动宾短语 ɕia˨˩ ˈmien˨˩，
小马小的马 ˈɕiau˦ ma˦ ≠ 小马姓马的年轻人 ɕiau˦ ˈma˦。

轻重音的主要声学表现为重音节比轻音节长，居末尤长。

音系学表现为重音节不发生音位性的变调，维持 6 个单字调。轻音节广式变调规则中，居末时或维持 6 个调或弱化中和为 4 个，不居末时中和为 4 个。窄式变调规则中，中和为 1 个调。见下表：

表1　株州话轻重音与变调的关系

重音节		轻音节			
居末	不居末	广式变调规则		窄式变调规则1	窄式变调规则2
		居末	不居末		
阴平34	变阴平33	变阴平33	变阴平33		变阴去55
阳平13	阳平13	阳平13或变阴平33	变阴平33	变阴平33	变阴去55
上声44	上声44	上声44	上声44	变阴平33	变阴去55
阴去45	变阴去55	变阴去55	变阴去55	变阴平33	
阳去21	阳去21	阳去21	阳去21	变阴平33	变阴去55
入声14	入声14	入声14或上声44	上声44	变阴平33	变阴去55

二、株洲话单纯名词轻重格总揽

研究对象：单纯名词单念时的轻重格。

研究范围：非专名类以《汉语外来词词典》《汉语外来词》《新编联绵词典》为主；专名类中人名以《英语人名词典》为主，地名则以国名、首都名、美国州名为主。

考察结果制成以下表格：

表2　株州话单纯名词轻重格的影响因素一览表

音节数	后两音节叠音	后两音节不叠音					
		末音节调形高显度		末音节调形低显度			
				末音节非"夫"类		末音节"夫"类	
		非人名	人名	非人名	人名	非人名	人名
双音节	-2	-2	-1	-2	-1/-2	-2	-2
三音节	-1	-1	-1	-1/-3	-1/-3	-1/-2	-1/-2
四音节	-1/-2	-1	-1	-1/-2	-1/-2	-1/-2	-1/-2
五音节	无例	-1	-1	-1	-1	-1/-2	-1/-2

其中，-1表示主重音在倒数第一音节，-1/-2表示主重音在倒数第一或倒数第二音节。末音节"夫"类包括大多数"夫"尾、少数"斯""尔"尾。

三、株洲话单纯名词轻重格的影响因素

从上表可见，株洲话单纯名词末重占多数，是默认值，现在的多样性应是受各种因素影响所致。以下是这些因素的影响规则。

3.1 语义类别影响规则：人名类是维持默认值（末重）的因素。非人名类是变异性因素，促使主重音前移一个音节——次末重。发生作用的范域是不叠音的双音节词。

人名类包括人名、公司名、品牌名，非人名类为此之外者。

人名类遵从语义影响规则者：

夏娃 ˌɕia˧˥ˈua˧˩，约翰 ˌio˧˥ˈxan˧˩，佳能_{公司名} ˌtɕia˧˥ˈlən˧˩，芙蓉_{香烟品牌名} ˌfu˧˥ˈin˧˩。

非人名类遵从语义影响规则者：

葡萄 ˈpu˧˥tau˧˥/˧˩，咖啡 ˈkʰa˧˥fei˧˥，巴黎 ˈpa˧˥li˧˥/˧˩，芙蓉_{花名} ˈfu˧˥in˧˥/˧˩。

人名类有许多不遵从语义影响规则者：

查理 ˈtsa˧˥li˧˩，汤姆 ˈtʰaŋ˧˥mo˧˥，杰夫 ˈtɕie˧˥fu˧˥。

非人名类仅极少数不遵从语义影响规则者：

几何 ˌtɕi˧˥ˈxo˧˥，可乐 ˌkʰo˧˥ˈlo˧˥，比特_{信息单位} ˌpi˧˥ˈtʰə˧˥。

人名类不遵从语义影响规则者可归因于末音节调形低显度（参见 3.3 节），非人名类不遵从者则不可归因于本文中的其他几个主要因素（参见 3.6 节）。

3.2 后两音节是否叠音影响规则：后两音节不叠音类是维持默认值的因素——末重。后两音节叠音是变异性因素，促使主重音前移一个音节——次末重。发生作用的范域主要是双音节词，多音节词只零星出现。

后两音节叠音类中，双音节全部遵从叠音影响规则：

猩猩 ˈɕin˧˥ɕin˧˥，可可_{植物名、人名} ˈkʰo˧˩kʰo˧˩，娜娜 ˈla˧˩la˧˩。

多音节仅极少数遵从：

阿里巴巴 ˌa˧˥li˧˩ˈpa˧˥pa˧˥，也读末重 [ˌa˧˥li˧˩ˌpa˧˥ˈpa˧˩]。

多音节多不遵从：

加利利_{圣经地名} ˌtɕia˧˥li˧˩ˈli˧˩，洛可可_{一种艺术风格} ˌlo˧˥kʰo˧˩ˈkʰo˧˩，帕格尼尼_{小提琴家} ˌpʰa˧˩kə˧˥n̩i˧˥ˈn̩i˧˥。

后两音节不叠音类部分遵从叠音影响规则：

伊万 ⟨i˨˩˦sɿ˨˩˦ˈuan˥˩⟩, 意大利 ⟨i˥˩ˈta˥˩ˈli˥˩⟩, 阿尔巴尼亚 ⟨a˨˩˦ɚ,pa˨˩˦ȵi˨˩˦ˈia˥˩⟩。

部分不遵从者多可归因于本文中的其他五个主要因素。

3.3 末音节调型影响规则：末音节调型高显度是维持默认值的因素——末重。末音节调型低显度是变异性因素，促使主重音前移一到两个音节。发生作用的范围是所有音节数词。

我们考察了《英语人名词典》（李忠华 2002）中后两音节不叠音的双、三音节音译外国人名主重音的分布情况。两位发音人 M1、M2 三次发音结果见表3、4。

表中未见末字阳去（21）用例。表3 阴去栏双音节"共 28×3=84：首 15（17.9%），末 69（82.1%）"表示"末字调为阴去者共读 28 个 ×3 次 =84 次。其中首重 15 次（占 17.9%），末重 69 次（占 82.1%）"。

表3 株洲话后两音节不叠音外国人名轻重格与末音节调型的关系（M1）

末字调	双音节（163个）	三音节（130个）
阴平34	共42×3=126：首38（30.2%），末88（69.8%）	共42×3=126：首9（7.1%），中5（4.0%），末112（88.9%）
阳平13	共32×3=96：首1（1.0%），末95（99.0%）	共13×3=39：首3（7.7%），末36（92.3%）
上声44	共28×3=84：首70（83.3%），末14（16.7%）	共22×3=66：首28（42.4%），中7（10.6%），末31（47.0%）
阴去45	共28×3=84：首15（17.9%），末69（82.1%）	共25×3=75：末75（100%）
入声14	共33×3=99：首3（3.0%），末96（97.0%）	共28×3=84：末84（100%）
总计	共163×3=489：首127（26.0%），末362（74.0%）	共130×3=390：首40（10.3%），中12（3.1%），末338（86.7%）

从表3可理出统计意义上 M1 末音节声调对重音的吸引力顺序：

双音节：阳平［˩˧］13、入声［˩˧］14＞阴去［˥˩］45＞阴平［˥˩］34＞上声［˥˩］44。

三音节：入声［˩˧］14＝阴去［˥˩］45＞阳平［˩˧］13＞阴平［˥˩］34＞上声［˥˩］44。

除去受类比影响轻重格改变的"安琪儿"（见 3.5 节），三音节词末音节声调对重音的吸引力顺序调整为：阴去［˥］45＝入声［˦］14＝阳平［˦］13＞阴平［˧˦］34＞上声［˥］44。

统计意义上 M1 二、三音节词末音节声调调型对重音的吸引力顺序可总结为：

升调（入声［˦］14、阳平［˦］13）＞微升调（阴平［˧˦］34、阴去［˥］45）＞平调（上声［˥］44）

即调型对重音的吸引力顺序随着调形突显性的递减——从升调到微升调，再到平调而递减。调型突显性指的是在时长、元音、辅音等其他因素都相同的情况下不同调型在听感上的响亮程度。

例如，人名两字组末字入声［˦］14、阳平［˦］13 末重占绝对优势：彼得 ˌpi˥ 'tə˦ │ 珍妮 ˌtsən˧˦ 'ni˦。末字阴去［˥］45、阴平［˧˦］34 者末重稍多于首重：玛丽 ˌmɑ˧˦ 'li˥ │ 威利 'uei˧˦ li˥ ／ ˌuei˧˦ 'li˥ ‖ 南希 ˌlan˦ 'ɕi˧˦ │ 泰森 'tʰai˥ sən˧˦。末字上声［˥］44 者多首重：查理 'tsɑ˦ li˥。

人名三字组末字入声［˦］14、阴去［˥］45 者全是末重：玛丽亚 ˌmɑ˦ li˥ 'iɑ˥。末字阳平［˦］13 者除可归因于类比的"安琪儿 'ŋan˦ ˌtɕi˦˥ ə˦ ／"外（见 3.5 一节）全是末重：安东尼 ˌŋan˧˦ tən˧˦ 'ni˦。末字阴平［˦］34 者末重最多，首重其次，中重最少：史密斯 ˌsʐ˥ mi˧˦ 'sʐ˦ │ 马克斯 'mɑ˧˦ kʰə˧˦ sʐ˧˦ │ 阿道夫 ˌa˧˦ 'tau˥ fu˧˦ ／ ˌa˧˦ tau˥ 'fu˦。末字上声［˥］44 者首、末重相当：杰西卡 'tɕie˦ ɕi˧˦ kʰɑ˥ │ 瓦西里 ˌua˥ ɕi˧˦ 'li˥。

表 4　株洲话后两音节不叠音外国人名轻重格与末音节调型的关系（M2）

末字调	双音节（163个）	三音节（130个）
阴平34	共42×3=126：首21（16.7%），末105（83.3%）	共42×3=126：首22（17.5%），中3（2.4%），末101（80.2%）
阳平13	共32×3=93：末96（100%）	共13×3=39：首2（5.1%），末37（94.9%）
上声44	共28×3=84：首43（51.2%），末41（48.8%）	共22×3=66：首12（18.2%），末54（81.8%）
阴去45	共28×3=84：首49（58.3%），末35（41.7%）	共25×3=75：末75（100%）

续表

末字调	双音节（163个）	三音节（130个）
入声14	共33×3=99：首7（7.1%），末92（92.9%）	共28×3=84：末84（100%）
总计	共163×3=489：首120（24.5%），末369（75.5%）	共130×3=390：首36（9.2%），中3（0.8%），末351（90%）

从表4理出的M2末音节声调对重音的吸引力顺序：

双音节：阳平［╱］13＞入声［╱］14＞阴平［╱］34＞上声［┐］44＞阴去［┐］45。

三音节：阴去［┐］45＝入声［╱］14＞阳平［╱］13＞上声［┐］44、阴平［╱］34。

除去受类比影响轻重格改变的"安琪儿"（见3.5节），三音节词末音节声调对重音的吸引力顺序调整为：阴去［┐］45＝入声［╱］14＝阳平［╱］13＞上声［┐］44、阴平［╱］34。

M1与M2有同有异。相同的是升调（入声［╱］14、阳平［╱］13）都比其他调（微升调阴平［╱］34、阴去［┐］45，平调上声［┐］44）更吸引重音。不同的是升调之外的3个调吸引重音的能力顺序。

株洲话末音节调型影响主重音的位置是一种音节重度（syllable weight）现象——与韵律行为相关的音节差异特性（Gordon 2006：1）。此处的"韵律"包括重音、声调、补偿性延长（compensatory lengthening）、最小词要求（minimal word requirements）、诗律（metrics）、音节模板（syllable templates）等。如就重音的音节差异性而言，拉丁语CVV、CVC比CV、秘鲁Asheninca语低元音比高元音、塞尔维亚—克罗地亚语声调的高调比低调更吸引重音（Hayes 1995：50–52，270–296）。

3.4 词长影响规则：词越长，轻重格越趋向于默认值——末重。

双字组非人名类几乎全都首重，人名类多末重。参见3.1、3.3，例略。

双字组以上则不论人名、非人名类，多末重。

三、四字组末音节调形高显度类几乎都末重，调形低显度类部分末重。

如末字为调形高显度的入声［┐］14、阳平［╱］13、阴去［┐］45者几乎全末重：马赛克 ｍａ┌ sai ┐┐ ˈkʰə╱｜所罗门 人名或地名 so┐ lo ╱┤ˈmən╱｜华盛顿 人名或地名 faʌ sən┐┐ ˈtən┐｜斯洛伐克 sṛ ╱┤ lo╱┤ fa╱ ˈkʰə╱｜弗兰克林 fu╱ lanʌ┤ ˈkʰə╱ ˈlin╱｜亚历山大 人名或地名 ia┐┐ li╱┤

ˌsan ˦˥ ˈtɑ˥˩。末字为调形低显度的阴平［˦］34、上声［˥˩］44 部分末重：爱迪生 ˌŋai ˥˩ ti ˦˥ ˈsən ˦ ｜飞利普 ˌfei ˦˥ li ˥˩ ˈpʰu ˥˩（又读首重［ˈfei ˦˥ li ˥˩ pʰu ˥˩］）｜菲尔南多 ˌfei ˦˥ ə ˥˩ ˌlan ˦ ˈto ˦ ｜斯里兰卡 ˌsʐ ˦˥ li ˥˩ ˌlan ˦ ˈkʰɑ ˥˩；部分不末重：鲁道夫 ˌləu ˥˩ ˈtau ˥˩ fu ˦˥（又读末重［ˌləu ˥˩ tau ˥˩ ˈfu ˦］）｜卡塔尔 ˈkʰɑ ˥˩ tʰɑ ˦˥ ə ˥˩ ｜伊莎贝拉 ˌi ˦˥ sa ˦˥ ˈpei ˥˩ ˌla ˦˥ ｜阿尔及尔 ˌɑ ˦˥ ə ˥˩ ˌtɕi ˦ ə ˥˩。

五字组则末重的比例更高，不仅末音节调形高显度类都末重，调形低显度类中的非"夫"类也都末重，仅"夫"类少数不末重。

如末字为调形高显度的入声［˦］14、阳平［˦］13、阴去［˥˩］45 者全末重：阿尔弗雷德 ˌɑ ˦˥ ə ˥˩ fu ˦ lei ˦˥ ˈtˀə ˦ ｜加里福尼亚 ˌtɕia ˦˥ li ˥˩ fu ˦ ˌni ˦˥ ˈia ˥˩。调形低显度类的阴平［˦］34、上声［˥˩］44 中非"夫"类亦全末重：弗拉基米拉 ˌfu ˦ la ˦˥ ˌtɕi ˦˥ mi ˥˩ ˈla ˦˥ ｜卡萨布兰卡 ˌkʰɑ ˥˩ sa ˦˥ ˌpu ˥˩ lan ˦˥ ˈkʰɑ ˥˩。仅"夫"类中少数（包括多数"夫"尾、少数"斯"、"尔"尾）不末重：戈尔巴乔夫 ˌko ˦˥ ˈə ˥˩ ˌpa ˦˥ ˌtɕiau ˦ fu ˦˥（也读末重［ˌko ˦˥ ə ˥˩ ˌpa ˦˥ tɕiau ˦˥ ˈfu ˦］）｜拉斯维加斯 ˌla ˦˥ sʐ ˦˥ ˌuei ˦ ˈtɕia ˦˥ sʐ ˦˥（也读末重［ˌla ˦˥ sʐ ˦˥ ˌuei ˦ tɕia ˦˥ ˈsʐ ˦］）｜弗拉基米尔 ˌfu ˦ la ˦˥ ˌtɕi ˦˥ ˈmi ˥˩ ə ˥˩ / fu ˦ la ˦˥ ˌtɕi ˦˥ mi ˥˩ ə ˥˩（也读末重［ˌfu ˦ la ˦˥ ˌtɕi ˦˥ mi ˥˩ ˈə ˥˩］）。

3.5 类比影响规则：由于表面的相似，单纯名词的轻重格被类推而同于复合、派生名词。

末音节为高显度阳平［˦］13 的"安琪儿 天使或人名 ˈŋan ˦˥ tɕi ˦˥ ə ˦/˥˩ ｜模特儿 ˈmo ˦ tʰə ˦˥ ə ˦/˥˩"不读末重读首重，应是类比"幸运儿 ˈɕin ˥˩ yn ˥˩ ə ˦/˥˩ ｜新生儿 ˈɕin ˦˥ sən ˦˥ ə ˦/˥˩"的结果。

末音节同是"里"，"阿里 ˌɑ ˦˥ ˈli ˥˩"读末重，"哈里 ˈxa ˦˥ li ˥˩ ｜查理 ˈtsa ˦ li ˥˩ ｜杰里 ˈtɕie ˦ li ˥˩ ｜莫里 ˈmo ˦ li ˥˩"却都读首重。这应是类比中国南方人名"阿柄 ˌɑ ˦˥ ˈpin ˥˩ ｜阿狗 ˌɑ ˦˥ ˈkəu ˥˩ ｜阿牛 ˌɑ ˦˥ ˈȵiəu ˦"的结果。

3.6 以上几种因素能解释株洲话单纯名词轻重格的大部分。但仍有少数不能解释：

1）极少数首字为上声的非人名类（几何 ˌtɕi ˥˩ ˈxo ˦ ｜可乐 ˌkʰo ˥˩ ˈlo ˦ ｜比特 信息单位 ˌpi ˥˩ ˈtʰə ˦）为何不遵从语义影响规则？是否与首字上声［˥˩］44 不吸引重音有关？

2）末音节调形低显度"夫"类为何在三音节中只前移一个音节？其背后的影响因素是什么？

3）"斯基"尾者为何多是首重？柴可夫斯基 'tsai ㄚㄚ kʰo ㄱ fu ㄚㄚ sʅ ㄚㄚ tɕi ㄚㄚ（又读末重 [ˌtsai ㄚㄚ kʰo ㄱ fu ㄚㄚ sʅ ㄚㄚ 'tɕi ㄱ]）｜莱温斯基 'lai ㄚ uən ㄚㄚ sʅ ㄚㄚ tɕi ㄚㄚ。是否是因"斯基"常出现而后缀化的结果？

4）受末音节调形低显度等因素的影响，主重音会从默认的末重前移。其他字组都前移一个音节，为何仅三字组多前移二个音节？难道是边缘偏好，从右边缘前移至左边缘？但为何三字组以上的没有"边缘偏好"？难道前移的步伐有限制，不能太大？

末音节调形低显度的三字组：丹尼尔 'tan ㄚㄚ n̩i ㄚㄚ ㄦ ㄱ。其他字组：波比 'po ㄚㄚ pi ㄱ。道格拉斯 ˌtɑu ㄱㄱ kə ㄚㄚ 'la ㄚㄚ sʅ ㄚㄚ｜克里斯多夫 ˌkʰə ㄚ li ㄱ ˌsʅ ㄚㄚ 'to ㄚㄚ fu ㄚㄚ。

四、结　语

本文主要探讨了语义类别、后两音节是否叠音、末音节调形、词长、类比五个因素对株洲话单纯名词轻重格的影响。总结出：1）人名类、后两音节不叠音、末音节调形高显度、长词长是维持默认末重的因素，非人名类、后两音节叠音、末音节调形低显度、短词长是变异性的因素；2）类比使得单纯名词的轻重格同于复合、派生名词。

虽然本文的研究对象只是单纯名词，且又以外来词居多，但其中反映出的轻重格的影响因素在此之外的语词中也或多或少发生作用。限于篇幅，将另文研究。

参考文献

[1] 陈晖：《涟源方言研究》，长沙：湖南教育出版社，1999年。

[2] 崔振华：《益阳方言研究》，长沙：湖南教育出版社，1998年。

[3] 高文达主编：《新编联绵词典》，郑州：河南人民出版社，2001年。

[4] 李忠华：《英语人名词典》，上海：上海外语教育出版社，2002年。

[5] 刘正琰、高明凯等：《汉语外来词词典》，上海：上海辞书出版社，1984年。

［6］史有为：《汉语外来词》，北京：商务印书馆，2000年。

［7］钟奇：《长沙话的轻声》，《方言》，2003年第3期。

［8］Gordon, Matthew Kelly 2006 *Syllable Weight: Phonetics, Phonology, Typology*. New York & London: Routledge.

［9］Hayes, Bruce 1995 *Metrical Stress Theory: Principles and Case Studies*. Chicago: The University of Chicago Press.

［10］Kager, René 1984 *Optimality Theory*. Cambridge: Cambridge University Press.

广东封开南丰话的三种正反问句*

侯兴泉

广东省肇庆市封开县位于西江中上游、贺江下游，西北跟广西梧州和贺州交界，东南与广东怀集、德庆和郁南接壤。两汉时期作为岭南首府的交趾/交州刺史部治所的广信即在今封开、梧州一带。封开县境内的主要方言是粤语勾漏片，个别地方讲客家话和标话（一种壮侗语）。历史上封开曾分为封川和开建两县，主要方言的内部也有差别，大致可分为南北两片：南片是以罗董话为代表的封川方言；北片则是以南丰话为代表的开建方言。封开县现在讲南丰话的地方除了南丰镇，还包括长安、金装、渡头（现并入南丰）、都平和大玉口等镇，总人口约 20 多万。南丰镇位于贺江中下游，是封开人口最多、经济最发达的地区。

在南丰话中，表达普通话正反问句[①]意思的时候有三种固定句式，举例如下：

① 你阿[aˀ]见过李平 你有没有见过李平/你见过李平吗？
② 你见过李平曾[tsəŋ˩] 你见过李平没有？
③ 你阿见过李平曾 你见过李平没有？

我们分别把这三种句型表示为"阿 VP"、"VP 曾"、"阿 VP 曾"。这三个句型有时可以互换，如上面这三个例子；有时候却不能互换，如可以问"你吃脱完嘅这碗饭阿好"，但不能问"*你吃脱嘅碗饭好曾"和"*你吃脱嘅碗饭阿好曾"。

---

* 本文曾于 2004 年 10 月在南宁召开的"桂北平话与周边方言学术研讨会"上宣读，会上承蒙曹志耘教授、庄初生教授等专家的指点。导师彭小川教授和暨南大学中文系的伍巍教授给本文的写作和修改提供了许多宝贵的意见。在此，对他们表示衷心的感谢！

① 本文对"正反问句"的定义采用袁毓林（1993）的说法。

下面我们将从共时和历时两个方面对这三种疑问句式的用法、性质以及形成过程进行探讨。

一、三种各有特色的正反问句

1.1 阿 VP

这是南丰话中最常用的正反问句式。

④ 你阿喫饭 你吃不吃饭？
⑤ 你阿肚饥 你肚子饿不饿？
⑥ 佢究竟阿熟写毛笔字嘞 他到底会不会写毛笔字啊？
⑦ 王老师嘅篇文章写得阿好 王老师这篇文章写得好不好？
⑧ 阿萍连小学都唔曾毕业，阿是 阿萍连小学都还没毕业，是不是？

例④至⑥都是对句子的谓语部分进行提问，其谓语的中心可以是行为动词、形容词或者是能愿动词。例⑦是对句子的补语部分进行提问，一般只有性质形容词才能进入这一结构。例⑧是附加式正反问句。

通过对南丰话"阿 VP"和普通话"VP 不 VP"的比较，可以看出两者有以下异同点：

第一，普通话"VP 不 VP"和"VP 吗"这两种疑问句式所表达的意思在南丰话中一般都是用"阿 VP"来表示的，南丰话"阿 VP"的使用范围比普通话"VP 不 VP"大。

第二，南丰话的"阿 VP"后面可以加"啵 [po˧]""呢 [ni˥]""嘞 [lak˥]"这些不是专门表示疑问的语气词，但不能加"咵 [kua˥]""啊 [a˩]"等表示测度的疑问语气词。虽然使用的疑问词不同，但这种用法跟普通话"VP 不 VP"的用法是基本相同的。

此外，南丰话的"阿 VP"还可以被包蕴在陈述句中，充当陈述句主语或宾语的一个成分，这也跟普通话"VP 不 VP"的用法相同。如：

	南丰话	普通话
作主语成分	佢阿喫饭唔关我事	他吃不吃饭不关我的事
作宾语成分	我唔知佢阿去南丰	我不知道他去不去南丰

对于方言中"阿 VP"句型如何归类，学界存在争论。有的学者把苏州话等方言的"阿 / 格 / 克 VP"（统称"可 VP"或"K–VP"）归为反复问句（如

朱德熙 1985）。而另一些学者则认为苏州话的"阿 VP"应归为是非问句（李小凡 1990；刘丹青 1991）。袁毓林（1993）认为不能简单地说"阿 VP"是不是是非问句，因为是非问句并不是个单纯的类，他通过讨论是非问句的内部差异以及根据"阿 VP"和"VP 吗"、"VP 不 VP"的双重对应关系，从建立泛时性汉语疑问句系统的角度出发把"阿 VP"和无标记的"VP 吗"合称为正反问句。我们认为袁先生的这种处理方法是符合汉语方言实际的，因此我们采用袁先生的观点，把南丰话的"阿 VP"定性为正反问句。

1.2 VP 曾

⑨ 你喫哈饭曾？——喫哈（咧）。/ 唔曾 你吃了饭没有？ ——吃了。/ 没有。
⑩ 佢去过南丰曾？——去过（咧）。/ 唔曾 他去过南丰没有？ ——去过。/ 没有。
⑪ 你喫饭曾？——喫咧。/ 唔曾 你吃不吃饭啊？/ 你吃饭吗？ ——吃。/ 不吃。
⑫ 你去南丰曾？——去咧。/ 唔曾 你去不去南丰啊？/ 你去南丰吗？ ——就去。/ 不去。

例⑨⑩很明显是对过去发生或完成的动作进行提问，其中"哈［·ha］"是南丰话里表示动作完成的动态助词，相当于普通话的"了₁"；"过［kuə˧］"是经历时态的标志，相当于普通话的"过"。例 ⑪⑫ 则是对将要发生的动作进行提问，这时候更多的还是对听话人的心理趋向进行提问，即问对方要不要去做某件事情，往往含有说话人希望听话人马上或尽快去做某事的语用义。例 ⑪⑫ 肯定回答时动词后面一般都要加上一个类似普通话"了₂"的语气词，表达肯定的语气；否定回答时"唔曾"表示的意思跟例⑨⑩不同：例⑨⑩是否定曾经发生过某动作；而例 ⑪⑫ 是对将要进行的动作进行否定，这里"曾"的读音虽然跟例⑨⑩中"曾"的读音相同，都读作［tsəŋ˧］，但是"曾"原有的语义已经虚化，不再表示曾经义了。这 4 个例句句末都是陈述语调，提问的时候经常省略主语，否定回答的时候则通常省略谓语。

1.3 阿 VP 曾

从结构形式上我们就不难看出，"阿 VP 曾"是"阿 VP"和"VP 曾"的一种混合形式。在南丰话的日常使用当中，如果句子的谓语是表示动作行为或趋向的动词，而且都是过去已经发生的，这三种正反问句所表达的意思基本上是一样的。如前面的例①②③。

我们认为"阿 VP 曾"这种混合型正反问句是在"VP 曾"的基础上糅合发语词"阿"而来的。凡是用"VP 曾"提问的句子都可以用"阿 VP 曾"来提问。如例⑨—⑫ 的提问可以改为：

⑨'你阿喫哈饭曾？
⑩'佢阿去过南丰曾？
⑪'你阿喫饭曾？
⑫'你阿去南丰曾？

但并非所有用"阿VP"提问的句子都可以换成"阿VP曾"，如例⑦⑧就不行。下面的说法在南丰话中是不成立的：

⑦'＊王老师嘅篇文章写得阿好曾？
⑧'＊阿萍连小学都唔曾毕业，阿是曾？

二、"VP曾"的来源

"VP曾"这种疑问句式是如何形成的呢？为什么它能用于未然体？下面就来讨论。

2.1 用"VP曾"这种句式表示疑问，这在古今文献中是极少见的。我们用电子书库对各个时代的多部作品[①]进行搜索，没有发现这样的用例。"VP-neg曾"在一些文献里倒是不少，这里略举数例：

⑬ 月娘问道："他吃了饭不曾？"（《金瓶梅》）
⑭ 宝玉道："取了我的斗篷来不曾？"（《红楼梦》）
⑮ 纣王曰："那贱人招了不曾？"（《封神演义》）
⑯ 两都督道："萧千总，你曾去过不曾？"（《儒林外史》）
⑰ 梁尚宾回来问道："方才表弟到此，说曾到顾家去不曾？"（《今古奇观》）
⑱ 行者听了一会儿言谈，却就学语学话，问道："驸马爷爷拿来的那长嘴和尚，这会死了不曾？"（《西游记》）

现代方言中也有，如吴语区的丹阳、常州、宜兴和衢州等地以"VP-neg曾"为表示已然体的问句（游汝杰1993：99）。如衢州话：

⑲ 佢来勿曾葛？——佢勿曾来。

个别方言也有"VP曾"，浙江金华方言可以用"VP曾"表示正反问，如：

---

① 我们使用电子版《四库全书》查阅的作品有：《孔丛子》《韩非子》《史记》《世说新语》《曲江文集》《宋史》。使用一般的电子书库查阅的作品有：《水浒传》《金瓶梅》《红楼梦》《封神演义》《儒林外史》《今古奇观》《西游记》《海上花列传》《围城》《倾城之恋》《私人生活》《你不是一个俗人》《文化苦旅》。

㉑ 佢去曾？他去没去？①

在贺江中上游，除南丰外，广西桂岭、仁义、铺门等地也用"VP 曾"句式。②

2.2 我们认为南丰话的"VP 曾"是由"VP-neg 曾"脱落否定词而来的，理由有下面两点：

1）从回答的形式上看，"VP 曾"和"VP-neg 曾"都是一样的：回答如果是肯定的，就直接用问句中的动词加助动词作答；如果是否定的，则把"neg 曾"放在动词前（否定回答一般省略谓语动词）。当"VP 曾"用于已然体时，它跟"VP-neg 曾"所表达的语法意义也是一样的，都是对是否经历或已经完成的事情进行正反提问。试比较南丰话和衢州话的用例：

	南丰话	衢州话
提问	佢来哈曾？	佢来勿曾葛？
肯定回答	（佢）来哈咧。	（佢）来了。
否定回答	（佢）唔曾（来）。	（佢）勿曾（来）。

显然两者的回答形式以及问句所表达语法意义都是一样的。

2）从语音上看，吴语区用"VP 勿曾"表示正反问的时候，人们常常把"勿曾"读成合音的形式：[fəŋ]或[vəŋ]（游汝杰 1993：99）。南丰话的情况有所不同，它的否定副词通常是单独成音节的鼻辅音"唔"[m̩]，有[n̩]、[ŋ̍]两个自由变体，主要受前后音素影响而变。"唔曾"的"唔"受"曾"声母影响，读[n̩]。我们设想，当"唔曾"跟动词组成一个固定的疑问结构"VP 唔曾"后，否定词"唔"在语流中很容易弱化并脱落。至于否定回答的时候，由于否定词是语句强调的重点和信息的焦点，所以不会脱落（这也反过来说明"VP 曾"确是由"VP 唔曾"脱落否定副词而来的）。我们假定从"VP 唔曾"到"VP 曾"否定副词的脱落经过了四个阶段：

A. 否定副词（m 声母，带元音）→ B. 元音脱落（剩下鼻辅音[m̩]）→C. 鼻辅音[m̩]向[n̩]靠拢（受"曾"的声母的发音部位影响）→ D. 完

---

① 该用例来自黄伯荣等（2001：14）。其对句末"曾"的解释是："曾，副词，此处相当于否定词'未'"。

② 此三地"曾"读[tɐŋ]阳平（各地调值有差异）。桂岭、铺门的材料见唐泽扶（2001：964），其中"曾"写同音字"腾"。又桂岭"腾"标为高升调，可能是标的疑问语调。仁义的材料为笔者调查所得。笔者还实地核对过铺门的材料。

全脱落。

　　这个变化过程在勾漏片粤语及贺江流域其他方言中可以找到一些印证:如广西昭平县的巩桥和黄姚本地话正反问句"VP-neg 曾"中的"neg 曾"读作[mo nəŋ],否定词依然保留元音（不过"曾"字的声母被同化成鼻音了）,这可看作 A 阶段存在的方言例证。B 阶段我们在同属勾漏片粤语的玉林话中找到证据:老派玉林话正反问句"VP-neg 曾"中的否定词读作鼻音[m̩][①]。C 阶段在贺江上游贺街镇（属广西贺州）的本地话中有例证,这里"VP-neg 曾"中的"neg 曾"读作[n̩ taŋ],否定词的元音已经脱落,鼻辅音也已经变为[n̩][②]。南丰话和广西桂岭、仁义、铺门的"VP 曾"即为 D 阶段。

　　2.3 前面我们论证了"VP 曾"是由"VP-neg 曾"脱落否定副词而来的。"VP-neg 曾"只能用于已然体中,按理"VP 曾"也只能用于已然体,那为什么南丰话的"VP 曾"可以用于未然体呢? 我们认为,这是"曾"语法化的结果。首先,"VP-neg 曾"作为一种表达正反问的固定句式,脱落否定词后,由于句末没有疑问语气词,兼起煞尾作用的"曾"的语义也进一步虚化,逐渐向表示疑问的标志演变（但是它还不像普通话"吗"那样完全虚化,这从已然体的否定回答"唔曾"中还可看到"曾"最初的意义）。再者,现在南丰话表曾经义的"曾"不能单独使用[③],只能以黏着语素的形式出现在疑问句末和否定副词的后面,这样一来"唔曾"就只能以词汇的形式出现,而问句"VP 曾"末尾的"曾"就能相对独立地向着疑问标志的方向发展了。第三,南丰话已然和未然主要是通过谓语动词是否带动态助词来区分的,因此问句"VP 曾"中的"曾"也就更有理由不再充当单纯表已然的角色,而慢慢转变为一个疑问标志。

　　从普通话"VP 吗"里的疑问标志"吗"也可以得到印证。大多数的学者都认可普通话的"吗"是由古代 m 声母的否定词虚化而来的。袁毓林先生（1993）从类型学的角度把无标记的"吗"归入正反问句当中。"吗"虚化后也是既可用于已然体,也可用于未然体。试比较:

[①]　玉林话的例证由广西玉林师范学院中文系梁忠东老师提供,在此对他表示衷心的感谢。
[②]　巩桥、黄姚、贺街的材料由本人调查所得。
[③]　南丰话有一个读音跟"曾"相近,可以独立运用,相当于普通话"还"的副词,读作[tsɐŋ˦]。

南丰话		普通话
已然	你喫哈饭曾？——喫哈咧。/ 唔曾（喫）。	你吃饭了吗？——吃过了。/ 没（吃）。
未然	你喫饭曾？——喫咧。/ 唔曾（喫）。	你吃饭吗？——吃。/ 不吃。

两者除了具体的表现形式有别外，它们所表达的语法意义是基本一致的。

2.4 综上所述，南丰话的"VP 曾"是由"VP-neg 曾"脱落否定词发展而来的；此后，用法也进一步泛化：它不但可以用于已然体，还可以用于未然体。这样一来，我们对"VP 曾"句式的定性就碰到了困难：究竟是把它归为正反问句还是把它归为是非问句？如果从"VP 曾"源于"VP-neg 曾"以及它在已然体中使用的情况来看，把它归为正反问句是可行的；如果从"VP 曾"的形式以及它在未然体中使用的情况看，归为是非问句似乎也是可以的。

从发展的角度来看，我们认为南丰话的"VP 曾"已经基本完成由固定的疑问句式（正反问句"VP-neg 曾"）向带疑问标记（"曾"类似普通话疑问语气词"吗"）问句转变的过程。这跟陕北方言"VP-neg"的情况有点相似。根据邵敬敏和王鹏翔（2003）的研究，陕北方言的"VP-neg"煞尾的否定词已经语法化了，正在变化为一种疑问标志，他们从类型学的角度把它叫做"正反是非问"。我们认为南丰话的"VP 曾"也可以看成一个过渡类型，但为了保持全文术语的一致性以及讨论的方便，我们把"VP 曾"看成正反问句的一个特殊类，这也是我们比较赞同袁毓林先生（1993）提出的汉语疑问句泛时性系统里"正反问句"这一概念的原因。

三、"VP 曾""阿 VP""阿 VP 曾"三者的历史层次

朱德熙先生（1985）曾经提出这样一个观点："'可 VP'和'VP 不 VP'两种反复问句无论在历史上还是现代始终互相排斥，不在同一种方言里共存。"文章发表后引起学界广泛的兴趣。王世华（1985）、施其生（1990）和刘丹青（1991）等先生撰文认为扬州话、汕头话和苏州话中这两种句型可以并存。针对这些现象，朱先生（1991）又对自己的观点进行进一步的

阐述，认为混合形式的出现本身就说明"K-VP"与"VP-neg-VP"两种句型属于不同的历史层次，两者之中必有一种产生时代较晚，而混合形式不过是这种创新句型的本地化而已。具体到扬州话和苏州话，他认为可以找到证据说明这两种句型属于不同的历史层次，即"K-VP"是固有的，而"VP-neg-VP"相对来说是一种创新。至于汕头话，虽然暂时还难以确定两种句型哪种更古老，但朱先生仍然相信两者属于不同的时代层次。

朱先生从历史层次把握不同正反问句的研究思路非常具有启发性。我们沿着这一思路考查了南丰话的三种正反问句，认为"VP 曾"、"阿 VP"、"阿 VP 曾"这三种正反问句属于不同的历史层次："VP 曾"处于历史的最底层（早期正反问句的存留），"阿 VP"是后来引进的，"阿 VP 曾"则是引进"阿 VP"后的创新。下面我们将从句型形成、方言类比、移民史实等方面对我们的看法进行论证。

3.1 处于最底层的"VP 曾"

从历史形成的角度来看，语法学界一般都认为"VP-neg（-VP）"的形成远远早于"阿 VP"。而南丰话的"VP 曾"是由"VP-neg 曾"发展而来的，因此"VP 曾"在南丰话三种正反问句中应该是最古老的。

另外，粤语的正反问句基本上都是"VP-neg-VP"型的，其代表方言——广州话正反问句的具体形式大概有"V 唔 V""有无 V""V 未""系不系 V"几种（方小燕 1996）。现在的广州话不使用"VP-neg 曾"这种正反问句（它使用的是形式和意义差不多的"VP 未"），但根据笔者的调查，在整个贺江流域的汉语方言中，基本上都还保留着"VP（neg）曾"这种用法，只是各地的语音形式稍有不同。有学者（叶国泉、罗康宁 1995；罗康宁 1996）提出，早期的粤语在秦汉时期就形成于西江中部的广信一带，是则封开一带的方言应该在一定程度上代表了早期粤语的一些语言面貌。根据张敏（1990）的研究，在古代文献中最早出现的反复问句即是"VP-neg"，从先秦到南北朝，除了秦墓竹简比较特别外，"VP-neg"是唯一的反复问句形式。结合移民史实，秦汉时期北方政权曾派遣大量的中原人口开发岭南，在两汉时期，广信作为当时的岭南首府，是整个岭南地区政治、经济和文化的中心，当时的人口主要是分布在西江中游一带（参看陈乃良 1998），"VP-neg"（包括"VP-neg 曾"）应该就是在这个时期由中原带到这一带的。

3.2 后来的客人——"阿 VP"

"阿 VP"是一种分布不是十分广泛的方言句式，主要在下江官话、吴语和西南官话的一些地区使用。"阿 VP"产生的时代比"VP-neg-VP"晚，但确切的形成时间现在还难以断定，从文献上看，"阿 VP"型反复问句大量出现在明清时代的白话小说里（朱德熙 1985：10，14）。粤语本来是没有"阿 VP"的（现在的广州话也没有），并且据笔者的初步调查，整个贺江流域的大部分汉语方言也都没有"阿 VP"，而位于贺江中下游的南丰、桂岭、仁义、铺门一带现在却有"阿 VP"这种正反问句，说明"阿 VP"应该是后来从别的方言借入的。

我们曾经查对过《封开县志》（1998）第三篇第五章中关于县内主要姓氏的介绍，发现他们的祖先大多是在宋明两代迁移到封开一带的。根据 1990 年人口普查的资料统计，全县万人以上的姓氏有 11 个，人口却占了全县总人口的 53.3%。在这 11 个大姓当中，有 5 个姓氏（陈、梁、莫、苏、卢）的祖籍都是江苏南京，还有一个人口数量接近一万的张姓也是由南京迁移过来的。我们知道南京话的正反问句是"阿 VP"型的，这对我们认定"阿 VP"是从别的方言借入的提供了佐证。另外，这 11 个大姓当中还有 4 个姓氏（侯姓和陈、梁、卢姓的另一支）的祖籍是南雄；还有人口介于 5000 — 10000 人之间的邓、刘、欧、姚等姓的祖先也是来自南雄。我们知道广东北部的南雄是唐代梅关（大庾岭）开通以后北人进入岭南的一个桥头堡和中转站，要是再往前追溯他们的祖籍，估计很多就是来自吴语、江淮官话或西南官话区使用"阿 VP"的原居民。我们假设由于宋明这两个朝代迁入封开南丰一带的人口特别多，他们对当地的语言也造成较大的影响，以致"阿 VP"这种句式竟逐渐取代了南丰话原来的"VP-neg（-VP）"句式，现在只剩下"VP 曾"这种句式还多少保留着原来正反问句"VP-neg（-VP）"的一点痕迹。

3.3 "阿 VP 曾"是"阿 VP"融入后的创新

一个合理的推断是："阿 VP"传入南丰一带后，渐渐融入本地的方言，并和本地的"VP（neg）曾"混合成一种新的句型"阿 VP（neg）曾"。开始的时候"阿 VP（neg）曾"可能只是偶尔地使用，时间长了也就跟"阿 VP"和"VP（neg）曾"一样不分彼此了。①

这样的融合创新在现在的广州话中也能找到类似的例子。副词"先"

---

① 但我们无法判断是这种混合先发生还是"VP-neg 曾"中的否定词先脱落，不知道是否曾经存在过"阿 VP-neg 曾"这种句式。

放在动词之后的，这是广州方言语法方面的一大特色（参看袁家骅等1983第九章、五，62），可表示为"VP先"。如："我行先，你等一阵来 我先走，你等一会来。""你食先，唔使客气 你先吃，甭客气。"但现在广州渐渐地流行起"先VP先"这样的说法，如"我先行先""你先食先"等等。这是由于推普和北方人口大量进入广东，一方面北方话型的"先VP"被广州人接受了，另一方面，广州话的"VP先"也会慢慢被在广东的北方人所接受，本地化创新的结果，于是出现了"先VP先"这样一种混合形式。这与古代南丰话中"阿VP"的传入以及"阿VP曾"的形成可有一比。这反过来也说明语言的融合是各个时期都会发生的（尤其是在发生大规模移民的时代），而融合的过程会有许多规律可寻。

四、小　结

通过上面的讨论，我们可以得出以下结论：

4.1 从共时的平面看，现在的南丰话有"阿VP""VP曾""阿VP曾"三种正反问句："阿VP"对应于普通话的"VP不VP"和"VP吗"，是南丰话中最常用的一种正反问句；"VP曾"是正反问句的一个特殊类；"阿VP曾"是在"VP曾"的基础上糅合"阿VP"而成的一种混合句式。

4.2 从历时的角度看，"VP曾"处于历史的最底层，由"VP-neg曾"脱落否定副词而来；"阿VP"大概是在宋明时代从别的方言借入的；"阿VP曾"则是一种混合型句式，是借入"阿VP"后本地化的创新。

参考文献

［1］陈乃良：《封中史话》，广州：广东省地图出版社，1998年。

［2］方小燕：《广州话里的疑问语气词》，《方言》，1996年第1期。

［3］封开县地方志编纂委员会：《封开县志》，广州：广东人民出版社，1998年。

［4］黄伯荣等编著：《汉语方言语法调查手册》，广州：广东人民出版社，2001年。

［5］李小凡：《也谈反复问句》，《语言学和汉语教学》，北京：北京语言学院出版社，1990年。

［6］刘丹青：《苏州方言的发问词与"可 VP"句式》，《中国语文》，1991 年第 1 期。

［7］罗康宁：《封川话浊塞音声母初探》，《岭南文史》（封开文史专号），1996 年第 4 期。

［8］邵敬敏：《现代汉语疑问句研究》，上海：华东师范大学出版社，1996 年。

［9］邵敬敏、王鹏：《陕北方言的正反是非问句——一个类型学的过渡格式研究》，《方言》，2003 年第 1 期。

［10］施其生：《汕头方言的反复问句》，《中国语文》，1990 年第 3 期。

［11］唐泽扶主编：《贺州市志》，南宁：广西人民出版社，2001 年。

［12］王世华：《扬州话里两种反复问句共存》，《中国语文》，1985 年第 6 期。

［13］叶国泉、罗康宁：《粤语源流考》，《语言研究》1995 年第 1 期。

［14］游汝杰：《吴语里的反复问句》，《中国语文》，1993 年第 2 期。

［15］袁毓林：《正反问句及相关的类型学参项》，《中国语文》，1993 年第 2 期。

［16］张敏：《汉语方言反复问句的类型学研究》，北京大学博士学位论文，1990 年。

［17］朱德熙：《汉语方言里的两种反复问句》，《中国语文》，1985 年第 1 期。

［18］朱德熙：《"V-neg-VO"与"VO-neg-V"两种反复问句在汉语方言里的分布》，《中国语文》，1991 年第 5 期。

论粤语和平话的从邪不分及其类型

侯兴泉

一、引　言

麦耘（1997）曾经指出粤语"总的趋势是从邪不分"。刘涛（2003）在讨论粤语邪母字读音的时候也注意到，粤语邪母字不管是以读塞擦音为主还是以读塞音或边擦音为主，读音发展规律都跟自身从母字读音发展规律保持高度的一致性。两位学者从不同的角度都认识到粤语有从邪不分的特点。至于从邪不分有多少种类型？其成因和发展方向如何？广西境内的粤语和平话是否存在类似的现象？这些问题仍需我们进一步探究。由于近10多年来广西境内平话和粤语的研究得到方言学界的高度重视，研究材料日臻丰富，为以上问题的解决提供了良好的条件。本文检阅了80多个粤语点以及30多个平话点从邪母的读音材料，发现从邪不分是粤语和平话共有的音韵特点，但是音值上却有不同，主要有塞音型、塞擦音型和擦音型三种类型，每一种类型还可以根据声调或发音部位的不同进一步细分为若干小类。本文检索的粤语材料及其出处如下：广州（市区）、香港（市区）、香港（新界锦田）、澳门（市区）、番禺（市桥）、花县（花山）、从化（城内）、增城（县城）、佛山（市区）、南海（沙头）、顺德（大良）、三水（西南）、高明（明城）、中山（石岐）、珠海（前山）、斗门（上横水上话）、斗门（斗门镇）、江门（白沙）、新会（会城）、台山（台城）、开平（赤坎）、恩平（牛江）、鹤山（雅瑶）、东莞（莞城）、宝安（沙井）、惠州（市区）、东莞（清溪）、深圳（沙头角）、从化（吕田）、中山（南蓢合水）、中山（隆都）来自《珠江三角洲方言字音对照》；广东清远、佛冈、英德、阳山、连山、连县、韶关、曲江、仁化、乐昌的粤语材料来自《粤北十县市粤方言调查报告》；广东肇庆（高要）、四会、广宁、德庆、云浮（云城）、新兴、罗定、郁南（平台）的粤语材料来自《粤西十县市粤方言调查报告》；广东封开开建话和罗董话的材料来自笔者的调查；广东怀集上坊话和下坊话的材料来自杨璧菀（2007）；广东信宜、廉江粤语的材料来自《广东粤方言概要》；广西南宁白话、百色白话、北海白话、贵港城关白话、崇左濑湍白话、崇左渠旧白话、灵山横州话、邕宁白话、桂平木乐白话、北流白话、梧州白话、廉州白话、玉林白话、昭平木格白话、龙州白话、钦州白话的材料来自《粤语平话土话方音字汇第一编·广西粤语、桂南平话部分》；广西桂平县城粤语、蒙山西河粤语、贵港南江粤语、北流唐僚粤语、博白县城粤语、灵山县城粤语、浦北县城粤语、宁明县城粤语、贺州信都铺门粤语来自谢建猷的《广西汉语方言研究》；李连进认为是平话但是可以归为勾漏片粤语的广西横县话、藤县话和玉林福绵话来自《平话音韵研究》；有些学者认为是土话但是可以归为勾漏片粤语的广西贺州信都话和贺街本地话来自《粤语平话土话方音字汇第二编·桂北、桂东及周边平话、土话部分》；广西岑溪大业话和苍梧六堡话来自北大方言调查队；广西贺州桂岭话来自陈小燕（2009）。本文检索的平话材料及出处如下：属于桂南平话的南宁石埠平话、南宁四塘平话、宾阳复兴平话、宾阳王灵平话、宾阳新桥平话、扶绥城厢平话、南宁亭子平话、百色那毕平话、黎塘客话、田东蔗园话、崇左新和蔗园话、宾阳大桥平话来自《粤语平话土话方音字汇第一编·广西粤语、桂南平话部分》；属于桂北平话的桂林大桥平话、临桂两江平话、临桂四塘、临桂义宁、灵川海洋江尾平话、永福桃城平话、平乐青龙平话来自《粤语平话土话方音字汇第二编·桂北、桂东及周边平话、土话部分》；马山乔利平话、田东林逢平话、扶绥龙头平话、宾阳芦墟平话、龙州上龙平话、富宁剥隘平话、融水融水镇平话、灵川二街平话、临桂五通平话、宁远清水桥平话来自《平话音韵研究》；桂林朝阳平话、灵川潭下平话、桂林雁山平话以及阳朔骥马平话的材料来自《广西汉语方言研究》。为了论述方便，本文在划分类型的时候将粤语和平话合在一起讨论。

二、粤语和平话从邪母的主要今读类型

在讨论从邪母的主要今读类型之前，我们首先要排除掉一些比较明显

的文读字，如从母的"矬襫疵蹲賭錾"和邪母的"祀巳遂隧穗涎羡绪旬殉旋镟诵颂讼"等[①]。判断这些字为文读字主要基于两方面的考虑：一是这些字很少会在粤语和平话的口语中出现；二是这些字绝大部分都不符合粤语和平话从邪母的主要读音规律。粤语和平话除了以上一些各点都很常见的文读字外，各具体的方言还会有另外一些例外字（或为文读或为误读），这些具体的例外基本都可以解释，因此并不会影响本文的讨论。排除掉一些明显的例外以后，我们发现粤语和平话的从邪母基本上是不分的，主要有塞擦音、塞音和擦音三大类型（特殊类型的方言不多，我们单列为第四种类型来介绍）。

2.1 塞擦音型

从邪母今读塞擦音是粤语和平话最主要的读音类型，可根据声调条件进一步细分为五种次类型：一种是今读阳平和阳上为送气清塞擦音，今读阳去和阳入为不送气清塞擦音，称之为广州话型；一种不论平仄，基本读作不送气清塞擦音，称作开建话型；一种不论平仄，大部分都读送气的清塞擦音，叫作惠州话型；还有一种是今读阳去为不送气清塞擦音，今读其他阳调为送气清塞擦音，称之为贵港话型；最后一种是今读阳平和阳入大多为送气清塞擦音，今读阳上和阳去大多为不送气清塞擦音，灵山横州话属于该类型。下面我们分别对这五种类型进行描述。

2.1.1 广州话型

这种类型的从邪母以声调为条件分为两类：今读阳平和阳上基本都读送气的清塞擦音 ts'／tʃ'／tɕ'，今读阳去和阳入基本都读不送气的清塞擦音 ts／tʃ／tɕ。这种类型是粤语从邪母今读最主要的类型，珠江三角洲的广州（市区）、香港（市区）、香港（新界锦田）、澳门（市区）、番禺（市桥）、花县（花山）、从化（城内）、增城（县城）、佛山（市区）、顺德（大良）、三水（西南）、高明（明城）、中山（石岐）、珠海（前山）、斗门（上横水上话）、江门（白沙）、新会（县城）、恩平（牛江）、东莞（莞城）、宝安（沙井）、中山（隆都）等地的粤语，粤北清远、佛冈、英德、韶关、曲江、仁化、乐昌的粤语，粤西肇庆（高要）、云浮（云城）、

[①] 邪母的这些文读字主要是合口三等字，现在基本都读擦音。一开始我们以为这是条件音变而不是例外，但是后来我们把粤语和平话的所有邪母字都拿出来分析的时候发现很多常用的合口三等字并不读擦音，而这批字官话系统基本都是读擦音的，因此确定其为文读音。

新兴、罗定、信宜和廉江的粤语以及广西南宁白话、百色白话、北海白话、崇左濑湍白话、崇左渠旧白话、邕宁白话、梧州白话、龙州白话、钦州白话、横县话、桂平县城粤语以及宁明县城粤语都属于这种类型。我们略举几个两广粤语点的从邪母读音，如表1所示（表格中的"—"表示无此读音，下同）。

表1 广州话型从邪母读音举例

今调类	阳平				阳上		阳去		阳去				阳入			
古声类	从	邪	从	邪	从	邪	从	邪	从	邪	从	邪	从	邪	从	邪
例字	从	松	墙	祥	坐	似	罪	象	就	袖	字	寺	籍	席	集	习
广州粤语	tsʻ	tsʻ	tsʻ	tsʻ	tsʻ	tsʻ	ts	ts	ts	ts	ts	ts	ts	ts	ts	ts
珠海粤语	tsʻ	tsʻ	tsʻ	tsʻ	tsʻ	tsʻ	ts	ts	ts	ts	ts	ts	ts	ts	ts	ts
江门粤语	tsʻ	tsʻ	tsʻ	tsʻ	tsʻ	tsʻ	ts	ts	ts	ts	ts	ts	ts	ts	ts	ts
莞城粤语	tsʻ	tsʻ	tsʻ	tsʻ	tsʻ	tsʻ	ts	ts	ts	ts	ts	ts	ts	ts	ts	ts
清远粤语	tsʻ	tsʻ	tsʻ	tsʻ	tsʻ	tsʻ	ts	ts	ts	ts	ts	ts	ts	ts	ts	ts
韶关粤语	tsʻ	tsʻ	tsʻ	tsʻ	tsʻ	tsʻ	ts	ts	ts	ts	ts	ts	ts	ts	ts	ts
肇庆粤语	tsʻ	tsʻ	tsʻ	tsʻ	tsʻ	tsʻ	ts	ts	ts	ts	ts	ts	tsʻ	tsʻ		
云浮粤语	tsʻ	tsʻ	tsʻ	tsʻ	tsʻ	tsʻ	ts	ts	ts	ts	ts	ts	ts	ts	ts	ts
南宁粤语	tsʻ	tsʻ	tsʻ	tsʻ	tsʻ	tsʻ	ts	ts	ts	ts	ts/tsʻ		ts	ts	ts	ts
横县粤语	tsʻ	tsʻ	tsʻ	tsʻ	tsʻ	ɬ										
梧州粤语	tsʻ	tsʻ	tsʻ	tsʻ	tɕʻ	tɕ	tɕ	tɕ	tɕ	tɕ	tɕʻ		tɕ	tɕ		
钦州粤语	tsʻ	tsʻ	tsʻ	tsʻ	ts	ts	ts	ts	ts	ts	ts	ts	—		ts	ts

刘涛（2003，第41–43页）把这种类型归纳为"阳平送气，阳上、阳去、阳入不送气"，她把粤语邪母字的读音跟从母字的读音作了比较，得出的看法是"具有送气、不送气区别的塞擦音、塞音的演变规律相同：阳平送气，阳上、阳去、阳入不送气；这跟粤语大部分点的浊声母'阳平、阳上送气，阳去、阳入不送气'的演变规律不同"。她的这种归纳无疑是把今读阳上调跟古浊上调等同起来了，其实广州话型粤语的从邪母今读阳上调的字非常少，主要是"坐、似、践"这几个字，其他属于古浊上调的从邪母字在该类型的粤语中绝大多数都跟阳去调合流了。今读阳上调的"坐、似、践"在广州话型的

粤语中绝大多数都读作送气清塞擦音,因此它跟粤语大部分点浊声母"阳平、阳上送气,阳去、阳入不送气"的演变规律[①]并没有什么不同。

2.1.2 开建话型

这种类型的从邪母不论平仄基本都读作不送气的清塞擦音 ts / tɕ / tʃ。广东境内的勾漏片粤语和大多数的平话都属于这种类型。如属于勾漏片粤语的封开开建话、怀集上坊话和下坊话、广宁南街话、四会县城话、德庆德城话、阳山话、连县清水话以及属于平话的南宁石埠平话、南宁四塘平话、宾阳复兴平话、宾阳王灵平话、宾阳新桥平话、扶绥城厢平话、南宁亭子平话、百色那毕平话、黎塘客话、田东蔗园话、崇左新和蔗园话、宾阳大桥平话、马山乔利平话、田东林逢平话、扶绥龙头平话、宾阳芦墟平话、龙州上龙平话、富宁剥隘平话、融水融水镇平话、灵川三街平话、灵川海洋江尾平话、灵川潭下平话、临桂五通平话、桂林大桥平话、桂林朝阳平话、桂林雁山竹园平话、阳朔骥马平话、临桂四塘平话、临桂义宁平话等都属于该类型。我们挑出若干开建话型粤语和平话从邪母的读音,如表2所示。

表2 开建话型从邪母读音举例

古调类	平		上		去		入	
古声类	从	邪	从	邪	从	邪	从	邪
例字	从跟~	松[①]	坐	似[②]	罪	象	字	寺	集	习
开建粤语	tʃ	tʃ	tʃ	tʃ	tʃ	tʃ	tʃ	tʃ	tʃ	tʃ
阳山粤语	ts	ts	ts	ts	ts	ts	ts	ts	ts	ts
富宁剥隘平话	ts	ɬ	ts	s	ts	s	ts	s	ts	s
南宁亭子平话	ts	ts	ts	ts	ts	ts	ts	ts	ts	ts
融水融水镇平话	ts	s	ts	s	ts	tɕ	ts	s	ts	s
桂林朝阳平话	ts	s	ts	ɕ	ts	ɕ	ts	s	ts	s
临桂四塘平话	ts	ts'	ts	—	ts	s	ts	s	ts	s
灵川三街平话	ts	s	ts	s	ts	tɕ	ts	s	tɕ	ɕ

---

① 粤语浊声母"阳平、阳上送气,阳去、阳入不送气"这条演变规律中的声调条件指的是今调类而不是古调类。

② "松"字有邪母和心母两个音韵地位,很多平话只有心母一种读音,因此多读作擦音并配阴调。

③ "似"字在一些平话中有读送气的也有读擦音的,读送气的疑受广府粤语的影响所致,读擦音的疑是受西南官话的影响所致。

相对而言，广东境内的勾漏片粤语和桂南平话从邪母今读不送气清塞擦音内部一致性很高，桂北平话由于处在多方言交汇的地区，从邪母今读送气清塞擦音或清擦音的情况远多于前者，不过这可以用层次理论加以解释，并不影响其主体读作不送气清塞擦音的特点。

2.1.3 惠州话型

这种类型的从邪母白读主要读作送气的清塞擦音，文读字和个别白读有不送气清塞擦音和清擦音两类，可以用层次理论来进行解释。如珠三角地区的惠州（市区）、东莞（清溪）、深圳（沙头角）、从化（吕田）粤语，广西合浦的廉州白话、灵山县城粤语和浦北县城粤语都属该类型。湖南宁远平话和临桂两江平话大体也可以归入该类型，这两个方言（尤其是临桂两江方言）跟西南官话接触较多，邪母字很多已经读作擦音了。中山（南蓢）粤语除了平声大多都读送气清塞擦音外，上去入也有不少常用字读作送气清塞擦音。从邪母多读作送气塞擦音的这些方言所在的地区通常也是客家话比较流行的地区，所以不排除这是客家话对它们的影响。惠州话型从邪母的读音，如表 3 所示。

表 3　惠州话型从邪母读音举例

古调类	平				上				去				入			
古声类	从	邪	从	邪	从	邪	从	邪	从	邪	从	邪	从	邪	从	邪
例字	从	松	墙	祥	坐	似	罪	象	就	袖	字	寺	籍	席	集	习
惠州市区粤语	tsʻ	tsʻ	tsʻ	tsʻ	tsʻ	tsʻ	tsʻ	tsʻ	tsʻ	tsʻ	tsʻ	tsʻ	tsʻ	tsʻ	tsʻ	tsʻ
东莞清溪粤语	tsʻ	tsʻ	s	s	tsʻ	tsʻ	tsʻ	tsʻ	tsʻ	tsʻ	tsʻ	tsʻ	tsʻ	tsʻ	tsʻ	s
深圳沙头角粤语																
从化吕田粤语	tsʻ	tsʻ	—	tsʻ	tsʻ	tsʻ	tsʻ	tsʻ	tsʻ	tsʻ	tsʻ	tsʻ	tsʻ	tsʻ	tsʻ	tsʻ
廉州粤语	tʃʻ	tʃʻ	tʃʻ	tʃʻ	tʃʻ	tʃʻ	tʃʻ	tʃʻ	tʃʻ	tʃʻ	tʃʻ	tʃʻ	tʃʻ	tʃʻ	tʃʻ	tʃʻ
宁远平话	tsʻ	tɕʻ	tɕʻ	tɕʻ	tsʻ	tɕʻ	tɕʻ	tɕʻ	tɕʻ	tɕʻ	tsʻ	tsʻ	tsʻ	tsʻ	tsʻ	tsʻ
临桂两江平话	tsʻ	s	tsʻ	tɕʻ	s	s	tɕʻ	ɕ	tɕʻ/ɕ	tsʻ	tsʻ	tsʻ	ts	ts	ts	ts

2.1.4 贵港话型

这种类型的从邪母主要是今读阳去为不送气清塞擦音，今读阳平、阳上（个别方言跟阴上合并）和阳入大多为送气清塞擦音。属于这种类型的粤语不多，我们知道的有贵港城关白话和贵港南江粤语。如表 4 所示。

广西贵港是客家话比较流行的地方，不排除这是客家话对这些粤方言的影响。

表 4　贵港话型从邪母读音举例

今调类	阳平				阳上或阴上				阳去				阳入			
古声类	从	邪	从	邪	从	邪	从	邪	从	邪	从	邪	从	邪	从	邪
例字	从	松	墙	祥	坐	似	罪	象	就	袖	字	寺	籍	席	集	习
贵港城关粤语	tʃʻ	ɬ	tʃʻ	tʃʻ	tʃʻ	tʃʻ	tʃʻ	tʃʻ	tʃʻ	tʃʻ	tʃʻ	tʃʻ	tʃʻ	tʃʻ	tʃʻ	tʃʻ
贵港南江粤语	tʃʻ	tʃʻ	tʃʻ	tʃʻ	tʃʻ	tʃʻ	tʃʻ	tʃʻ	tʃʻ	tʃʻ	tʃʻ	tʃʻ	tʃʻ	tʃʻ	tʃʻ	tʃʻ

2.1.5 灵山横州话型

灵山横州话从邪母今读比较特别，今读阳平和阳入大多为送气清塞擦音，今读阳上和阳去大多为不送气清塞擦音。如表 5 所示。

表 5　灵山横州话型从邪母读音举例

今调类	阳平				阳上				阳去				阳入			
古声类	从	邪	从	邪	从	邪	从	邪	从	邪	从	邪	从	邪	从	邪
例字	从	松	墙	祥	坐	似	罪	象	就	袖	字	寺	籍	席	集	习
灵山横州粤语	tsʻ	tsʻ/ɬ	tɕʻ	tsʻ	ts	ts	tɕ	ts	ts	ts	ts	ts	tɕʻ	tɕʻ	tsʻ	tsʻ

2.2 塞音型

塞音型主要出现在粤语中，根据声调条件也可分为三种次类型：一种是今读阳平、阳上为送气清塞音，今读阳去、阳入为不送气清塞音，我们叫作台山话型；一种不论平仄，基本读作不送气清塞音，称为玉林话型；还有一种是今读阳去为不送气清塞音，今读其他阳调为送气塞音，叫作北流唐僚话型。

2.2.1 台山话型

这种类型的从邪母以声调为条件分为两类：今读阳平和阳上基本都读送气的清塞音 tʻ，今读阳去和阳入基本都读不送气的清塞音 t。四邑及珠三角地区的台山话、开平话、鹤山话、南海沙头话以及广西北流白话都属于这种类型。如表 6 所示。

表6 台山话型从邪母读音举例

今调类	阳平				阳上				阳去				阳去				阳入			
古声类	从	邪	从	邪	从	邪	从	邪	从	邪	从	邪	从	邪	从	邪	从	邪	从	邪
例字	从	松	墙	祥	坐	似	罪	象	就	袖	字	寺					籍	席	集	习
台山粤语	tʻ	tʻ	tʻ	tʻ	ɬ	ɬ	t	t	t	t	t	t					t	t	t	t
开平粤语	tʻ	tʻ	tʻ	tʻ	t	t	t	t	t	t	t	t					t	t	t	t
鹤山粤语	tʻ	tʻ	tʻ	tʻ/t	tʻ	—	t	t	t	t	t	t					ts	t	t	t
南海沙头粤语	tʻ	tʻ	tʻ	tʻ	tʻ	t	t	t	t	t	t	t					ts	t	t	t
北流粤语	tʻ	tʻ	tʻ	tʻ	t	t	t	t	t	t	t	t					—	t	t	t

特别需要指出的是，台山和开平粤语的从邪母在止摄开合口条件下大多演变为边擦音ɬ，但这并不影响其主体读塞音的性质。

2.2.2 玉林话型

这种类型的从邪母不论平仄基本都读作不送气的清塞音t。目前这种类型的方言仅见于玉林市区话和市郊的福绵话。如表7所示。顺化（天明寺）的汉越语也属于这种类型（参见李连进，2000）。

表7 玉林话型从邪母读音举例

古调类	平				上				去				入			
古声类	从	邪	从	邪	从	邪	从	邪	从	邪	从	邪	从	邪	从	邪
例字	从	松	墙	祥	坐	似	罪	象	就	袖	字	寺	籍	席	集	习
玉林市区粤语	t	t	t	t	t	t	t	t	t	t	t	t	d	t	t	t
玉林福绵粤语	t	t	t	t	t	t	t	t	t	t	t	t	t	t	t	t

2.2.3 北流唐僚话型

这种类型目前只见于北流唐僚粤语，北流唐僚粤语从邪母今读阳去主要读作不送气清塞音t，今读其他阳调时主要读作送气的清塞音tʻ。如表8所示。

表8 北流唐僚话型从邪母读音举例

今调类	阳平				阳上				阳去				阳入			
古声类	从	邪	从	邪	从	邪	从	邪	从	邪	从	邪	从	邪	从	邪
例字	从	松	墙	祥	坐	似	罪	象	就	袖	字	寺	籍	席	集	习
北流唐僚粤语	tʻ	tʻ	tʻ	tʻ	tʻ	tʻ	tʻ	tʻ	t	t	t	t	tʻ	tʻ	tʻ	tʻ

2.3 擦音型

这种类型的从邪母基本都作清擦音或清边擦音。若要细分还可以按照发音部位或方法的不同分为齿间擦音型、唇齿擦音型和边擦音型三大类：广东的封开罗董话、郁南平台话、连山布田话，广西梧州地区的苍梧六堡话、藤县话、岑溪大业话和蒙山西河粤语属于边擦音型；广西贺州地区的桂岭话、贺街话、信都话、铺门粤语，平乐的青龙平话和贵港市桂平木乐话属于齿间擦音型；广西苍梧六堡话和昭平木格话属于唇齿擦音型。武鸣壮音也属于从邪母今读擦音这种类型（参看《粤语平话土话方音字汇第一编·广西粤语、桂南平话部分》）。我们挑出若干粤语和平话点从邪母今读擦音的例子，如表9所示。

表9 从邪母今读擦音型举例

古调类	平		上				去		入	
古声类	从	邪	从	邪	从	邪	从	邪	从	邪
例字	从~跟~	松	坐	似	罪	象	字	寺	集	习
封开罗董粤语	ɬ	ɬ	ɬ	ɬ	ɬ	ɬ	ɬ	ɬ	ɬ	ɬ
连山布田粤语	ɬ	ɬ	ɬ	ɬ	ɬ	ɬ	ɬ	ɬ	ɬ	ɬ
藤县粤语	ɬ	ɬ	ɬ	ɬ	ɬ	ɬ	ɬ	ɬ	ɬ	ɬ
岑溪大业粤语	ɬ	ɬ	ɬ	ɬ	ɬ	ɬ	ɬ	ɬ	ɬ	ɬ
桂平木乐粤语	θ	θ	θ	θ	θ	θ	θ	θ	θ	θ
贺州桂岭粤语	θ	θ	θ	θ	θ	θ	θ	θ	θ	θ
昭平木格粤语	f	f	f	f	f	f	f	f	f	f
苍梧六堡粤语	f	f	f	f	f	f	f	s	f	f

从邪母今读擦音或边擦音的方言区无论是今天或是历史上都是壮瑶等少数民族分布比较集中的地方，因此这些地方的从邪母今读齿间擦音、唇齿擦音或是边擦音很有可能是受到周边少数民族影响或是当地少数民族换用汉语所致。

2.4 特殊类型

2.4.1 斗门话型

斗门话从邪母今读阳平和阳上大多读作送气的清塞音 tʻ，今读阳去和阳入大多读作不送气的清塞擦音 ts，如表10所示。斗门靠近台山和开平，后两者属于今读阳平和阳上为送气塞音而今读阳去和阳入为不送气清塞音型。斗门话从邪母今读阳平和阳上也读作送气塞音，一种可能是受台山话和开平话的影响所致，还有一种可能是斗门话从邪母今读阳平和阳上为送气塞音是其固有特点，今读阳去阳入为不送气塞擦音倒是受珠三角粤语影响所致。由于斗门历史上长期分属新会和中山管辖，1949年以后才分属佛山和珠海（现在是珠海的一个区），而斗门话整体上可划入四邑粤语（斗门话止摄从邪母读擦音也跟台山、开平一致），因此斗门话从邪母今读阳去、阳入为不送气塞擦音很可能是后来受珠三角广府粤语影响所致。

表10 斗门话从邪母今读举例

今调类	阳平				阳上		阳去		阳去				阳入			
古声类	从	邪	从	邪	从	邪	从	邪	从	邪	从	邪	从	邪	从	邪
例字	从	松	墙	祥	坐	似	罪	象	就	袖	字	寺	籍	席	集	习
斗门粤语	tʻ	tʻ	tʻ	tʻ	tʻ	s	ts	ts	ts	ts	ts	ts	ts	ts	ts	ts

2.4.2 博白话型

博白县城粤语的从邪母今读以古韵摄为条件分为擦音和塞擦音两类：古假摄、蟹摄、遇摄以及止摄合口三等字的从邪母绝大多数都读作清擦音ʃ，如"邪谢""聚叙""财齐"等；其他韵摄的从邪母基本都作清塞擦音。

今读清塞擦音的从邪母又以声调为条件大致分为三类：今读阳平和阳上大多读作送气清塞擦音，今读阳去基本都读作不送气的清塞擦音，今读阳入则是读作送气和不送气清塞擦音各半。如表11所示。从浊音清化后的分化情况来看，博白话早期可能也是广州话型的，阳入较多读作送气塞擦音很有可能是受客家话影响所致，因为博白是客家非常流行的地区，辻伸久（1980）曾指出王力先生所描写的博白粤语深受客家话影响。博白话古假摄、蟹摄、遇摄以及止摄合口三等字的从邪母绝大多数都读作清擦音ʃ可能是晚期才发生的一种音变。

表11 博白话从邪母今读塞擦音举例

今调类	阳平				阳上		阳去		阳去				阳入			
古声类	从	邪	从	邪	从	邪	从	邪	从	邪	从	邪	从	邪	从	邪
例字	从	松	墙	祥	坐	造	尽	象	就	袖	字	寺	籍	席	杂	习
博白粤语	tsʻ	tsʻ	tsʻ	tsʻ	tsʻ	tsʻ	ts	ts	ts	ts	ts	ts	tsʻ	tsʻ	tsʻ	ts

三、早期粤语和平话从邪母的读音

由于粤语和平话普遍不分从邪母，由此推测，早期粤语和平话应该也是从邪不分的（即邪母在粤语和平话中并不是一个独立的音类）。

辻伸久（1980）把原始粤语（Proto-Yue）的邪母拟为浊擦音 *z，从母拟为 *dz，笔者认为欠妥。首先，从目前我们掌握的100多个粤语和平话点的材料来看，从邪母基本都是合流的，把原始粤语的从母和邪母分开构拟两个音值，有人为的一面；其次，粤语邪母字以读塞擦音或塞音为主，80多个粤语点仅有10多个点读作擦音（而且大多都读作齿间擦音或边擦音），从概率的角度也不应该把邪母的音值构拟为舌尖前浊擦音；最后，如果早期粤语的邪母为浊擦音，这就很难解释塞擦音型和塞音型粤语的邪母为什么会跟浊塞擦音声母一样以声调为条件来进行分化。

麦耘先生（1997）认为精组声母在早期粤语中有两类读法① *tθ，*tθh，*dð/*ð，*θ；2② *ts，*tsh，*dz/*z，*s。对于从邪母的拟音，麦先生有专门的说明。他认为粤语"总的趋势是从、邪不分。今拟浊塞擦音和浊擦音两个音，首先是指在早期的各次方言点会有区别，其次也认为有可能当时在某些方言点同时存在两种读法，或为自由变体，或为条件变体，也不完全排除会是两个独立的音位，但未必是从、邪之别"。麦耘（2008）进一步修正该观点，认为早期粤语精组读音并无两类地域方言变体，而只有一类，即上述的1类。由此可见，麦先生是一直都主张把早期粤语从邪母的读音合在一起构拟的，只是在从邪母该拟为一类还是两类的问题上有变化。

刘涛（2003）根据《珠江三角洲方言字音对照》《粤北十县市粤方言调查报告》和《粤西十县市粤方言调查报告》所提供的语料分析了粤语邪母的读音类型，得出的结论是粤语邪母以读塞擦音为主，而且她也注意到粤语邪母字不管是以读塞擦音为主还是以读塞音或边擦音为主，读音发展规律都跟自身从母字读音发展规律保持较高的一致性。她认为粤语邪母字读塞擦音属于较早期的语音现象。笔者同意她的看法。不过她并没有对早期邪母的读音进行构拟，从而说明邪母从早期到现代粤语的变化，也没有明确提出早期粤语是从邪母不分的。

我们赞同早期粤语从邪不分而且当以塞擦音为其早期音值的看法，并且进一步指出早期平话跟早期粤语一样都是从邪不分的。因此早期粤语和平话的从邪母读音宜合起来构拟。下面从发音方法和发音部位两个方面对早期粤语和平话的从邪母的拟音进行探讨。

3.1 早期粤语和平话从邪母应拟作浊塞擦音

从发音方法来看，早期粤语和平话的从邪母宜构拟为浊塞擦音，这可以合理地解释粤语和平话从邪母从早期到现代的多种变化。

首先，它可以很好地解释塞擦音型从邪母的今读。粤语和平话从邪母今读最主要的类型是读作塞擦音，从概率的角度来看早期粤语的邪母也应该优先考虑塞擦音而不是擦音或塞音。从音变的角度来看，浊塞擦音无论是变不送气或送气的清塞擦音或者是按照声调的条件进行分化，都非常符合汉语自身的语音演变规律。

其次，它还可以较好地解释塞音型从邪母的今读。塞音型从邪母的今读其实就是塞擦音型的地域变体。在广东四邑以及两广交界地区，很多粤语和平话都有精组声母塞化的现象，对于这类现象，学界目前主流的看法是受壮侗语影响的结果，或是原壮侗少数民族换用粤语和平话的结果。影响也好，换用也罢，这种类型都应该是在塞擦音型的基础上变化而来的。从逻辑蕴涵的角度来看，塞擦音型可以蕴涵塞音型，反过来则不行。塞音型中的每一个次类型都可以在塞擦音型的次类中找到对应的原型，如广州话型可看作台山话型的原型，开建话型可看作玉林话型的原型，贵港话型可以看作北流唐僚话型的原型。

最后，把早期从邪母构拟为浊塞擦音也可以解释擦音型从邪母的今读。从音变的角度来看,浊塞擦音发生擦化的演变在人类语言中是比较常见的,这种音变并不一定需要特定的语音条件,可以把它看作弱化音变的一种（脱落塞音成分）。另外，从语言接触的角度也很好解释这种类型的音变。从目前壮侗语借词的读音情况来看，从邪母的汉语借词在壮侗语中多被读作擦音，而擦音的音值跟壮侗语的地理位置有关，如南壮和黎语区多读作边擦音 ɬ，拉珈语、毛南语北壮多读地区读作齿间擦音 θ（参见梁敏、张均如，1996）。这跟粤语和平话从邪母今读擦音这些方言的地理位置比较吻合。

3.2 早期粤语和平话从邪母宜拟为 *dz/dð

麦耘（1997）曾经为早期粤语的精组构拟了两类地域方言变体，其中从邪母的拟音分别齿间音 *dð/ð 和齿背音 *dz/z。分两类构拟应该是比较符合当时粤语和平话的实际的，只是没有必要把擦音读法作为塞擦音的变体来处理，理由见 3.1。在粤语和平话形成之初，*dz 类音和 *dð 类音一开始可能只是以社会方言的形式出现，前者多出现在南来的汉人口中（*dz 比较接近当时通语的拟音），后者主要出现在当地土著口中（*dð 音地区特色明显）。随着当地土著学讲或换用粤语和平话人数的增多，两者就会逐渐演变为地域次方言。汉人由于政治、经济和文化上的优势占据着城市和乡村有利的地区，后者则占据着世代所居的地方或偏僻的地区。类似的情况在今天广西一些汉族和少数民族杂居的地方还在进行着。这两种次方言一旦形成，相互之间也会互相影响，影响的结果取决于社会语言中常提到的政治、经济、文化、人口、通婚等多种因素。*dz 类音和 *dð 类音在早期粤语和平话中估计有相当长一段时间内是以社会方言或地域方言的面貌出现的，为了能够更好地反映当时的现状，我们把早期粤语和平话的从邪母拟为 *dz/dð。

麦耘（2008）把精组字构拟为一类，反映了他语言观的改变，他认为当地土著学讲或换用的读音才是早期粤语的读音。这里涉及粤语和平话历史研究中的一个关键问题，即粤语是分化而成的，还是接触而成的？抑或是分化和接触交错进行相互影响而成的？麦耘（2009）对粤语的形成模式比喻为"珠江三角洲水网状"，即粤语类型的汉语方言形成的轨迹在大模样上近似谱系树，细节上往往成网状。就从邪的读音而言，有一个问题目前还无定论，即粤语和平话从邪不分是演变的结果还是接触的结果？如果是演变的结果则拟为 *dz 较好，如果是接触的产物，拟为 *dð 更为恰当。在这个问题没有得到充分论证之前，我们认为还是把早期粤语和平话的从邪母拟为 *dz/dð 比较合适。

四、讨论：粤语和平话从邪不分的成因

粤语和平话从邪不分究竟是汉语自身演变的产物，还是汉语跟其他少数民族语言接触的结果？这个问题需要放在更大的背景下讨论。就整个汉语方言来说，从邪母的分合情况呈现出明显的南北差别：北方方言（或官话方言）基本上从邪有别[1]；而南方方言（含吴、粤、客、赣、闽、湘及平话）白读音基本上都有从邪不分的现象，不过程度有别：其中吴语、老湘语、

---

[1] 邪母有四个字（"辞词祠/囚"）在北方方言中多读作送气塞擦音，跟从母合流。这究竟是早期从邪不分的遗留还是受南方方言影响的结果仍需进一步研究。

粤语和平话绝大多数从邪母的白读音都是不分的，客家话、赣语、闽语和新湘语只有部分常用字仍保留有从邪不分的现象。而典籍资料上明确记录南方方言有从邪不分现象的是《颜氏家训·音辞篇》，颜之推在该书中批评南人以"钱"为"涎"，以"贱"为"羡"，说的就是这种现象。不过颜氏当时心目中的南人可能专指江浙一带的南方居民，未必是泛指整个长江以南的南人。因此，我们还不能单凭颜说就认定粤语和平话在南北朝至隋朝初年已经发生了从邪合流的语音变化。至于南方方言从邪不分的原因，演变说和接触说似乎都有一定的道理。演变说无论是以中古音或是上古音为参照系，都可以找到合并的语音条件：邪母在三等 i 介音的影响下塞擦化，跟从母合流。接触说的理由是南方主要是百越族的居住地（今天的壮侗语族居民是其主要后裔），由于原始壮侗语缺少塞擦音，原壮侗居民学习中原汉语的时候用一个带地方特色的声母读音来对应汉语从邪两个声母的读音是很有可能的。不过从目前对壮侗语汉借词的研究情况来看，汉语的从邪母在壮侗语的汉借词中多读为擦音而不是塞擦音。另外，南方除了壮侗少数民族外还有很多其他少数民族居民，如果是接触换用的结果，不大可能整个南方都体现出一个整齐的替换模式（都是用一个音来对应汉语从邪母两个音）。

因此，粤语和平话等南方方言从邪不分是汉语自身演变的结果可能性更大一些。第一，南方汉语从邪不分除了现代吴语主要读作浊擦音之外，其他方言基本上都是以读塞擦音为主，即邪母在三等 i 介音的影响下塞擦化跟从母合流。第二，即使是从邪以读擦音为主的现代吴语，仍有一些从邪母白读字保留塞擦音的读法，如温州从母的"坐""才""贼""樵""曾"等字的白读为〔ʣ/dz〕，邪母的"像""囚"白读为〔dz〕。不排除早期吴语从邪母都是读塞擦音后来受共同语影响才变为擦音的可能。

五、结　论

通过上面的讨论和分析，我们可以得出以下几点结论：

第一，从邪不分是粤语和平话共有的音韵现象。

第二，粤语和平话从邪母的读音主要有塞擦音型、塞音型和擦音型三种类型，每一种类型又以声调或发音部位为条件细分为若干小类。粤语和平话从邪母今读这些类型的形成有的是自身演变形成的，有的是语言接触造成的，还有的是自身演变和语言接触两种音变交错进行而形成的。个别方言存在一些比较特殊的读音类型，多是由于方言间的相互接触引起的。

第三，早期粤语和平话的从邪母也是不分的，本文把它的音值构拟为浊塞擦音 *dz/dð，*dz 和 *dð 为早期粤语和平话从邪母的社会方言变体或地域方言变体。

第四，粤语和平话从邪不分的成因仍需探讨，我们倾向于认为是汉语自身演变造成的。

参考文献

[1] 北大方言调查队：《岑溪大业方言调查报告和苍梧六堡方言调查报告》，未刊，2008 年。

[2] 陈海伦、刘村汉主编：《粤语平话土话方音字汇》（共两编），上海：上海教育出版社，2008 年。

[3] 陈小燕：《多族群语言的接触与交融——贺州本地话研究》，北京：民族出版社，2007 年。

[4] 陈小燕：《广西贺州八步（桂岭）本地化音系》，《方言》，2009 年第 1 期。

[5] 李连进：《平话音韵研究》，南宁：广西人民出版社，2000 年。

[6] 梁敏、张均如：《侗台语族概论》，北京：中国社会科学出版社，1996 年。

[7] 刘涛：《粤语邪母字的读音研究》，《语文学刊》，2003 年第 2 期。

[8] 麦耘：《中古精组字在粤语诸次方言的不同读法及其历史涵义》，Journal of Chinese Linguistics（《中国语言学报》），1997，Vol.25,No.2.

[9] 麦耘：《粤语的形成、发展与粤语和平话的关系》，"语言研究视野的拓展"国际研讨会（上海），2008 年。

[10] 麦耘：《从粤语的形成和发展看汉语方言形成的模式》，《方言》，2009 年第 3 期。

[11] 辻伸久：《广西粤语比较音韵论》（Comparative Phonology of Guangxi Yue Dialects）东京：风间书房，1980 年。

[12] 王福堂：《汉语方言语音的演变和层次》（修订本），北京：语文出版社，2005 年。

[13] 谢建猷:《广西汉语方言研究》,南宁:广西人民出版社,2007年。

[14] 杨璧菀:《怀集白话语音研究》,陕西师范大学硕士学位论文,2007年。

[15] 詹伯慧、张日昇主编:《珠江三角洲方言字音对照》,广州:广东人民出版社,1987年。

[16] 詹伯慧、张日昇主编:《粤北十县市粤方言调查报告》,广州:暨南大学出版社,1994年。

[17] 詹伯慧、张日昇(主编):粤西十县市粤方言调查报告》,广州:暨南大学出版社,1998年。

[18] 詹伯慧主:《广东粤方言概要》,广州:暨南大学出版社,2002年。

二、

汉语语法研究

汉语框式结构说略*

邵敬敏

汉语里有一些比较特殊的结构，比如说：越想越高兴、一说就跳、连校长都不认识、女人就是女人、说走就走、高手里的高手、大写特写，等等。它们不是词，而是一些词的组合；可也不是常规短语组合，换言之，无法用短语组合规则去进行分析；而且也不是句子，尽管有些在一定的语境中也可以成为句子。这类非词、非短语、非句子的特殊结构，在汉语里不仅数量相当多，而且使用的频率还很高，有人称之为"格式"或者"句式"，也有人叫做"口语习用语"，但是都没有给出一个标准和鉴别方法，显得相当随意。

这类特殊的结构早就引起中国语言学家的重视。《现代汉语八百词》（1980）"现代汉语语法要点"的"句法"部分就提到这类"一般要合用"的格式，例如"越……越""一……就"等，也提到"可以合用也可以单用后一个的"，例如"与其……不如""也……也"等。可惜的是那些看法还局限于句子，所以认为这是"几个小句组成大句"，而且把句子与结构混在一起讨论。后来在口语研究中，尤其是在对外汉语教学过程中，人们发现这类格式非常有实用价值，就有人专门加以收集整理，最早的当推朱林清、莫彭龄、刘宁生等著的《现代汉语格式初探》（1987），接着是武柏索等四人合编的《现代汉语常用格式例释》（1988），而后又有常玉钟主编的《口语习用语功能词典》（1993），最新的还有刘德联、刘晓雨合编的《汉语口语常用句式例解》（2005）。

---

* 本文在第五届现代汉语语法国际研讨会（香港理工大学 2009 年 11 月）大会上宣读，会后根据各方面意见进行了比较大的修改。感谢审稿专家中肯的意见，已经据此做了重要修改。

对此进行某些理论探讨的首推张拱贵，他在为《现代汉语格式初探》所写的序言"语法格式和语汇格式"（1985）里，对有关理论进行集中探讨，其中不乏精彩观点。而后莫彭龄的"格式研究刍议"（1986）也对此做了进一步的探究，提出了格式的微观和宏观研究、历时和共时研究、种类和层级研究。此外还有常玉钟的《口语习用语略析》（1989）以及笔者的书评《口语与语用研究的结晶》（1994），这些都说明这类语言现象已经开始引起我们的重视，并且做了一些初步的探讨，可惜这些探索都只是就事论事，不够深入，尤其是缺乏理论意识。

一、框式结构的界定

邵敬敏（1994）指出："在口语交际中，常常有这样一类语句，功能多样，使用广泛，它们的含义往往不能单凭构成成分和语法上的逻辑义推导出来，换句话说，它们在交际中所发挥的作用，实际上是隐藏在表层义后面的深层语用含义。"而且"有的是已经格式化了，即变换成分有固定的位置，有一定的变换规则，这种成分的变换不会导致习用语的特定含义和形式分离。其特点是范围比较宽泛，更加依赖于语境的制约"。

邵敬敏（2008）后来正式提出"框式结构"（frame construction）这一术语，并且进行了界定："典型的框式结构，指前后有两个不连贯的词语相互照应，相互依存，形成一个框架式结构，具有特殊的语法意义和特定的语用功能，如果去除其中一个（主要是后面一个），该结构便会散架；使用起来，只要往空缺处填装合适的词语就可以了，这比起临时组合的短语结构具有某些特殊的优势。就好比现代化的楼房建造，常常采用的框式结构一样，简便、经济、实用、安全。"

框式结构是借用建筑学的一个术语，所谓框式结构应为四周有边框，边框的中间充填或者安装相应的物体或物品。好比建筑业中广泛存在的框架式结构房屋，日常生活中随处可见的门框、窗框、镜框等。但是即使生活中的框式结构也不一定都是全框的，也可能是半框的（单边框），例如眼镜就有全框式、半框式和无框式，甚至于隐形的。

汉语框式结构的特点主要有三点：

第一，它们都由不变成分以及可变成分两部分组成。不变成分构成"框架",起到定位以及标记作用,识别率特别高;可变成分是可供选择、替换的"变项",因此整个框式结构具有一定的生成能力。

第二,具有整体性的特殊语法意义。框式结构的结构意义,不是组合成分语义的简单相加,而往往产生出新的意义,这一新义是该框式结构整体拥有的,是在长期使用中形成的,换言之,不能直接从几个成分语义中推导出来。

第三,跟语境结合紧密,表示特定的语用功能。框式结构在语言交际使用方面具有特殊的功能,往往用来表示某种感情色彩或者特定语气,是普通短语无法承担的。多数带有强烈的口语色彩,为老百姓所喜闻乐见。

事实上,这三个特点也构成了鉴别的标准,第一条是句法形式标准,不变项和可变项必须同时存在;第二条是语义辅助标准,必须有特殊的构式语法意义;第三条是语用参考标准,需要结合特定的语用功能以及感情色彩等。三者是统一的,缺一不可。如果不符合,那就不是框式结构。比如:意思意思、做梦、巴不得呢、把话说清楚、拜托、罢了、包在我身上、本来么、不见得、不像话、不得了、不好意思、不是个东西、不怎么样……这些都不属于框式结构,只能说是"口语习用语",尽管意义也不能由字面推导出来,但是最明显的区别性特点是只能整块儿使用,没有可以替换的变项,因此第一条标准是最重要的。当然,并非每个框式结构都能够充分显示这三个特点,因为它们语法化发展的进程存在着差异,所以事实上不同的框式结构在这些特点上,存在程度上的区别。

二、框式结构的类型

框式结构不是铁板一块,内部实际上也是有所区别的。我们按照它们的结构形式特点可以分为以下四个类型:

1. 双项双框式,也就是单体封闭式。所谓双项是指有两个前后可变项;所谓双框是指不变项也有前项和后项两个,意思是"双边框架",是跟"单框"(单边框架)相对的。这是最典型的框式结构,结构紧凑,例如古代汉语的"为 A 所 B",现代汉语则更丰富,例如"连 A 带 B""又 A 又 B""一 A 不 B""说 A 就 A"等等。还有一种类型,是前后照应式,由半独立的前和后两个框架构成,缺一不可,可变项也有两项,分别出现在前框架和后框架。例如:

A也好，不A也好；与其A，不如B；宁可A，也要B；A是A，B是B。

2. 单项双框式，也就是插入式的。一个由非连续的前项后项构成的框架内只插入一个可变项，例如：一A了之，替A说话，拿A来说，有没有A头，看把A说的，对A来说，还A呢。

3. 双项单框式。框架只有一项，而可变项则为同形的两项，分别在框架的前后。例如：A就是A、A中的A、A什么A。

4. 单项单框式。框架只有一项，而可变项也只有一项，可能在框架项之前，或者之后。例如：都是A！到底是A。

其中，前面1、2两类都属于"典型框式结构"，因为有双项框架，或者双式框架，形式特点清晰，比较容易鉴别；第3类虽然只有一个框架，但是由于可变项前后同形，形式标记也比较清楚，可以看作"准典型框式结构"；最后第4类属于"非典型框式结构"，因为不仅框架只有一个，可变项也只有一个，所以不易判别。比如下面列举的四种结构就分属不同情况：

到底是A。（到底是医生、到底是卖药的） AA看。（走走看、吃吃看）
都是A。（都是你、都是这要命的药） A得要命。（红得要命、气得要命）

问题主要在于形式上很难鉴别，都有一个不变项和一个可变项构成。我们判别的办法，就是看该结构是否表示特殊的语法意义或者具有特定的语用功能。比如"到底是A"构式义显示出一种夸奖、表扬的口气，跟"到底是一堵墙"明显不同；"都是A"表示的构式义是责怪，跟"（这些）都是她的孩子"形成对立，所以可看作框式结构。而"AA看"，即使去掉"看"也还是表示尝试义，"A得要命"所表示的程度高是有补语"要命"来承担的，跟结构没有什么关系，所以后两类都不宜看作框式结构。具体到某个结构式，就有可能产生分歧，所以需要我们结合语义和语用以及其他的变式等进行认真地鉴别。

三、不变项与可变项的特点

从框架不变项来看，如果是双项的，它们就有两种可能性：

1. 前后项不同，例如：（一）说（就）跳，（半）咸（不）淡，（说）打（就）打，与其A，不如B。

2.前后项相同，例如：（越）说（越）气，（不）打（不）倒，（半）推（半）就，山（是）山，水（是）水。

从可替换变项来看，如果是双项的，它们也有两种可能性：

1.前后项是异形的，例如：连A也B，非A不B，管A叫B，从A到B，越A越B，哪有A那么B。

2.前后项是同形的，例如：想A就A，爱A不A，不A白不A，大A特A，有A没A。

我们重点关注的是可变项。

（一）可变项如果是同形的A，我们关注的是前后两个A是同质还是异质

在框式结构里，我们常常发现前后两个变项可能是同形的，问题在于它们是否也同质。例如：想吃就吃、想睡就睡；路是路，桥是桥。前项可以标为A_1，后项标为A_2。经过比较，我们发现，它们虽然同形，其实并非同质。

比如"想A_1就A_2"前后两个"A"在理性意义上确实完全相同。但它们进入该结构框架后，受结构整体意义的影响，在联想意义和交际意义上则有明显差异。

1.A_1具有意愿性，A_2具有可能性。由于谓词"想"的影响以及这个框式结构的制约，A_1临时获得了意愿性。而A_2则表示对A_1这一动作意愿相关性的估价，表达的是即将实现的动作行为、变化或状态。

2.正是由于A_1的意愿性和A_2的相关性，二者时间上也具有了相继性和因果性，"想A_1"发生在前，A_2发生在后；先有A_1种想法，然后有A_2这种可能的行为或结果。

3.A_1和A_2都是可控动词，由于"来$_1$"是意愿性的，无所谓可控不可控，而"来$_2$"是相关性的，相关的动作和状态就要求是可控制的了，因此在可控性上，$A_2 \geq A_1$。

4.A_1和A_2扩展后的意义并不一定相同。A_1和A_2可同时扩展，也可单独扩展A_1，这时，$A_1 = A_2$。但是如果单独扩展A_2：想吃就吃饭、想玩就尽情玩……这时，A_1和A_2就有了细微区别。"吃$_1$"并不知道吃什么，是无界的；而"吃$_2$"显示为"吃饭"，是有界的。

再如"A_1就是A_2"，A_1只是指称义，而A_2才带有强烈的主观评价色

彩意义，不同的说话者不同的语境都可以导致不同的理解。例如：

（1）此刻，我深深体会到了母亲的舐犊之情，此刻我觉得女人就是女人，不管她多么名声显赫。（1994年报刊精选）

（2）在刘氏家族中，女人就是女人，女人不是揣在男人口袋里就是挂到男人脖子上。（1994年报刊精选）

同样一句"女人就是女人"，可是在不同人的嘴巴里说出来，意可能完全不同。"女人$_1$"是词典里的意义，属于理性意义，而"女人$_2$"，例（1）就可能理解为"慈爱、温柔、善良、体贴"；而例（2）就可能理解为"柔弱、无能、无奈、依附"，这显然属于联想意义。

（二）可变项如果是异形的A和B，我们关注的A和B的位序，基本上有两种类型

第一是固定不变的，这主要受到两个方面因素的制约：

第一，时间、处所、因果等认知因素影响。例如：半新半旧、一早一晚（时间）、一头一尾、一上一下（处所）、越想越气、一说就跳（因果）。

第二，文化、民族、习俗的社会因素影响。因为语言是文化的载体，语言结构必然在一定程度上反映该语言群体的文化民族习俗观念，文化象似性原则主要表现在尊卑，优劣和主次等方面，例如：半男半女、半师半友、半官半民、一正一副、一男一女。

第二是可变的，但即使A与B的位序是可变的，也存在一定的优选性。例如："半新半旧"出现的频率远远高于"半旧半新"，我们选择几例在百度网上进行搜索，得出的数据如下（检索时间为2009年2月26日）：

| 半信半疑 135000 | 半文半白 34000 | 半新半旧 18000 | 半生半死 29500 |
| 半疑半信 3960 | 半白半文 1180 | 半旧半新 3130 | 半死半生 4740 |

不同次序组合结构的数字比例相差悬殊，显然这里有一定的规则在起作用：

首先是"构词顺序原则"。通常A、B如果能够组合为一个词语，那么A、B的语序基本上就跟原来词语中语素的顺序一样，例如"没边没沿、没儿没女、一阴一阳、一模一样、一言一行、一搭一档、一针一线、一长一短"，其中"边沿、儿女、阴阳、摸样、言行、搭档、阵线、长短"本身就是一个双音节词语，所以不能说成"没沿没边"或者"没女没儿"。

其次是"语义轻重原则"。如果 A、B 不能够组合为一个词语，通常就按照 A、B 的动作先后、语义轻重来排序，例如："没洗没刮"中"洗刮"不成词，就按照一般先洗后刮的顺序组成；"没吃没喝"中"吃喝"不成词，通常是先"吃"后"喝"，吃重于喝，所以只说"吃喝"而不说"喝吃"。

但是当"语义轻重原则"跟"构词顺序原则"发生冲突的时候，语义的轻重可能起到主导作用。例如：

（3）你这竹扇上没画没字，当然卖不出去。（《中华上下五千年》）

（4）我带的 4 个脑瘫孩子都是福利院的残疾孤儿，他们无亲无故，没名没姓，是国家把他们抚养成人，所以他们都姓"国家"的"国"。（《人民日报》1994）

"字画""姓名"是正常的组词顺序，但是出现在"没 A 没 B"格式里，恰恰相反。这里就可能是因为画比字更重要，名比姓更有区别性。

四、整体结构功能的变化

框式结构往往言简意赅，形式相对简略，语义比较特殊。可变项又可能属于不同的类别，所以会造成同形异义结构。例如："一 A 一 B"，除了并列（一针一线）、先后（一起一落）两种关系之外，还有比较特殊的"配列"关系，这在句法上表现为"主谓"结构。例如：一人一碗、一枪一个，表示"每一 A，就配有一 B"。

从整体功能来说，通常向心结构的功能应该跟核心成分的功能相同，但是框式结构的功能也有可能发生变化，例如："一 A 一 B"结构中的 A、B 如为普通名词，则整个结构的功能也相当于名词，比如"一草一木""一菜一汤"；如果是方位名词、时间名词，除了名词的指称性，另外还表现为状态性，可以作谓语或状语。例如：

（5）她们一前一后，从高台两旁的白石扶手上，像打滑梯一样，欢笑着出溜到平地来。（孙犁《风云初记》）（谓语）

（6）田平原先在科学院开大客车，一早一晚接送上下班人士。（方方《白雾》）（状语）

再如"半 A 半 B"结构，当 A、B 为形容词、区别词时，整体功能相当于一个状态形容词，不受程度副词修饰，可以充当谓语、定语、状语、宾语，以及补语。可是当 A、B 为名词时，"半 A 半 B"整体的句法功能也不再是名词性的，而转为形容词性的，可做补语、定语。例如：

（7）如果吃的足够多，多年后就变得半人半鬼。（百度百科）（补语）

（8）他就是这样一个半新半旧、半中半西、有时跋扈、有时柔软的人！（琼瑶《水云间》）（定语）

五、框式结构的正式、变式以及对应式

框式结构在发展过程中，结构形式往往会发生某些变化，出现一些变式或者对应式。比如"一面A，一面B"，变式就有"A，一面B"、"一面A，B"、"一面A，一面B，一面C"。不仅如此，还有对应式："一边A，一边B"、"一方面A，一方面B"。

变式跟正式，基本功能应该是一致的，至于对应式则就必然存在某些差异。比如"非A不可"是个比较典型的框式结构，A是变项，动词或者形容词。该框式结构表示"必欲"、"必须"以及"必然"三种基本语法意义。例如：

（9）二强嫂的娘家不答应，非打官司不可。（老舍《骆驼祥子》）（必欲）

（10）小姐，今天的账是非还不可的。（《曹禺选集》）（必须）

（11）空城计，非乱不可！非乱不可！（《老舍短篇小说集》）（必然）

这一框式结构在长期使用过程中，可能会产生一些变式，它的变式就是省略了后半截的"非X"。例如：

（12）半路上他非要拿出来玩，哗哗，就飞了一个。（《曹禺选集》）

也会出现一些相关的对应式，在语义以及功能上略微有所差异。"非X才Y"就是相关的对应式，它只能表示"必须"，没有"必欲"和"必然"意义。例如：

（13）您看您非得有捧角儿的才挣的多呢。（1982年北京话调查资料）

有些框式结构似乎可以出现三项，例如"你是你，我是我，他是他"、"吃也好，睡也好，玩也好"，我们都看作是一种扩展变式，在本质上跟正式没有区别，也没有必要另列一类。

六、框式结构的语义分析

在历史发展过程中，框式结构的语法意义，通常遵循着一个基本的发

展轨迹：从具体到抽象，从一般义到特殊义，从表层义到深层义。比如"往 A 里 B"结构：

1. 空间位移。X 是名词 N，则构成"往 N 里 V"，则表示空间的位移。例如：

（14）它的根往土里钻，它的芽往上面挺……

2. 主观增量。如果 X 是形容词 A，则构成"往 A 里 V"，表示希望 N 的性质比当前的状况变得更"A"，这是"性质增量"。例如：

（15）这扇门太大，得往小里改一改。（"小"指向"这扇门"，可说"这扇门很小"）

3. 偏值评价。当 V 为 Vc 时，则构成"往 A 里 V"，表示偏值评价，主观性比主观增量更强。例如：

（16）瑞丰太太，往好里说，是长得很富泰；往坏里说呢，干脆是一块肉。

可见概框式结构语义演化的轨迹是：空间位移→主观增量→偏值评价。

我们最为关心的是框式结构的语义变化，主要是语义增值。框式结构的结构义，不等于其个部分成分语义之和。换言之，框式结构的结构义是结构整体拥有的，是语义增值的结果。

比如"没 A 没 B"的语义不等于"没 A"加上"没 B"。换言之，不是简单的并列关系，不是一般的双重否定，而是格式赋予它新的含义，起到强调凸显的作用，显示了说话人的主观意图，语义发生了增值。但是语义增值的情况各不相同。

1. A、B 属于同义或近义关系。

同义或近义关系的 AB 常常还是一个词语，构成的"没 A 没 B"格式凸显其程度特别高。例如：

（17）停车场里是露天的，没遮没拦，有一段很长的日照时间。（《人民日报》1994）

"没遮拦"只是客观陈述而已，"没遮没拦"着重强调"没有遮拦"的程度高，带有强烈的主观性，属于"加合否定"。

2. A、B 属于反义关系。

A 和 B 是名词，实际上不是否定 A 和 B 本身，而是表示不分 AB，言外之意是违背常规，有悖常理，显示一种异常的情况。例如：

（18）我们做生意买卖的人，说句老实话，也是不容易的，整天跑来跑去，没早没晚的；到了下午，精神就差劲了，每天这辰光总要喝杯咖啡提提神。

(周而复《上海的早晨》)

"没早没晚"并不是说真的没有早上和晚上,实际上表示的是"不分早晚",言下之意就是违背常理,连续作战。这可以叫做"派生否定"。

3. A、B 为反义形容词。

反义的"没 A 没 B"表示应该区别 A 或 B 而没有能够区别,暗含责怪义。例如:

(19)他认为,国有企业之所以搞不好,就在于没大没小、没老没少。(《人民日报》1996)

"没大没小、没老没少"从字面上看是既没有大也没有小,既没有老也没有少的意思,可是实际上是说,该大的时候没大,该小的时候没小,这叫做"深层否定"。可见语义增值是构成框式结构的必不可少的条件。

七、框式结构的语用特色

框式结构在语言交际使用过程中,往往显示出独特的语用特色。主要是:

(一)语义偏移的贬义倾向

大部分的框式结构应该说是无所谓感情色彩的,也就是说,没有褒贬倾向。但是我们也发现了部分框式结构具有比较明显的贬义倾向。比如:睡什么睡、还大学生呢、你才低级呢。再看一个责怪性的框式结构"都是 A":

(20)都是那该死的处女情结!(《时尚女报》2009 年第 33 期)

(21)她忽然懊恼地说:"都是你!都是你!"

"怎么怪我?"(琼瑶《月朦胧鸟朦胧》)

(22)甲:小王他爸妈离婚了。

乙:都是他那能干的爸爸!

例(20)中"那该死的处女情结"字面意义是贬义的;例(21)中"你"是中性的,无所谓褒贬;例(22)"他那能干的爸爸"其字面意义是褒义的。但是三句的语义倾向都是贬义的。可见,"都是+NP"的贬义倾向与NP 的褒贬感情色彩无关,应该是"都是 NP"格式所造成的。

造成这样的语义偏移,必须从语言本身和语言使用两个方面去寻找原因。首先,"都是+NP"格式中大部分"NP"具有贬义性。或者直接用贬义词语,如"王八蛋""家伙""流氓";或用贬义修饰语,如"该死的家伙""鬼天气""死小王";或用贬义性量词,如"那种人""那号姨婆";或用指责性的代词"这""那"。正是由于贬义 NP 的不断渗透和影响,其消极义也就逐渐融化并潜存在格式中了。

其次是实际使用中消极语境与积极语境的使用频率存在着不均衡性。我们对《水浒传》、《金瓶梅》和《红楼梦》(前 80 回)中"都是 A"的使用情况进行了统计,结果如下表:

	消极语境	积极语境	消极语境所占百分比(%)
水浒传	8	1	88.8
金瓶梅	11	0	100
红楼梦	40	0	100
合 计	59	1	98.3

显然,"都是"用于导出某一事件结果的成因时,与消极语境的共现频率占有绝对的优势。可见"都是+NP"责怪义标记格式的形成与消极语境的使用频率有着极为密切的关系。

必须指出的是,贬义只是一种倾向而已,并非必然。事实是,还有的语义倾向是褒义的,例如我们统计了"就数他(你/我)A"这一框式结构在北京大学 CCL 语料库中的出现情况,发现褒义占压倒优势(即使不是褒义,也是表示同类中属于顶级的):

	总数	褒义	中性	贬义
就数他A	11	9	1	1
就数我A	6	5	0	1
就数你A	11	5	4	2
合 计	28	19	5	4

(二)话语策略和技巧

框式结构还常常具有特别的语用效果,在修辞上显示自己的特色。比如假性策略性判断"不是 A 而是 B"(我卖的不是面条,是文化)跟非真值判断完全不同(我卖的不是面条,是饺子)。这大致有六种类型:

a.递进性:通过否定低程度 A,凸显高程度 B。例如:

(23)周迅甜蜜地宣称:"大齐不是好,而是很好。"(百度)

b. 关系性：通过否定关系 A，凸显关系 B。例如：

(24) 她不是要嫁给他，而是要嫁给他的地位。（老舍《四世同堂》）

c. 本质性：通过否定现象 A，凸显本质 B。例如：

(25) "三加四"不是数字加数字，而是优势加优势。（1994年报刊精选）

d. 提升性：通过否定指代 A，凸显提升 B。例如：

(26) 你陷害的不是我，是我们整个儿的中国啊！（郭沫若《屈原》）

e. 比喻性：通过否定 A，凸显比喻 B。例如：

(27) 家里的不是个老婆，而是个吸人血的妖精！（老舍《骆驼祥子》）

f. 象征性：通过否定 A，凸显象征 B。例如：

(28) "昭君墓也不是一个坟墓，而是一座民族友好的历史纪念塔。"（新华社2004年新闻稿）

假性策略性判断类型的"不是 A，而是 B"具有特殊的语用效果。逻辑上看似矛盾，但语用上比较和谐。这不仅体现了语言运用的策略性，而且还透露着说话者的主观化情感，通过制造"话语陷阱"，获得幽默性效果；进行"话语智辩"，达到主观化目的；运用"话语策略"，表现"主观化"情感；凸显"话语焦点"，获得对比性效果。

八、框式结构的主观性与可接受度

主观性是框式结构比较重要的特点。例如：爱说不说、想看就看、吃就吃吧、核心中核心、都八点了、睡什么睡、还大学生呢、你才 A 呢。

这些框式结构无不显示强烈的主观色彩，正因为如此，所以在插入可替换的变项时，就有一个可接受度的问题。比如"连 A 也/都 B"，在肯定式里，(B+A) 的可能性越是小，该框式结构的接受度就越高；反之，可接受度就越小。例如：

(29) ？他连小孩子也/都敢得罪。

(30) 他连长辈也/都敢得罪。

显然，(30) 比 (29) 的可接受度大。因为"得罪""小孩子"应该是轻而易举的，而"得罪""长辈"则大为不恭，是不允许的。同样，"他连100分也/都考到了"以及"他连一条鲸鱼都钓到了"都是可以接受的。但是"他连1分也/都考到了"以及"他连一只小虾都钓到了"则不大能够接受。

在否定式中，则恰好相反，得罪（小孩子/长辈）的可能性越是大，该框式结构的看接受度就越高；反之，可接受度就越小。例如：

（31）他连小孩子也/都不敢得罪。

（32）？他连长辈也/都不敢得罪。

两句相比，显然，（31）比（32）的可接受度高得多。因为"得罪""小孩子"应该是轻而易举的，而"得罪""长辈"则大为不恭，是不允许的。同样，"他连1分也/都没有考到"以及"他连一只小虾都没有钓到"都可以接受，但是"他连100分也/都没有考到"以及"他连一条鲸鱼都没有钓到"则是不大能接受的。可见，框式结构的可变项，不仅要满足句法的、语义的需求，还要满足交际认知的需求。

九、框式结构的语法化进程

框式结构，在历史上都有一个长期发展的过程，也可以叫做语法化或者构式化的进程。开始时它只是一个临时性的短语组合，由于长期搭配使用，变成了半固定词组，这是介于固定词组与临时组合之间的一种结构。比如："连A都/也B"这样的框式结构，汉语学界普遍认为形成于明代。我们对《水浒传》、《喻世明言》和《金瓶梅》这三部明代小说进行了封闭式的统计和考察，发现这一结构当时还处于萌芽和发展状态。

1."连"还是个动词，"连"携带名词时所显示的"连带"或"加上"意义还比较明显。例如：

（33）连那高阜及城垣上，一总所存军民，仅千余人。（《水浒传》）

（34）连轿子钱就是四钱银子，买红梭儿米买一石七八斗，够你家鸭子和你一家大小吃一个月。（《金瓶梅》）

2."连"的宾语N_2只是附带物，所以上下文中往往另外有一个主体物N_1存在。例如：

（35）这箱儿（N_1）连锁（N_2）（也/都）放在这里，权烦大娘收拾。（《喻世明言》）

（36）西门庆要把孩子（N_1）连枕席被褥（N_2）（也/都）抬出去那里挺放。（《金瓶梅》）

3.出现了跟"连"呼应的"也"或"都"，这可以看作"连A也B"框式结构产生的萌芽。例如：

（37）他（N₁）明日下来时，须不好看，连我们（N₂）也无面目。（《水浒传》）

（38）西门庆早令手下，把两张桌席（N₁）连金银器（N₂），已都装在食盒内，共有二十抬，叫下人夫伺候。（《金瓶梅》）

由于这一框式结构还处于成型过程中，所以，成分的位置不那么固定，常常可以互换。这样，就出现若干变式，并且呈现出若干很有趣的特点。例如：

第一，"连B"跟VP的关系比较松散，主语可出现在"连B"之后，VP之前。例如：

（39）连这篾丝箱儿，老身也不拿去了，省得路上泥滑滑的不好走。（《喻世明言》）

（40）你空做子弟一场，连"惜玉怜香"四个字你还不晓得。（《金瓶梅》）

第二，VP之前，既有不出现"也/都"的格式，也有出现"也/都"的格式。例如：

（41）我若再守你七年，连我这骨头不知饿死于何地了。（《喻世明言》）

（42）说罢，两人又哭做一团，连吴知县也堕泪不止。（《喻世明言》）

第三，跟"连"照应的副词，除"也"与"都"，还有其他的副词"只""一事""还""尚且"等，最多的是"共"与"通共"，说明与"连"照应的副词还没有定型，例如：

（43）摆了两副杯箸，两碗腊鸡，两碗腊肉，两碗鲜鱼，连果碟素菜，共一十六个碗。（《喻世明言》）

（44）你看，连这外边两架铜锣铜鼓，带铛铛儿，通共用了三十两银子。（《金瓶梅》）

第四，副词"都"表示"总括"，"也"表示"类同"，但是该格式框式化以后，这个以前在句中必须出现的照应项可以不出现了，"都"与"也"的语义要求就没有了着落，这就导致了副词语义的虚化。标志之一是副词读为轻声，而且韵母常常脱落。标志之二是这两个副词在单用时常常不能互换，即使可以互换，语义也明显不同，但是一旦进入该框式结构，两者几乎可以任意互换而几乎觉察不到语义上的差别。可见，"也/都"的语义不但虚化，而且趋同，只是表示一种共同的"提示"功能，即提示隐含的照应项，这个照应项，可能在上下文里存在，也可能只是在说话人的认知中存在。

十、框式结构研究与构式语法理论

近些年来，国外的构式语法理论崛起，汉语语法研究也得到一定的启迪，在这里我们无意对这一理论进行全面的评价，只是想指出，该理论其最重要的观点就是认为构式具有独立的语法意义，这是由构成成分无法推导出来的。陆俭明（2004，2008）等运用这一理论对汉语的句式，比如存在句做出了合理的解释。其实，我们发现这一理论也适用于框式结构的分析。因为框式结构，具有特定的形式标记，又有自己特殊的框式意义。

但是我们在研究过程中，也发现一些情况并不能够用现有的构式语法理论来分析或解释。

1. 框式结构的鉴定问题。我们必须认识到：框式结构语法化的进程是不平衡的，有的已经发展得比较成熟了，有的框式结构还刚刚起步，还有的除了正式，还有变式或对应式。有的只有特殊的框式义，有的还保留有原始结构义。即使在某个框式结构内部发展也是不均衡的，有的框式结构由于高频长期使用，就固化为固定短语，比如某些成语、谚语，它们虽然具有格式义，但是实际上不存在可替换项，例如"欺上瞒下""南辕北辙"。这跟我们这里所说的框式结构，例如"奔上奔下""天南海北"，如何加以有效的区别，也是需要解决的问题。换言之，形式标准、语义标准以及语用标准都必须起作用，但是轻重、次序都需要探索。

2. 构式语法理论比较适合于解释成型的框式结构，然而对框式结构的原式和变式，由于该构式还在形成或者演变，这种特殊语法意义还没有真正凝聚，所以难以解释。例如：

（45）何况，彼此都在共同生活中有了一点进步，他日益增进了责任心，紧要时候，也可朴素地制作一菜一汤。（王安忆《关于家务》）

（46）三人一坐一站，另一个斜倚着身子，一时石室中只有杨过呼呼喘气之声。（金庸《神雕侠侣》）

上例的"一A一B"就只是表示"一A"加上"一B"，没有"一草一木""一唱一和"这样的框式意义。

3. 国外的语法学理论常常有一个毛病，就是总觉得自己的理论可以包医百病，希望解释所有的语法事实。可惜的是，这一愿望往往是要碰壁的。我们认为，一种新的理论提出，通常只能解决局部的问题，在这方面可能是强项，在那方面就可能是弱项，甚至于完全无能为力。同样构式语法理论也不是万能的，它在解释结构式、句式整体语法意义方面有独到之处，但是离不开其他语法研究的理论。如："A 到 O"框式结构（红到耳根）的语法意义是反映了人们认知上的"终点模式"。具体来说，可以有五种模式：①具体处所终点；②抽象处所终点；③时间终点；④度量终点；⑤程度终点。但是并非所有的 A（形容词）都可以构成这五类的。例如状态形容词由于本身具有量的规定性而无法量化，只可以度化，即要求 O 只能是极性程度词语，比如"雪白到几乎透明"。这就涉及形容词的分类及其语义内涵。可见，构式语法理论需要其他理论予以补充或强化。

现代汉语的框式结构极为丰富多彩，对此全面而细致的研究，必将有助于加深对构式语法理论的探索；而且在对外汉语教学方面，也可以从简单的词典式的释义上升为系列性规律性的探讨，所以对汉语框式结构的研究大有可为。

参考文献

[1] 常玉钟：《口语习用语略析》，《语言教学与研究》，1989 年第 2 期。

[2] 常玉钟主编：《口语习用语功能词典》，北京：北京语言学院出版社，1993 年。

[3] 刘德联、刘晓雨合编：《汉语口语常用句式例解》，北京：北京大学出版社，2005 年。

[4] 陆俭明：《"句式语法"理论与汉语研究》，《中国语文》，2004 年第 5 期。

[5] 陆俭明：《构式语法理论的价值与局限》，《南京师范大学学报》，2008 年第 1 期。

[6] 吕叔湘主编：《现代汉语八百词》，北京：商务印书馆，1980 年。

[7] 莫彭龄：《格式研究刍议》，储佩成主编，《常州工学院院报学术论文集》，常州：常州工业技术学院出版社，1986 年。

[8] 邵敬敏：《同语式探讨》，《语文研究》1986 年第 1 期。

[9] 邵敬敏：《"非 X 不 Y"及其变式》，《中国语文天地》，1988 年第 1 期。

[10] 邵敬敏：《口语与语用研究的结晶》，《世界汉语教学》，1994 年第 2 期。

［11］邵敬敏、王伟丽：《"一面 p，一面 q"的语义类型及相关句式》，《语言教学与研究》，2000 年第 3 期。

［12］邵敬敏：《"连 A 也/都 B"框式结构的争议及其框式化进程》，《语言科学》，2008 年第 4 期。

［13］邵敬敏、丁倩：《说框式结构"想 x 就 x"》，《暨南大学华文学院学报》，2009 年第 3 期。

［14］武柏索、许维翰、陶宗侃、阎淑卿合编：《现代汉语常用格式例释》，北京：商务印书馆，1988 年。

［15］张拱贵：《语法格式和语汇格式》，《汉语学习》，1985 年第 5 期。

［16］郑娟曼、邵敬敏：《试论"责怪"义标记格式"都是+NP"》，《汉语学习》，2009 年第 5 期。

［17］朱林清、莫彭龄、刘宁生等：《现代汉语格式初探》，天津：天津人民出版社，1987 年。

［18］Croft,W. 1990 *Typology and Universals*. Cambridge: Cambridge University Press.

［19］Croft,W. 2005 *Radical Construction Grammar*. Cambridge: CUP.

［20］Fillmore, C., P. Kay & M. O Connor. 1998. Regularity and idiomaticity in grammatical constructions: The case of let alone. *Language* 64: 501-538.

［21］Goldberg, A. E. 2003 *Construction: A new theoretical App roach to language*.《外国语》第 3 期。

［22］Goldberg, A.E. 1995. *A Construction Grammar Approach to Argument Structure*. Chicago: The University of Chicago Press.

［23］Kay P. & Fillmore, C. J. 1999 Grammatical constructions linguistic generalizations: the What's X doing construction. *Language* 75:1 33.

［24］Langacker, R. 1991.Foundations of Cognitive Grammar—Vol. II, Descriptive Application. Stanford: Stanford University Press.

［25］Traugott, E. & R. Dasher 2002 *Regularity in semantic change*. Cambridge: Cambridge University Press.

《汉语虚词框架词典》编撰的创新思路*

邵敬敏

一、汉语虚词词典释义的困境

汉语语法最重要的特点之一，就是不仅虚词特别丰富多彩，而且语义功能相当复杂多变，所以汉语学习和研究的重点和难点之一，就是准确理解并运用虚词。

新时期 30 多年来，受语言学界推崇的虚词词典当推吕叔湘主编的《现代汉语八百词》（商务印书馆，1980，1999 年出版的增订本有词条 1000 条，包括部分实词），此外有一定影响的现代汉语虚词词典还有：北京大学中文系 1955、1957 级语言班编的《现代汉语虚词例释》（商务印书馆，1982），王自强的《现代汉语虚词词典》（上海辞书出版社，1998），侯学超的《现代汉语虚词词典》（北京大学出版社，1999），朱景松的《现代汉语虚词词典》（语文出版社，1999），张斌主编的《现代汉语虚词词典》（商务印书馆，2003）以及李晓琪主编《现代汉语虚词手册（汉英对释）》（北京大学出版社，2003）等。

这些虚词词典，多数释义大体准确，举例基本到位，一定程度上解决了学习者的基本需要，但是问题也是显而易见的，多数是列举若干义项，

---

* 本文获得国家社科基金"汉语虚词词典编撰的方法论讨论及其实践"（批准号 12BYY101）资助，并在第九届全国汉语词汇学学术研讨会（山东大学，2002）上宣读。

并一一举例，有时还跟同义或反义虚词做一些有限的比较分析。从方法论角度观察，其不足主要表现在以下四个方面：

第一，缺乏理论创新，也缺乏可操作性。国内外至今没有一篇虚词词典编撰的专论，基本沿用传统的训诂方法，编撰理念多数比较陈旧，靠的是编者内心语感的"自省"，尤其是严重忽略了制约该义项与功能出现的"语言条件"。我们需要凸显该语义和功能的制约因素，建立必要的"定位框架"。

第二，缺乏义项横向的派生联系，也缺乏词义纵向的动态变化线索。一个虚词的义项往往有好几个，这些个义项之间往往存在着某种内在的发展联系，词义本身还有个历史演变的过程，可是，目前词典的分析与编排，采取的是孤立的排列，分割式的编写方法，没能揭示这些义项之间的横向或纵向的联系。我们需要勾画出"词义地图"，以建立"义项关联"。

第三，缺乏系统观念，缺乏义场类比。虚词与虚词之间也缺乏整体关联，编写的时候大多是按照字母顺序来分配任务的。这样的结果就造成虚词的释义是原子主义的。我们必须把近义、反义，包括类义的虚词聚焦在一起，形成若干个"义场"，作为一个类进行"类聚扫描"，提倡网络式的发散型的思维方式。

第四，缺乏对虚词最新研究成果的吸取。最近30年来，汉语虚词的词类研究以及个案研究，已经取得了长足的进步，虽然这些个研究比较分散，分布在单篇论文或者某些语法著作的章节之中，可是目前的虚词词典往往未能充分地吸收这些研究的成果，使之成为虚词词典的财富。

汉语正在大踏步地走向世界，随着中国的和平崛起，汉语的地位日益得到提升。目前汉语虚词词典编撰的研究明显滞后，远远不能满足国际汉语教学和研究的需求。我们的汉语教育，包括汉语国际教育，如要踏上一个新的台阶，就必须拿出研究精品。而要达到这一目标，当务之急就是对虚词词典编撰进行方法论探讨和创新，并运用新的理论和方法进行实践，编撰一部新颖的、科学的、有解释力的、应用性强的虚词词典。

二、虚词释义在方法论上的创新

以往所有虚词词典的编撰，基本上只是列举词义与举例说明，最多进行一些近义或反义辨析。因此，即使词义的解释是准确的，碰到具体的句子，也常常无法对号入座，也无法熟练运用，更不可能举一反三。我们编撰新的虚词词典的关键就是建立"框架"，扼要地说，框架，就是该虚词出现的语言环境、语言制约条件。正因为虚词的词义，实际上也就是它的语法意义，比较虚灵，不容易解释，更不容易掌握，所以特别需要运用特定的语言条件来进行定位，建立"虚词定位框架"是我们这部研究型虚词词典编撰的核心思想，再配合"勾画词义地图"以及"扫描义场类聚"。这就形成了虚词词典编撰过程中密不可分的三部曲，这在虚词词典编撰的方法论上应该是一个重大的突破。

（1）建立定位框架。本词典在理论上的突破之处，在于以义项结合功能为纲，为每个虚词的每个义项建立起"定位框架"，即指出该虚词在某个特定语境中必然表达什么样的意义，实现什么样的功能。换言之，义项的确立只是第一步，建立"定位框架"才是我们的最终目标，只有这样，我们才能准确给某个虚词以定位定性，这也是我们这部词典的灵魂和核心。

（2）勾画词义地图。我们不以仔细列举若干个义项为满足，而是尽可能地结合历史的发展演变线索以及各个义项之间的共时关联，进行义项之间的关联，描绘出深层次的词义地图。从而建立虚词分析系统，包括立体三维：横的义项关联、纵的词义发展，以及直的运用模式。

（3）进行类聚扫描。词典的编撰必须建立在研究的基础上，我们的做法是在尽可能吸取已有的研究成果的前提下，根据语义聚合的类型（结合句法分布、语义范畴、次范畴小类等）进行集中扫描，在近义、反义、类义的类聚比较中彰显其特点。

我们认为汉语虚词词典编撰的方法论必须进行彻底的改革，并且提出"定位框架"新的理念，配以"勾画词义地图"与"扫描义场类聚"的新理念，试图有所突破，有所创新。在这一新颖方法论指导下，尽可能地吸收新时期以来有关虚词研究的最新研究成果，并且借鉴大型语料库进行取样并检验，最终编撰成一部新颖的《汉语虚词框架词典》。

三、"定位框架"的理解

"框架"建立的成败，是我们这部虚词词典成功与否的关键。确立了框架，就能给虚词定位，就能定性，就能定义。"框架"的确认就给了我们一张寻路的地图，一把开门的钥匙。

虚词词典编撰的关键在于努力寻找制约该虚词词义与功能的语言条件，

并且把它"框架化"。在某种框架中，该词就一定表现出某种语义和功能。所以，我们只要把框架描写清楚了，那个虚词的词义与功能也就豁然显示了。

我们的目标就是以义项结合功能为纲，为每个虚词的每个义项建立起"定位框架"，即指出该虚词在某个特定语境中必然表达什么样的意义，实现什么样的功能。换言之，义项的确立只是第一步，建立"定位框架"才是我们的最终目标，只有这样，我们才能给某个虚词以准确定位定性，这也是我们这部词典的灵魂和核心。简单说，"框架"就是出现该虚词的语言环境、语言条件，或者说定位性标记。

我们工作的重点是为每个虚词的每个义项建立可操作可检验的"框架"，这也是工作的难点与重点。所谓"框架"，不能简单理解为形式标记，必须做广义的理解，包括多个层面的：语音的、语义的、句法的、语用的、认知的，关键在于是否能够准确而简便地揭示该虚词义项的制约条件，以及与其他虚词或其他义项的鉴别条件。

（一）语音框架

轻读和重读，就构成不同的框架。例如关于副词"可"。

【框架1】"可1"重读，加重语气，跟上文构成"顺承"关系，并且表示程度高，略带有一种夸张的语气。作为一种新的重要的信息告知对方，目的是试图让对方确信，或者试图说服对方，没有对比性，但是程度凸显，只用于感叹句。例如：

（1）这鱼′可新鲜了！

（2）这人可好了！

"可2"轻读，表示意外的语气，并带有轻微反驳口吻，主要显示某种变化，跟上文构成"逆承"关系，不限于感叹句。具有某种明显的或者隐蔽的对比性。例如：

（3）老张一回来，这下可好了，问题迎刃而解。（跟"老张没回来"对比）

（4）他不在，对我们的影响可就大了。（跟"他在"对比）

重意的移动也会影响语义，例如"别结婚了"：

【框架1】别+动词，重音在"别"上面，表示否定性意愿。例如：

（1）′别结婚了！你又不是真的爱她。（劝阻）

【框架2】+动词，重音在动词上面，表示否定性猜测。例如：
（2）别´结婚了！这么多年没联系，也许早嫁人了。（猜测）

（二）句法框架

即该虚词出现在句中的前言后语的结构条件制约。比如副词"才"，表示对时间早晚、年龄大小等主观判断，数量词出现在"才"的位置前后是至关紧要的。

【框架1】凡是时间词、数量词出现在"才"的后面，不管直接被"才"修饰，或者只是动词短语的一部分，全句表示说话者主观认定时间早、数量少、年龄轻（相应地还包括范围窄、程度浅）。例如：
（1）现在才不过五点钟，快天亮了。（时间早）
（2）我们班才三十个同学。（数量少）
（3）我已经快三十了，你才十八。（年龄小）

【框架2】凡是时间词、数量词出现在"才"的前面，全句表示说话者主观认定时间晚、年龄大、数量多（相应地还包括范围宽、程度深）。例如：
（4）今天五点钟才起床。（时间晚）
（5）三十个旅客才可以组团。（数量多）
（6）十八岁才上初中。（年龄大）

比较下面三组例句，它们充分地显示了两者的区别：
（1）八点钟才起床（时间晚）　起床才八点钟（时间早）
（2）六十分才录取（数量多）　录取才六十分（数量少）
（3）三十岁才结婚（年龄大）　结婚才三十岁（年龄小）

（三）语义框架

包括词义的褒贬、感情色彩的区别。例如"太"如果修饰贬义形容词 A_1，表示过分的 A（太可恶了），如果修饰褒义形容词 A_2，就可能歧解（太漂亮了）：过分或者超常。如果修饰中性形容词 A_3，也有可能两种理解（太快了）：过分或者超常。

【框架1】太+贬义形容词，表示程度同方向的加深，贬义加深，显示说话人强烈的主观批评色彩。例如：
（1）盲童生活太单调了，天地太狭小了。

（2）这儿太寂寞了，缺热闹。

【框架2】太+褒义形容词，表示程度超常，更加褒义，并带有夸张口吻，口语中必须带上"了"。例如：

（3）阿芭哈太迷人了，棕色头发和眼珠，肤色如罂粟花一样白净。

（4）太精彩了，西藏的服装太漂亮了！

"太+褒义形容词"也可能表示贬义，在中国传统观点看来，"过犹不及"，过了头，即使原来是真的、善的、美的、好的，也变味儿了，所以往往带有讽刺意味。例如：

（5）因为我那时太简单、太纯洁了、太天真了。

（6）后悔把产业变卖得太干净，银子花得也太顺溜儿。

"太+褒义形容词"可能产生歧义，鉴别方法：

第一，插入"过"（过于），构成"太过+褒义形容词"，则为贬义。例如：

（7）秦干事觉得王景的想法很丰富很全面，就是太过浪漫。

（8）花农们从不在傍晚时采花，说这时花性太过激烈，花貌不能久长。

第二，上下文有贬斥词语或者褒奖词语，往往显示出一定的语义倾向。例如：

（9）他呀，实在是太聪明了，赔了夫人又折兵。（贬义）

（10）如今的孩子太聪明了，竟能那么快懂得这些暗示。（褒义）

【框架3】太+中性形容词，通常表示超出常规，过分了，显示说话人否定的语义倾向。例如：

（11）你穿这样的不合适，显得太年轻了。（贬义）

（12）身体的太胖或太瘦，鼻子的太大或太小，脸太宽或太窄等都成了借口。（贬义）

但是也不尽然，关键要看评述的对象是什么。例如都是"太快"，有的是贬义，有的却是褒义，只是褒义的概率比较低。例如：

（13）这样的人才当然应该去打篮球，他太高了！（褒义）

（14）人都说，这几年北京变得太快了。（褒义）

"太+中性形容词"要区别褒贬义，关键要结合上下文，注意所评述的对象是什么。例如：

（15）如果没换挡，太难或太快，车就会忽然停下来。（贬义）

（16）对手的实力出乎意料，她进步的速度太快了。（褒义）

（四）语用框架

语用在虚词词义的确认方面也能够发挥重要作用，例如"也"表示的是类同义，通常后句用"也"，与前句在句法或者词语方面有某种类同之处。例如：

（1）他唱了一支歌，我也唱了一支歌。（前后句"唱了一支歌"类同）

（2）我不敢说不对，也不敢说对。（前后句"我不敢说"类同）

（3）她哭了，我也陪她落了泪。（前后句"哭"与"落泪"类同）

有时这一类同的含义不能立即显示，必须联系上下文，并且借助于语言环境进行多步推导：

（4）外祖母去世了，父亲的差使也交卸了。

（5）俺们村有好多户都翻修了房子，豆她爹也想出来挣点钱。

例（4）在字面上看不出类同，但是可以推导：对说话者来说，"外祖母去世"是不幸的，"父亲的差事交卸了"也是不幸的。所以在"不幸"这一点上构成了类同点。例（5）更为复杂，推导过程是：翻修房子必须有钱→豆她爹也想翻修房子→俺们村有好多户因为有钱都翻修了房子→可是他没有钱，所以他也想出来挣点钱。这样，"也"的类同义就得到了落实。

如果这一类同点很隐蔽太含蓄，则用"也"来照应，其接受度就会大打折扣，甚至于很难理解或者不可理解。例如：

（6）？外祖母去世了，父亲也升官了。

（7）*老韩是数学家，他太太也很笨。

（五）认知框架

认知，包括说话者的期望和不期望等等。例如"别下雨了！"可能歧义，一是祈求不要下雨；一是猜测不希望发生的事情可能发生了，关键就在于认知的预设差异。

【框架1】否定性意愿，用于祈使句，表达一种不希望某件事情发生的意愿。句子的重音，在"别"上面。往往表示"祈求"，祈求对方最好不要做某件事情，说话者对对方几乎没有什么制约或控制能力，大多是下求上、弱势者对强势者的口吻。例如：

（1）可怜可怜穷人吧，别再下雨吧！（《龙须沟》）

（2）警察先生，别再打他了！

【框架2】否定性猜测，用于猜测句。不能单用"别X"，必须在动词后面带上个"了"。句子的重音，不能在"别"上面，而是在动词上。猜测自己不愿意发生的事情可能已经发生，或者说更加重要的是显示说话人不希望发生某件事情的意愿。例如：

（3）（房子晃得那么厉害，）别地震了。

（4）外面滴滴答答的，别下雨了。

"别+非可控动词"只表示猜测，"别+可控动词"则可能产生歧义。"别结婚了"就有两种意思：一是禁止；二是猜测。两者的区别主要有两点：

第一，句子的重音在"别"还是动词上面。

第二，表示猜测的"别"可以改写成"别是……"。

可见，框架的含义相当丰富，第一，外延相当宽泛，具有多层次、多方位的特点。不仅仅只是指的句法框架，还包括语音的、语义的、语用的、认知的。第二，内涵也不仅仅指的只是句子内部的形式上标记，还包括上下文语境以及说话人的意愿等。但是总的来看，只要我们把该虚词的制约条件搞清楚了，它的语法意义就能够得到准确的落实和精细的描写。

四、"语义制约""话语环境"以及"历史演变"

在研究观念上，我们认为特别需要有一个重大的突破：一是观察的视角需要深化，即不仅注意句法结构的特点，而且更要考虑语义制约，这是以往语法虚词诠释最忌讳最不愿接触的因素，我们必须正视，而且充分认识其重要性。二是观察的视线需要拓宽，即不仅注意句子本身的特点，而且更要引进话语环境，即关注出现该虚词的句子前后的句子（俗称上下文），这就超出单句的束缚，进入到话语层面，换言之，引进话语交际中制约该句子话语意义的语言条件。三是不仅注意共时的虚词词义的差异，而且还要关注其历史演变，追溯其虚化的途径。只有这样，我们的虚词研究才有可能取得实质性的进展。

1.强调语义制约，有许多虚词，特别是描摹性副词，单单从句法上考虑，很难予以区分。特别需要注意该类虚词使用的语义制约条件，例如"按时"：

（1）确保2005年按时发射。

（2）每天应按时睡觉，准时起床。

"按时"能够组合的词语在语义上有特殊的要求，往往是在时点上预先约定或计划好的动作行为，如例（1）；而且有相当部分还是有规律的，天天、月月或年年循环进行的动作行为，如例（2）。而且这些被修饰的动词都应该是自主性的，或者规律性的，否则难以组合，或至少组合频率很低或者不可理解。例如：*按时打架、*按时呼吸、*按时生病。

我们尤其要注意该类虚词所要求的特殊语义条件，在比较中彰显它们的差异。例如副词"分头"与"分期"、"分批"：

（1）朱志伟等人驾车分头逃离现场。

（2）中央组织12个督查组分头到18个省区市督促检查。

（3）士官实行分期服现役制度。

（4）德军将分期分批裁减部分大型军备采购项目。

（5）第一步用航天飞机把一个个部件分批送到低卫星轨道。

（6）驻伊陆上自卫队440人将分批派往目的地。

"分头"要求行为主体（通常是主语）与客体（通常是宾语或者介词宾语）必须是复数，起码是双数，单数绝对不行。而且该动作行为也应该是可以分开两个以上方面来进行的，着眼于空间齐头并进，语义上无法分开进行的判断动词、领有动词等都很难被修饰。

至于"分期"与"分批"涉及的对象不仅要求总体是复数，而且关键是着眼于时间上前后进行，绝对不能同时进行。但是两者还有区别："分期"是强调分期限，批次是隐含的；"分批"强调是分批次，时间是隐含的。

2.强调话语环境，往往需要引进"上下文"，尤其是"上文"来考察。例如语气词"呗"到底表示什么意思众说纷纭，至少有表示"不在乎"、"勉强同意"等多种语义解释。这些显然跟上下文密切相关，否则无从确认。但是最为关键的一点是：语气词"呗"，必定出现在后续句里，不能出现在首发句里。换言之，必然是说话人对对方言行的表态，而绝对不可能是首发句，不能自说自话。例如：

（1）领导问："当初有人说闲话，你知道不？"她回答："知道，说就说呗，我不是那种人，时间可以做证明。"

（2）一位菜农坦率地讲道："怕什么？你涨我也涨呗。"

例（1）是针对问话"有人说闲话"；例（2）似乎是首发句，其实是针对对方的问话"怕不怕"而发的，还是后续句。

我们特别强调"语义制约"与"话语环境"，就是因为以往的虚词诠释对这两方面特别不够重视。事实说明，抓住这两点，将会在虚词诠释方面有重大的突破。

3.在历史演变方面，我们也需要加以特别的关注，这是现有虚词词典很少涉及的。例如副词"多亏"的"亏"本来是动词《说文》解释为"亏，气损也"。段注引申为"凡损皆曰亏"，再引申为"欠缺、短少"，与"盈""满"相对。先秦直到汉唐，乃至宋代，都表示这种意义。在元杂剧中出现了大量的表示"庆幸"义的"亏""多亏"等词，不过，这里的"多"用来修饰"亏"，还未凝固成词，而且所带的基本上都是名词性词语，名词性宾语后面往往还跟着动作行为，如果去除中间的停顿，就变成小句了。例如：

（1）此一场大功，多亏了［大夫也］（郑廷玉《楚昭王疏者下船》）

（2）秀才，多亏［你也，寄书到此，远路劳神］。（尚仲贤《洞庭湖柳毅传书》）

（3）非小官之能，多亏［大夫用计也］。（高文秀《保成公径赴渑池会》）

例（1）"多亏"带名词性宾语，用"也"煞句；例（2）也带名词性宾语，也用"也"煞句，接着还有动词性的下文；例（3）则带动词性的宾语，最后也用"也"煞句。这三个例句正好反映了从名词性宾语到动词性宾语的演变过程，也显示了"多亏"从动词虚化为副词的进程。

五、《汉语虚词框架词典》编撰的实践

（一）广义的虚词观

我们所谓的虚词，不同于传统的和教科书的虚词（其定义是"不能充当句子成分的词"），属于广义的虚词，即排除实体词（名词、动词、形容词、区别词、叹词、拟声词）之外的所有封闭类的"功能词"。包括：介词、连词、助词、语气词，以及副词、量词、代词、方位词、准助词（虚化的趋向动词）。这些词语，基本上需要符合三个标准：（1）高频出现；（2）语义多解虚灵、难以把握；（3）理解和表达汉语、学习与运用汉语时最有实用价值。简而言之：高频、多解、实用。至于习惯用语（例如"意思意思"）以及框式结构（例如"非X不Y"），原则上另行处理。

（二）编撰方法的改进

在具体编撰方法上，改进的是三点：即在建立若干"框架"的基础上，设立"比较""注意""总结"等项目，强化类义比较；添加注意事项；适当总结规则。

1. 虚词的"类义比较"是非常重要的，因为相当多的虚词，尤其是大量副词语义接近、相对或者相反，单个分析很难彰显其特点，只有在比较中才能凸显。例如：副词"毅然"与"决然"，语义相近，都含有"坚决、毫不犹豫"义。《现代汉语词典》（第6版）的解释是："毅然：坚决地；毫不犹疑地。"（第1619页）"决然：表示很坚决；毅然决然。"（第745页）显然，这一解释是不到位的。尤其是用"毅然决然"来解释"决然"，属于同义诠释，为注释的大忌。解决的唯一办法就是比较。第一观察语义倾向，第二，鉴别互换条件。

例如"毅然"与"决然"词义相近，就需要专门进行比较。"毅然"表示果断、勇敢而坚决，义无反顾地，褒义。例如：~投笔从戎；~解职归田。"决然"表示坚决地，毫不犹疑地，语义中性。例如：~冒险；~得不到读者的喜爱。显然，毅然更强调果断，褒义，强调动作主体的主观性。决然强调坚决，中性，倾向于客观评价。一般情况下，"毅然"换为"决然"，没有问题。反之，"决然"少数情况下也可以换为"毅然"，语义基本不变或差别不大。例如：

（1）圣马丁襟怀坦白，为了避免分裂，毅然（决然）隐退。

（2）蒋碧薇为了追求爱情决然（毅然）抛弃富家小姐的生活，和徐悲鸿双双到法国去苦读。

因此，有时"决然"可以与"毅然"连续使用。例如：

（3）毅然决然脱离家庭关系。

（4）毅然决然选择了绿色军营。

但是，大部分情况，"决然"绝对不能换为"毅然"。最大的区别在于"毅然"的主体一定是人，具有自主意识。而"决然"则不一定，可以是人，也可以是物或者事件。这里有两种情况：

第一，主语虽然是人，如果只是客观评述，只能用"决然"，不能用"毅然"。

（5）盖"傻大姐"早被邢夫人以"打死"相胁，决然（*毅然）不会扩散"绝密"消息。

（6）但是否真是作者本意和用心，依然不能决然（*毅然）断定。

第二，主语不是人，只是某种情况，属于客观评述，只能用"决然"，不能用"毅然"。

（7）两种爱情决然（*毅然）不同，拼写岂能一样？

（8）决然（*毅然）得不到读者的喜爱。

2. 增加"注意"，着眼于该虚词内部的特点比较。例如副词"也"表示类同，既然是类同，就需要有比较前项，通常句子里也确有前项出现。但在实际话语里，常常没有这类类比前句出现，我们就需要对一些特殊情况加以说明：

【注意】在偏正复句以及框式结构里，相关的类比前项都只存在于语境或认知中：

（9）他虽然不及格，也被录取了。（别人及格了，当然被录取了）

（10）就是下雨，也要坚持锻炼。（不下雨，当然能够坚持锻炼）

（11）无论什么天气，他也会去。（包括刮风、下雨、落雪、晴天等所有情况，他都会去）

（12）连他也哭了。（一个人群序列里，所有的人都哭了，最不该哭的"他"也不例外）

（13）吃也吃不饱。（其他的包括穿好、住好、学好、玩好等等都没有，当然"吃"也达不到）

（14）一口水也不喝。（既然一口水不喝，那么更多的水当然更不喝了）

3. 如果一个虚词的义项以及有关框架比较复杂，我们最后需要对此加以必要的概括、提炼以及总结，这将有助于使用者的理解、掌握和实际操作。例如否定副词"别"的情况就相当纷繁，不仅义项多、功能复杂，而且涉及重音、词类以及人称等，这样就需要加以总结：

【总结】"别"分别表示否定性阻拦、否定性告诫、否定性猜测、否定性评价和否定性警告，但是总的来说，都表示"否定性意愿"。影响"别"字句的因素很多，主要是句重音、谓语动词与形容词的语义特征是否可控、主语的人称。

1. 句重音落在谓语动词上还是否定副词"别"上面，可以区别"否定性阻拦"与"否定性猜测"。

2. 别字句的动词或形容词也很重要。关键是其语义是否属于可控的。

可控的主要构成"否定性阻拦",但是也可以构成"否定性猜测";而非可控的则只能构成"否定性猜测"。

3."别"跟人称的关系是非常密切的,第二人称用"别",通常是主观否定,可以用"不要"替换;第一人称通常是客观否定,可以用"不用"替换;第三人称则表示否定性评价。

(三)本词典的特色

近30年来汉语虚词研究取得了前所未有的成就,我们必须充分吸收1978年以来汉语虚词学术研究的最新成果,综合吸取有关研究成果,运用我们严格的科学的方法进一步沙里淘金,提炼出若干个"框架"。重点借鉴有关结论,重新比较、甄别、筛选、提取、整合,根据我们的需求重新编写,为我所用。为此需要利用"中国知网"调查有关研究成果,根据三个原则进行下载(名家、名篇、高层次专业杂志),并且根据需要进行综合分析。

我们还要借助于大型语料库,主要是北京大学CCL语料库,不仅选用例句(尽量不再自拟),而且最主要的还是利用语料库进行必要的检验,从而保证语言事实的可靠性以及结论的科学性。鉴于语言的变化,我们也会注意新兴的一些虚词,这就需要依赖于网络的搜索,主要是百度、搜狐等。

这一词典的价值目标是:科学、简明、好用。它不但对母语为汉语的人极为有用,而且将极大地方便外国人学习汉语。

这部词典最主要的特色在于:

1.研究型的词典,建立在深入研究的基础上再进行整合和升华,而非自省式的、例释性的、语感性的。

2.框架式的定位,建立起各类不同层次的框架来对虚词义项进行制约,列举出条件,从而保证语义的确定无疑。

3.可操作的检验,运用大型语料库来进行筛选,并且进行验证,以确保每个句子的虚词都可以对号入座。

参考文献

[1]陆俭明、马真:《现代汉语虚词散论》(修订本),北京:语文出版社,1999年。

［2］吕叔湘主编：《现代汉语八百词》（增订本），北京：商务印书馆，1999年。

［3］马真:《现代汉语虚词研究方法论》,北京:商务印书馆,2000年。

［4］马真：《谈谈〈现代汉语词典〉第5版虚词的注释》,《语言文字应用》，2006年第1期。

［5］徐枢：《谈谈〈现代汉语词典〉(修订本)对虚词条目的处理》,《语言文字应用》，1997年第2期。

句末助词"吧"的分布验证与语义提取[*]

赵春利 孙 丽

一、关于句末助词"吧"的四种观点

"吧"作为典型的句末助词（sentence-final particle），一直以来都是语法学界的热点、重点和难点。根据理论、方法、视角、观点等方面的差异，大致可以分成：语气多样论、信疑不定论、迟疑求定论、标句标度论四种典型的观点。

首先，传统语法的语气多样论。

早在1924年，黎锦熙（1924/1992：239—241）就将"吧"的商量揣度语气分化出"揣度事理、自己裁量、向人商请"三类语气，传统语法的语气多样论初现端倪，如果说黎锦熙有着一分为三的思想，那么王力

---

[*] 基金项目：本项研究得到2013年度国家社科基金一般项目"基于语义地图的句末助词多功能研究"（13BYY117）、2012年度国家社科基金一般项目"汉语虚词词典编撰的方法论创新及其实践"（12BYY1O1）、香港理工大学研究项目"Sentence-Final Particles in Chinese: A Cross-Dialect Study of their Functions and Properties"（G-U927）、2013年度暨南大学研究生精品课程建设"现代汉语语法学"立项资助（51001071）以及2013年度暨南大学优秀本科推免生科研创新培育计划项目"汉语句末助词'吧'的语义地图建构"（50503650）的资助。本文曾在香港理工大学2013年9月举办的"汉语句末助词的历史与现状学术研讨会"上宣读，黄正德、邵敬敏、石定栩、蔡维天、邓思颖、徐杰、方小燕等专家提出了诸多中肯建议，《中国语文》匿名评审专家提出了宝贵的意见和建议，在此一并特表谢忱，文中谬误当由作者负责。

（1943/1985：174）则直接将"吧"归于不定语气的揣测语气和意志语气的祈使语气，凸显了多样性。到了1944年，吕叔湘（1944/1985：257）就明确提出了句末助词研究的基本认知原则："语气词和语气不是一一相配的，一个语气词可以用来表不同的语气"，并认为"吧"具有测度、拟议、劝请三种语气（1944/1985：297、302）。可以说，传统语法的语气多样论与其"基于语感、以句为本、信疑令间、依句释义"的研究方法有着直接关系（高名凯，1948/1986：516），当然已开始使用比较法（吕叔湘，1944/1985：298）。

其次，结构语法的信疑不定论。

尽管传统语法重视意义，而结构语法重视形式，但二者的历史渊源关系最深。早期结构主义语法的学者（丁声树等，1961：211—213；赵元任，1968：807；朱德熙，1982：208、211；齐沪扬，2002：91等）更多地延续了传统语法的语气多样论，特别是"吧"测度语气的解释（丁声树等，1961：213；朱德熙，1982：211）与吕叔湘的估测求证说（吕叔湘，1944/1985：298）一脉相承，但后来的学者（胡明扬，1981：416；陆俭明，1984：334；邵敬敏，1995：217；张小峰，2003：36；周士宏，2009：16等）在由马建忠（1898/2000：536）和吕叔湘（1944/1985：257—300）开辟的信疑范畴上逐渐把"吧"的语法意义综合性地界定为"信疑不定"。

其实，结构语法的最突出贡献就是重视研究方法。如果说，王力（1943/1985：171）、吕叔湘（1944/1985：298、302）使用差异比较法还带有一定的语感的自然性和偶然性，那么，结构语法学者往往自觉地使用各种形式上可操作的甄别验证方法，比如：丁声树等（1961：213）的"别是谣言吧"中"吧"不能替换为"吗"的替换验证法、朱德熙（1982：207）讨论"下雨了/吧"的层次分析法（黄国营，1994：4—5）和非是非问句带"吧"的省略补充法（朱德熙，1982：211）、陆俭明的比较分析法（1984：330）、胡明扬（1981：416）的删除比较法、邵敬敏（1993/1996：75—82）的语音比较法、储诚志（1994：43）和Wu（2005：48）的最小差异对比法(meaning minimalists)和最大共性归纳法(meaning maximalists)等。可以说，结构语法在将"如何提取并验证观点"的追求带入到了语法研究中时极大地丰富了句末助词的研究方法。

第三，认知功能的迟疑求定论。

认知功能语法对"吧"的研究主要是从语用学和话语分析角度探讨说

话者的认知心理，并力求提取出一个核心的语法意义。根据吕叔湘的"吧"问句"已有一种估计，一种测度，只要对方加以证实，所预期的答语是'是'"的（1944/1985：298）基础上，Li and Thompson（1981：307—311）将"吧"的话语功能概括为"寻求同意"（solicit agreement），凸显了认知性和目的性，尚没有完全摆脱传统语法的窠臼。解志强（1991：192—198）提出"吧"的语篇功能是"不确定"，但没有说清楚"什么"不确定，也没有阐明"不确定"功能与具体意义之间的关联性。

根据 Hare（1970：19）和 Lyons（1977：749）的表意功能分层理论（hierarchies of illocutionary force），言语行为可分为情态（neustics）、功用（tropics）和内涵（phrastics）三个部分，Han（1995：104）通过与"吗"比较而得出"吧"的语用功能是削弱情态（neustic weakening）[①]。如果说"削弱情态"是从语用效果来看的，那么从认知心理看就是 Chu（1998：137）所言的"发话人的迟疑"（speaker's uncertainty），是"说话者对所说内容表示迟疑"（Chu, 2002），因迟疑不决而情态削弱。而从情态语义看，徐晶凝（2003：143）认为"吧"是"对命题内容作出推量，并要求确认"，这一情态既含有概念意义的心理推量，也含有人际意义的认知诉求，再综合屈承熹、李彬（2004：1）将"吧"看作"表示情态的'语篇标记'"，可以看到，认知功能学界对"吧"的认识涵盖了系统功能语言学的概念、人际和语篇三大元功能。但从验证角度看，认知功能语法提取观点的过程带有较强的分析性而且缺乏形式的操作性。

第四，生成语法的标句标度论。

生成语法对句末助词的研究有一个从标句词（complementizer）到程度标记（degree marker）再到句类标记（force phrase）逐渐深入的认识过程。

关于汉语句末助词具有句类标示功能初见于 Lee（1986），而汤廷池（1989：294）明确提出："被包接的疑问子句不能含有表疑问的语助词，所以必须附上语助词'吗'或'吧'的语助词问句不能成为疑问子句。"Cheng（1991：17）则通过汉语与日语、Navajo 语等的句末助词比较，从语言类型学角度得出结论：汉语句末助词只能出现在根句（root clause），而不能

[①] 关于 neustics、tropics、phrastics 这三个词的翻译问题，汤廷池（1989：246）分别翻译成情态、功用和内涵，而万俊人在翻译 Hare 1964 年的 The Language of Morals 时则把 neustics 译为首肯，把 phrastics 译为指陈。本人采用汤廷池的译法。参看理查德·麦尔文·黑尔（1999：20），《道德语言》（万俊人译），商务印书馆。

出现在嵌套小句（embedded clause）。后来 Li（1992）、邓思颖（2000）、徐杰（2005）、石定栩、胡建华（2006）等都持有相近的观点。

Li（2006：65）根据 Rizz（1997、2004）的 CP 分裂假说（Split CP Hypothesis）、Cinque（1999：32）的副词短语层阶结构和 Belletti（2004：4—5）的制图理论（cartographic approach），参考朱德熙（1982：208）的句末助词分类和排序，通过对比"吧、嘛、啊、呢"等分布建立了以句末助词为核心的功能投射层级：限定（Fin）＞语气（Mood）＞评价（Evaluative）［呢］＞句类（Force）＞程度（Degree）［吧、嘛］＞话语（Discourse）［啊］[①]。石定栩（2009：458）得出的汉语小句分层结构是：时态信息（IP）＞状态变化（StatusP）［了$_2$、呢$_1$、来着］＞句子类别（ForceP）［呢$_2$、吗、吧$_1$、吧$_2$］＞感情色彩（IllocP）［啊、呕、诶、么、呢$_3$］，把"吧"归入句子类别层，而邓思颖（2010：61）则提出了新的句末助词句法排序：时间［了］＞焦点［呢］＞程度［吗、吧］＞感情［啊］，尽管与 Li（2006）不同，但都把"吧"归入了标记程度类。

总的说来，各语法流派根据不同的理论方法从不同的侧面揭示"吧"的语法意义，从而使其特征从意义、句法、语用到认知逐渐立体化。不过，还存在着以下几点不足：一是对分布规律的研究缺乏全面语料库调查；二是对语法意义的提取缺乏句法形式上的验证；三是对语法意义的衍生关系缺乏系统的解释。因此，本文试图在总结前人研究成果的基础上，基于 CCL 语料库的调查，探讨以下几个问题：首先，从句子功能角度系统描绘句末助词"吧"对不同句子类型的选择限制，从而提取出其句子功能分布上的语义同现规约；第二，从共时层面借鉴语义地图（semantic map）理念，根据"吧"的分布规律和语义选择提取其抽象语法意义，揭示其语法意义与句法分布间的决定与制约关系，阐明抽象语法意义与其在不同句类中的具体语法意义之间的关联关系，从而绘制语义分布地图；第三，说明句末助词语法意义的验证方法和提取方法的理论意义。

[①] 遵循石定栩（2009）和邓思颖（2010）的从内到外、由低到高的层阶排序原则，本文把 Li（2006）由高到低的排序调整为由低到高的排序。

二、句末助词"吧"的句子功能分布

2.1 前人有关"吧"小句类型分布的观点及其验证

实词是借助指称事物的概念来表达意义的,而虚词则是借助指称关系的功能来传达意义的。从科学方法论的角度看,研究对象的"特点规定和制约了研究方法的性质和特点,有什么样的研究对象就会形成相应于它的研究方式和方法"(吴元樑,1984:6)。因此,需要根据作为典型虚词的句末助词的特点来思考、探索和选择研究方法,而不能完全照搬实词的研究方法。正如方梅(1994:137)所言"研究语气词的意义时总是放在较大的语言片段",即句末助词只有与一定小句类型组合形成交际单位并在一定的话语中才会显示其语法意义。借用乔姆斯基(1981/1988:35)的理念:"普遍语法当然不是一部语法,而是一系列条件,用来限制人类语法的可能范围。"那么,句末助词研究首要任务就是揭示其分布条件,搞清楚其所分布的小句类型(clause type)(赵春利、石定栩,2011:488),然后再搞清楚"吧"是否不受任何限制地选择小句类型及其次类。

汉语的小句类型主要包括陈述句、疑问句、祈使句和感叹句,那么,"吧"可以与哪类小句类型组合呢?学术界有不同的看法,胡明扬(1987:416)认为:"'吧'可以用在各类句子后面,不论是陈述句,还是疑问句,祈使句,感叹句。"而朱德熙(1982:211)则提出"吧"只分布于疑问句和祈使句。可见,分歧主要在于"吧"能否分布于陈述句和感叹句。要想证明这个问题,可从两个方面入手:一是从小句类型的分类标准看陈述句和感叹句的界定标准;二是搜索语料库中有无符合标准的带"吧"陈述句和感叹句。

一般来说,判断小句类型的标准主要是结构(structure)或形式(form)和功能(function)或意义(meaning)(Asher & Simpson, 1994:3846; Huddleston & Pullum, 2002:854)。但就汉语而言,主要是根据功能来判定小句类型,陈述句以提供信息可求答应、疑问句以索取信息求得回应、祈使句以要求行为求得反应、感叹句以情感抒发可求呼应(Halliday, 1994:95—96;赵春利,2003:129)。据此,通过调查 CCL 语料库,可以看到例(1)属于陈述性"吧"字句,而例(2)中的感叹句如果带"吧"就不合法了。

(1) a. 我猜想,<u>他可能是一名布雷工兵吧</u>。
　　 b. 心里还暗暗思忖,<u>我这个人大概就是当教师的命吧</u>。
　　 c. "<u>或许她在知道世界不会被毁灭后,会高兴一点儿吧</u>。"泰斯自言自语。

　　d. 孟二愣诧异起来，暗想："不是敌人有了看不见的汽车吧！"
（2）a. 妈妈，你多么漂亮啊！
　　——*妈妈，你多么漂亮吧！
　　b. 您住在这儿？好、好难找哇！
　　——*您住在这儿？好、好难找吧！
　　c. 你看看，做人何其难啊！
　　——*你看看，做人何其难吧！
　　d. 真不容易呀！
　　——*真不容易吧！

例（1）的"吧"字句表达的是说话者在内心中对境况的揣测信息，属于自言自语式的自我思索、斟酌、揣度与陈述，所述信息不针对听话者，当然也就没有疑问句所要求的回应信息或者祈使句的行为反应。如果一定要从说话者与听话者的视角看，那么，"吧"字陈述句的说话者与听话者是一体性，带有自我揣测与自我求证的特征，这是"吧"字陈述句不同于单纯为听话者提供信息的一般陈述句的特点，而在语法意义上，"吧"字陈述句这一基于心理揣测的自我商榷性则与"吧"字疑问句基于意图应答的双方求证性具有语义关联性。用"吧"来替换例（2）的典型感叹句句末助词"啊、呀、哇"等后，句子都不能再表达感叹意义，有的（2a/b/c）因话语关系而不合法，有的（2d）改为疑问句才能接受。那么，为什么句末助词"吧"不能分布于感叹句呢？其原因就在于：感叹句是说话者"以表达感情为基本作用的语句"（吕叔湘，1944/1985：312），而感情具有无法共享和复制的亲验性和无需商讨和征询的自明性（赵春利，2007：125—126），这两个特征恰好与"吧"基于信息待定的商讨性相对立而不相容，因此，"吧"无法出现在感叹句中。

　　总的说来，句末助词"吧"可以选择陈述句、疑问句和祈使句三种小句类型（邵敬敏，1995：217），但不是说，"吧"可以不受限制地出现在任何一个陈述句、疑问句或祈使句的句尾。正如 Li（2006：2）所言"句末助词的出现并非随机的"，而是有着严格的限制。那么，"吧"究竟会选择哪类陈述句、疑问句和祈使句呢？

　　2.2 "吧"与陈述小句的选择关系
　　并非所有的陈述句都可以在句末位置加"吧"，"吧"对陈述句具有一定的选择性。齐春红（2008：132—135）和史金生（2011：153—154）曾从副词视角谈到副词与句末助词（包括"吧"）的同现问题，但没有深入揭示和解释同现的语义约束机制。从句末助词角度看，陈述句中的同现副词和非同现副词可以从正反两个方面揭示句末助词的语法意义。根据语料库的调查，可以发现：大概、大约、大抵、或许、也许、恐怕、似乎、好像、可能、想必、不会、不能、不见得、算是、该不是等揣测性副词与"吧"字陈述句同现率最高，如（3）；而明明、分明、明摆着、明显、显然、公然、当然、难怪、居然、竟然、果然、果真、怪不得、原来[①]、偏偏、偏巧等反揣测的明知性副词则不可出现在"吧"字陈述句中，否则不合法，如（4）：

(3) a. 大概优秀的教练都是有个性的吧。
　　b. 她或许也有些想念前夫吧。
　　c. 他这种想法想必太傻了吧。
　　d. 坡度似乎有七八十度吧。
(4) a. 姓许的明明比我妈妈的年龄大嘛。
　　——*姓许的明明比我妈妈的年龄大吧。
　　b. 难怪她气得全身哆嗦呢。
　　——*难怪她气得全身哆嗦吧。
　　c. 他竟然打败了大名赫赫的隆美尔。
　　——*他竟然打败了大名赫赫的隆美尔吧。
　　d. 他偏偏想不起该说什么。
　　——*他偏偏想不起该说什么吧。

在陈述句中，句末助词"吧"与揣测性副词的高同现率而与明知性副词的非同现性，这一语义选择限制充分说明了"吧"具有较强的揣测性语义。

不仅副词类型是"吧"的语义示踪剂，而且当宾语为小句时，其主谓类型也可以显示"吧"的语义倾向，当主语是第一人称"我"而谓语是"猜、看、想、觉得、估计、认为、猜测、猜想、料想、估摸、寻思、希望、恐怕"等猜想性动词时，加上句末助词"吧"就是合法的，如（5）；如果是"明白、清楚、确信、坚信、深信、知道、明知、决定、肯定、以为"等明定

[①] "你原来是厨师吧。"如果"原来"是时间上的"原本、以前"义，则句子合法；如果是心理上的"醒悟、顿知"义，则句子不合法。

性动词[①]，则加上句末助词"吧"就不合法，如（6）：

（5）a. 我想这也是一种自我保护的心态吧。
　　 b. 我看他现在还是这样想吧。
　　 c. 我猜测伯爵小姐已有腹案了吧。
　　 d. 我估摸他已经走了吧。

（6）a. 我明白她一定是感情上受了伤害。
　　　——* 我明白她一定是感情上受了伤害吧。
　　 b. 我决定把你调到公关部。
　　　——* 我决定把你调到公关部吧。
　　 c. 我坚信我们能获得最终胜利。
　　　——* 我坚信我们能获得最终胜利吧。
　　 d. 我还以为你不来了呢。
　　　——* 我还以为你不来了吧。

可见，"吧"字陈述句对副词类型和主句主谓类型的选择关系，从语义兼容的角度说明，"吧"在陈述句中的语义是说话者对未定命题信息的主观揣测而非明知。

2.3 "吧"与疑问小句的选择关系

对疑问句来说，"吧"主要分布于是非疑问句，与"吧"字陈述句一样，句中出现频次最高的词仍然是"大概、也许、可能、兴许、不见得、差不多、恐怕"等揣测副词，如（7）；有时"吧"字是非问包含着各类宾语小句，如（8），可以将宾语小句话题化，以验证"吧"与主句主谓结构的句法关系。"吧"无论选择单句还是嵌套小句宾语的主句，都显示出说话者基于自身对命题信息的揣测而向听话者求证或征询的语法意义。

（7）a. 您或许见过那个吧？
　　 b. 这对我国出口创汇工作想必造成了不小的损失吧？
　　 c. 你该不会撒谎吧？
　　 d. 你不见得真的被吓坏了吧？

（8）a. 你不知道那个姓李的住在哪儿吧？

[①] 当主语是第一人称"我"时，表示主观确定性的词语"肯定、一定"等一般都不能与"吧"同现，如：我肯定不来了。* 我肯定不来了吧。我一定去。——* 我一定去吧。因为说话者"我"自知与否是确定的，但是如果主语是第二、第三人称，则是说话者"我"对第二、第三称主观确定性的征询，如：你肯定不来了吧？他一定去吧？

——那个姓李的住在哪儿,你不知道吧?
b. 你也许猜不到里面是什么吧?
——里面是什么,你也许猜不到吧?
c. 你总该知道我为什么改变主意了吧?
——我为什么改变主意,你总该知道了吧?
d. 你知道我是谁了吧?
——我是谁,你知道了吧?

从语料库的调查来看,表示说话者已经主观确认命题信息的反诘疑问句绝对不能带"吧",即形式疑问而性质确定的无疑而问的反问句与基于揣测的求证或征询的"吧"字疑问句之间存在着排斥关系,"难道……吗、何必……、哪能……、怎么会……、岂不是……、不是……吗/么"等都是常见的反问句标记词,既无需求证,也不必征询,都不可以带"吧",如(9):

(9) a_1. 你难道不明白吗? a_2.* 你难道不明白吧?
　　 b_1. 大哥何必发这么大的脾气? b_2.* 大哥何必发这么大的脾气吧?
　　 c_1. 他们哪能不认识我呢? c_2.* 他们哪能不认识我吧?
　　 d_1. 我们怎么会不知道呢? d_2.* 我们怎么会不知道吧?

对于"吧"能否选择特指问句和选择问句,学者们有不尽相同的看法。朱德熙(1982:211)认为"特指问句、选择问句、反复问句之后也可以用'吧'字",只不过这些疑问句带"吧"以后"实质上是祈使句,只是句子头上省去了'你说'一类的话"(赵元任,1968/1979:361;吕叔湘,1980:56—57),而徐晶凝(2003:144)则提出"选择问、wh 疑问句中均无需要取得听话者认可的信息项,所以不能用'吧'"。从语料调查看,能够带"吧"的特指问句都要么自带,(10a/b)要么可插入揣测性副词(10c/d),从而使整个疑问句因主观揣测而降低了无知而疑问的强度,却增加了征询听话者的意味,如(10)[①]:

(10) a. 我们好像在哪儿见过吧?
　　 b. 你大概听到什么传说了吧?
　　 c. 你们俩闹什么别扭了吧? ——你们俩好像闹什么别扭了吧?
　　 d. 你们中有谁是学生吧?   ——你们中大概有谁是学生吧?

---

① 正如黄正德教授所言,该类形式上有疑问词而意义上带揣测问的"特指问"本质上仍属于是非问,翻译成英语都是是非疑问句(yes-no question)。

而单纯表示一无所知的特指问句和缺乏信息倾向的选择问句一般不能带句末助词"吧",如(11a),一旦特指问和选择问带上"吧",就如朱德熙所言,"吧"在句法关系上绝非附着于特指问或选择问,而是被省略的主句主谓短语"你说"等索取性话语标记,形成"你说……吧!",而特指问或选择问在句中作嵌套宾语小句,整个句子功能不再具有疑问性而是祈使性,如(11b):

(11) a₁.* 你是谁吧?　　　　b₁. 你说你是谁吧!
　　　a₂.* 你去还是我去吧?　b₂. 你说你去还是我去吧!
　　　a₃.* 我怎么办吧?　　　b₃. 你说说我怎么办吧!
　　　a₄.* 他在哪儿吧?　　　b₄. 你说他在哪儿吧!

总的说来,句末助词"吧"主要选择揣测性与求证性交融的是非问以及能插入揣测副词的揣测性与征询性合一的特指问两类疑问句,从而表示基于揣测的征询性。而单纯的特指问和选择问只能作为嵌套宾语小句出现在表祈使的"吧"字句中,并伴有追问性的"究竟、到底、一定"等词语(邵敬敏,1995:224)。

2.4 "吧"与祈使小句的选择关系

"吧"所选择的的祈使句表达了说话者对行为执行与否的可商榷性,从语料库调查来看,常见的"吧"字祈使句以表达建议和请求的让字句和VV句为主,表现出较强的行为商榷性,如(12):

(12) a. 让他走吧!
　　　b. 你说怎么办吧!
　　　c. 谈谈你的想法吧!
　　　d. 发发慈悲吧!

不过,禁止性祈使句因态度强硬、语气坚决、毋庸置疑而无法选择表商榷性的句末助词"吧",常见的禁止类词语有:严禁、禁止、不准、不得、别等,如(13):

(13) a. 不准打人!　　——* 不准打人吧!
　　　b. 严禁吸烟!　　——* 严禁吸烟吧!
　　　c. 别吵啦!　　　——* 别吵吧!
　　　d. 举起手来!　　——* 举起手来吧!

另外,祈求性祈使句因意愿执着、语气真诚、情真意切而无法选择表可商榷的句末助词"吧",如(14):

228　二、汉语语法研究

（14）a. 你要小心哪！　　　　　——*你要小心吧！
　　　b. 你倒是说话呀！哑巴了？　——*你倒是说吧！哑巴了？
　　　c. 这件事情你要想清楚啊！　——*这件事情你要想清楚吧！
　　　d. 千万记住啊！　　　　　　——*千万记住吧！

可见，句末助词"吧"主要选择商讨性行为的祈使句，而对禁止性行为和祈求性行为的祈使句则因态度明确且意愿真诚带有强烈的反商讨性而无法选择。

总的说来，通过考察句末助词"吧"与感叹句、陈述句、疑问句和祈使句四种句子类型的选择关系，借助于副词同现约束和宾语小句的主句谓语类型的正反语义验证，可以发现，句末助词"吧"的句子功能分布具有较强的规律性，主要分布于揣测性的陈述句、求证性和征询性的疑问句和商榷性的祈使句中，折射出"吧"具有较强的命题信息未定而主观情态求定的意向。

三、句末助词"吧"的语义地图

除了从句法角度以句子类型为基本单位根据语料库的调查来归纳、分析、描写句末助词"吧"的分布规律之外，从语用角度看，人称、权位、性别等也能显示出"吧"的使用条件。比如：当第一人称"我"与情感形容词"高兴、难过"等或明知动词"清楚、明白"等组合时，因情感形容词与明知动词的亲验自明性与"吧"所表达的揣测、求证、征询、商讨等是矛盾的，呈反对关系，因此，就取消了"吧"进入到该句子句尾的可能性，如（15）：

（15）a. 我很高兴。　——*我很高兴吧？
　　　b. 我很生气。　——*我很生气吧？
　　　c. 我明白了。　——*我明白了吧？
　　　d. 我清楚了。　——*我清楚了吧？

另外，在权位关系中，下属与领导商讨事情时经常会使用"吧"字句，而领导对下属却很少使用。而在性别上，女性的使用频次多于男性。

其实，从句法角度所提取的句末助词"吧"的句子功能分布规律，基本上已经达到了描写的充分性，据此可提取出"吧"的语法意义。尽管"吧"在陈述、疑问、祈使中呈现出揣测、求证、征询、商讨四种不同的语法意义，但这些意义之间并非机械割裂，而是以疑问的求证和征询为核心，陈述的揣测与疑问的求证有时难以区分，而祈使的商讨与疑问的征询也时常纠缠

不清,因此,从陈述、疑问到祈使便形成了互相关联的连续统,如(16):

(16) a. 可能是因为他的神经质过度谨慎吧,他无病无痛地平安的活到现在了。【揣测】

b. 我知道有一个小马倌住在这里,或许是你给他送的晚饭吧(。/?)【揣测/求证】

c. 我儿子在上海当官,离你老家江苏很近,跟我们一起去吧(?/!)【征询/商讨】

d. 听说这次演一个大戏,是易卜生的《娜拉》,咱们去看一看吧!【商讨】

这一关联现象说明:句末助词"吧"有一个原初的跨句类的核心语法意义,它因与陈述、疑问、祈使三种不同句子功能组合而显现出揣测、求证、征询、商讨等语法意义。这一点,主体估量视角插入语和客观引证来源插入语能否与不同句类的"吧"同现就可从正反两个方面证明:不同句类的"吧"具有一个统一的核心意义。从语料库调查可知,主体估量视角插入语"我看、照我看、据我看、依我看、看样子、看来、看起来、听起来"等可以跟不同句类的"吧"字句,如(17),而客观引证来源插入语"照说、众所周知、俗话说、据说、听说、据 X 说、听 X 说、正如 X 所言、用 X 的话说"等一般不能后续"吧"字句,如(18)。

(17) a. 看来他不再那么孤独凄凉了吧。

b. 看样子,你们又要搞什么阴谋诡计了吧?

c. 我看,你还是来一趟吧?

d. 依我看,你还是坐你原来的安乐椅吧。

(18) a. 众所周知,青年是国家的未来。

——*众所周知,青年是国家的未来吧。

b. 正如歌德所言,只有限制才能给我们自由。

——*正如歌德所言,只有限制才能给我们自由吧。

c. 听别人说,他早就对明朝不满。

——*听别人说,他早就对明朝不满吧。

d. 俗话说,士为知己者死。

——*俗话说,士为知己者死吧。

可以说,决定句末助词"吧"分布特征的既不是陈述、疑问、祈使和感叹四种句子类型,它们只是必需的描写手段,也不是同现副词、动词类型、疑问类型、祈使类型、复句类型，它们只是必要的验证手段，而是其单一的核心语法意义，该意义在陈述句中表现为半识而未明的情状揣测义，在疑问句中表现为半知而待定的情状求证或行为征询义，在祈使句中表现为己欲而待决的行为商讨义，将三种语法意义整合并还原，就可以得出原初概念：意向待定。只不过，由于受句子功能的影响，"吧"的抽象而空灵的核心语法意义在不同的句子类型中体现为具有实在性的不同语义倾向性。

所谓意向（intention）是借自现象学的核心概念，是指主体意识有所指向的心理活动（Brentano，1874：85；Husserl，1901：346），包括意向主体、意向客体和意向活动三个要素。同样，任何话语都是说话主体对客体情状的意向行为，反映了主体情态、客体情状以及二者之间的关系。那么，意向就是话语所反映的主体情态对客体情状的认定、待定、中性等认知状态。所谓认定是指主体情态对客体情状的意向是明确全知或无知，而待定是指主体情态对客体情状的意向是识而未明、知而待定、求而待商；而中性是指主体情态对客体情状的意向既可以进入到待定状态，也可以进入认定状态。如表1所示：

表 1

句子类型	意向状态	例　子
陈述句	待定	他是老师吧。
	中性	他是老师。
	认定	他明明是老师嘛。
疑问句	待定	你不认识他吧？
	中性	你不认识他？
	认定	你难道不认识他吗？
祈使句	待定	进来吧！
	中性	进来！
	认定	千万别进来！

这样，我们就可以从共时角度借助注重关联性和系统性的语义地图（semantic map）（Anderson，1982；张敏，2010）的方法，不仅能勾勒出句末助词"吧"相互关联的多种语义分布图以及与其原初语义的关系图，而且还能按照句子意向状态从总体上看到句末助词"吧"的句子功能分布图以及与其他意向状态的关系图。如图1：

```
                        意向
                        状态
          ┌──────────────┼──────────────┐
        待定           中性           认定
        意向           意向           意向
      ┌──┼──┐       ┌──┼──┐       ┌──┬──┬──┐
     陈述 疑问 祈使  陈述 疑问 祈使  陈述 疑问 祈使 感叹
     揣测 求证/ 商讨 非认 是非 非禁 反揣 反求 反商 认定
         征询       定   问  止/祈 测  证/  讨
                            求       征询
```

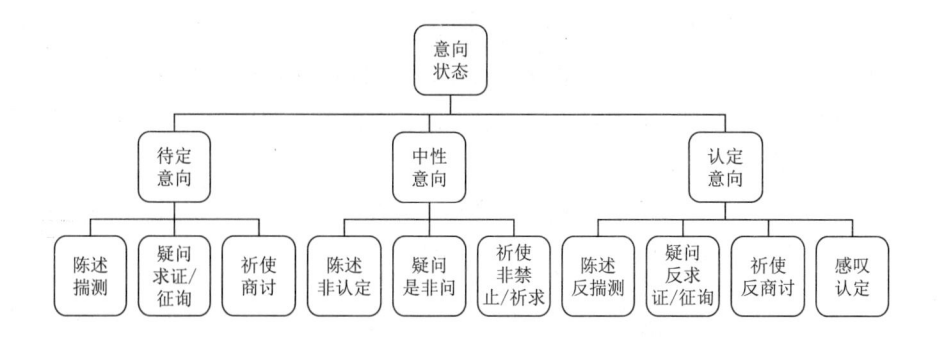

图 1

从话语关系来说，无论是揣测情状的陈述句、征询信息的疑问句还是商讨行为的祈使句，一般是作为引发句（lead sentence）而具有意向待定的语法意义，如果"吧"字句作为应答句（answer sentence）时经常会使"意向待定"带上强烈的情态意义。主要分成两类：一类是认可性应答，表现出勉强义，常见的如：好吧、就这样吧等；一类是拒绝性应答，表现出放任义，常见的如：去你的吧、去你妈的吧、滚你的吧、你去死吧、随你便吧等。前者如例（19），这是一段爸爸请女儿同意打赌的对话。

（19）a_1. 女儿，答应下来吧。

　　　b_1. 啊，爸爸，我必得答应吗？

　　　a_2. 我正在替你挣一笔财产，快点，你还有什么话说，露易丝？行了吗？

　　　b_2. 哦，那么，好吧。只要你担保没有赌输的危险。

　　　a_3. 好，好极啦。那咱们这个赌就算打定了。

最后女儿在 b_2 中用"好吧"来答应，而爸爸则在 a_3 中用表赞赏的"好"，可以看出，女儿的答应带有较强的"犹豫、无奈、勉强"的情态取向，为什么呢？我们知道："好"是自己做出的表"同意"的决定，而"吧"则是要求对方做决定，这就造成了说话者自我态度的分裂：自表同意且自我商榷的矛盾，从而造成心理的犹豫而态度的勉强，而单表"征询"的"好吧？"就不会出现这个矛盾，表赞赏的"好"（b_3）也绝对不能带上待定性的"吧"，否则不合法。

（20）a. 谁不信你啦，告诉你吧，我正想介绍你参加我们的组织呢。

　　　b. 去你的吧，妇救会都散了，你还能有个屁的组织。

（20）中的拒绝性应答"去你的吧"是由表拒绝的"去你的"和表待定的"吧"组合而成。一方面，说话者表示不相信不同意对方的观点，另一方面，行为执行与否任由对方自行决定，于不满、气愤的心理中反映出应答者对对话者的放任态度。

因此，"吧"的核心意义"意向待定"也会因为附着于引发句还是应答句而体现出一定的功能差异和情态倾向。

四、句末助词"吧"研究的方法论启示

通过对句末助词"吧"的句子功能分布规律的描写验证、语法意义的提取、语义地图的建构，可以发现以下几点启示：

第一，从基本认识上讲，尽管研究对象不同，研究方法存在着差异，但任何事物的存在都是有规律的。与指称概念的实词不同，作为指称关系的典型虚词，句末助词所组合的对象不是实词，而是小句，小句是研究句末助词的最小单位。但是，并非所有的小句都可以不受限制地加上某个句末助词，即句末助词与小句之间的选择关系不是任意的、随机的，也存在着一定的规律性。那么，语料调查和形式描写的目的就是要发现句末助词分布的规律性。

第二，从研究方法上看，任何事物的存在都不是孤立的、无痕的，都处于一定的选择关系和同现约束中，句末助词也不例外。要揭示句末助词的分布规律，就要找到显示其存在痕迹的验证性示踪剂。其一，应该从正面、反面和中性三个角度观察句末助词与小句的选择关系，即哪些句子常带"吧"、哪些句子不能带"吧"以及哪些句子可以带"吧"；其二，分别统计出常带"吧"的句子与不能带"吧"的句子中出现频次最高的语气副词并进行对比，通过同现副词所构建的语义同现规约来显示并提取句末助词的语法意义；其三，观察"吧"字句做宾语小句时的主句主谓类型，可以发现人称和动词类型与句末助词的选择关系，从而揭示其所受到的话语规约；其四，不同类型的插入语测试法以及传统语法常用的不同句末助词的替换法也能在比较分析中揭示句末助词的分布特征。

第三，从基本理念上说，虚词的语法意义决定其分布规律和多样功能，反过来说，分布规律又成为揭示其语法意义的依赖形式。无论句末助词的分布如何纷繁复杂，无论句末助词的语法意义如何空灵多样，决定其分布

规律和多样功能的最终因素就是其原初的核心语法意义。虚词语义决定了其分布的规律性和功能的多样性。

参考文献

[1] 储诚：《语气词语气意义的分析问题——以"啊"为例》，《语言教学与研究》，1994年第4期。

[2] 邓思：《自然语言的词序和短语结构理论》，《当代语言学》，2000年第3期。

[3] 邓思：《汉语句类和语气的句法分析》，《汉语学报》，2010年第1期。

[4] 丁声树等：《现代汉语语法讲话》，北京：商务印书馆，1961年。

[5] 方梅：《北京话句中语气词的功能研究》，《中国语文》，1994年第2期。

[6] 高名凯：《汉语语法论》，北京：商务印书馆，1986 [1948]。

[7] 胡明扬：《北京话的语气助词和叹词》，《中国语文》，1986年第5、6期。

[8] 胡明扬：《陈述语调和疑问语调的"吧"字句》，《语文建设》，1993年第5期。

[9] 黄国营：《句末语气词的层次地位》，《语言研究》，1994年第1期。

[10] 理查德·麦尔文·黑尔：《道德语言》（万俊人译），北京：商务印书馆，1999年。

[11] 黎锦熙：《新著国语文法》，北京：商务印书馆，1924/1992。

[12] 陆俭明：《关于现代汉语里的疑问语气词》，《中国语文》，1984年第5期。

[13] 吕叔湘：《中国文法要略》，北京：商务印书馆，1944/1982。

[14] 吕叔湘主编：《现代汉语八百词》，北京：商务印书馆，1980年。

[15] 马建忠：《马氏文通读本》（吕叔湘、王海棻编），上海：上海教育出版社，1898/2000。

[16] 齐春红：《现代汉语语气副词研究》，昆明：云南人民出版社，2008年。

[17] 齐沪扬：《语气词与语气系统》，合肥：安徽教育出版社，2002年。

[18] 乔姆斯基：《生成语法理论》（徐烈炯译），上海：上海外语

教育出版社，1988年。

［19］屈承熹、李彬：《论现代汉语句末情态虚词及其英译——以"吧"的语篇功能为例》，《外语学刊》，2004年第6期。

［20］邵敬敏：《"吧"字疑问句及其相关句式比较》，《第四届国际汉语教学讨论会论文选》，北京：北京语言学院出版社，1995年。

［21］邵敬敏：《"语义语法"说略》，《暨南学报》，2004年第1期。

［22］石定栩：《汉语的语气和句末助词》，《语言学论丛》，第39辑，2009年。

［23］石定栩、胡建华：《"了2"的句法语义地位》，《语法研究和探索》（十三），北京：商务印书馆，2006年。

［24］史金生：《现代汉语副词连用顺序和同现研究》，北京：商务印书馆，2011年。

［25］汤廷池：《汉语词法句法论集》，台北：台湾学生书局，1989年。

［26］王力：《中国现代语法》，北京：商务印书馆，1943/1985。

［27］吴元樑：《科学方法论基础》，北京：中国社会科学出版社，1984年。

［28］邢福义：《现代汉语的特指性是非问》，《语言教学与研究》，1987年第4期。

［29］邢福义：《汉语复句研究》，北京：商务印书馆，2001年。

［30］徐杰：《词组与小句之间的差异及其蕴含的理论意义》，《汉语学报》，2005年第3期。

［31］徐晶凝：《语气助词"吧"的情态解释》，《北京大学学报（哲社版）》，2003年第4期。

［32］张敏：《"语义地图模型"：原理、操作及在汉语多功能语法形式研究中的运用》，《语言学论丛》第42辑，2010年。

［33］张小峰：《现代汉语语气词"吧"、"呢"、"啊"的话语功能研究》，上海师范大学博士学位论文，2003年。

［34］赵春利：《论现代汉语的语气范畴》，《长江学术》第5辑，2003年。

［35］赵春利：《情感形容词与名词同现的原则》，《中国语文》，2007年第2期。

［36］赵春利：《关于语义语法的逻辑界定》，《外国语》，2014年第2期。

［37］赵春利、石定栩：《语气、情态与句子功能类型》，《外语教学与研究》，2011年第4期。

［38］赵元任：《汉语口语语法》，北京：商务印书馆，1968/1979。

［39］周士宏：《"吧"的意义、功能再议》，《语言教学与研究》，2009年第2期。

［40］朱德熙：《语法讲义》，北京：商务印书馆，1982年。

［41］Anderson, Lloyd B. 1982 The 'perfect' as a Universal and as a Language-particular Category. In Hopper Paul J. (ed.), *Tense-Aspect: Between Semantics & Pragmatics*, pp. 227-264. Amsterdam: John Benjamin.

［42］Asher, Ron E. and J. M.Y. Simpson (eds.) 1994 *The Encyclopedia of Language and Linguistics*. Vol. 5. Oxford: Pergamon Press.

［43］Belletti, Adriana 2004 Introduction. In Belletti Adriana (ed.), *Structures and Beyond: The Cartography of Syntactic Structures*, Vol. 3, Oxford: Oxford University Press.

［44］Brentano, Franz Clemens 1874 *Psychologie vom Empirischen Stanpunkt*, Leipziy Verlay von Duncker and Humblot.85.

［45］Chao, Yuen-ren 1968 *A Grammar of Spoken Chinese*. Berkeley and Los Angeles: University of California Press.

［46］Cheng, L.-S. Lisa 1991 *On the Typology of wh-questions*. Doctoral dissertation, Massachusetts Institute of Technology.

［47］Chu, Chauncey Cheng-hsi 1998 *A Discourse Grammar of Mandarin Chinese*. New York and Bern: Peter Lang Publishing.

［48］Chu, Chauncey Cheng-hsi 2002 *Contrastive Study: A Functional-Discourse Perspective*. Keynote Lecture at the 2nd International Conference on Translation and Contrastive Study, Shanghai, China.

［49］Cinque, Guglielmo 1999 *Adverbs and Functional Heads: A Cross-linguistic Perspective*. Oxford: Oxford University Press.

［50］Halliday, Michael A.K. 1994 *An introduction to Functional Grammar*. London: Hodder Arnold.

［51］Han, Yang Saxena 1988 *A Pragmatic Study of Some Sentence-final and Post-verbal Particles in Mandarin Chinese*. Doctoral dissertation, University of York.

［52］Han, Yang Saxena 1995 A Pragmatic Analysis of the BA particle in Mandarin Chinese. *Journal of Chinese Linguistics* 23: 2, 99-127.

[53] Hare, Richard Mervyn 1970 Meaning and speech acts. *Philosophical Review* 79: 1, 3-24.

[54] Huddleston, Rodney D. and Geoffrey K. Pullum 2002 *The Cambridge Grammar of the English Language*. Cambridge: Cambridge University Press.

[55] Lee, H.-T. Thomas 1986 *Studies on Quantification in Chinese*. Doctoral dissertation, University of California, Los Angeles.

[56] Li, Boya 2006 *Chinese Final Particles and the Syntax of the Periphery*. Doctoral dissertation, Leiden University.

[57] Li, Charles N. and Sandra A. Thompson 1981 *Mandarin Chinese*. Berkeley and Los Angeles: University of California Press.

[58] Li, Y. H. Andrey 1992 Indefinite Wh in Mandarin Chinese. *Journal of east Asian Linguistics* 1, 125-155.

[59] Lyons, John 1977 *Semantics*, vol. 2, Cambridge: Cambridge University Press. p.749.

[60] Rizzi, Luigi 1997 The Fine Structure of the Left Periphery. In Haegeman Liliane (ed.), *Elements of Grammar: A Handbook in Generative Syntax*, pp. 281–337. Dordrecht: Kluwer Academic Publishers.

[61] Rizzi, Luigi 2004 On the Cartography of Syntactic Structures. In Rizzi Luigi (ed.), *The Structure of CP and IP: The Cartography of Syntactic Structures*. Vol. 2, pp. 3–15. Oxford: Oxford University Press.

[62] Shei, Chris 2005 *Analysing Chinese Sentence-Final Particles Using Academia Sinica Balanced Corpus of Modern Chinese*. Paper presented in Corpus Linguistics 2005 Conference 14-17 July 2005. Centre for Corpus Research, the University of Birmingham.

[63] Shie, Chi-chiang 1991 *A Discourse-Functional Analysis of Mandarin Sentence-Final Particles*（国语句尾质词之交谈功能分析）, M. A. thesis, Taipei: National Chengchi University.

[64] Wu, Guo 2005 The Discourse Function of the Chinese Particle *ne* in Statements. *Journal of the Chinese Language Teachers Association* 40: 1, 47-82.

关于语义语法的逻辑界定*

赵春利

经过十几年的发展，植根于"汉语语法研究"沃土的"语义语法"凭借其对语法规律的挖掘能力、论证能力和解释能力在汉语语法学界逐渐发展壮大，并产生了一定的国际影响力，彰显出顽强的理论生命力。从理论上看，由于"语义语法"是不同知识背景的学者根据自己的语法研究实践着眼于不同的研究目的从不同的角度提出来的，至今尚未形成一个逻辑严密、体系完整的语法理论，尚存在着以下问题：一是对基础概念的内涵外延缺乏严格的逻辑界定；二是对概念与概念之间的关系性质缺乏严密的逻辑推理；三是对语义语法的理论观点缺乏严谨系统的逻辑论证。

本文试图以认识论、本体论、目的论和方法论为逻辑线索和理论支点，根据语法事实和逻辑对语义语法理论的基础概念（如语法、语义语法、语法意义、语法形式、目的论、方法论等）及其逻辑关系进行逻辑界定，为构筑语义语法的理论体系奠定基石，也为自觉地运用语义语法理论及其方法进行语法研究厘清思路。

一、语义语法的语法认识论

1.1 语法概念的存在论解读与概念论解读

从语法的理论研究上说[①]，"语法"概念通常可根据存在论和概念论

---

* 本文曾在台湾义守大学举办的第六届现代汉语语法国际研讨会（2012年12月）上宣读，邵敬敏、张黎、郭锐、张谊生等与会专家提出了宝贵的修改意见和建议。同时感谢《外国语》匿名评审专家提出的宝贵意见。

① 此外，在语言教学、自然语言处理和语言互译等语言应用领域存在着对语法的应用研究，不过，一般都是基于一定理论的应用研究。本文主要探讨语法理论的相关问题。

做出两种解读。一是存在论解读，即作为研究对象，语法是指语言中客观存在的规则系统。存在论意义的语法研究主要关注语法规则系统是否存在以及如何证实的问题。二是概念论解读，即作为研究理论，语法是指认识、发现、描写并解释语言规则系统及其性质类别的各种语法理论，也就是语法学。基于概念论的语法研究主要关注以下问题：如何认识语法（认识论）、如何界定语法的本质（本体论）、为什么研究语法（目的论）和如何研究语法（方法论）。

存在论是构建概念论的逻辑前提和理论预设，而概念论是存在论体系化的必然结果。绝大多数语法理论都以存在着语法规则系统为预设前提和理论假设，为数不多的语法理论会试图从方法论或证据学角度证实语法规则的客观存在性（Chomsky 1966：3—12；Halliday 1996：1—38；石定栩 2002：1—2、17—18；邵敬敏 2006：7）。而就概念论解读而言，不同的语法理论或秉持相同语法理论的不同学者（甚至同一学者的不同历史阶段）对语法内涵的认识、诠释和界定也存在着较大的差异，从而反映出不同的语法认识论。

1.2 前人语法认识论的四种类型

自英语 Grammar 一词由马建忠于 1898 年引入汉语语法开始，作为一个核心术语和基础概念，其翻译经历了一个由最初音译的"葛郎玛"（马建忠 1898：15）到后来意译的"文法"（刘复 1919：2）再到现在基本固定的"语法"（王力 1943：1）的过程。基于不同的语言学思想和哲学思想，不同的语言学流派和学者对语法内涵的认识存在着一定的差异[1]，纵观各家观点，大体可以归结为四种类型：词句规则观、形式规则观、意义规则观和形意规则观。

1.2.1 词句规则观

尽管很多学者在语法的本位是字、词、词组、句子还是小句上还存在着分歧，甚至还经历了结构主义语法、功能语法、格语法、生成语法、语义语法等非传统语法理论的熏陶洗礼，但由于主张将语法分成词法和句法两个部分的传统语法学思想在学术研究和语法教学领域中的根深蒂固与深远影响，因此，主张"语法是组词造句的规则"传统语法学

---

[1] 其实，从语法认识论的发展规律看，学者们对"语法"的界定经历了从"规范"到"规则"再到"规律"的由主观规定性强到客观描述性强再到客观描写与认知解释相结合的演进过程。

这一语法认识论毫无疑问占据着汉语语法学界的主流,可归结为词句规则观。

从历史发展的进程看,词句规则观肇始于传统语法学的引入者马建忠(1898:15),他认为"葛郎玛者,……凡字之分类与所以配用成句之式具在",经过刘复(1919:2)、金兆梓(1922:6)、黎锦熙(1924:14)、吕叔湘(1942:13)、王力(1943:1)、中国科学院语言研究所语法小组(1952:26)、高名凯(1960:40)、胡裕树(1962:248)、黄伯荣和廖序东(1980:271)、张志公(1982:4)、高更生(1988)、王希杰(1992:65)、邢福义(1996:3)、邵敬敏(2001:168)、陆俭明(2003:12—13)等学者对语法的界定和阐释,并以教科书为媒介的广泛传播,不仅更加通俗易懂,而且还逐渐成为语法认识论的主流而被更多的学者接受下来。词句规则观对语法的定义按照逻辑学来说属于"发生定义",即语法作为规则是指"词和句子是如何组成的",从表现语法的实体上说这一定义没有偏离方向,但如果细究起来,无论是词还是句子,本身都包含着形式和意义两个部分,那么,语法究竟是词和句子在形式上的组合规则还是在意义上组合规则呢?显然,词句规则观并没有触及到对自然语言处理和对外汉语教学来说这个至关重要的问题。

1.2.2 形式规则观

形式规则观就是单纯从形式角度解读语法本质的认识,认为语法是语言符号与语言符号间形式组合的规则。沈开木(1992:16)提出:"语法是'语言符号同语言符号的关系',这种关系形成为一些规则和反映这些规则的许多格式、形式,它属于语言的形式方面。"同年,全国斌(1992:52)也认为"语法是形式的哲学"。后来,金立鑫(1995)在批判意合语法时明确提出了语法是形式规则还是意义规则的问题,即"语法是形式之法还是意义之法",他的回答是:"语言学里的语法学,研究的也是语言单位和语言单位(准确的说应该是语法单位和语法单位)之间的形式组合方面的问题。"可归结为:语法是形式规则而非意义规则。

1.2.3 意义规则观

意义规则观就是单纯从意义角度诠释语法本质的认识,认为语法是语义范畴间的组合规则。张黎(1994:83—84)在界定汉语意合语法时提出"意合语法不拘泥于句法形式的限制,直接以语义为组合直接单位",并以此为理论基础(张黎 1997：59)直接回答了金立鑫提出的问题："金立鑫(1995)指出一个很好的命题：语法是形式之法还是意义之法？对于这个问题，我们必须明确回答：语法是意义之法，语法是语义范畴间组合搭配的制约之法，语法是制约组词成句的语义范畴间的选择规则系统。"可归结为：语法是意义规则，非形式规则。

1.2.4 形意规则观

形意规则观就是强调形式规则和意义规则是语法的本质，主要包括两种观点：一是形意平行规则观，一是形意对应规则观。

形意平行规则观是指分别从形式和意义两个角度解读语法本质的认识，认为语法包括形式合成规则和意义合成规则。杨成凯(1994：14)认为："语法研究词形变化的规则和用词造句的规则。……语法规则(R)有两种类型：R1：W → W′；R2：{W1，W2，…，Wn} → P。……语法规则可能有两层含义：一是形式合成法则：由左边的各个单位的形式按规则进行操作，可以得出右边单位的形式；二是意义合成法则：由左边的各个单位的意义按规则进行操作，可以得出右边单位的意义。"R1 是词、句子、词形变化规则，也就是形式合成规则；而 R2 是用词造句的规则，也就是意义合成规则[①]，但杨成凯并没有论及形式合成规则和意义合成规则之间存在什么关系。

形意对应规则观主要从语法研究的目的和方法角度揭示语法形式和语法意义之间的结合性、渗透性和验证性。朱德熙(1985：80)提出："弄清楚语法形式与语法意义之间的对应关系，……应当把形式和意义结合起来，……使形式和意义互相渗透，讲形式的时候能够得到语义方面的验证，讲意义的时候能够得到形式方面的验证。"朱德熙(1985：84)的形意对应规则观比较深刻地认识到语法形式和语法意义的关系是语法研究的本质："语法形式和语法意义之间的关系是语法研究中的根本问题。"但语法形式与语法意义之间绝不是平行关系，究竟谁决定谁，谁制约谁，朱德熙并没有说明。

可以说，前人对语法的认识逐渐从强调语法实体(词句)的规则发展到了分别强调形式规则、意义规则或者形意平行或对应规则，但还没有完全揭示语法形式和语法意义间在语法研究中的辩证关系。

[①] 由于对形式和意义的理解不同，杨成凯所说的形式合成规则与意义合成规则并不等同于形式规则观和意义规则观和意义规则观中的概念，他更多地是从形态角度理解形式，从词句角度理解意义。

1.3 语义语法理论的语法认识论

大多数语法理论都有意无意地试图描述、解决语法研究中语法形式和语法意义间的关系问题。早在1924年，奥托·叶斯柏森（1924/2010：37）在讨论语法的研究方法时就提到了从形式到意义或者从意义到形式的两种途径。1942年，吕叔湘（1942/1982：5）则沿袭叶氏两种途径而完成了《中国文法要略》。Chomsky（1966：5）曾强调："生成语法就是一套把语言信号和对信号的语义解释联系起来的规则。"可以说，这些语法理论都有意无意地以语法可分为语法形式和语法意义为逻辑前提，因此，语义语法理论应该在继承前人学术精髓的基础上，辩证地认识语法形式和语法意义之间的关系，从而把语法概念界定为：语法就是语法形式和语法意义的辩证统一体。不过，语义语法理论的形意辩证观必须深入地解构语法形式和语法意义的辩证关系（邵敬敏、赵春利2006）。

首先，语法意义决定语法形式。语法意义对语法形式的"决定"不是决定语法形式是什么，而是决定并解释语法形式的性质、类别、组合和演变等规则的关联变化是什么。比如：语法意义"复数"决定了"book、desk、cake"共同的语法形式"+s"，共同的语法意义"有因性"决定并解释"高兴、伤心、兴奋"等情感形容词可进入共同的语法形式"令人+A"（赵春利2007）。可以说，语法意义的性质、类别、组合和演变规律决定并解释语法形式的性质、类别、组合和演变规律。

其次，语法形式制约语法意义。语法形式对语法意义的制约不是制约语法意义是什么，而是制约并反映语法意义的性质、类别、组合和演变规律的呈现方式是什么。"客人来了"与"来客人了"语义关系相同，而由不同语序所表示的不同语法形式，其所制约和反映的语法意义就存在着差别，即前句的"客人"是预期的，而后句的客人则是"非预期"的。同一语法形式还会容纳不同的语义关系，比如：同样是状中结构，"高兴地发现、惊喜地尖叫、焦急地等待"分别表示果因、因果和并行三种语义关系，分别是由发现、尖叫、等待三个动词的语法意义的性质决定的，即非预期的瞬间得失义、非自主的瞬间起止义和可自主的行状持续义（赵春利、石定栩2011a）。

根据揭示语法形式和语法意义间辩证关系的形意辩证观，语义语法理论可把语法界定为：语法是语法意义的性质、类别、组合和演变规律及其所决定的语法形式的性质、类别、组合和演变规律。具体说来，从性质上探讨某个语法意义的内涵和外延是什么以及其作为语法意义的根基是什么；从类别上则讨论某个语法意义的内在构成、分类以及其与其他语法意义的种属关系；从组合上则研究两个或两个以上语法意义之间的组合、同现、排序、互动关系及其句法分布特征和约束机制；从演变上则追溯某一语法意义的历时变化动因、过程以及相近语法意义间的共时竞争、因果、互补等关系。大体上来说，性质和类别偏于静态或共时的研究，而组合和演变则侧重动态或历时的研究。而语法意义决定语法形式的这一语法认识则是由语义本体论决定的。

二、语义语法的语义本体论

2.1 语义语法的不同观点

近二十多年来，随着语义研究的深入，汉语语法学界的学者们陆续地提出了与"语义语法"相关的概念和理论[①]，形成了不同的语义语法流派，这些流派对语法中语法形式和语法意义间辩证关系的认识并非完全一致，各有偏重。从理论特点上看，主要有四种：语义句法说、语义功能说、语义决定说和语义网络说。

2.1.1 语义句法说

1969年，Lamb（1969：40—49）提出了词位句法（Lexemic syntax）和义位句法（Sememic syntax）两组概念来解释那些形式合乎语法规则而意义却讲不通的句子。徐通锵（1991：39—40）结合汉语分析认为：义位句法并不能反映句法结构中句法单位的组合顺序，对重序的语义型语言汉语来说，语义句法更能反映出汉语以语义为基础的句法结构。可以说，一方面，语义句法强调汉语是以语义而非词法为基础的句法，另一方面，通过比较重序的语义型语言与重形的语法型语言，语义句法则强调语义和句法间的构成关系，即语义组合形成句法。关键的问题是语义及其组合规律的存在、表现和验证都必须借助一定的语法形式，否则容易陷入"公说公有理、婆

[①] 在西方计算语言学界，Burton于1979年提出了Semantic Grammar概念，这是一种把基于语义的概念、范畴和知识用于分析理解自然语言的技术方法。其实，西方理论语言学界的Grimes早在1972年就以Fillmore的格语法为理论基础提出了用于分析命题的Semantic Grammar。Lemke甚至把Halliday的系统功能语言学也看作是Semantic Grammar。

说婆有理"的泥潭。

2.1.2 语义功能说

1995年，马庆株（1995）基于自己的研究和徐通锵的语义句法概念，提出了与印欧语的形态学语法（Morphological grammar）相对的"语义学的语法（Semantic grammar），简称语义语法"，1997年称为语义范畴语法，1998年定名为语义功能语法。整个理论框架可以概括为：一是以词和词组为基本单位；二是以语义为基础，以语义语法范畴为中心；三是以分布、变换等形式特征为标准；四是以基于结构、语义和表达的形式、语义和语用功能为基本层次。其可贵之处在于：不仅重视语义语法范畴的分类，而且重视语义语法范畴的形式验证性。但把形式、语义和语用搅在一起并不符合事实和逻辑，形式和语义是语法这个硬币的两面，而语用则是涉及言语者和言语环境在内的对语法结构的使用。语用反映了一定的语法特征，但不是语法的构成要件。

2.1.3 语义决定说

1995年，邵敬敏（2000：3）提出了一个新的理论解释框架——"双向解释语法"，后来改为"双向语法"，单从语法所包括的形式和意义来看，就是对"形式和意义的双向研究"。随着对语义和语义关系研究的重视，1997年，他基于语义决定性原则提出了语义双向选择性语法，2004年（2004：102）正式定名为"语义语法"，即"以语法意义为研究出发点和重点的语法理论"。总的看来，邵敬敏的语义语法理论经历了一个从方法论的形式和意义双向研究到本体论的语义对句法的决定性研究的深化过程，并在目的论中揭示了语义与句法间的辩证关系，即语义的决定性和句法的强制性。语法意义究竟在哪些方面起决定作用，语法形式在哪些方面起制约作用，还需要在语法意义与语法形式的结合点上深入研究。

2.1.4 语义网络说

2001年，李葆嘉从元语言角度提出了人类语言的本质共性是语义性，并据此提出了与"语形语法学"相对的"语义语法学"概念。2003年（2003：106）他进一步解释语义是指"建立在认知符号的实体范畴化（聚合性语义场）和实体关联化（组合性语义场）基础上的语义网络"。其语义语法学思想以语义网络为核心，以归纳法而非演绎法为基本方法，并"力求采取计算机操作系统作为验证手段，从而使语法研究具有鲜明的技术性和可证伪性"。可以说，从本体论上说，语义是所有语言的共性，但不同语言在语义的性质、类别、组合和演变规律上存在着差异，并通过语法形式表现出来，因此，人机对话的科技系统并非验证而是适用与否，验证还要回归到语法形式上，脱离语法形式的语义网络构建必将陷入不可验证的困境。

尽管学者们提出"语义语法"的角度和依据不同，但有一点是一致的，即都试图以"语义"为基础构建语法研究的理论体系。从现实来看，语义语法至今尚未形成一个逻辑严密、体系完整的语法理论，尚存在着以下缺陷：一是对基础概念的内涵外延缺乏严格的逻辑界定，如没有基于语义的本体性界定法的概念；二是对概念与概念之间的关系性质缺乏严密的逻辑推理，如没有基于语法意义和语法形式的辩证关系构建语义范畴体系；三是对语义语法的理论观点缺乏严谨系统的逻辑论证，如没有基于认识论、本体论、目的论和方法论来构建语义语法理论体系。

2.2 语义语法的语义本体论

语言之所以为语言，不在于其外在的语音和文字，而在于语音和文字所赖以存在的意义。赵春利、张皓得（2009：178）提出："语言本质上是一套通过听觉符号（音）和视觉符号（形）表达的有意义的信息系统。"[①] 作为视觉符号的文字和作为听觉符号的语音，都是语言表达意义的外在形式和物质外壳，甚至符号之所以称为符号的本质就决定于有无意义，如图所示：

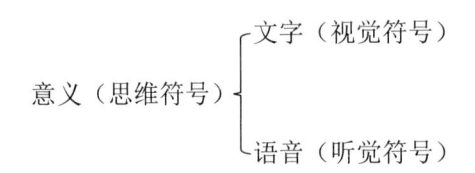

$$\text{意义（思维符号）} \begin{cases} \text{文字（视觉符号）} \\ \text{语音（听觉符号）} \end{cases}$$

就语言来说，意义是语言的本体，语音和文字是现象。而就语法来说，语法意义是本体，语法形式是现象。语法形式可分为显性语法形式和隐形语法形式，前者如：语音上的轻声、重音、词缀等；词汇上的虚词、重叠等；句法上的词类、语序、重叠等；后者如：结构上的分布、组合、层次、变换等（胡明扬 1958、1992、1994；邵敬敏、赵春利 2006：30）。"语法意义决定语法形式，语法形式制约语法意义"这一语义语法的语法认识论还需要借助于语义语法的语义本体论来解释。所谓的语义本体性可从四个方面来理解：语法形式的性质借助于语法意义来解读；语法形式的构成借

---

① 触觉所触的盲文就是表达意义的方式之一，聋哑人所看到的手语也是表达意义的视觉符号之一，但不是空间静态的，而是时间动态的。

助于语法意义来解构；语法形式的形成借助于语法意义来解释；语法形式的变换借助于语法意义来解析。

2.2.1 语法形式的性质借助于语法意义来解读

语法意义的表现要借助于语法形式，但语法意义的存在却不取决于语法形式，因为语法意义是借助于语法形式来指称事物及其性质，比如："动词所指的动作正在进行"这一语法意义，英语使用的语法形式是"动词+ing"，汉语则借助于"正在+动词+呢"。语法形式的性质必须通过语法意义来解读，英语语法形式"动词+ing"和汉语"正在+动词+呢"在性质上都是表述"动作正在进行"。只要存在着"动作正在进行"这一意义，语法层面对该意义的指称就是语法意义，对该意义的表现就是语法形式。总之，语法意义指称客观世界和主观世界的意义，而语法形式则是语法指称这些意义的形式，如果某种形式无法确定是否存在意义，也就无法界定其是否为语法形式。

2.2.2 语法形式的构成借助于语法意义来解构

一种语法形式的内在构成和分类必须借助于语法意义来解构，表面一样的语法形式在语法意义上可能并非一致，比如："情感形容词+地+动词结构"是一种语法形式，其深层的语义关系却包含三种，即果因关系（高兴地发现）、因果关系（惊喜地尖叫）、平行关系（焦急地等待）。也就是说，不同的语法意义可能会采用相同的语法形式，语法意义与语法形式之间经常会形成多对一的关系，从而可基于语法意义给语法形式分类。一种语言的语法形式可能对应于其他语言的两种甚至多种语法形式，比如：汉语"长得很快、长得很高"属于同一种述补结构形式，但翻译成韩国语，却要用表达两种语法意义的两种语法形式来表达，据此还可以对汉语的述补结构进行语义分类。

2.2.3 语法形式的形成借助于语法意义来解释

Langacker（1987：12）认为"语法仅仅是语义内容的结构化和符号化"，也就是说，语法形式是语法意义结构化或符号化所形成的形式。在"语义、语用和语法三个平面中，语义是最基本的"（陆丙甫1998：353）。比如，20世纪50年代，学者们还认为"程度副词+名词"是不合法的形式，但80年代以后，这种形式被大量使用，"很绅士、很淑女、很香港、很广州、很气派、很个性"，这些组合都表达一种"很+有+名词+特点/风格"的语法意义，因此，"程度副词+名词"也就逐渐成为一种合法的语法形式。

从起因角度说，正是由于当时这种新奇的语法形式能够表达出这一语法意义而不影响交流，才广为接受。

2.2.4 语法形式的变换借助于语法意义来解析

变换是鉴别几个语法结构是否属于同一种语法形式的验证方式，但最终的解析说明还要基于语法意义来说明。比如"台上坐着人，台上唱着戏"的差别在于：前者可以变换为"人坐在台上"而不能变换为"台上正在坐人"，后者则不可以变换为"*戏唱在台上"而可以变换为"台上正在唱戏"，不过，这仍然是从形式上借助语法结构之间是否存在变换关系而分化某种语法形式，要解释其深层的差异，还要依靠语法意义，即前者的动词"坐"具有［＋附着］、［＋静态］的语义特征，而后者的动词"唱"则具有［－附着］、［－静态］的语义特征。

可以说，语法意义是语法形式的本体，任何一种语法形式的性质、构成、形成和变换最终都要借助于语法意义来解释。一种形式是不是语法形式取决于其是否表达了某种语法意义，而一种意义是否是语法意义却不取决于形式，而是取决于该意义是否反映了具有范畴特征的聚合层面的语义特征或者组合层面的语义关系。不过，语法意义不仅仅是认知层面的概念，作为构成语法结构体的本体部分，语法意义的性质、类别、组合和演变规律总要通过语法形式表现出来，因此，语法形式就成为验证语法意义性质、区分类别、寻找规律的手段。语法意义与语法意义之间的区分从操作层面看可以得到语法形式之间差异的验证，即使可表达不同的语法意义的同一语法形式也可以通过能否变换成其他语法形式而得到检验。基于此，可以说，语义语法就是指以语法意义为本体，以语法意义的性质、类别、组合和演变规律为逻辑起点和研究对象并力求得到语法形式验证的语法理论。

三、语义语法的核心目的论

3.1 非语义语法理论的目的论

语法研究的目的论主要讨论为什么研究语法。传统语法、结构主义语法、生成语法、系统功能语法和认知功能语法等不同的语言理论有着不同的理论追求，大致说来，主要有：句型说明说、对应规律说、能力规则说、使用方式说和解释预测说。

3.1.1 句型说明说

传统语法理论的出发点主要是用有限的格式或者句型来分析说明无穷的语句。吕叔湘（1979：553）就认为：“怎么用有限的格式去说明繁简多方、变化无穷的语句，这应该是语法分析的最终目的。"文炼、胡附（1982）也认为："句子分析的重点是确定句型，……句子里复杂的语义关系须通过进一步的句法分析加以阐明。"换句话说，就是根据传统的主谓宾补定状进行句子分析以确定句型，然后再对相同句型的句子进行句法分析以解释语义差异。

3.1.2 对应规律说

结构主义理论基于两点论认为语法结构包括语法形式和语法意义两个方面，其目的就是揭示语法形式和语法意义之间的对应关系。朱德熙（1985：80、84）提出，"语法形式和语法意义之间的关系是语法研究中的根本问题。……语法研究的最终目的就是弄清楚语法形式和语法意义之间的对应关系"，也就是要把语法形式和语法意义间存在的对应规律描写清楚。邢福义（1995：60）笼统地提出："揭示语法事实的客观规律性，这是现代汉语语法研究始终面对的一个目标。"当然，客观规律内涵丰富，其中，语法形式和语法意义之间的对应关系当属语法的基本规律。

3.1.3 能力规则说

生成语法的目的就是发现语言能力的生成规则。Chomsky（1966：5）认为："能把说话者—听话者的语言能力归结成一套规则，通过规则把语言信号和信号所代表的意义联系起来。语法学家的任务就是发现这套规则。"

3.1.4 使用方式说

系统功能语法主要基于概念、人际和语篇三大功能而研究语言的使用，其目的就是寻找语言使用的方式。Halliday（1985/1994：xiii）："功能语法就是用来解释语言是如何被使用的。"语言的使用就是语言的功能。

3.1.5 解释预测说

认知功能语法认为语法研究的目标就是解释已有的合格句子并预测可能会有的合格句子。沈家煊（2004：491）提出："语法研究的目标介于解释和预测之间，那就是探求规约背后的理据。……找出规约背后的理据并对规约做出充分的解释，这也就是做到了'弱预测'。"吴福祥（2005：2）提出："汉语历史语法研究的目标是揭示已有演变的规律、解释共时语言现象、预测未来演变的方向。"可以说，就是对所描写或揭示的语法规律给予解释和预测。

3.2 语义语法的目的论

部分学者基于不同的语义语法理论提出了不同的目的论,如邵敬敏(2004:101)提出"汉语语法研究的最终目的应该是揭示'语义的决定性、句法的解释性、语用的选择性以及认知的解释性'",李葆嘉(2007:280)则认为"语义语法学的研究目标是建构语义网络"。邵敬敏的观点与其说是语义语法研究的目的,不如说是语法研究四个层面的目标,句法所制约的对象、语用所选择的对象与认知所解释的对象最终都是语法意义。而李葆嘉的说法虽致力于构建基于义征缠绕的语义网络,但语义绝非可随意捏合的认知概念,语义网络也绝非不同语义缠绕纠结形成的一团乱麻。

语义语法理论所研究的语法意义包括语法意义的性质、类别、组合和演变规律。一种语法意义都有一定的性质,该性质的聚合形成语义特征范畴,该性质与其他性质的差异则形成不用的语义类别,从而形成不同的语义特征范畴;此类别与彼类别的组合关系和演变关系聚合可形成语义关系范畴。这样,语法意义就以性质与关系为支点分别形成语义特征范畴和语义关系范畴,从而组成疏密有序、层次分明的语义系统。比如:"高兴、伤心、难过、激动"等情感形容词具有语义特征"有因性",其与"事情、信息"两类名词可形成"伤心的事情、高兴的消息"具有果因语义关系的形名组合(赵春利 2007:126—128)。语义角色、语义指向、语义结构等都基于语义特征范畴和语义关系范畴而得到解释。

语义语法的核心目的就是揭示出具有可验证性、可区别性、可组织性和可解释性的语法意义的性质、类别、组合与演变规律。可验证性、可区别性、可解释性和可体系化是语义语法理论区别于其他语义理论的基石,也是维系语义语法理论生命力的基线。可验证性就是语法意义的性质、类别、组合和演变规律要能得到语法形式的验证,从而使某种语法意义独立出来;可区别性就是不同的语法意义在性质、类别、组合和演变规律上存在着差异,可划分为不同的区域和界限;可解释性就是基于人类一般的认知规律解释语法意义的性质、类别、组合和演变规律;可体系化就是不同的语法意义可按照一定的标准和序列分层级地形成语义体系。

四、语义语法的基本方法论

从方法论角度看,如何才能遵循语义语法的目的论而揭示出语法意义的性质、类别、组合和演变规律呢？首先，语义语法所要揭示的语法意义的性质、类别、组合和演变规律是客观存在的，不以人的主观意志为转移，具有一定的自然科学性，因此，在研究方法上可以借鉴自然科学的方法；其次，客观存在的语法规律都是人类自觉或不自觉地遵循并使用的，都符合人类一般的认知规律，语法研究就是把潜藏的人类语感背后的语法规律清晰准确地揭示出来，具有一定的社会科学性，因此，也要使用一些社会科学的方法。可以说，只要能挖掘揭示语法意义的性质、类别、组合和演变规律的方法手段，语义语法理论都可以采用拿来主义和实用主义的态度。基于语法形式揭示语法意义或者基于语法意义解释语法形式的双向验证法，主要运用但不限于以下手段：

4.1 形式与意义相结合

把语法形式和语法意义结合起来是语义语法研究的核心方法，通过形式验证意义和意义验证形式的双向验证思路，来界定语法意义的性质、分类类别、揭示组合演变规律、构建语义体系。比如：形名组合"倔强的孩子、剧烈的地震、锋利的刀片"在传统语法和结构主义语法看来是表达修饰关系、定中关系、偏正关系的语法意义的同种语法形式，但一个简单的事实是，并非任何一个形容词都可以不受限制地与任何一个名词组合，如"*倔强的刀片、*剧烈的孩子、*锋利的地震"都是不符合语法的。也就是说，同一种语法形式所表达的同种语法意义并没有一种真正揭示形容词语义类型与名词语义类型之间的组合规律。语义语法就是要解开语法形式背后语义的组合规律，就需要把形式和意义结合起来。

4.2 静态与动态相结合

语义语法不仅要研究语法结构的静态分布和组合，还要探讨其动态分布和变换，这样才能从纵向和横向上把词类、词组和句子结合起来，完整地展现该语法结构的性质。比如："有"可以与很多名词组成有字短语，如下：

a：有差别、有根据、有远见、有风度、有规律；
b：有时间、有权利、有信心、有能力、有办法；
c：有桌子、有工具、有书、有钱、有饭。

调查发现，a 类可以进入状语位置，与句子谓语构成状中结构，但必须带"地"；b 类不可以带"地"进入状位，而是与句子谓语组成连动结构，句子谓语可以带宾语，可以变换为"有+VP+的+NP"（赵春利、石定栩 2011b）；而 c 类有字短语也与句子谓语形成连动结构，但宾语在语义上是句子谓语的宾语，如"有饭吃、有钱花"等。这样静态的组合进入动态的句法结构以后，经过句法位置的筛选从语法意义上被分化为三类。

4.3 共时与历时相结合

语义语法还可以把历时与共时结合起来，探讨某个语法结构或者虚词的语法意义演变过程。比如：在共时层面看，在山东西部和西北部以及河北东南部等地的方言中，"连"具有"把"字句的用法，为了追溯"连"的"把"字功能的来源，从历时层面上借助三道筛选程序提取出近代汉语中像"（邵氏）又恐秀姑知觉，到放个空，教得贵连秀姑奸骗了"一样"连"表达"把"字功能的语料（赵春利、梁万基 2007：257—273）。共时与历时的结合可以清晰地将语法意义的演变过程勾画出来，为语义演变路径和模式研究提供借鉴。

4.4 描写与解释相结合

语义语法要把对性质、类别、组合和演变规律的描写与解释结合起来。比如：从描写层面看，状位情感形容词与述位动词结构之间存在着果因、因果、平行三种语义关系，从解释层面，这三种语义关系是由情感形容词与动词结构各自的语义特征共同决定的，当动词结构具有"非预期的瞬间得失义"语义特征时，就会凸显情感形容词的"有因性"语义特征，从而构成果因关系；当动词结构具有"非自主的瞬间起止义"语义特征时，情感形容词则凸显"致果性"语义特征，从而构成因果关系；当动词结构具有"可自主的行状持续义"语义特征时，情感形容词就会凸显"伴随性"语义特征，从而形成平行关系（赵春利、石定栩 2011a：12—21）。这样就把规律的描写与原因的解释结合起来。

4.5 定量与定性相结合

语义语法对语法现象的搜集和观察，除了依靠基于语感的内省之外，还要基于语料库把运用数学统计软件工具的定量研究与定性研究结合起来。比如：形容词"秀丽"既可以与主体及容貌名词"姑娘、女人、容貌、相貌、面容"组合，也可以与物体及风景类名词"山川、湖水、地方、风景、风光、景色"组合，那么，在分类性质上，究竟应该归入主体容貌类形容词还是物体风景类形容词？可以统计语料库中"秀丽"分别与两类名词的组合数量，通过对比数值和卡方检验，得出倾向性的定性结论："秀丽"更倾向于与"物体风景类"名词组合（赵春利、石定栩 2010：36—42）。这样把定量与定性结合起来，指出"秀丽"优先选择物体风景类名词，其次选择主体容貌类名词，这对自然语言处理和汉语教学都具有重要的意义。

4.6 归纳与演绎相结合

归纳和演绎是人类思维的两个基本推理方式，是人类研究事物客观规律的思维工具。语义语法理论在研究语法规律时会自觉或不自觉地利用这两个逻辑工具，词类次范畴可采用归纳的方法把具有相同语义特征的词语聚合在一起，形成一类。具有"有因性"语义特征的情感形容词就是通过以下不同句法形式的筛选而归纳出来的主体形容词的一大类：

a：这件事令人很兴奋。

b：他把那些伤心的消息都忘了。

c：人们惊奇地发现景山犹如一个人像。

d：老张有个女儿很得意。

属于情感形容词的词语很多，不可能对每个词在所有句法形式中的情况都进行调查验证，因此，提取出部分情感形容词的语义特征和句法功能以后，就可以借助演绎推理预测其他情感形容词的句法语义功能。

五、结　语

总的说来，本文主要从逻辑层面以认识论、本体论、目的论和方法论为基点和纽带讨论语义语法的理论建构问题，其中，认识论反映了以语义为本体的基本理念，而语义本体论决定了语义目的论，语义目的论制约着方法论当以语义为选择方法的基本旨向。

目前主流观点对语法的认识是：语法是由语法意义与语法形式构成的矛盾统一体，语法意义与语法形式的关系是语法意义决定语法形式，语法形式制约语法意义。那么，语义语法理论基于语法意义的本体性从认识论上可把语法界定为：语法就是语法意义的性质、类别、组合和演变规律及其所决定的语法形式的性质、类别、组合和演变规律。而从本体论上看，语法意义是语法、语法形式和语法功能的本体。基于语法意义的本体性，所谓的语义语法就是以语法意义的性质、类别及其组合规律为逻辑起点和研究对象并力求得到语法形式验证的语法理论。着眼于语法意义，语义语法理论的目的就是揭示出具有可验证性、可区别性、可解释性和可体系化的语法意义的性质、类别、组合和演变规律，从而以语义特征范畴和语义关系范畴为基石构建语义范畴体系。为了达到语义语法的目的诉求，在方法论上采取博采众长、为我所用的拿来主义和实用主义的态度，综合运用自然科学与社会科学的各种方法揭示客观存在且符合认知规律的语法意义的性质、类别、组合和演变规律，据此构建语义体系。

参考文献

［1］Burton, R. R. 1976 *Semantic Grammar*：*A Technique for Efficient Language Understanding Limited Domains* [D]. Irvine: University of California.

［2］Chomsky, N. 1966 Topics in the Theory of Generative Grammar. [A]. Sebeok, T.A. *Current Trends in Linguistics*（Vol.3）[C].Mouton: The Hague, 3-12.

［3］Fillmore, C. 1968 The Case for Case. [A]. Bach, E. and R.T. Harms. *Universals in linguistic theory*[C]. New York：Holt, Rinehart and Winston, Inc.

［4］Grimes, J. 1972 *The thread of discourse*[M]. Ithaca：Cornell University.

［5］Halliday, M.A.K. 1985/1994 *An Introduction to Functional Grammar*[M]. London：Edward Arnold, xiii.

［6］Halliday, M.A.K. 1996 On Grammar and Grammatics[M]. Ruqaiya Hasan, Carmel Cloran and David G. Butt. *Functional Descriptions*：*Theory in Practice*[C]. Amsterdam：John Benjamins. 1-38.

［7］Lamb, Sydney, M. 1969 Lexicology and Semantics. Archibald A. Hill（eds）. *Linguistics Today*[C]. New York：basic Books, Inc. 40-49.

［8］Langacker. R. W. 1987 *Foundations of Cognitive Grammar*（Vol.1）[M]. Stanford, California：Stanford University Press. 12.

［9］Lemke, J.L. 1992 Intertextuality and Educational Research[J]. *Linguistics and Education*,（4）：257-267.

［10］奥托·叶斯柏森：《语法哲学》，北京：商务印书馆，1924/2010。

［11］高名凯：《语法理论》，北京：商务印书馆，1960年。

［12］高更生：《关于语法的定义》，《山东师大学报》，1988年第1期。

［13］胡明扬：《语法形式和语法意义》，《中国语文》，1958年第3期。

［14］胡明扬：《再论语法形式和语法意义》，《中国语文》，1992

年第5期。

［15］胡明扬：《语义语法范畴》，《汉语学习》，1994年第1期。

［16］胡裕树：《现代汉语》，上海：上海教育出版社，1962年。

［17］黄伯荣、廖序东：《现代汉语》，兰州：甘肃人民出版社，1980年。

［18］金立鑫：《"语意合语法"批判》，《北方论丛》，1995年第5期。

［19］金兆梓：《国文法之研究》，北京：商务印书馆，1922/1983。

［20］黎锦熙：《新著国语文法》，北京：商务印书馆，1924/1992。

［21］李葆嘉：《理论语言学》，南京：江苏古籍出版社，2001年。

［22］李葆嘉：《语义语法学理论和元语言系统研究》，《深圳大学学报》，2003年第2期。

［23］李葆嘉：《语义语法学导论》，北京：中华书局，2007年。

［24］刘丹青：《形名同现及形容词的向》，《南京师范大学学报》，1987年第3期。

［25］刘丹青：《语法调查研究手册》，上海：上海教育出版社，2008年。

［26］刘复：《中国文法通论》，北京：中华书局，1919/1939。

［27］陆丙甫：《从语义、语用看语法形式的实质》，《中国语文》，1998年第5期。

［28］陆俭明：《八十年代中国语法研究》，北京：商务印书馆，1993年。

［29］陆俭明：《现代汉语语法研究教程》，北京：北京大学出版社，2003年。

［30］吕叔湘：《中国文法要略》，北京：商务印书馆，1942/1982。

［31］吕叔湘：《汉语语法分析问题》，北京：商务印书馆，1979年。

［32］马建忠：《马氏文通》，北京：商务印书馆，1898/1983。

［33］马庆株：《多重定名结构中形容词的类别和次序》，《中国语文》，1995年第5期。

［34］马庆株：《〈汉语语义语法范畴问题〉序》，《汉语学习》，1997年第2期。

［35］马庆株：《结构、语义、表达研究琐议——从相对义、绝对义谈起》，《中国语文》，1998年第3期。

［36］邵敬敏：《论汉语语法的语义双向选择性原则》《中国语言学报(8)》，北京：北京语言文化大学出版社，1997年。

［37］邵敬敏：《自序》《汉语语法的立体研究》，北京：商务印书馆，2000年。

［38］邵敬敏：《现代汉语通论》，上海：上海教育出版社，2001年。

［39］邵敬敏：《"语义语法"说略》，《暨南学报》，2004年第1期。

［40］邵敬敏：《汉语语法学史稿（修订本）》，北京：商务印书馆，2006年。

［41］邵敬敏、赵春利：《关于语义范畴的理论思考》，《世界汉语教学》，2006年第1期。

［42］沈家煊：《语法研究的目标——预测还是解释？》，《中国语文》，2004年第6期。

［43］沈开木：《语法、语义、语用的联系》，载于中国语文杂志社编《语法研究和探索（六）》，北京：语文出版社，1992年。

［44］石定栩：《乔姆斯基的形式句法——历史进程与最新理论》，北京：北京语言文化大学出版社，2002年。

［45］仝国斌：《柳暗花明又一村——陈信春单复句划界理论评介》，《殷都学刊》1992年第4期。

［46］王力：《中国现代语法》，北京：商务印书馆，1943/1985。

［47］王希杰：《谈语法学的研究对象》，载于中国语文杂志社编《语法研究和探索（六）》，北京：语文出版社，1992年。

［48］文炼、胡附：《句子分析漫谈》，《中国语文》，1982年第3期。

［49］吴福祥：《汉语历史语法研究的目标》，《古汉语研究》，2005年第2期。

［50］邢福义：《语法问题思索集》，北京：北京语言学院出版社，1995年。

［51］邢福义：《汉语语法研究之走向成熟》，《汉语学习》，1995年第1期。

［52］邢福义：《汉语语法学》，长春：东北师范大学出版社，1996年。

［53］徐通锵：《语义句法刍议——语言的结构基础和语法研究的方法论初探》，《语言教学与研究》，1991年第3期。

［54］杨成凯：《现代汉语语法元理论研究述要》，《语言研究》，1994年第2期。

［55］张黎：《文化的深层选择——汉语意合语法论》，长春：吉林

教育出版社，1994年。

［56］张黎：《什么是意合语法？——关于意合语法的讨论之一》，《汉语学习》，1997年第1期。

［57］张志公：《现代汉语（中册）》，北京：人民教育出版社，1982年。

［58］赵春利：《情感形容词与名词同现的原则》，《中国语文》，2007年第2期。

［59］赵春利、梁万基：《具有"把"字句功能的"连"字句考辨》，《中语中文学》，第41辑，2007年。

［60］赵春利 张皓得：《基于新言文观的对外汉语教学研究》，载于孟华主编的《三重证据法：语言·文字·图像》，长春：吉林大学出版社，2009年。

［61］赵春利、石定栩：《现代汉语基于形名组合的容貌形容词研究》，《华西语文学刊》，2010年第2辑。

［62］赵春利、石定栩：《状位情感形容词与述位动词结构同现的原则》，《汉语学习》，2011年第1期。

［63］赵春利、石定栩：《主谓间"有+NP/VP"的句法语义研究》，《语言学论丛》第44辑，2011年。

［64］中国科学院语言研究所语法小组：《语法讲话（一）》，《中国语文》，1952年第1期。

［65］朱德熙：《现代汉语语法研究》，北京：商务印书馆，1980年。

［66］朱德熙：《语法讲义》，北京：商务印书馆，1982年。

［67］朱德熙：《语法答问》，北京：商务印书馆，1985年。

论话语视角标记"X说来"[*]

周 娟

一、两种不同性质的"X说来"

本文主要讨论话语视角标记"X说来"。但在现代汉语中,实际上有两种不同性质的"X说来"格式,可分别记为Ⅰ式和Ⅱ式。如:

Ⅰ式	Ⅱ式
平静(地)说来	普遍说来
慢慢(地)说来	具体(地)说来
好好说来	认真(地)说来
如实说来	目前说来
滔滔不绝(地)说来	坦白(地)说来
源源本本(地)说来	严格(地)说来

这两种格式,都是由状语(X)和中心语("说来")构成的偏正格式。状、中之间有时有"地"出现,有时没有"地"出现,这可能跟韵律有一定关系。尽管语法形式上比较接近,但从意义和功能上看,它们却存在很大差异。Ⅰ式是普通的谓语形式,Ⅱ式才是我们关注的话语视角标记。

---

[*] 本文得到教育部2011年人文社会科学青年基金项目(11YJC740159)、广东高校优秀青年创新人才培育项目(wym09042)和2012年国家社科基金项目(12BYY101)的资助。曾在"第四届汉语语法南粤论坛"(2012年11月,广东梅州)和"暨南大学语言学论坛"(2013年1月)上宣读,承蒙邵敬敏教授和多位学友提出宝贵意见。另外,《世界汉语教学》匿名审稿专家也提出宝贵建议,在此一并致谢!文责自负。

1.1 Ⅰ式

在Ⅰ式中，"说来"与"叙说"同义，表示一种"叙述"性的言说行为或言语活动。如：①

（1）大家别急，我慢慢<u>说来</u>。
（2）请听小编<u>细细说来</u>。
（3）我<u>详细说来</u>给你听。

上述几例，"说来"均表示"叙说"义。跟一般言说行为相比较，"叙说"行为的显著特性是：它不是一个简单的言说动作，而是说话者按照事件的始末或一定的逻辑顺序对话语内容进行的叙述。也就是说，与言说词"说"相比较，"说来"所表现的不单单是言说性，还包括趋向性（即每一次"叙说"都是由话语内容的"起点"叙至"终点"）。对于这种特性，可通过（1）（1'）的比较而得到显示。至于"说来"为什么表现出趋向性，则跟"来"的语义提示有很大关系。

（1'）大家别急，我慢慢说。

从X的语义类别来看，Ⅰ式中X可分三类：①方式类。如：<u>细细说来</u> | <u>快快说来</u>。②情状类。如：<u>平和淡定地说来</u> | <u>笑呵呵地说来</u>。③态度类。如：<u>好好说来</u> | <u>如实说来</u>。因为Ⅰ式的意义可以看成是"X"的意义加上"说来"的意义，因此，对于该式的整体意义，就可这样来概括：表示采用某种方式、伴随某种情状或采取某种态度对话语内容进行叙述。

从功能上看，Ⅰ式在句中主要充当谓语成分，这包括一般主谓句的谓语［如（1）］、兼语句的第二谓语［如（2）］、连谓句的第一谓语［如（3）］三种情况。

1.2 Ⅱ式

跟Ⅰ式相比较，Ⅱ式的意义相对虚化。这主要表现在："说来"已不表"叙说"义，"来"已没有什么实际意义，也不表趋向义，整个格式也不表示某种实际的叙说行为和言说动作，而表示说话者话语叙说的视点和角度，可以看成是视角标记（perspective marker）。如：

（4）当上局长后，<u>一般说来</u>，你上下班就不用挤公交车了。
（5）<u>坦率说来</u>，亚洲足球已经有了很大的进步。

---

① 本文语例除少数简单句子属自造外，其余均出自北大CCL语料库、人民网、新民网与百度文库。

上述两例，"X说来"都只能看成是视角标记。从形式上来看，它们都可变换为"根据/按照/依据……来说"这一视角形式。如：

（4'）当上局长后，根据一般情况来说，你上下班就不用挤公交车了。

（5'）依据坦率的态度来说，亚洲足球已经有了很大的进步。

除了意义上的差异，Ⅰ、Ⅱ式在状语的添加、论元配置以及分布上也存在差异。

首先，从状语添加来看，Ⅰ式因本身是谓语形式，可再添加状语成分；Ⅱ式因只是视角标记，无法添加任何状语成分。如：

（6）仔细地慢慢说来 | 轻松地一一说来 | 从西藏的自然、历史、宗教等娓娓说来（Ⅰ式）

（7）*仔细地一般说来 |* 轻松地具体说来（Ⅱ式）

当然，在Ⅱ式中，有些"X说来"似乎也可受"更为、更加、最、极其"等程度副词修饰，如"更为完整地说来 | 最简单地说来 | 极其严格地说来"，实际上，这些词修饰的只是X而不是"X说来"格式，这类情况也必须在X与"说来"间加上"地"这一状语标记。

其次，从论元配置看，Ⅰ式可与"说话者"和"受话者"这些语义论元共现，Ⅱ式却不能与之共现。如：

（8）你给我认真说来！（Ⅰ式："你"为说话者；"我"为受话者）

（9）*我给你们坦率说来，亚洲足球已经有了很大的进步。（Ⅱ式："我"为说话者；"你们"为受话者）

第三，从分布上来看，Ⅰ式只用于句子层面，且出现于谓语位置〔如（1）（2）（3）〕；Ⅱ式只用于话语层面，且出现于话语开头〔如（5）〕，或话题和述题之间的位置〔如（4）〕。

作为视角标记，Ⅱ式在语义上一定有它的管辖对象，该对象可以称为"视角句"。从功能上看，Ⅱ式的主要功能是对视角句的话语表达做出限制。视角标记不一样，视角句的话语表达就不一样。对于这种特性，可以从下边（10）（11）而得到清晰的显示〔从（10）开始，本文把受"X说来"管辖的视角句用波浪线标示〕。

（10）它的管理，以及它的风险由一伙人所承担，而企业所需要的体力劳动却由雇佣工人所担任。这种分工形式一般说来是现代世界的特点，特殊说来又是英国民族的特点。

（11）每回来玩儿，都是我去小卖部买酸奶招待他们。现在说来，酸奶不值什么钱，在那个年代还是挺奢侈的。

1.3 Ⅰ、Ⅱ式两可的形式

有些"X说来"形式，有时可以看成Ⅰ式，有时又可以看成Ⅱ式。例如：

（12）a. 你给我老实说来。

b. 老实说来，我并不想去。

（13）a. 你不要说得太复杂，简单说来即可。

b. 简单说来，个性是在遗传的基础上，在社会化的过程中逐渐发展形成的。

上述两例，a中的"X说来"为Ⅰ式，b中的"X说来"为Ⅱ式。因为前者表示叙说行为，充当谓语成分；后者表示话语视角，充当视角标记。对于Ⅰ、Ⅱ式两可的形式，其中的X一般表示"方式"或"态度"。

Ⅰ式和Ⅱ式，不是两种毫无关联的格式。从历时上看，后者是前者的衍伸和虚化。受篇幅所限，本文不打算探讨这两种格式的衍变趋势，而只是对Ⅱ式进行讨论。对于Ⅱ式，除李宗江（2008）和扶晶晶（2012）稍有提及外，还没有进入学界的研究视野之内[①]。其实，作为视角标记，该式在汉语中使用得非常普遍。本文着意探讨其视角类型、语用意图及语用条件。

下文所说的"X说来"格式，如不特殊说明，均只指Ⅱ式这一格式。

二、"X说来"的视角类型

"X说来"格式是说话人话语视角的表现形式。在语言使用过程中，说话人对不同视角的选用，主要是通过对X的选择来实现的。为考察汉语中"X说来"能表现哪些视角类，我们对CCL语料库中的"X说来"用例进行了穷尽搜索和统计（搜索时间：2012-9-13）。我们发现，该语料库中出现在X位置的词共有74个。此外，为增强语料的覆盖率，我们又通过百度引擎在"人民网""新民网""百度文库"上搜索了"X说来"500例。撤除重复词项后，最后纳入统计范围的X总共是86个[②]：

[①] 需要指出的是，董秀芳（2003）已关注到"一般说、老实说、严格地说、具体来说、总的来说"等"X说"类成分在传言表达和话语组织上的功用，尽管该文并没有明确提及"X说来"并指出它是否也具有这样的功用，但该文的研究给本文以很大的启示。

[②] 因为"总的来说"有"总体来说"和"总括来说"两种意义，"大致说来"有"大体说来"和"大概说来"两种意义，因此，在词项设置上，"总的"和"大致"都设为两个词项。

坦率、率直、坦白、实话、老实、实在、公正、平心、持平、严肃、认真、严格、正式、客观、真正、一般、通常、平均、普遍、广泛、大体、大略、大致$_1$、基本(上)、大抵、特殊、整个、整体、总体、总的$_1$、个别、部分、归根结底、根本、实际上、本质地、表面、比较、相对、这样、这么、这么样、这般、那么、那样、如此、如是、孤立、单独、绝对、现在、眼下、目前、今天、当时、确切、确定、明确、正确、完整、大致$_2$、大概、粗粗、粗略、粗疏、具体、仔细、详细、细致、明白、简单、简略、简要、简括、笼统、简短、专业地、科学地、通俗、总括、综括、总的$_2$、概括、举例、分别、依次。

以 X 为依据，"X 说来"表示的话语视角可分四类：主体视角类；客体视角类；时间视角类；方式视角类。

2.1 主体视角类

这一类的主要特点是说话人把视角集中于话语表达时对自身态度的选择上。尽管"主体态度"是一个成员甚广的聚合类，然而，"X 说来"表示的态度却只有三类：第一是"坦白"类，着眼于态度的坦诚性，如（14）；第二是"严肃"类，着眼于态度的严肃性，如（15）；第三是"公正"类，着眼于态度的公正性，如（16）。

（14）要说这些缺点是"作者的文章原就如此"，似乎也无不可。但是老实说来，它们的责任是要编辑部负的。

（15）中国展望出版社出版了一本饶有趣味的科学幻想小说《机器世界》。其实，认真说来，与其说是科学幻想小说，不如说是以科幻为题材的讽刺作品。

（16）其实，公正说来，天劫真是蒙受了不白之冤，冤枉死了！

对于主体视角的类别及其表现形式，可总括如下：

主体视角	"X说来"的表现形式
A.着眼于态度的坦诚性	坦白说来、坦率说来、率直说来、实话说来、老实说来、实在说来
B.着眼于态度的严肃性	严肃说来、认真说来、严格说来、客观说来、正式说来、真正说来
C.着眼于态度的公正性	公正说来、平心说来、持平说来

主体视角类"X 说来"总共有 15 式。鉴别方法是：它们可变换为"说话的态度是 X 的"或"说话的态度是符合 X 标准的"格式。如：

坦白说来 → 说话的态度是坦白的
认真说来 → 说话的态度是认真的
严格说来 → 说话的态度是符合严格标准的
正式说来 → 说话的态度是符合正式标准的

个别"X说来"虽不能变换，但运用同义系联法，也可归入主体视角类。如：

实话说来（与"老实说来"构成同义关系）
真正说来（与"严格说来"构成同义关系）

2.2 客体视角类

这一类的主要特点是说话人把视角集中于话语表达时对客体情况的关注上。这里的"客体情况"，主要包括以下几个方面：是一般情况还是特殊情况，是总体情况还是个别情况，是本质情况还是表面情况，是关联情况还是孤立情况。例如：

（17）一般说来，报纸的文章不仅篇幅短小，而且讲求时效，一旦时移势易，文章即归朽灭。

（18）历史的进步整个说来只是极少数特权者的事，广大群众则不得不为自己谋取微薄的生活资料，而且还必须为特权者不断增值财富。

（19）计算机网络在产业界热起来，无疑是受到国际大趋势的影响，不过根本说来还是经济社会和信息时代的内在要求，是计算机深入应用的结果。

（20）建国以后，由于建设事业的急需，又采伐过量，这就造成了资源方面的危机。红石林区开发得晚，相对说来是比较好的。

上述语例，"一般说来"着眼于客体（"报纸文章"）的一般情况，"整个说来"着眼于客体（"历史的进步"）的总体情况，"根本说来"着眼于客体（"计算机网络在产业界的火热现象"）的本质情况，"相对说来"着眼于客体（"红石林区"）的关联情况（即与"别的区"的比较）。对于客体视角的类别及其表现形式，可总括如下：

客体视角	"X说来"的表现形式
A.着眼于客体的一般情况还是特殊情况	一般说来、通常说来、平均说来、普遍说来、大体说来、大略说来、大致$_1$说来、大抵说来、广泛说来、基本（上）说来 ‖ 特殊说来

续表

客体视角	"X说来"的表现形式
B.着眼于客体的总体情况还是个别情况	整个说来、整体说来、总体说来、总的说来 ‖ 个别说来、部分说来
C.着眼于客体的本质情况还是表面情况	根本说来、本质地说来、归根结底说来、实际（上）说来 ‖ 表面说来
D.着眼于客体的关联情况还是孤立情况	比较说来、相对说来、这样说来、这么说来、如此说来、如是说来、那么说来、那样说来、这么样说来、这般说来 ‖ 绝对来、孤立说来、单独说来

客体视角类"X说来"总共有35式。鉴别方法是：它们可变换为"按照客体的X（的）情况来说"或"按照客体间的X关系来说"格式。如：

一般说来 → 按照客体的一般情况来说

这样说来 → 按照客体的这样的情况来说

比较说来 → 按照客体间的比较关系来说

相对说来 → 按照客体间的相对关系来说

个别"X说来"虽不能变换，但根据同义系联法，也可归入客体视角类。如：

大抵说来（与"一般说来"构成同义关系）

归根结底说来（与"根本说来"构成同义关系）

如此说来（与"这样说来"构成同义关系）

需要指出的是，上表所列"X说来"形式，在使用上具有不均衡性。那就是：符号"‖"前各式在使用频率上要大大高于其后各式。这种状况可以从认知上得到解释。可以看出，"X说来"所管辖的各视角句，都是说话人主观认识的表现。从一般认识论的观点来看，要形成对某一客体的正确认识，就应多关注客体的一般情况而不是特殊情况，总体情况而不是个别情况，本质情况而不是表面情况，关联情况而不是孤立情况。总之，正是这种朴素的认知理念，决定了"X说来"使用上的不均衡倾向。

2.3 时间视角类

这一类的主要特点是说话人把视角集中于话语表达时对时间视点的选择上。这主要包括两小类：一是着眼于当今的"现在视点"类，如（21）；二是着眼于过往的"过去视点"类；如（22）。

（21）目前说来，EDGE的上网速度是最快的。

（22）马尾裙是从朝鲜传入的，当时说来很漂亮也很前卫。

除"目前说来"之外，表示"现在视点"的还有"现在说来""今天说来""眼下说来"等多种形式；表示"过去视点"的却只有"当时说来"这一种形式。

时间视角类"X说来"的鉴别方法是：它们都可变换为"立足于X这一时间视点来说"格式。如：

现在说来 → 立足于现在这一时间视点来说

当时说来 → 立足于当时这一时间视点来说

2.4 方式视角类

这一类的主要特点是说话人把视角集中于话语表达时对表达方式的选择上。这主要包括：是准确的表达方式还是粗略的表达方式，是详细的表达方式还是简要的表达方式，是专业的表达方式还是通俗的表达方式，是综括的表达方式还是离散的表达方式。如：

（23）这部音乐剧确切说来更像一场音乐会，它以一条简单的故事为主线，多首歌曲串联而成。

（24）至于这秘诀是什么，一两句话，说不清楚。简单说来，幸福和两档事儿有关，一是物质，一是精神。

（25）智能交通系统听上去有点陌生，专业地说来，它是一种在大范围内、全方位发挥作用的，实时、准确、高效的综合运输和管理系统。

（26）这两年的小说确实有了很大变化，概括说来，是从观念上的激进变成了技巧上的激进。

在上述语例中，"确切说来"表示的是方式的准确性，"简单说来"表示的是方式的简要性，"专业地说来"表示的是方式的专业性，"概括说来"表示的是方式的"综括性"。对于方式视角的类别及其表现形式，可总括如下：

方式视角	"X说来"的表现形式
A.着眼于表达的准确还是粗略	确切说来、确定说来、明确说来、正确说来、完整说来 ‖ 大致$_2$说来、大概说来、粗略说来、粗粗说来、粗疏说来
B.着眼于表达的详细还是简要	具体说来、仔细说来、详细说来、细致说来、明白说来 ‖ 简单说来、简略说来、简要说来、简括说来、简短说来、笼统说来
C.着眼于表达的专业还是通俗	专业地说来、科学地说来 ‖ 通俗说来
D.着眼于表达的综括还是离散	综括说来、总括说来、概括说来、总的$_2$说来 ‖ 举例说来、分别说来、依次说来

方式视角类"X说来"总共有31式。鉴别方法是：它们可变换为"用X表达法来说"格式。例如：

确切说来　→　用确切表达法来说
笼统说来　→　用笼统表达法来说
通俗说来　→　用通俗表达法来说
综括说来　→　用综括表达法来说

个别"X说来"虽不能变换，但根据同义系联法，也可归入方式视角类。如：

正确说来（与"确切说来"构成同义关系）
大概说来（与"粗略说来"构成同义关系）
总的₂说来（与"综括说来"构成同义关系）

2.5 复合视角类

上边提到的视角形式，都是只由一种视角构成的单一式。其实，在实际使用中，还会出现由两种视角加合而成的复合式。例如：

（27）暴戾的法律既然不以健全的论断为依据，<u>严格地和真正地说来</u>就根本不是法律，而宁可说是法律的一种滥用。

（28）这件事意味着，这两个环节<u>个别地和孤立地说来</u>都仅只是一种捉摸不定的伦理意识，而两者赖以呈现其自身的这个运动过程，则具有形式的意义。

据语料调查显示，复合视角常采用"客体视角₁+客体视角₂"、"态度视角₁+态度视角₂"、"方式视角₁+方式视角₂"组合模式，而且被组合的视角在语义范畴上都比较接近，至于"时间视角₁+时间视角₂"，则很少被采用。

三、"X说来"的语用条件与语用意图

在语言交际中，并不是所有的话语表达都需用"X说来"形式，那么，"X说来"到底在什么条件下使用，这跟说话人的语用意图有什么关系，本节拟对此进行讨论。

我们认为，说话人对"X说来"的使用，主要是为了追求语言表达的高信度和高效度。信度（reliability）和效度（validity），本来是在测量学领域使用的两个概念。信度反映了测量的可靠性，效度反映了测量的准确性。

（桂诗春，宁春岩 1997：284—294）其实，在话语交际领域，也可引入这两个概念。对于话语表达而言，信度，是指话语的可信度；效度，是指话语的有效度。成功的话语交际不仅需要比较高的信度，而且需要比较高的效度。"X说来"的使用，就是说话者为使话语表达获得高信度和高效度而实施的语用策略。

3.1 对高信度的追求与"X说来"的使用

在语言交际过程中，要使话语表达获得比较高的信度，那么，说话者应具有坦诚、严肃、公正的话语态度。在"X说来"表示的视角类型中，只有态度视角才着力于表现人的坦诚性、严肃性和公正性。因此，对话语高信度的追求，也主要通过态度视角来实现。

态度视角的使用，需具备这样的语用条件：在一定话语环境中，当说话人意识到自己的话语有可能被受话人理解为虚假、随意或偏私之词时，才有可能使用这一类视角标记。这种标记的使用，主要是为了消除受话人思想上的预设，增强话语表达的可信度。例如，前边的（14）（15）（16）都属这种情况。从话语分布看，这一类"X说来"通常出现于两类话语环境：一是批评责怪类话语环境，如（29）；二是反驳纠正类话语环境，如（30）。这种情况跟这两类话语环境中受话者常带有一定的抵触性，对说话人的话语信度不够有很大关系。

（29）<u>坦白说来</u>，社区服务中心从刚刚建立起来那天就是高高在上的，和社区居民完全没有互动感。

（30）我们对社会生产并没有多少贡献，<u>严格说来</u>，我们不过是社会结构的寄生虫罢了，拜宣传之赐，使人产生错觉，误以为咱们有多伟大。

需指出的是，在态度视角中，只存在"坦白说来、严肃说来、公正说来"等正向视角形式，而不存在"虚假说来、随意说来、偏袒说来"等负向视角形式。这主要是因为，态度视角的出现，主要是为了提高话语表达的信度，而负向视角显然与这一语用意图相悖。

3.2 对高效度的追求与"X说来"的使用

在语言交际中，要使话语表达获得比较高的效度，话语内容与客观事实就应达到比较高的吻合度，同时，话语也应达到易让人理解的程度。也就是说，话语效度主要靠两个方面来体现：一是准确度，二是可解度。在"X说来"所表示的视角类型中，客体视角类和时间视角类是为提高话语表达的准确度而出现，方式视角类则为提高话语表达的可解度而出现。

3.2.1 客体视角类和时间视角类的使用

先看客体视角类。客体视角的出现，需具备这样的语用条件：在说话人对客体特征表达主观认识的时候，如果其认识会随着对客体视点选择的变化而变化，那么，为使受话人明白自己的认识是基于哪一视点和角度，说话人就会明示其视角状况，如：是基于客体的一般情况还是特殊情况，是基于客体的总体情况还是个体情况，是基于客体的本质情况还是表面情况，是基于客体的关联情况还是孤立情况。有了这一提示，话语内容与客观事实就能达到比较高的吻合度。否则，就会使话语表达出现失误，影响话语的有效度。例如：

（31）认为自己是最聪明的人，<u>通常说来他是最愚蠢的</u>。

（31'）认为自己是最聪明的人，他是最愚蠢的。

上述两例，（31）有视角标记，（31'）没有视角标记。显然，由于缺乏视角提示，（31'）在话语表达上就显得过于绝对，这样也就不符合客观事实，降低了话语的有效度。

再看时间视角类。时间视角的出现，需具备以下条件：在说话人对某一事况进行描述的时候，如果该事况具有较强的时间性，会随着时间的推移而发生相应的变化，那么，为使受话人明白自己的描述是基于哪一时间点而形成的叙述，说话人就会对该时间点进行提示。有了这一提示，话语内容与客观事实就能达到较高的吻合度。否则，话语表达会出现疏漏。如：

（32）移民加拿大，<u>现在说来是很多家庭的梦想</u>。这是为什么呢？加拿大教育免费、医疗免费、养老制度健全，这也正是很多人希望移民加拿大的原因。

（32'）移民加拿大，是很多家庭的梦想。这是为什么呢？加拿大教育免费、医疗免费、养老制度健全，这也正是很多人希望移民加拿大的原因。

上述两例，（32）有视角标记，（32'）无视角标记。由于缺乏视角提示，（32'）就显得不够严密，因为不是在任何时候，人们都会把加拿大作为移民的理想国度，这样，也就降低了话语表达的准确度。

3.2.2 方式视角类的使用

方式视角常在以下条件下出现：对于某一话题来说，虽然既可用准确表达法来阐述，也可用粗略表达法来阐述；既可用详细表达法来阐述，也可用简要表达法来阐述；既可用专业表达法来阐述，也可用通俗表达法来阐述；既可用综括表达法来阐述，也可用离散表达法来阐述，但是，由于不同表达法会影响话语的表述内容和陈述方式，因此，为使受话人明白自己的阐述是基于何种方式，说话人就会对此做出提示。这样，也就可以增强话语表达的可解度。如：

（33）历史证明，它们都逐渐由氏族而部族、由部族而民族地联合了起来，怎样解释这一历史现象呢！周谷城先生说："综括说来，氏族的联合，只有一个原因，曰：争得生存的必要条件是也。分别说来，却有两项：一曰抵抗天灾，二曰抵抗外侮。"

（34）这些制度按其性质大致可分为防范性措施和惩治性措施两大类，主要集中在职官设置和官吏选任、管理等诸多方面；而详细说来，又可以分为科举制度、铨选制度、考课制度、监察制度、奖惩制度、俸禄制度、致仕制度等等。

上述两例，由于说话者都是用对立表达法对同一话题进行论述，因此话语内容都具有一定的复杂性，但是，方式视角的使用，却大大增强了话语的条理性，这样，也就增强了话语的可解度。

需要指出的是，跟客体视角和时间视角对话语准确度的影响相比较，方式视角对话语可解度的影响，有时并不是那么强烈。例如，下边两例，如果不出现视角标记，也不会对话语理解造成阻碍。

（35）为什么这些农民们都这样慷慨大方呢？简单说来，就是一句话：他们希望快点把敌人赶跑。

（36）"即时倾向"，详细说来就是你的大脑认为，现在能得到的满足感要更重要——现在爽了就好，谁知道未来会怎样？

其实，这种现象跟方式视角的特点有很大关系。一般说来，话语采用了什么表达方式，人们从实际话语中也可以体会得到。因此，对于方式视角标记来说，其对话语可解度的提升作用通常只是在（33）（34）这样的对立性表述中显得较为浓烈，至于在（35）（36）这样的非对立性表述中，却只起到了"视角凸显"的作用。当然，跟完全没有视角标记的普通表达相比较，这种表达对话语理解还是有一定帮助，因为它们往往能起到预先提示、提醒的作用。

3.3 视角类型、语用条件、语用意图的对应关系

在语料调查中，我们发现，大部分"X说来"形式，都见于期刊文章、学术著作、科普著作等文章体式，其实，这跟这些文体对语言表达"高信度和高效度"的追求有很大关系。对于"X说来"的视角类型、语用条件和语用意图的对应关系，可总结如下：

视角类型	语用条件	语用意图	
主体视角	说话人意识到自己的话语表达有可能被人理解为虚假、随意或偏私之词	增强话语表达的信度	
客体视角	说话人对客体特征的认识会随着对客体视点选择的变化而变化	增强话语表达的准确度	增强话语表达的效度
时间视角	说话人对事况的描述会随着时间的推移而变化		
方式视角	说话人对某一话题的阐述会随着表达方式的变化而变化	增强话语表达的可解度	

当然，我们要指出的是，有的"X 说来"的使用，有时并不只是为了提高话语表达的信度或效度，它们还同时具有提高话语委婉度的功用。例如：

（37）a. 你这样做也许有你的道理，但是，实话说来，这对其他候选人是不公平的。

b. 你这样做也许有你的道理，但是，这对其他候选人是不公平的。

（38）a. 你怎么不事先约好呢？一般说来，这个时候去别人家是应该提前打个电话的。

b. 你怎么不事先约好呢？这个时候去别人家是应该提前打个电话的。

在上述两例中，尽管"实话说来"提高了话语的信度，"一般说来"提高了话语的效度，然而，从 a、b 句的对比来看，它们都降低了话语的责备度，提升了话语的委婉度①。

四、结　语

汉语中"X 说来"格式，可分为表示叙说行为的 I 式和表示话语视角的 II 式。本文着力探讨 II 式的视角类型、语用意图和语用条件。从视角类型来看，"X 说来"可分四类：主体视角类、客体视角类、时间视角类和方式视角类。它们各有其特定的语用条件。从语用意图来看，是为了增强话语表达的信度和效度。

其实，"视角在许多话语类型中都是普遍存在的现象，也是话语表达和理解的一个重要因素。"（Sanders & Redeker, 1996：290）目前，关于话

---

① 因为它们都照顾到了听者的面子，让听者觉得说者的批评是迫于事实不得已而做出的，而不是故意伤害［如（37）］；或者让听者觉得说者的批评是根据一般情况而总结出来的，而不是任务情况下都是此种状况［如（38）］。

语表达中的视角标记，在国外已引起人们的高度重视。（可参阅 Sanders & Redeker, 1996; Sanders & Spooren, 1997; Graumann & Kallmeyer, 2002 等）在国内，却是一个尚未受人关注的领域。"视角"是一个系统性的概念，也是一个范畴性的概念，这样，对于视角问题的研究，也应采取系统化、范畴化的研究方式。例如，对于话语视角标记，除了我们提到的"X 说来"（如"概括说来"）之外，还有"X 来说"（如"概括来说"）、"X 地说"（如"概括地说"）、"X 地说起来"（如"概括地说起来"）、"介 +X+ 来说"（如"从概括的角度来说"）、"介 +X+ 说来"（如"从概括的角度说来"）等诸多形式。本文只是研究了其中的一种形式。再进一步，就应从系统论出发去研究这些形式的异同和对立、互补关系，并进而建立一个"话语视角"的范畴体系。

参考文献

［1］董秀芳：《"X 说"的词汇化》，《语言科学》，2003 年第 2 期。

［2］扶晶晶：《"来说"和"说来"的差异浅析》，《华中人文论丛》，2012 年第 1 期。

［3］桂诗春、宁春岩：《语言学方法论》，北京：外语教学与研究出版社，1997 年。

［4］李宗江：《说"想来""看来""说来"的虚化和主观化》，《汉语史学报》第七辑，2008 年。

［5］Graumann, Carl Friedrich & Kallmeyer, Werner (2002) *Perspective and perspectivation in discourse*, Amster- dam and Philadelphia: John Benjamins.

［6］Sanders, José & Redeker, Gisela (1996) Perspective and the representation of speech and thought in narrative Discourse. In Gilles Fauconnier & Eve Sweetser (eds.), *Spaces, worlds and grammar*, 290-317. Chicago and London: University of Chicago Press.

［7］Sanders, José & Spooren, Wilbert. (1997) Perspective, subjectivity, and modality from a cognitive linguistic point of view. In Wolf-Andreas Liebert, Gisela Redeker & Linda Waugh (eds.), *Discourse and perspec-tive in cognitive linguistics*, 85-112. Amsterdam: John Benjamins

三、

古代汉语考释

《史记》所见辞书未收词语考释

王彦坤

本文选释《史记》所见辞书漏收词语中的9个。这些漏收词语绝大多数未被《辞海》、《辞源》（修订本）、《汉语大词典》等大中型语文辞书所收录，也不见于仓修良主编的《史记辞典》。个别词语虽被《汉语大词典》或《史记辞典》立为条目，但也还存在误释、义项漏收问题。

下文将根据汉语拼音字母顺序排列条目，所引《史记》书证后圆括号内的数目字，为中华书局1982年第2版《史记》的页码。

一、比　再

接连地；连续地。卷111《卫将军骠骑列传》："于是天子曰：'剽姚校尉去病斩首虏二千二十八级，及相国、当户，斩单于大父行籍若侯产，生捕季父罗姑，比再冠军，以千六百户封去病为冠军侯。'"（第2928页）

按：上举例句中华书局标点本"比"属上读，并于"罗姑比"下加专名线，误。今不从。中华书局标点本《汉书》卷55《霍去病传》同一句虽知以"罗姑"为名，而"比""再"仍分属上下读，也误。"比再"是一同义复词。"比"作副词用，即可表示"接连地，连续地"的意义。如：《战国策·燕策二》："人有卖骏马者，比三旦立市，人莫之知。""比三旦"也就是接连三个早上的意思。"再"也有重复、多次的意思。如《吕氏春秋·遇合篇》："孔子周流海内，再干世主，如齐至卫，所见八十余君。"陈奇猷《校释》曰："此再字即前《慎人》'夫子再逐于鲁'之再，不止一次之意，故下文云'见八十余君'。"《晏子春秋·外篇第八》："东海有虫，巢于蚊睫，再乳再飞，而蚊不为惊。""再乳再飞"是说一次又一次地在巢里生幼虫，一次又一次地飞进飞出。《吴越春秋》卷3《王僚使公子光传》："渔父去后，子胥疑之，乃潜身于深苇之中。有顷，父来，持麦饭、鲍鱼羹、盎浆，求之树下，不见，因歌而呼之曰：'芦中人，芦中人，岂非穷士乎？'如是至再，子胥乃出芦中而应。""如是至再"之"再"也是表示多次。"比"、"再"合成一个同义复词，表示"接连地，连续地"的意思，后来的史书仍用，如《汉书·五行志上》："是时，比再遣公主配单于，赂遗甚厚。"同书《五行志下之下》："日比再食，其事在春秋后，故不载于经。"同书《胶西于王刘端传》："有司比再请，削其国，去太半。"《后汉书·显宗孝明帝纪》："而比再得时雨，宿麦润泽。"这又反过来证明《史记·卫将军骠骑列传》和《汉书·霍去病传》中的"比再"是一个词，中华书局标点本将之断开是错误的。

二、尝 已

曾经；已经。卷105《太仓公列传》："要事之三年所，即尝已为人治，诊病决死生，有验，精良。"（第2796页）

按："尝"为曾经，"已"为已经，二义相近，故得连用而成一复合词。或偏于"尝"，或偏于"已"，随文而异。史书所见同类例子尚有《汉书·贾谊列传》："夫尝已在贵宠之位，天子改容而体貌之矣，吏民尝俯伏以敬畏之矣，今而有过，帝令废之可也，退之可也，赐之死可也，灭之可也；若夫束缚之，系缍之，输之司寇，编之徒官，司寇小吏詈骂而榜笞之，殆非所以令众庶见也。"《旧唐书·柳登传》："故天子诸侯之礼尝已具矣，恶其害己而削去其籍。"《新唐书·韦安石传》："是岁，绦奏：'四月尝已禘，孟冬又祫，祀礼丛数，请以夏禘为大祭之源。'"《新五代史·汉家人传》："当王彦超之攻徐州也，周尝遣人招庭美等，予得其诏书四，皆言庭美等尝已送款于周，后惧罪而复叛，然庭美等款状亦不见，是皆不可知也。"等。

三、服 临

穿戴丧服，哭吊死者。卷10《孝文本纪》："其令天下吏民，令到出临三日，皆释服。毋禁取妇嫁女祠祀饮酒食肉者。自当给丧事服临者，皆

无践。"（第434页）

按："服临"义同"素服临吊"。"素服临吊"一语史书多见，如：《汉书·孔光传》"及霸薨，上素服临吊者再，至赐东园秘器钱帛，策赠以列侯礼，谥曰烈君"，《三国志·魏书·钟繇传》"太和四年，繇薨。帝素服临吊，谥曰成侯"，《晋书·宣帝纪》"秋八月戊寅，崩于京师，时年七十三。天子素服临吊，丧葬威仪依汉霍光故事，追赠相国、郡公"，《北史·雷绍传》"还葬长安，天子素服临吊，赠太尉，赐东园秘器"。

四、赴 利

逐取功名，特指上阵杀敌。卷111《卫将军骠骑列传》："是岁也，大将军姊子霍去病年十八，幸，为天子侍中。善骑射，再从大将军，受诏与壮士，为剽姚校尉，与轻勇骑八百直弃大军数百里赴利，斩捕首虏过当。"（第2928页）

按：秦汉爵禄多以军功计取。"秦用卫鞅法，制爵二十等，以战获首级者计而受爵。"（《史记》卷83《鲁仲连列传》裴骃《集解》引谯周语）西汉赐爵主要也以斩首捕虏为依据。如樊哙"与司马𡰱战砀东，却敌，斩首十五级，赐爵国大夫。常从沛公击章邯军濮阳，攻城先登，斩首二十三级，赐爵列大夫。复常从（从）攻城阳，先登。下户牖，破李由军，斩首十六级，赐上间爵。从攻围东郡守尉于成武，却敌，斩首十四级，捕虏十一人，赐爵五大夫。……击破赵贲军开封北，以却敌先登，斩侯一人，首六十八级，捕虏二十七人，赐爵卿。从攻破杨熊军于曲遇。攻宛陵，先登，斩首八级，捕虏四十四人，赐爵封号贤成君。从攻长社、轘辕，绝河津，东攻秦军于尸，南攻秦军于犨。破南阳守齮于阳城。东攻宛城，先登．西至郦，以却敌，斩首二十四级，捕虏四十人，赐重封。"（《史记》卷95《樊哙传》）汉武帝时名将李广，却因运气不佳，虽屡次从击匈奴，功少不封。广心中不平，曾对望气者王朔说："自汉击匈奴而广未尝不在其中，而诸部校尉以下，才能不及中人，然以击胡军功取侯者数十人，而广不为后人，然无尺寸之功以得封邑者，何也？岂吾相不当侯邪？且固命也？"（《史记》卷109《李将军列传》）由于斩首捕虏与功名爵禄直接挂钩，故汉人称"上阵杀敌"为赴利。

五、给　遗

供给馈赠。卷110《匈奴传》："自是之后，孝景帝复与匈奴和亲，通关市，给遗匈奴，遣公主，如故约。"（第 2904 页）

按："给遗"音 jǐwèi。该词不见于先秦典籍，《史记》之中也仅见此一例，但后世史书时有使用，如《汉书·西域传下》："天子闻而怜之，间岁遣使者持帷帐锦绣给遗焉。"《新唐书·忠义传中·颜杲卿》："李光弼、郭子仪收常山，出杲卿、履谦二家亲属数百人于狱，厚给遗，令行丧。"《旧五代史·唐书·李敬义传》："为河南尹张全义所知，岁时给遗特厚，出入其门，欲署幕职，坚辞不就。"

六、假　与

给与。卷75《孟尝君列传》："孟尝君相齐，其舍人魏子为孟尝君收邑入，三反而不致一入。孟尝君问之，对曰：'有贤者，窃假与之，以故不致入。'"（第 2356—2357 页）

按："假与"为同义复词。"假"有给与之义。《汉书·儒林传·辕固》："上知太后怒，而固直言无罪，乃假固利兵。"颜注曰："假，给与也。"同书《循吏传·龚遂》："遂乃开仓廪假贫民，选用良吏，尉安牧养焉。"颜注亦曰："假谓给与。""假与"一词，也见于后世史书，其例如：《汉书·宣帝纪》："又诏曰：'池籞未御幸者，假与贫民。'"《后汉书·孝安帝纪》永初元年："二月丙午，以广成游猎地及被灾郡国公田假与贫民。"《三国志·吴书·吴主传》："是岁，刘备帅军来伐，至巫山、秭归，使使诱导武陵蛮夷，假与印传，许之封赏。"《晋书·食货志》："帝以鸿陂之地假与贫民。"

七、酷　急

残暴严厉；严酷。卷122《酷吏传》："禹酷急，至晚节，事益多，吏务为严峻，而禹治加缓，而名为平。"（第 3144 页）

按："急"有严格、严厉义，如（汉）徐干《中论·脩本》曰："孔子之制《春秋》也，详内而略外，急己而宽人。""急己"即对自己严格。而《汉语大词典》释"刻急"为"苛刻严峻"，释"严急"为"犹严酷"，释"峻急"为"严酷；严厉"，释"迫急"为"指峻急，严厉"，则皆取"严厉"之意。史书所见"酷急"用例尚有：《汉书·酷吏传》"始条侯以禹贼深，及禹为少府九卿，酷急"，《后汉书·第五伦列传》"臣尝读书记，知秦以酷急亡国，又目见王莽亦以苛法自灭，故勤勤恳恳，实在于此"，《魏书·李彪传》"商略而言，酷急小罪，肃禁为大"等。

八、罢 极

疲惫；困顿。卷5《秦本纪》："阻法度之威，以责督于下，下罢极则以仁义怨望于上，上下交争怨而相篡弑，至于灭宗，皆以此类也。"（第192—193页）卷92《淮阴侯列传》："今韩信兵号数万，其实不过数千。能千里而袭我，亦已罢极。"（第2615页）又："夫锐气挫于险塞，而粮食竭于内府，百姓罢极怨望，容容无所倚。"（第2623页）卷106《吴王濞列传》："彼吴梁相敝而粮食竭，乃以全强制其罢极，破吴必矣。"（第2832页）

按："罢"通"疲"。"罢极"为同义复词。《汉书·匈奴传上》："前此者，汉兵深入穷追二十余年，匈奴孕重堕殰，罢极苦之。"颜注曰："罢读曰疲。极，困也。"

九、仍 再

再次。卷30《平准书》："明年，大将军将六将军仍再出击胡，得首虏万九千级。"（第1422页）又："其明年，骠骑仍再出击胡，获首四万。"（第1424页）

按："仍再"是一同义复词。《广雅·释言》《小尔雅·广言》并曰："仍，再也。"史书中除《史记》此例之外，尚得3见：《汉书·食货志下》"其明年，票骑仍再出击胡，大克获"，同书《匈奴传上》："其明年春，汉复遣大将军卫青将六将军，十余万骑，仍再出定襄数百里击匈奴，得首虏前后万九千余级，而汉亦亡两将军，三千余骑"，《宋史·何灌传》"安抚使忌之，劾云板筑未毕而冒赏，夺所迁官，仍再贬秩，罢去"，意义、用法与此相同。

读《诗》四法

王彦坤

《诗经》为至今所知中国第一部诗歌总集，其思想内容之丰赡、艺术成就之高妙，向来为人所称道。然因其为周代作品，历时近三千年，所反映之典制故实、民俗风情，今人多已陌生，加之语言词义之变化、诗歌体裁之限制，遂给理解带来极大困难。笔者偶尔读《诗》，有所思考，悟得四法，不敢独专，今略介绍于下，以飨同好。

一、系源推义法

所谓系源推义法，是指通过系联某词的同源词，由同源词的共有义素推知该词词义的方法。例如：

（1）《周南·卷耳》二章："陟彼崔嵬，我马虺隤。"四章："陟彼砠矣，我马瘏矣，我仆痡矣"。毛传曰："虺隤，病也。"又曰："瘏，病也。痡，病也。"[1]

按：毛传于"虺隤""瘏""痡"三词均释为"病也"。同样解释亦见于《尔雅》，《释诂》曰："痡、瘏、虺颓，病也。"唯"隤"作"颓"（两字可通用）。空泛抽象，语焉不详。后世学者，说各不同，又令人莫衷一是。如三国魏孙炎以为"虺隤"是"马退不能升之病也"。[2]而今人高亨则释为："足病跛蹩。"程俊英则以为："虺隤，腿软的病。"徐朝华则释曰："虺颓，'颓'，或作'隤'。因劳累而致病。"又，孙炎以为"瘏"是"马

---

[1] 痡，病也：阮刻《十三经注疏》本作"痡，亦病也"。陆德明《释文》："'痡，病也'，一本作'痡，亦病也'者，非。"阮元校曰："当以《释文》本为长。"今据改。

[2] 《毛诗·周南·卷耳》陆德明《释文》引。

疲不能进之病","痡"是"人疲不能行之病"。①程俊英注文大体相同。高亨则径释"痵"为"马病",又以"痡"为"过度疲劳"。徐朝华释"痡"一同高氏,而"痵"则曰"劳累而病"。笔者以为,欲知三词之确诂,可系联其同源词以推求之。

先说"虺隤"。其同源词有坏隤、瘣瘣。虺、坏、瘣三字,上古韵则同部(微韵),声则旁纽(虺,晓母;瘣,影母;坏,匣母);隤、瘣二字,韵则有对转关系(隤,微韵;瘣,物韵),声则同读为舌头音(隤,定母;瘣,透母)。②故从音理上看,说虺隤、坏隤、瘣瘣三词同源,应该是没有什么问题的。我们认为这三个词同源,还在于其意义相通,或者说具有共同的隐性义素,③这个隐性义素就是"下坠"。下面是坏隤、瘣瘣二词在文献中的用例:

（2）东汉荣渎石门碑铭:"往大河冲塞,侵啮金堤,以竹笼石,葺土而为堨,坏隤无已,功消亿万。"

（3）（宋）张君房《云笈七签》卷三十四《杂修摄》载《宁先生导引养生法》云:"若卒得中风病,固瘣瘣不随,耳聋不闻,头眩癫疾,咳逆上气,腰脊苦痛,皆可按图视像,于其疾所在,行气导引,以意排除去之。"

例（2）之"坏隤",《汉语大词典》释为"坍塌",甚是。例（3）之"瘣瘣",《汉语大词典》释为"兀然定坐貌",则误;其义当同"瘫痪"。王力先生曾经指出:"'瘣'是'虺颓'的合音。"④笔者更以为"瘣"即"痿"字异体,因二字不但同音,而且在表示瘫痪义上完全相同(属于部分异体字)。《集韵·贿韵》"瘣"字下注曰:"瘣瘣,风病。"元代名医朱震亨指出:"今世所谓风病,大率与诸痿证混同论治。"所谓痿证,即如《素问·痿论》王冰注所云:"痿谓痿弱无力以运动。"亦即瘫痪之症状。汉张机《金匮要略论》卷五"中风历节"条曰:"夫风之为病,当半身不遂。"半身不遂亦即瘫痪。瘫痪尤多见于下肢,表现为腿软不能自持。要之,"痿"俗

---

① 《毛诗·周南·卷耳》孔颖达等《正义》引。
② 本文所说的上古音声韵,主要依据唐作藩先生《上古音手册》,江苏人民出版社1982年版。
③ 苏瑞先生以为:"除了同源词与派生词(如'昏—婚,反—返')和因方言而分化的同源词(如'台、胎、陶、鞠')之间有'意义相同或相关'的关系之外,判断一组词是不是'有同一来源',即是不是同源派生词,只有两个标准:第一,音近(同);第二,义通。……'义通',并非语用义的'相同或相关'或者'通用',而是具有共同的隐性义素。"(见《隐性义素》,《古汉语研究》1995年第3期,第93页。)
④ 见《同源字典·微部·匣母》下"huəi 瘣坏:xuəi（匣晓旁纽,迭韵)"条。

书作"瘏",缓读为"虺隤(颓)",后世音转,又书作"痕瘣",义为"瘫痪",亦指足软不能自持。"坏隤"是山体、建筑物等支撑不住而下坠;"虺隤"、"痕瘣"则是人畜肢体无力自持而下坠。

次说"瘏"。其同源词有潴、渚、睹、著等。记录这些词的字都有共同的声符"者",可见它们的上古音相同或者相近;而且它们都有共同的隐性义素"停留,阻滞",意义相通。其中,潴,《玉篇·水部》曰:"水所停也。"渚,《说文·水部》引《尔雅》曰:"小洲曰渚。"指水中的小块陆地,亦即水中沙土停积的地方。睹,《说文·目部》曰"见也",则是目光停留的结果。著,亦有滞留义,《韩非子·十过》"兵之著于晋阳三年,今旦暮将拔之而向其利,何乃将有他心"之"著"即是;又留文字于简帛亦称为"著"。则"瘏"之为病,当是指"(疲乏而)走不动"。

再说"痡"。其同源词有铺、敷、匍等。记录这些词的字都有共同的声符"甫",可见它们的上古音相同或者相近;而且它们都有共同的隐性义素"摊开,平展",意义相通。其中,铺,《广雅·释诂二》曰:"铺,陈也。"又曰:"铺,布也。"凡多个物体的分散陈列,或单一物体的摊开、平展,都可以称为"铺"。敷,义近"铺",《尚书·顾命》"牖间南向,敷重篾席",《穆天子传》卷六"曾祝敷筵席设几",并取"铺展,铺开"义。匍,《说文·勹部》曰"手行也",《广雅·释诂三》曰"伏也",即"爬行,趴伏"义。爬行、趴伏必平摊身体,故称为"匍"。据此,则"痡"之为病,当指身体倒下。身体倒下则平置其身,唯因劳累而倒下者称"痡",倒下而脸朝下者称"匍"。

总而言之,《诗经·周南·卷耳》"我马虺隤",是说"我的马儿腿发软啊";"我马瘏矣",是说"我的马儿走不动啊";"我仆痡矣",是说"我的仆人累倒了啊"。

二、比兴承应法

《诗经》多比兴。比是比喻,即朱熹所谓"以彼物比此物也";[1] 兴又叫起兴,是寄托,其手法是"先言他物以引起所咏之词也"。[2] 比喻,则作为喻体之"彼物"与作为主体之"此物"必有相似处;起兴,则先言之"他物"

---

[1] 见《诗经集传》卷一《国风·周南·螽斯》"螽斯羽,诜诜兮。宜尔子孙,振振兮"下的传文。
[2] 见朱熹《诗经集传》卷一《国风·周南·关雎》"关关雎鸠,在河之洲;窈窕淑女,君子好逑"下的传文。

与引起之"所咏"必存在联想之基因。也就是说,从文义方面看,比喻之"此物"与"彼物"必须相应,起兴之"所咏"与"他物"当有以相承。据此读《诗》,如果某一注家之解释于比兴之《诗》文前后义不相承应,则其解释之正确性就值得怀疑。例如:

(4)《召南·行露》二章:"谁谓雀无角,何以穿我屋?谁谓女无家,何以速我狱?虽速我狱,室家不足!"三章:"谁谓鼠无牙,何以穿我墉?谁谓女无家,何以速我讼?虽速我讼,亦不女从!"

程俊英先生译两章之前四句曰:"谁说麻雀没有嘴,凭啥啄穿我的堂?谁说你家没婆娘,凭啥逼我坐牢房?""谁说老鼠没有牙,凭啥打洞穿我墙?谁说你家没婆娘,凭啥逼我上公堂?"[①]

按:此两章前四句均用比喻手法,即以一、二句之"彼物"比三、四句之"此物",以诗人所认为的雀有角、鼠有牙比喻女(汝)有家,以雀凭角穿我屋、鼠凭牙穿我墉比喻女(汝)凭家速我狱、速我讼。按照程先生的今译,凭角穿屋,凭牙穿墉,可解;而凭婆娘逼人坐牢房、上公堂,则不可解。后二句与前二句义不相应,诗人比喻不当如此蹩脚。陈智贤、袁宝泉先生指出:"诗中的'家'和'室家'应当是和'角'、'牙'一样可资利用和倚仗的东西,这才符合《诗经》所惯用的比、兴手法的要求,这样整首诗也才能顺理成章,文义连贯。"并引《论语·季氏》"有国有家者,不患寡而患不均,不患贫而患不安"语,认为"《行露》里的'家'正是'有国有家者'里的那个'家',引伸作'权势'解"。所言可谓切中肯綮。除了对"室家"的理解不同之外(我们认为《行露》中的"室家"取"妻子"义,活用作动词,表示"成为妻子"的意思。"室家不足"是说"不足以让我成为你的妻子"),我们大体赞同陈、袁二位先生的看法。《周礼·夏官·叙官》"家司马各使其臣以正于公司马",郑玄注:"家,卿大夫采地。"有家,也即是卿大夫。如此,一方是凭仗卿大夫的权势"以速我狱"、"以速我讼",另一方是凭仗角"以穿我屋"、凭仗牙"以穿我墉",也就具有可比性了,也就做到文意相应了。

(5)《周南·螽斯》首章:"螽斯羽,诜诜兮。宜尔子孙,振振兮。"二章:"螽斯羽,薨薨兮。宜尔子孙,绳绳兮。"三章:"螽斯羽,揖揖兮。宜尔子孙,蛰蛰兮。"

---

① 尚有多家《诗经》译作,文字不尽同而意思并无二致,此不赘举。

毛传:"诜诜,众多也。振振,仁厚也。薨薨,众多也。绳绳,戒慎也。揖揖,会聚也。蛰蛰,和集也。"

按:此三章之首二句,均属于"兴"。诗人由眼前所见之螽斯而引起联想,并表达了对"尔(后妃?)"的祝贺。其中,首章"振振"当与"诜诜"义相承应,二章"绳绳"当与"薨薨"义相承应,三章"蛰蛰"当与"揖揖"义相承应,自不待言。然依毛解,只有第三章之"蛰蛰"与"揖揖"意义可以联系得上,其余均不相承应。诗人用"兴",当不如此。程俊英先生怀疑"《毛传》训(振振)为'仁厚'或'信厚',恐非诗意",认为"振振"是"繁盛振奋的样子",算是使它的意义与"诜诜"靠近了一步,但是仍然没有到位,而且"繁盛的样子"与"振奋的样子"两个差别颇大的概念是如何糅合成一个词义的,也很令人怀疑。其释"绳绳"为"多而谨慎的样子",错误与此大体相同。至释"蛰蛰"为"和集安静的样子",则是倒退了一步,因为"安静的样子"与"揖揖"的意义全不相关。其实,关于《螽斯》一诗的解释,清人马瑞辰已有很好的见地,他说:"振振,谓众盛也。'振振'与下章'绳绳'、'蛰蛰'皆为众盛。故《序》但以子孙众多统之。"(《毛诗传笺通释》)诚为的论。"振"有"众多"之义,《文选·扬雄〈甘泉赋〉》"八神奔而警跸兮,振殷辚而军装"吕向注、《任昉〈为萧扬州作荐士表〉》"白驹空谷,振鹭在庭"李周翰注,并曰:"振,众也。"而《诗经·鲁颂·有駜》"振振鹭,鹭于下"毛传释"振振"为"群飞貌"。《左传·僖公五年》"均服振振"杜预《注》释"振振"为"盛貌"。《吕氏春秋·慎人》"丈夫女子,振振殷殷"高诱《注》释"振振殷殷"为"众友之盛",则"振振"可以形容众盛,应该是可信的。"绳绳"亦可表示"众多":《文选·左思〈魏都赋〉》"殷殷寰内,绳绳八区",张铣注曰:"殷殷、绳绳,皆众也。"《汉书·礼乐志》"绳绳意变,备得其所",颜师古注引孟康曰:"绳绳,众多也。""蛰蛰"亦有"多"义。《玉篇·虫部·蛰》曰:"蛰蛰,多也。"又,李贺《感讽》五首之五"侵衣野竹香,蛰蛰垂叶厚",王琦注亦曰:"蛰蛰,多貌。"要之,《螽斯》诗人看到螽斯会聚众多,遂生发"宜尔子孙"亦如其繁盛众多之联想与祝愿。释"振振""绳绳""蛰蛰"为众盛,方能与前文"诜诜""薨薨""揖揖"相应,也才能使所咏之词与先言之他物发生联系,文意相承。

三、多章合参法

《诗经》中除颂诗外，基本上以多章结构为主，少者二章（如《国风·召南·小星》），多者至十六章（《大雅·桑柔》），而以三章结构为最多。在全部305首诗中，三章结构者占112首，超过1/3。《诗经》原是合乐的歌词，为了形成一唱三叹的效果，还常常采用迭章的形式。在重复的几章间，有的字面和意义只有少量的改变，由此形成训诂学所谓的"对文"。利用对文可以推求字词的意义及用法，前人之述备矣，无须多费唇舌。这里要说的是，对于那些不存在对文关系的章句，由于各章往往从不同的角度对同一事件进行记述，或者取其一隅对某一场景进行描写，因而同样存在着密切的关系，分视则未窥全豹，合观方得庐山面目。也就是说，读诗宜多章合参。今举其例如下：

（6）《周南·兔罝》首章："肃肃兔罝，椓之丁丁。"

按："椓之丁丁"，所为不甚明了。参看其后二章"肃肃兔罝，施于中逵"、"肃肃兔罝，施于中林"，意思就清楚了：原来这是对施兔罝于中逵（中林）这一行为的具体而形象地描写。

（7）《邶风·雄雉》首章："雄雉于飞，泄泄其羽。我之怀矣，自诒伊阻！"

按："我之怀矣"，所"怀"者谁？所"怀"为何？参看二章"雄雉于飞，下上其音。展矣君子，实劳我心"，就清楚了：原来心中"怀"的是"展矣"之"君子"（程俊英先生以为"这里指丈夫"）。再看三章"瞻彼日月，悠悠我思。道之云远，曷云能来"，就更清楚了：原来之所以"怀"，是因为君子远行，望其归来。

（8）《齐风·卢令》首章："卢令令，其人美且仁。"

按：卢是田犬（即猎狗。见《毛传》）；令令为拟声词，犹"铃铃"。田犬哪来"令令"之声？看其二章"卢重环"、三章"卢重鋂"就明白了：原来真正"令令"作响的不是"卢"，而是套在"卢"颈上的"重环""重鋂"（鋂是一大环贯二小环的子母环）。

四、补足省文法

《诗经》作为合乐的歌词，句子的字数受到一定的限制，有时未免语意未完，戛然而止。读者唯有于反复吟咏之中细细体味，补足省文，方得诗人真意；如若胶柱鼓瑟，必致误解。其例如：

（9）《王风·大车》三章："谷则异室，死则同穴。谓予不信，有如皦日！"

按："有如皦日"句，郑玄笺曰："我言之信，如白日也。"孔颖达等正义亦曰："我言之信，有如皦然之白日，言其明而可信也。"并误。因为"言之信（诚实不欺）"与"白日"并没有相似性或可比性，"白日"不得作为比喻之喻体，故当世学者多未从之。高亨先生释"谓予"二句曰："如，犹彼也。皦，同皎，白也。此二句是说：你如果说我不能实践诺言，有那白日作证。"程俊英先生译文则作："别说我话难凭信，天上见证是太阳！"均至确。二先生注文或译文中出现的"作证""见证"字眼，并非取自原诗某字某词，二先生也并未说明取自何处。我们以为，这正是原诗意所当有而因字数所限省去之文。如若补足省文，则当作"谓予不信，有如（指示代词，可释为'此'或'彼'）皦日作证（见证）"。

（10）《卫风·氓》五章："三岁为妇，靡室劳矣。夙兴夜寐，靡有朝矣。"

按：此四句，自郑玄《毛诗笺》、孔颖达等《毛诗正义》、朱熹《诗集传》、马瑞辰《毛诗传笺通释》、陈乔枞《韩诗遗说考》、王先谦《诗三家义集疏》直至今人高亨《诗经今注》、程俊英《诗经译注》、黄典诚《诗经通译新诠》等众多治《诗》专家均未得其要旨。唯商礼群《古代民歌一百首》及郭锡良等编《古代汉语》最合诗意。①商氏释"三岁为妇，靡室劳矣"曰："这两句说：做了三年媳妇，家里的事没有一件不要操劳。"释"夙兴夜寐，靡有朝矣"曰："这两句说：起早摸黑，没有一天不是这样。"郭氏等注"靡室劳矣"曰："没有家里的劳苦事，意思是家中的劳苦事，没有一件不做的。"注"靡有朝矣"曰："意思是没有一天不如此。朝：早晨，指一朝（一日）。"如此解释，四句文气贯串，远非他说所可比拟。然皆因但串句意，未言所以，语焉不详，故未获学界普遍重视与采纳。其实"靡室劳矣"、"靡有朝矣"二句并有省略，语意未完，若补足之，则是"靡室劳而不作矣"、"靡有朝非如此矣"。"而不作"、"非如此"之类意思词语乃因诗歌字数所限而省略，然于反复吟咏体味之中，犹依稀可辨也。

---

① 商氏书由上海古籍出版社1979年11月出版，郭氏等书由北京出版社1981年9月出版。

（11）《小雅·正月》七章："天之扤我，如不我克。彼求我则，如不我得。"

按：毛传曰："扤，动也。"郑笺曰："我，我特苗也。天以风雨动摇我，如将不胜我。谓其迅疾也。彼，彼王也。王之始征求我，如恐不得我。言其礼命之繁多。"郑氏释"如不我克"为"如将不胜我"，然"如将不胜我"又如何能领会出"谓其迅疾也"的意思来，令人费解。又释"如不我得"为"如恐不得我"，"恐"字从何而来，诗为何不言"恐不我得"而言"如不我得"？也未免让人生疑。高亨先生注此诗曰："扤（wù 误），借为抈（yuè 月）。《说文》：'抈，折也。'即挫折之义。克，胜也。言其用尽方法以求胜我。不我得，不得我，指用尽方法以求得我。"以"言其用尽方法以求胜我"释"如不我克"，以"指用尽方法以求得我"释"如不我得"，也不知有何依据，叫人糊涂。其实，此诗"如不我克"意谓"如不我克则不止（也可用'息'或其他同义字）"，"如不我得"意谓"如不我得则不息（也可用'止'或其他同义字）"，因字数所限，故各省去后半句。程俊英先生译此四句，作："老天拼命折磨我，好像非把我压倒。当初朝廷需要我，找我惟恐得不到。"前二句得其真谛，"好像非把我压倒"者，"好像非把我压倒不可"也，"不可"二字亦意所当有而省其文。后二句则显然承袭郑笺而误。

读《诗》之法，相信当今学者多有高招。笔者此文聊作抛砖，若因此而得引玉，则不胜荣幸之极！

参考文献

[1] 高亨：《诗经今注》，上海：上海古籍出版社，1980年。
[2] 程俊英：《诗经译注》，上海：上海古籍出版社，1985年。
[3] 徐朝华：《尔雅今注》，天津：南开大学出版社，1987年。
[4]（北魏）郦道元：《水经注·济水》。
[5] 陈智：《<行露>旧释质疑》，《中山大学学报》，1982年第4期。
[6] 王彦坤：《训诂的方法》，《暨南学报》，2005年第6期。
[7] 王彦坤：《读经志疑》，《李新魁教授纪念文集》，北京：中华书局，1998年。

古汉语异形词与词语释义*

曾昭聪

古汉语异形词即是指古汉语阶段中同时或先后产生的同音（包括方言音变和历史音变）、同义（一个或多个义位相同）而书写形式不同的词语。古汉语异形词研究有助于词语释义（例一至例四）；而非异形词亦不当视作异形词，否则会影响释义（例五）。

例一：慢裆

《清平山堂话本·杨温拦路虎传》："纻丝袍，束腰衬体；鼠腰兜，奈（柰）口慢裆。""慢裆"何义？诸校注本及程毅中《宋元小说家话本集》等均未注，《汉语大词典》亦未收录。

按，明陈士元《俚言解》卷二"缦裆袴"条："袴与裤同。今之缦裆袴即宋人之裩裆袴也。其制长而多带，下及足踝，上连胸腹，江湘渔人寒天举网多用之。《汉书·外戚传》：'霍光欲皇后擅宠有子，虽宫人使令皆为穷袴，多其带，后宫莫有进者。'注：'穷袴即裩裆袴。穷，极也。前后多带，使不便行淫。'"又，清顾张思《土风录》卷三"开裆袴"条："童子七八岁无男女皆著开裆袴。按：《汉[书]·外戚传》：'霍光欲皇后擅宠，虽宫人使令皆为穷袴。'师古注：'穷袴有前后裆，不得交通。即今绲裆袴。'是则古妇女通著开裆袴。绲，音魂，缝也。（本音衮，带也。）绲裆袴，盖即俗所谓'虺裆袴'。（虺，音瞒，《广韵》云：无穿孔。《南史·高昌国传》：'著长身小袖袍、缦裆袴。'是外国之袴，始不开裆。）"

由《俚言解》知"缦裆袴""即宋人之裩裆袴也"。"裩"与"䘨""裈"为异体字关系。《说文·巾部》："䘨，䘨也。从巾，军声。裈，䘨或从衣。"

---

* 基金项目：广州市哲学社会科学发展"十二五"规划2012年度一般课题"近代汉语异形词研究"（2012YB21）、国家社科基金项目"明清俗语辞书及其所录俗语词研究"（09BYY048）。

段注:"今之套裤,古之绔也;今之满裆裤,古之裈也。自其浑合近身言麴,自其两襱孔穴言曰䩛。"《方言》卷四:"裈,陈楚江淮之间谓之𧝓。"钱绎笺疏:"裈即今之满裆绔也。"则"麴"即"满裆裤",实类同于今天的裤子。"满"即指不开裆。"满裆裤"又写作"漫裆裤""慢裆裤""瞒裆裤"。《汉语大词典》"缦裆绔"释义:"不开裆的裤。"举一例:《梁书·诸夷传·高昌国》:"国人言语与中国略同……辫发垂之于背,着长身小袖袍、缦裆袴。"又,《警世通言》卷十四:"见个男女:头上裹一顶牛胆青头巾,身上裹一条猪肝赤肚带,旧瞒裆裤,脚下草鞋。"又据《土风录》有"俗所谓'虋裆袴'"的写法,"《广韵》云:无穿孔",则该组异形词共有五个成员:"缦裆""满裆""慢裆""瞒裆""虋裆"。其中"满"的理据较为明显,"缦""慢""瞒""虋"则均为记音,然"曼"声、"虋"声亦有"满、蒙覆"之语源义。

由此,知"慢裆"即满裆,即裤子不开裆。

例二:通替棺/抽替棺

《南史·后妃传上》:"殷淑仪,南郡王义宣女也。丽色巧笑。义宣败后,帝密取之,宠冠后宫。假姓殷氏,左右宣泄者多死,故当时莫知所出。及薨,帝常思见之,遂为通替棺,欲见辄引替觐尸,如此积日,形色不异。""通替棺"后世或引用"抽替棺",二者词义有何相同之处?"棺"之义没问题,需要解决的是"通替""抽替"。

按,清顾张思《土风录》卷三"抽替"条:"厨桌有版如匣可出入者曰抽替。按周密《癸辛杂识》云李仁甫撰《通鉴长编》,作木厨十版,每厨作抽替匣二十枚,每替以甲子志之云云。盖取抽出而有所替代之意。又《南史·孝武帝纪》:殷淑妃死,帝思之,为抽替棺,欲见辄引替。此又仁甫抽替匣之所本。(俗作"屉",案字书有"𡱂"无"屉",惟《字汇》"𡱂":音替,鞍屉也。《类篇》"𡱂"注:履中荐也,音替,亦作𪋻。)"又,清伊秉绶《谈征·物部》"抽替"条:"俗呼抽替。《南史》:殷淑仪,孝武帝之贵妃也。有宠而毙,帝思见之,遂为抽替棺,欲见,则引替观尸。"清郝懿行《证俗文》卷三"抽替"条:"《珩璜新论》(宋临江孔平仲毅夫纂):俗呼抽替。《南史·后妃传上》:殷淑仪,孝武帝之贵妃也。有宠而毙,帝思见之,遂为通替棺,欲见,则引替观尸。"民国李鉴堂《俗语考原》八画"抽屉"条:"俗称器物附着之匣曰抽屉。本作'抽替'。《癸辛杂识》:

李仁甫为《长编》,作木厨十二枚,每厨作抽替匣十二枚,每替以甲子志之。"①

按,诸家均已述及《南史》"抽替棺",然仅《证俗文》与今本《南史》一致,作"通替棺"。"抽替"一词最早见于宋代,诸家已引宋周密《癸辛杂识后集·修史法》,此外又如宋岳珂《黄鲁直书简帖下》:"彼有木工,为作一抽替药罗,长尺一、阔六寸许便可。"

诸家以为本作"抽替",《土风录》探源说"盖取抽出而有所替代之意",所谓"替代"何指？这可以联系到"屟"。"屟"本指鞋中的衬垫(或木底),后引申指木屐。《说文·尸部》:"屟,履中荐也。从尸,枼声。"徐锴系传:"履中替也。"指鞋中可以替换的衬垫。段玉裁依玄应《一切经音义》改为"履之荐也",即鞋的木底。王筠句读:"屟以木为之而空其中也。"则是引申义,指木屐。"屟"指木屐这一用法应该出现得不会太晚。《齐民要术·槐柳楸梓梧柞》中已有"木屟"的记载。《玉篇·尸部》:"屟,或作屧。"故"木屟"即木屐。而木屐与抽屟,有一个共同的特点,即都是"以木为之而空其中"且物可以放入其中或抽出的(即可以替换的),所以,从"屟"的木屐义是可以引申出我们今天所说的抽屉义的。

"屟"的异体有"屧",如上引《玉篇》。"屟"的异体还有"屉":《集韵·霁韵》:"屟,或作屉。"由此,有"抽屉"一词。如清《八旗通志》卷九十一:"司祝进跪祝叩头毕,将所供之金银缎布收贮于供朝祭神位之绘花红漆抽屉桌内。"又有"抽屉衚衕"地名。《日下旧闻考》卷三十七:"自西单牌楼向南,由绒线衚衕转东至河漕,沿六部口抽屉衚衕……"

"抽替""抽屟""抽屉""抽屜"是一组异形词。现在通行的"抽屉"写法是通假。"屉"的本义是马鞍垫子。《字汇·尸部》:"屉,鞍屉。"其最早用例见于《宋史》。作为"抽屉"义是借的"屟"字。段玉裁注《说文》:"今夵匦有抽屉,本即屟字。"朱骏声《说文通训定声·谦部》:"屟,今夵匦中抽屉字,当以此屟为之。"《汉语大词典》"抽屉"条所引最早例为现代作家巴金作品例,过晚。

《南史》中的"通替棺"即"抽屟棺",实即为抽屉形式的棺材。之所以以"通"名之,盖因"通"有"通达,无阻碍"之义,抽屟可以无阻

---

① 上引《谈征》的作者,长泽规矩也依原书题为"西厓",实则当为清代伊秉绶。详笔者《俗语辞书〈谈征〉的作者与语言学价值》,《汉语史研究集刊》第十四辑,巴蜀书社 2011 年。又,《俗语考原》的作者李鉴堂的时代,长泽规矩也题为清代,实则其撰书年代当为民国。详笔者《长泽规矩也〈明清俗语辞书集成〉解题补正》。

碍地推进抽出,故名"通"。《癸辛杂识》中所说的"抽替匣"亦应理解为抽屉匣。"抽替"强调的构词理据是外物可以替换,"抽屉"强调的构词理据则是"以木为之而空其中"。二者各有理据。

例三：话榜

《清平山堂话本·错认尸》："当时闹动城里城外人都得知,男子妇人,挨肩擦背,不计其数,一齐来看：险道神脱了衣裳,这场话榜不小。""话榜"一词,《汉语大词典》未收。

按,民国李鉴堂《俗语考原》十三画"话欂"条："犹言话柄。谓其人之言行为人所谈论之数据也。《罗湖野录》：翻手跳掷百千般,冷地看他成话欂。"《俗语考原》收"话欂""话柄"二异形词。又清范寅《越谚》所附《越谚剩语》卷上"话欂"条："见《罗湖野录》,《鹤林玉露》作'话靶'。"

《汉语大词典》收录以下词条："话欂"条："亦作'话霸'。话柄。《大慧普觉禅师语录》卷十：'差毫厘,成话欂,无面目得人怕。'宋晓莹《罗湖野录》卷二：'翻身逃掷百千般,冷地看佗成话霸。'元乔吉《金钱记》第一折：'我则怕人瞧见做风流话欂。'参见'话把'。""话把"条："话柄。"首举《初刻拍案惊奇》卷二十例："那婆子自做了这些话把,被媳妇每每冲着,虚心病了,自没意思。"又,"话巴"条："话把,话柄。巴,用同'把'。"举明陈大声《粉蝶儿·冬闺怨别》套曲："文君再把香车驾,只恐琴心调弄差,反与相如做话巴。""话柄"条义项一："供人谈话的资料。"首例是唐赵璘《因话录·征》："王判书后云：'新命虽闻,旧衔尚在。遽为招命,堪入笑林。'洛中以为话柄。""话靶"条："供人谈论的目标、对象。"首例是宋罗大经《鹤林玉露》卷十："今日到湖南,又成一话靶。"

"话欂""话霸""话柄""话巴""话靶""话把"是一组异形词。诸词前一字相同,后一字声同韵近,且字义相同："欂""柄""靶""把"都可指器物的把儿。据《汉语大词典》,"柄靶"连用,引申指根据和目标。"柄欂"连用,比喻根据、依据。"霸""巴"则为通假或记音。

《清平山堂话本》中的"话榜"亦当为这一组异形词中的成员。"榜"字《广韵》帮声荡韵,与诸字声同,韵亦近："榜"为阳声韵,"欂""霸""靶""把""巴"为阴声韵,拟音的主要元音相同,且近代汉语乃至当代方言中的阴阳对转不是个别现象。"柄"则同为阳声韵,主要元音与"榜"接近。"话榜",即话把、话柄,指供人谈话的资料。另外,笔者推测,这里的"话榜"似是"花榜"(制作险道神的花架子)的谐音。因"险道神"(旧时葬仪扎的纸俑,出殡时在前引路,俗称"打路鬼")外形硕大,《三教搜神大全》说其"身长丈余,头广三尺"。"险道神脱了衣裳,这场花榜(话榜)不小"似可视作歇后语:字面谓险道神脱了衣裳,露出的花榜很大;实则用"话榜不小"指成为很多人的谈话资料。

例四:无梁斗/无量斗

《汉语大词典》"无梁斗"条释义:"斗无梁则无以量物,故以'无梁斗'喻言语之无定准或反复无常。"举二例,首例为元康进之《李逵负荆》第一折:"管着你目下见雠人,则不要口似无梁斗。"次例为《俚言解》例。①

按明陈士元《俚言解》卷二"无梁斗"条原文是:"俗笑人言无定准,曰'口似无梁斗'。此语亦有本。《纪异》云:高骈命酒佐薛涛改一字令。骈曰:'口有似无梁斗。'盖讥之也。涛曰:'川有似三条椽。'公曰:'奈何一条曲?'涛曰:'穷酒佐三条椽,一条曲,又何足怪?'"实际上,《汉语大词典》释义不确,试论于下。

中国古代的量具"斗",有的有梁,有的无梁。梁是斗的上面的提把。大多数斗无梁,只有少数米斗等量具有梁。斗无梁并不影响其作为量具使用,仅仅是搬举不便而已。所以,《汉语大词典》将"无梁斗"释语中之"斗无梁则无以量物……"与实际情况并不吻合。《俚言解》所引"口有似无梁斗"语,实际上是说口的形状就像一个没有梁的斗,即口张大而中间无物遮挡。作为量具的斗,它的梁位于上方正中,与上方边缘平行,用于手提。从位置来看,梁有一定的遮挡作用——量物时物触梁则停止继续加物。所以"无梁斗"应该是指口无遮拦,引申指"言语之无定准或反复无常"。因之,"无梁斗"应释作:"作为量具的斗,其上方与边缘平行的正中位置有的有梁,所量之物触梁则停止加物。人口张大如斗,但中间无梁,故以'无梁斗'喻指口语无遮拦,引申指言语之无定准或反复无常。"

又,"无梁斗"又可写作"无量斗"。二者乃异形词。《汉语大词典》"无

---

① 宋曾慥《类说》卷十二《纪异录》"口似没量斗"条:"高骈镇成都,命酒佐薛涛改一字令,曰:'须得一字象形,又须逐韵。'公曰:'口有似没量斗。'涛曰:'川有似三条椽。'公曰:'奈何一条曲?'涛曰:'相公为西川节度使,尚使一没量斗,至于穷佐酒,有三条椽,内一条曲,又何足怪?'"与《俚言解》所引稍异。"没量斗"宋代已见,《汉语大词典》据后代语料以"无量斗""无梁斗"作为定型书证立目,虽无不可,但似当先引其语源书证。

量斗"条："没有标准的量具。比喻好说无比大话的海口。"举《清平山堂话本·快嘴李翠莲记》例："（翠莲）便道：'老泼狗！老泼狗！交我闭口又开口，正是媒人之口无量斗，怎当你没的番做有！'"《汉语大词典》此处释义先是将"无量"释作"没有标准的"，后又释比喻义为"无比大"，前后自相矛盾，释义不确。实际上，"量"应理解为"梁"的同音俗书。

例五：镳客

《汉语大词典》"镳客"条："镖客。清高士奇《天禄识馀·马头镳客》：'临清为天下水马头，南宫为旱马头，镳客所集。'"按《汉语大词典》释义误。试论于下。

清梁同书《直语补证》"镳客"条："往来水陆贸易者之称。《程途一览》云：临清为天下水码头，南宫为旱码头，镳客之所集。今作骠。"按，"镳"本指马嚼子，与衔合用，衔在口中，镳在口旁，上可系銮铃。《说文·金部》："镳，马衔也。"引申指乘骑。《文选·谢灵运〈从游京口北固应诏〉》："昔闻汾水游，今见尘外镳。"李善注："言镳以明马，犹轸以表车。""镳客"即乘骑者。"镳""骠"均与马有关，如果说由此引申出《直语补证》所谓"往来水陆贸易者之称"，还是有点勉强的。实际上，"镳""骠"均为通假字，本字当作"幖"。

幖，《说文·巾部》："幖，帜也。"段注："凡物之幖识亦曰麈识。今字多作标榜，标行而幖废矣。"《玉篇·巾部》："幖，幡也。"《篇海类编·巾部》："幖，幡也。立木为表系丝其上谓之幖。"可特指商店前面的标帜。《正字通·巾部》："幖，今酒旗，俗称幖。"清范寅《越谚》卷中《名物·人类·善类》收"幖客"："上，（音）'标'。大商。"侯友兰注："幖客：字面义为'有标志的客人'，即'有自家商号的客人'，引申为有身份的大商人。"又，《越谚》卷中《名物·人类·尊称》"茶幖"条："《宋史·赵开传》称'茶商'。"因此，"幖客"即大商，《直语补证》所谓"往来水陆贸易者之称"庶几近之。总之，"镳客""骠客""幖客"是一组异形词。

但是，"镖客"不是这一组异形词中的成员。"镖客"是"给行旅或运输中的货物保镖的人"，而《汉语大词典》"镳客"条所引清高士奇《天禄识馀·马头镳客》中例证"镳客"非"镖客"，而是指大商。《汉语大词典》致误原因在于将"镳""镖"视为异体字。按，"镳"，《广韵》帮母宵韵，"镖"，滂母宵韵。虽音近，但义不同："镖"指刀鞘、剑鞘末端的铜饰物。

《说文·金部》:"镖,刀削末铜也。"代指武器,因有"镖客""镖局""镖师"等词。《汉语大词典》把本不是异形词的"镳客""镖客"视作异形词,因致释义有误。

另外,《汉语大词典》"镳"义项四:"同'镖'。参见'镳局''镳客'。"按,"镳局"仅举老舍作品一例,"镳客"仅举高士奇《天禄识馀》例。老舍作品应只是偶一为之的通假用法,而后一例实不妥。故"同'镖'"释义不妥。《汉语大词典》"镳"义项四当释作:"通'镖'。参见'镳局'。"而"镳客"条实不应"参见"。

参考文献

[1] 侯友兰等:《〈越谚〉点注》,北京:人民出版社,2006年。

[2] 罗竹风主编:《汉语大词典》缩印本,上海:汉语大词典出版社,1997年。

[3] 程毅中辑注:《宋元小说家话本集》,济南:齐鲁书社,2000年。

[4] 卞继卜:《险道神不是危险道上的神》,《社会科学辑刊》,1987年第4期。

引用书目

[1](明)陈士元:《俚言解》;(清)顾张思:《土风录》;(清)伊秉绶:《谈征》;(清)郝懿行:《证俗文》;民国李鉴堂:《俗语考原》。均据长泽规矩也编《明清俗语辞书集成》,上海:上海古籍出版社,1989年。

[2](清)梁同书:《直语补证》,载《通俗编(附直语补证)》,商务印书馆,1958年。

[3](明)洪楩编:《清平山堂话本》,北京:文学古籍刊行社,1955年。

[4](清)段玉裁:《说文解字注》,上海:上海古籍出版社,1988年。

[5](清)钱绎:《方言笺疏》,上海:上海古籍出版社,1983年。

[6](明)冯梦龙:《警世通言》,上海:上海古籍出版社,1992年。

[7](唐)李延寿:《南史》,北京:中华书局,1975年。

[8](南唐)徐锴:《说文解字系传》,北京:中华书局,1987年。

[9](清)王筠:《说文句读》,上海:上海古籍出版社,1983年。

［10］（北魏）贾思勰著，缪启愉校释：《齐民要术校释》（第二版），北京：中国农业出版社，1998年。

［11］《宋本玉篇》，北京：中国书店出版社，1983年。

［12］《集韵》，上海：上海古籍出版社，1983年。

［13］（清）鄂尔泰：《八旗通志》，长春：东北师范大学出版社，1985年。

［14］（清）于敏中：《日下旧闻考》，北京：北京古籍出版社，2001年。

［15］梅膺祚：《字汇》，上海：上海辞书出版社，1991年。

［16］朱骏声：《说文通训定声》，北京：中华书局，1984年。

［17］（清）范寅：《越谚》，《〈越谚〉点注》，北京：人民出版社，2006年。

［18］《文选》，北京：中华书局，1977年。

［19］（明）张自烈：《正字通》，北京：中国工人出版社，1996年。

［20］（宋）曾慥：《类说》，北京：书目文献出版社（北京图书馆古籍珍本丛刊第62册）1998年。

明代歌曲释词三例

曾昭聪

一、顿

陈铎《乐府全集·滑稽余韵》之《水仙子·织边儿》："逐朝编织快如流，先用弓儿系两头，一家父子相传授。绕京城一处有，者么你顿买零收。张大嫂乡谈话，李婆儿乌炭手。整行儿晚市桥头。"又《折桂令·剪截铺》："仗分红劈绿为活，富客追寻，仕女穿着。一顿赊来，迁延偿价，零碎发脱。瓜丈尺轻纱细葛，配短长彩段香罗。僕利不多，货卖因何？手里腾那，眼里差错。"

按，《说文》："顿，下首也。"慧琳《一切经音义》卷十八引作"下首至地也"，即以头叩地义。这与上面几个例子中的词义不合。"顿"与"零""零碎"对举，可知整批、整数之义。这一词义通常用"趸"字表示。上引第二例看起可能会误以为"顿"用为量词，但若与《汉语大词典》下卷第6149页"趸"义项一第一例（《红楼梦》第五十一回："王太医和张太医每常来了，也并没个给钱的，不过每年四节，一大趸儿送礼；那是一定的年例。"）比较即可看出，"顿"还是整批、整数义。《汉语大词典》下卷第7226页"顿₁"条义项三十五："用同'趸'。"举《醒世姻缘传》第五十四回例："三日以后，只得又要改行往那官盐店里顿了盐来用袋装盛，背在肩上，串长街，过短巷，死声嗥气，吆喝盐哩。"稍过晚。《汉语大字典》未收此义项。

又按，"顿"之此义，似亦不必牵扯到"趸"。"顿"从屯声，《说文》："屯，难也。象艸木之初生屯然而难。""草木之芽始生时，先在土下屯居，生命力聚于地下，所以'屯'引申而有'聚'义。"（王宁《训诂方法论》，见《训诂与训诂学》33—34页，山西教育出版社1994）《广雅·释诂三》："屯，聚也。"《离骚》："屯余车其千乘兮，齐玉軑而并驰。"《汉书·陈胜传》："胜、广皆为屯长。"颜师古注："人所聚曰屯。"因此一些从屯之形声字词义中有"聚多"源义素，"顿"亦有"全、全部"义，如《世说新语·言语》"以简应对之烦"刘孝标注引《高坐别传》："诸公与之言，皆因传译。然神领意得，顿在眼前。"《南齐书·武帝纪》："颇不喜游宴、雕绮之事，言常恨之，未能顿遣。"再引申，则有"整批、整数"之义。这一词义通常被写作"趸"，但是这个字产生得很晚，清代才出现于辞书中。清吴任臣《字汇补·酉集》："趸，东本切，敦上声。俗字，零趸。"《汉语大字典》和《汉语大词典》所引均为清代及以后书证。清张慎仪《蜀方言》卷上："货有成数曰趸。"笔者以为，这是为"顿"诸义项中"整批、整数（的财产、货物）"这一义项所造的专用字（从万从足，构形意图明显），而实际上，这一词义本来也可用"顿"字来记录。

"顿"有"整批、整数"义，尚有方言可资参证。

《汉语方言大词典》第四卷"顿当"：〈形〉一总；集中的。吴语。上海。～生活零散做。《沪谚》："零散嫁，不如～嫁。"浙江镇海。清光绪五年《镇海县志》："吴中记待事并为者曰～。"又"顿党"：〈副〉一齐。㈠古北方言。北魏贾思勰《齐民要术·胡麻》"～黄"注："～，一齐也。"㈡吴语。江苏常州。这满发仔财拿监几年的亏空一～还落仔这回要是发了财就把这几年欠的钱一下子还清。（按，"顿当"条后标明的词性只有形容词，不确，至少与后面所举例"～嫁"中用法不一致。）

《吴方言词典》"趸当"：亦作"趸档""顿当"。一总；整批；整笔。胡德祖《沪谚》卷上："另碎博趸当，趸当博另碎。"锡剧《双推磨》："工钱讲好三石六，年底趸当付给我。"《泸剧·朱小天》："别人一钿配二八，依大爷配足三钱，头钱顿当拨好啦。"高晓声《陈奂生包产》一："手里有几个臭钱，就东借西借，趸档打成零碎。"

上引材料中"顿当""顿党""趸当"用法一致，也足以证明"顿"表示的就是"趸"字所记录的词义。双音词中的"当""档""党"可能只是后缀。

二、交

陈铎《乐府全集·滑稽余韵》之《水仙子·瓦匠》"东家壁土恰涂交，西舍厅堂初窝了，南邻屋宇重修造。弄泥浆直到老，数十年用尽勤劳。金张第游麋鹿，王谢宅长野蒿，都不如手镘坚牢。"

又如《清平山堂话本·西湖三塔记》："这西湖不深不浅，不阔不远；大深来难下竹竿，大浅来难摇画桨；大阔处游玩不交，大远处往来不得。"《拍案惊奇》卷三十四："约有半里多路，只见一个树林，多是合抱不交的树。"《明容与堂刻水浒传》第二十七回："为头一株大树，四五个人抱不交，上面都是枯藤缠着。"另有三处类似用例，不赘录。《儿女英雄传》第五回："庙外有合抱不交的大树，挨门一棵树下放着一张桌子，一条板凳。"

"交"字又可写作"高"。王锳先生《诗词曲语辞例释·存疑录》"高"条引《冯玉兰》剧三："他犯了杀人条，现放着大质照；刀头儿血染高。"《六十种曲·锦笺记》十二："几十处伽蓝座座参到，五百尊罗汉个个数高。"认为"似均为周遍义"。

按，交、高二字中古音近，均为"周遍"义，今方言中尚有此词：

《汉语方言大词典》第二卷"交"：……⑩〈形〉遍；尽；全。㈠西南官话。四川成都。到处找～了，也没见到他｜为了买只箫，全城都跑～。《四川方言朗颂诗·算命》："啥子都问～，瞎子慢推敲。"《川剧传统喜剧选·拉郎配》："员外，我到处都找～了。"唐枢《蜀籁》："酸甜苦辣都尝～了。"㈡客话。罗翙云《客方言·释言》："周遍曰～。"

《汉语大词典》未收此义项。《汉语大字典》"交"义项十九："方言。……②相当于'遍'。郭沫若《长春好》：'全国公路已跑交。'"释义甚是，然例证过晚。

又按，《说文·交部》："交，交胫也。从大，象交形。"引申有"合"义，与遍义略同。《楚辞·九章·思美人》："解萹薄与杂菜兮，备以为交佩。"王逸注："交，合也。言已解折萹蓄，杂以香菜，合而佩之。"又有"俱"义。《书·禹贡》："四海会同，六府孔修，庶土交正，厎慎财赋。"孔传："交，俱也。"又，《诗·邶风·北门》第三章："王事敦我，政事一埤遗我！我入自外，室人交徧摧我。已焉哉！天实为之，谓之何哉！""室人"句，郑笺："在室之人更替徧来责我。"视"交"为交替、更替义；然若视"交徧"为同义复用的双音词似更好。因为我们尚未在别的典籍中发现类似郑笺所指出的用法。《汉语大词典》"交徧"条释义："谓轮番遍来。"仅举《北门》一例，恐无多大说服力。

三、巴心

冯惟敏《山堂词稿引·击节余音》之《南玉芙蓉·题怨》四首之三："吃他无限亏，满眼伤情泪。这其间受不尽琐碎参差，他一心要做亏恩事，全不想从前溺爱时、巴心誓！天知地知，只愿的一桩桩报应谢神祇。"又《红绣鞋》："五阎王不嫌鬼瘦，二菩萨那管人愁？甜食内下一把倒须钩，只凭着巴心咒，哄了些帽儿头。俺如今醒了腔，只枉的空着手。"

《说文》："巴，虫也。或曰食象蛇。象形。"但"巴"尚有"粘附"义（作名词则为干燥或粘结在一起的东西，明李实《蜀语》："干肉及饼曰巴。牛肉曰牛干巴，荞饼曰荞巴，盐块曰盐巴，土块曰土巴之类"），用于人则为"亲近"。如元王晔《桃花女》第一折："天色已晚，又遇着风雨，前不巴村，后不着店，怎生是好？"《中国谚语资料·一般谚语》："人笨怪刀笨，饭巴怪筲箕。"《汉语方言大词典》第一卷"巴"：……③〈动〉切合。西南官话。四川成都。答是答得起，就怕不~题。……⑤〈动〉亲近。西南官话。四川成都。你爱娃儿，娃儿才~你。李劼人《暴风雨前》第三部分七："心儿顶~我了，你们不要，我要。"故"巴心"犹言贴心、切心。《汉语大词典》未收此词条。

以下方言词条尚可佐证：

《汉语方言大词典》第一卷"巴心巴肝"：①〈熟〉一心一意；全心全意。西南官话。四川成都。组织上交给他的事情，他总是~地做。克非《春潮急》九："我们为啥~要办农业社啦？因为我们要想永远摆脱剥削，摆脱贫困。"湖北武汉。他~要买。②〈熟〉忠心；痴情。西南官话。四川成都。要再找对你这样~的媳妇儿也真不容易。按，这两个义项其实可以合并成一个。又"巴心巴肠"：〈熟〉一心一意；全心全意。西南官话，四川成都。杨贵云《倾斜的老林》六："即使是亲生的女儿，也不一定有她对爹娘这样~啊。"贵州沿河。人家~地为你好，你啷楷怎么不晓得个好丑呢？又"巴心巴意"：〈熟〉一心一意。西南官话。贵州大方。她是~地要和他好。

按上引方言资料中，"巴心"分别与"巴肝""巴肠""巴意"互文（后一词中的"心"是指心意），故"巴心"就是"贴心、切心"义。

参考文献

[1] 王锳：《诗词曲语辞例释》，北京：中华书局，1986年。

[2] 汉语大词典编委会：《汉语大词典》（缩印本），上海：汉语大词典出版社，1997年。

[3] 汉语大字典编委会：《汉语大字典》（缩印本），武汉：湖北辞书出版社，成都：四川辞书出版社，1995年。

[4] 许宝华、宫田一郎主编：《汉语方言大词典》，北京：中华书局，1999年。

[5] 吴连生、骆伟里等编著：《吴方言词典》，上海：汉语大词典出版社，1995年。

[6] 闵家骥、晁继周、刘介明：《汉语方言常用词词典》，杭州：浙江教育出版社，1991年。

引用语料

[1] 路工编：《明代歌曲选》，北京：中华书局，1959年。

[2] （明）冯梦龙编述：《挂枝儿》，载《明清民歌时调集（上）》，上海：上海古籍出版社，1987年。

[3] （明）冯梦龙编述：《山歌》，载《明清民歌时调集（上）》，上海：上海古籍出版社，1987年。

[4] （明）冯梦龙编述：《夹竹桃》，载《明清民歌时调集（上）》，上海：上海古籍出版社，1987年。

[5] （明）洪楩编：《清平山堂话本》，北京：文学古籍刊行社影印本，1987年。

[6] （明）施耐庵撰，罗贯中纂修：《明容与堂刻水浒传》，上海：上海人民出版社影印本，1973年。

[7] （明）凌濛初：《拍案惊奇》，上海：上海古籍出版社，1982年。

[8] （清）文康：《儿女英雄传》，上海：上海古籍出版社，1991年。

唐五代四史词语考释与 《汉语大词典》修订[*]

熊 焰

语文辞书是人们日常学习语言文字的良师益友，也是文史工作者不可或缺的参考工具，其实用价值与重要性无论给予多么高的评价都不为过。正因如此，历代学者乃至政府均十分重视语文辞书的编纂。新中国成立后出版的几部大中型语文辞书，包括《辞源》（修订本）、《辞海》（新修本）、《汉语大字典》《汉语大词典》等，都无一不是在政府的大力支持与资助下完成的。

毫无疑问，在至今出版的汉语文辞书中，《汉语大词典》是收词最多、规模最大的一部具有权威性的大型工具书。然而毋庸讳言，由于其"古今兼收、源流并重"的目标追求，注定其篇幅浩瀚，编纂人员众多，而千虑一失、挂一漏万之错误，以及质量参差之现象，也就在所难免。这就有必要通过在使用它的过程中发现问题，乃至有针对性地开展某一方面的研究工作，积累知识及经验，以为日后修订之资，使之更为完善。实际上，语文辞书的编纂出版是一个不断完善的过程，绝不可能一蹴而就，如：《现代汉语词典》自1978年正式发行第一版后，又经多次修订，至2012年已出至第6版；《辞海》至2009年也出至第6版；《汉语大字典》于2010年出版了第2版；《辞源》则将于2015年出版经过较大修订之第3版。《汉语大词典》第2版的修订工作也在进行之中。为使修订工作卓有成效，针

---

[*] 本文是教育部人文社科研究规划基金项目"唐五代四史所见辞书未收词语考释"（编号：13YJA740064）、广东省哲学社科"十二五"规划2012年度项目"唐五代四史所见辞书未收词语考释"（编号：GD12CZW06）成果。

对已经发现的一些问题，参考当代学者的科研成果，甚至有计划地开展某一方面的研究工作，是很有必要的。

就收词而言，《汉语大词典》存在的不足主要表现在三个方面：一是词语失收；二是义项欠缺；三是书证落后。至今发表的许多有关《汉语大词典》指瑕的文章，都主要以此为着眼点。实际上，有目的地、分门别类地对于不同范围的文献中词语进行系统而全面的调查与考察，是从根本上克服《汉语大词典》以上缺失之不二法门。下面，我们将以《旧唐书》《新唐书》《旧五代史》《新五代史》，①即所谓的"唐五代四史"为例，印证开展这一工作的意义及必要性。

唐五代四史包括文字资料将近850万字，作为纪传体史书，四书所涉及的内容十分广泛，使用词语也极繁复，据笔者近年调研所知，其中不乏《大词典》未收的词语和义项，也不乏足以提前《大词典》书证时代的用例。《大词典》之修订，如能吸收当代学者这一方面的考释成果，当于提升、完善词典质量有所帮助。

一、可增补《汉语大词典》词目例

唐五代四史中存在一些既未被《汉语大词典》收录，又不见于《两唐书辞典》《两五代史辞典》的词语。研究、考释、补充这些词语，可以丰富《汉语大词典》的收词量，补正其在词目收立上的缺失。例如：

【宝极】皇位，帝位。"宝极"犹"宝位""宝图"。古代天子诸侯以圭璧为符信，泛称"宝"。秦始以帝后之印为"玺"，唐改称"宝"。《新唐书·车服志》有载："至武后改诸'玺'皆为'宝'。中宗即位，复为'玺'。开元六年，复为'宝'。"（第524页）后用以称"与帝王有关的事物"，如"宝位""宝仗"等。"极"为顶点，最高位置，又特指帝王之位。[南朝] 鲍照《〈河清颂〉序》："圣上天飞践极，迄兹二十有四载。"[唐] 封演《封氏闻见记·儒教》："今上登极，思宏教本。"皆其例。《旧唐书·中宗本纪》："朕临兹宝极，位在崇高。负扆当阳，虽受宗枝之敬；退朝私谒，仍用家人之礼。"（第138页）"宝极"即皇位，帝位。"宝极"一词，

---

① 本文采用的两《唐书》，为中华书局1975年版。《旧五代史》，为中华书局1976年版。《新五代史》，为中华书局1974年版。文中标出的页码均为这些版本中的页码。

典籍中屡见：［唐］苏安恒《请复位皇太子疏》："臣闻历数在躬，握璇玑者哲后；天命攸属，临宝极者圣人。或揖让而升，或干戈以定，二途一也。"王勃《王子安集·乾元殿颂并序》："白蛇宵断，行移海岳之符，苍兕晨驱，坐遘云雷之业。属东邻委驭，扇虐政于丛祠，北拱瑶尊，絫皇图于宝极。"《旧唐书·五行志》："自陛下光临宝极，绵历炎凉，郊庙迟留，不得殷荐，山川寂寞，未议怀柔。"（第1354页）［元］王思廉《加号孔子诏书碑》："大德十一年，成宗上仙。武宗皇帝为宗亲臣庶推戴，嗣登宝极。"［明］温纯《温恭毅集》卷一《修实政图治安疏》："臣窃惟天下事不患不可为，而患不必为，故任天下事不得曰不可为也。而使其事必可为治且安者，乃为善治。我皇上嗣登宝极，盖三年于今矣。"《汉语大词典》已收录"宝位""宝图"，未收"宝极"，可补。

【董戎】统率军队。董有"统率"之义。如《魏书·南安王桢传》："今王董彼三军，朕无忧矣。"《旧唐书·昭宗本纪》："卿宜便董貔貅，径临郊甸，荡平妖穴，以拯阽危，是所望也。"（第755页）戎者，军队也。《后汉书·董卓传》："臣既无老谋，又无壮事，天恩误加，掌戎十年，士卒大小相狎弥久。""董戎"为动宾式合成词，典籍中多见：［唐］李华《李遐叔文集·祭刘左丞文》："畴昔之年，逆藩悖天，帝命西平董戎于关上。"《魏书·邢峦传》引世宗曰："汉祖有云'金吾击郾，吾无忧矣'，今将军董戎，朕何虑哉。"《旧唐书·狄仁杰传》："光辅质其辞，仁杰曰：'明公董戎三十万，平一乱臣，不戢兵锋，纵其暴横，无罪之人，肝脑涂地，此非万贞何耶？'"（第2888页）《薛存传》："史臣曰：薛播温敏有文，鲍防董戎无术。李、严太原之政，可谓美矣。"［宋］李焘《续资治通鉴长编·太祖》："邓禹败于回溪，终身无董戎之寄。马援死于蛮徼，还尸阙遣奠之仪。"皆其用例。《汉语大词典》立"总戎"为词条，释义为"统管军事，统率军队。"而未收"董戎"一词，可补。

【喜噪】欢呼。"喜"盖通"嘻"，表喜悦之声。［汉］应劭《风俗通·正失·孝文帝》："上止辇听之，其言可者称善，不可者喜笑而已。"喜笑，犹嘻笑。《说文·品部》："喿，鸟群鸣也。"段玉裁注："喿，俗作噪。"后引申为"喧嚷"、"喧闹"义。《玉篇·口部》："噪，呼噪也。"喜噪，欢呼也。《旧五代史·朱友裕传》："大军喜噪，声震山谷，克用因以良弓百矢遗焉。"（第164页）［宋］司马光《资治通鉴·高祖武皇帝纪》："帝曰：'竖子若过今日，遂不可制。'于是内外喜噪，声满洛阳城，百僚入贺，帝登闻阖门，下诏大赦，遣武卫将军奚毅、前燕州刺史崔渊将兵镇北中。"《唐纪二·高祖神尧大圣光孝皇帝上之中》："兰成恐终及祸，亡奔公顺。公顺军中喜噪，欲奉以为主，固辞，乃以为长史。"

【式覃】遍及，广施。《旧唐书·玄宗本纪上》："承乾之道，既光被于无垠；作解之恩，思式覃于品物。"（第170页）式，本为语助词。《诗·大雅·荡》："式号式呼，俾昼作夜。"《旧唐书·文宗纪下》："载轸在予之责，宜降恤辜之恩，式表殷忧，冀答昭诫。"（第568页）《尔雅·释言》："覃，延也。"郭璞注："覃，谓蔓延相被及。"上引《旧唐书·玄宗本纪上》之例上下句式相对，"光被"与"式覃"构成对文，二者意义相同。《汉语大词典》已收录"光被"，释为"遍及"，"式覃"在文献中也多有用例：〔唐〕杜佑《通典·职官》："天宝七载九月敕，五品以上正员清官、诸道节度使及太守等，并听常蓄丝竹，以展欢娱，行乐盛时，式覃中外。"〔唐〕颜真卿《颜鲁公集》卷三《谢赠官表》之《批答》："卿之乃祖，当为硕儒，既高倚相之能，遂有臧孙之后，不坠其业，在卿之门。式覃追远之恩，俾蒙贻厥之庆，加赠方岳，以表哀荣。所谢知。"〔宋〕李攸《宋朝事实》卷四："浸通明灵，大示肸蠁。宜与兆庶，共均休嘉。式覃涣汗之恩，仍易纪年之号，以孚神贶，以顺物宜。"故"式覃"可补。

此类的词语还有：暨于、准基、距度、气臭、伤夭、渠窦、傍视、瞭视、蹂跞、殆忽、侵击、陷蹙、溃变、严奥、笫裯、开治、大蠹、浮民、耗弊、体候、配征等。

二、可补充《汉语大词典》义项例

词目确立后，就需对该词进行系统、深入、完备的解释，这也是词书编纂最重要的一个环节。不管是大型的历史语文词典，还是专科专书词典，都应该完备、准确地列出被释词的所有义项。义项齐备是大型语文工具书的重要特征之一。

2.1《汉语大词典》为单独义项的词目：

【交修】同时治理。"交"释作"俱"，谓"一齐，同时"。《国语·晋语二》："释其闲修。"韦昭注："修，治也。"《广韵·尤韵》："修，理也。"故"修"有"治理"之义。"交修"即谓"同时治理。"《旧唐书·郭昕传》："自关、陇失守，东西阻绝，忠义之徒，泣血相守，慎固封略，奉尊朝法，皆侯伯守将交修共理之所致也。"（第3474页）《新五代史·李昪世家》："朕擅一百州之富庶，握三十万之甲兵，农战交修，士卒乐用，苟不能恢复内地，申画边疆，便议班旋，真同戏剧。"（第774页）《宋史·乐章志》："太宗位奠币，化安削平伪邦，嗣兴鸿业。礼乐交修，仁德该洽。柔祇荐享，量币攸摄。侑坐延灵，神休允答。"[清]李颙《二曲集·卷二十九》："视听端凝，言动不苟，久自'啐面盎背'，四体泰然。'九容'以修其外。'九思'以修其内，内外交修，身斯修矣。"皆其用例。《汉语大词典》已立"交修"为词条，仅释为"用为天子要求臣下匡助之词"一个义项，显然不合上列各例文中之意，《汉语大词典》当补立"同时治理"义项。

【拒却】击退。《旧唐书·任瓌传》："枢因纵诸队各杀质子，枭首于门外，遣使报瓌。瓌阳怒曰：'遣将去者，欲招慰耳，何罪而杀之？'退谓浚曰：'固知崔枢办之。既遣县人杀贼质子，冤隙已大，吾何患焉。'枢果拒却圆朗。"（第2324页）《新唐书·苑君璋传》："君璋拒命，进寇代州，刺史王孝德拒却之。"（第3805页）《宋史·孝宗本纪》："甲辰，五部落犯黎州塞，兴州左军统领王去恶拒却之，折知常重赂蛮，使之纳款。"皆其例。"拒却"之"击退"义，于正史中始见于《旧唐书》，宋元明清史中均有用例，《宋史》中用例尤多。《汉语大词典》已立"拒却"为词条，但仅立"拒绝，推却"一个义项，所引书证为：明唐顺之《金事孙公墓志铭》："公始至，恩绣胸背，持刺上谒，公拒却之，然亦未遽诵言罪恩也。"清侯方域《司成公家传》："（其门下生）愿有以为公寿，公固闭阁不与通。日召其故人饮酒，故人有稍稍言及者，益拒却之。"叶圣陶《倪焕之》三一："如果实在不得空，今天来明天去也好，但拒却是不行的。"其实，拒却之"拒绝、推却"义，在《新唐书》中即已有用例：《新唐书·苏世长传》："贞观初，使突厥，与颉利争礼，不屈，拒却赂遗，朝廷壮之。"《汉语大词典》书证当提前。

2.2《汉语大词典》义项残缺的词目：

【飞语】犹传语。《旧唐书·则天皇后本纪》："然犹泛延谠议，时礼正人，初虽牝鸡司晨，终能复子明辟，飞语辩元忠之罪，善言慰仁杰之心，尊时宪而抑幸臣，听忠言而诛酷吏。有旨哉，有旨哉！"（第133页）据《旧唐书·魏元忠传》记载，魏元忠尝"陷周兴狱，诣市将刑，则天以元忠有讨平敬业功，特免死配流贵州。时承敕者将至市，先令传呼，监刑者遽释元忠令起，元忠曰：'未知敕虚实，岂可造次。'徐待宣敕，然始起谢，观者咸叹其临刑而神色不挠。""飞语辩元忠之罪"即指此事。"飞"有"迅速传送或传递"之义。[汉]桓宽《盐铁论·轻重》："转仓廪之委，飞府库之财，以给边民。"［晋］左思《咏史诗》之一："边城苦鸣镝，羽檄飞京都。"均其用。"飞语"即"传语"。"飞语"与"善言"相对。"飞语辩元忠之罪，善言慰仁杰之心，尊时宪而抑幸臣，听忠言而诛酷吏"，均是褒扬则天皇后之善举功业。《汉语大词典》已收录"飞语"词条，仅分列两个义项：①民间流传的话；②犹流言。据上，当补义项③犹传语。

【虏庭】古代汉人对少数民族政权所在地的污蔑性称呼。《旧唐书·李靖传》："太宗尝谓曰：'昔李陵提步卒五千，不免身降匈奴，尚得书名竹帛。卿以三千轻骑深入虏庭，克复定襄，威振北狄，古今所未有，足报往年渭水之役。'"（第2479页）《旧唐书》中"虏庭"一词多见，实兼两义。其一为"汉人对少数民族所建政权的贬称"，其一为"汉人对少数民族政权所在地的污蔑性称呼"。前者例如《周智光传》："史臣曰：尝读《李陵传》，战败不能死，屈节降虏庭，君不得为忠臣，母不得为孝子，每长叹久之。"（第3370页）而绝大多数的用例还是属于后者，除上所举《李靖传》例之外，又如《裴怀古传》："圣历中，阎知微充使往突厥，怀古监其军。至虏庭，默啜立知微为南面可汗。将授怀古伪职，怀古不从，将杀之。"（第4808页）《回纥传》："既至虏庭，乃择吉日，册公主为回鹘可敦。"（第5212页）例中"虏庭"都只能是指称"少数民族政权所在地"。今考《汉语大词典》，虽收"虏庭"词条，但仅列"古代汉人对少数民族所建政权的贬称"一个义项。义既未赅，而所举[晋]刘琨《劝进表》"主上幽劫，复沈虏庭"，《旧唐书·张浚传》"俾拥旄乘驿之使，因在虏庭；勤王奉国之军，怀归本土"（第4660页）例，又与释义不符（因其本属以上第二义项用例），更是不妥。

此类词语还有：克捷、类会、包羞、流死、糜溃、齐眉、事力、杂文、谪掾、法制、婚姻、远客、转死、訾畜、溃损、坐谴、阴冥、百官、交流、大典等。

三、可提前《大词典》书证例

书证是词典中用以证明词义解释的文献例证，是语词在特定的语言环境中的具体运用，同样也是词书编纂中不可或缺的重要组成部分。理想的词典在选用书证时要求做到书证不但能准确证明所释义项，而且要求尽量使用较早的用例。

【弭灾】消除灾害。《新五代史·刘延朗传》："延朗等多言不可，而司天赵延义亦言天象失度，宜安静以弭灾，其事遂止。"（第293页）《汉语大词典》所引例证为《西游记》第十六回："不去弭灾，反行助虐。"《明史·刘子勃传》："十六年秋，类报灾异，请'缓赋省刑，亦弭灾一术'，时不能用。"例证当提前。

【譟声】呼噪之声。《旧唐书·玄宗本纪上》："时太极殿前有宿卫梓宫万骑，闻噪声，皆披甲应之。"（第166页）《旧五代史·武皇纪》："时武皇之从官皆醉，俄而伏兵窃发，来攻传舍。武皇方大醉，譟声动地，从官十余人捍贼。"（第339页）《汉语大词典》所引书证：清纪昀《阅微草堂笔记·槐西杂志三》："一士人夜坐纳凉，忽闻屋上有譟声，骇而起视。"此书证过晚，当提前。

【亲兵】《汉语大词典》收录【亲兵】一词，指"随身的卫兵"。《汉语大词典订补》已增补"亲身从事战争；亲自指挥军队"义项。而所引例证为明于慎行《谷山笔麈》："古之大将亲兵，尚不一剑为能，况今幕府分符之任，盖欲其运筹制胜，折冲樽俎，而以弓矢之能器之乎？"《新五代史·太祖朱温纪》已有用例："徐州时溥为东南面行营兵马都统，会东诸镇兵以救陈。陈州刺史赵犨亦乞兵于全忠。溥虽为都统而不亲兵。"（第2页）书证可提前。

【堕马】《汉语大词典》【堕马】义项①从马上摔下来。所引例证为中国近代史资料丛刊《辛亥革命·子虚子〈湘事记〉》。例证可换用：《新五代史·太祖朱温纪》："友伦击鞠，堕马死。王怒，以为崔胤杀之，遣朱友谦杀胤于京师。"（第8页）

【辩黠】《汉语大词典》已收【辩黠】词条，释义为："指能言善辩，灵巧聪明。"所引例证为郭沫若《十批判书·古代研究的自我批判》，书证过晚。可换用《新五代史·庶人友珪传》之用例："庶人友珪者，太祖初镇宣武，略地宋、亳间，与逆旅妇人野合而生也。长而辩黠多智。"（第136页）

【袭据】汉语大词典》【袭据】亦作"袭踞"。出其不意地攻占。所引例证为《清史稿·饶馀敏郡王阿巴泰传》："太原、平阳、汾州所属诸县虽渐次收复，然未下者尚多，恐撤军后，贼乘虚袭踞，请仍留守御。"例证可提前：《新五代史·太祖朱温纪》："初，梁兵已西，青州王师范遣其将刘鄩袭据梁兖州。"（第8页）

参考文献

［1］曹海东：《"蓝挣"释义辨补》，《语言研究》，2013年第4期。

［2］曹瑞芳：《时间名词"上"辞书释义辨析》，《语言研究》，2014年第1期。

［3］罗竹风：《汉语大词典》，上海：上海辞书出版社，1986-1993。

［4］宋衍申：《两五代史词典》，济南：山东教育出版社，1998年。

［5］孙玉文：《谈大型历时词典编写和修订中复词条目的注音》，《古汉语研究》，2013年第3期。

［6］王闰吉：《唐宋禅录疑难语词考释四则》，《语言研究》，2013年第3期。

［7］杨宝忠、刘亚丽：《〈汉语大字典〉（第二版）巾部疑难字考释》，《语言研究》，2014年第2期。

［8］赵文润：《两唐书辞典》，济南：山东教育出版社，2004年。

四、

民族语言探究

甘桑石刻文初步研究

班 诏 肖荣钦

一、甘桑石刻文的发现

甘桑石刻文是指在广西壮族自治区平果县马头镇感桑村内桑屯发现的古文字石刻。"甘桑"（亦即"感桑"）为壮语地名，其意是"高处的岩洞"，因该地山上高处有岩洞而得名。

甘桑石刻文是新发现的古文字。其发现的过程，平果县政府的相关资料介绍如下：甘桑石刻文由当地村民潘荣冠首先发现。潘氏自2006年10月至2011年10月在耕地中发现并收集有刻画符号的石片二十多片。潘氏有初中文化，虽然不解石刻上的文字但知其有特定意义。潘氏数次带着有刻画符号的石片前往平果县城、百色市找有关部门鉴定。后经广西骆越文化研究会会员冯海华察看后认为这可能是古骆越人的文字并将情况汇报广西骆越文化研究会。2011年12月19日，广西骆越文化研究会的专家来到发现石刻文的地点考察，采集到数十块石刻。在此基础上，广西壮族自治区文物考古所主持，百色市右江民族博物馆、平果县博物馆协助，共同对甘桑石刻文遗址进行试掘。该项工作从2012年2月17日开始，历时四个多月。在平果县政府领导的大力支持和帮助下，试掘工作取得了优异成果[1]。

甘桑石刻文的发现将对我国乃至世界的古文字学、历史学、民族学产生重大的影响。这一重大发现首先应当称赞平果县和广西的有关部门和人士。他们卓有成效的工作为后续研究工作打下了坚实的基础。

---

[1] 中共平果县委宣传部：《土俗古字，石破天惊——壮族土俗字习俗学术研讨会资料》，2013年1月，第12页。

甘桑石刻文是刻写在石片上的文字。所用的石片属于页岩。页岩成片状，表面较平整。甘桑石刻文所用的页岩基本上属于砂质页岩，质地较易于刻写。

甘桑石刻文的年代。据桂林岩溶所C14测定，剖面第五层（钙化）为3680±172年；剖面第四层（贝壳）为2950±167年[①]。广西方面目前正在请国家有关机构就甘桑石刻做进一步的测定。

目前收集到的古文字石刻数量是：刻有字符的石片实物（藏平果县博物馆）共44件。其中地表采集31件（含最初发现者采集及考古人员采集），民间收集5件，发掘所得8件（含有石刻文字的石锛一件）。这些石刻最大的一片是105×50厘米，最小的只有几平方厘米。其中刻字最多的一块石片约有200个字（有些字暂无法辨认），最少的只有几个字（碎片）。目前笔者可清晰辨认和描摹的字符1028个，另外尚有数百个字符尚未能清晰辨认。我们相信，随着发掘工作的进一步展开，甘桑石刻及其字符的数量将进一步增加。

本文研究资料来源：广西平果县博物馆收藏的全部古文字石刻实物以及相关图片；本文作者实地考察发掘现场及与相关专家交流获得的资料；平果县委宣传部印发的《土俗字石破天惊——壮族土俗字习俗学术研讨会资料》（2013年1月25日）。

甘桑石刻文实物图片及摹片（摹片为本文作者组织描摹制作，下同。平果县博物馆对甘桑石刻实物作了编号，本文制作的石刻文摹片及字符以该编号为基础编码）：

图1 甘桑石刻文实物图

[①] 梁庭望：《甘桑刻画文——古骆越文字光照千秋》，《壮族土俗字习俗学术研讨会论文提要》，2013年1月，第9页。

甘桑石刻文初步研究　311

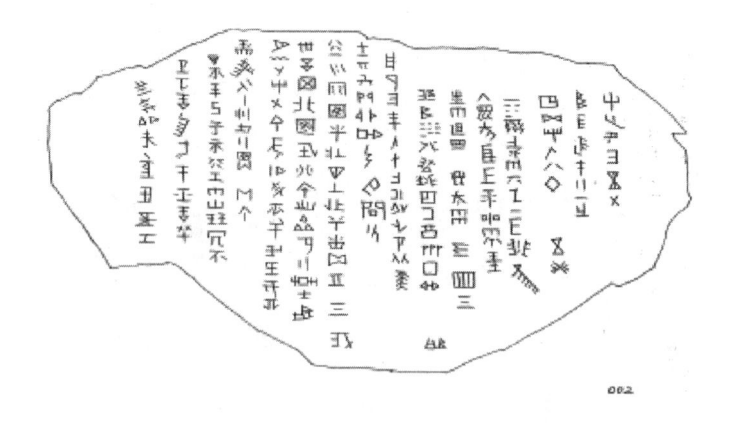

图2　甘桑石刻文摹片

二、甘桑石刻文的章法和笔法

要研究和解读甘桑石刻文，第一道门槛就是石刻文的章法问题。人们初看这些石刻文并不知道上下左右，也不知道从何处读起，这就是章法问题。笔者此前未看到任何有关这个问题的论述，但这一问题必须首先解决，否则研究和解读就无从谈起。根据甘桑石刻文的实际情况，要解决章法问题可从以下两个途径入手：

其一，分析石刻文的字形结构和笔法。甘桑石刻文从字形上看是方块字。各个字符所占的空间基本上是一个方块。字与字之间没有标点符号。甘桑石刻文字体规整匀称，笔画划一笔到底。这说明这种文字发展相当完善，刻写者技艺娴熟。下面这个字（多处出现）有助于认识甘桑石刻文字的"上"、"下"：

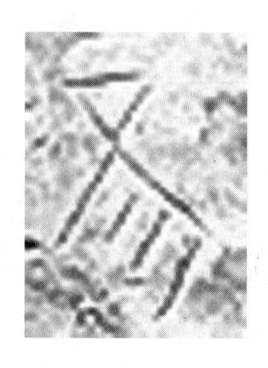

图3

这个字符当是表示某种动物。那么根据认知规律和人体工程原理当是先写头部、先上后下,由此可推断甘桑石刻文一行字的上、下(亦即先后)。

再看下面的字符,注意其笔法特点:

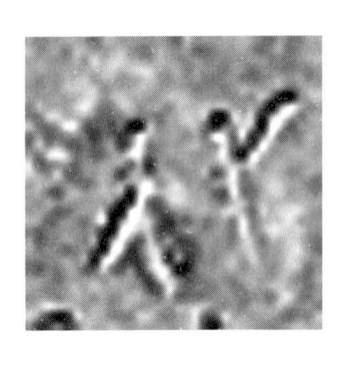

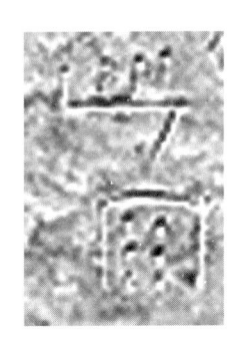

图4　　　　　　　　图5

经放大后可以看到,其中直笔(竖笔)起头部位较深较粗,收笔部位则较浅较尖。这非常符合书法和篆刻的规律。同样,根据人体工程学原理可以判断字的上、下关系。

其二,分析石刻文的布局。先看下图(摹片):

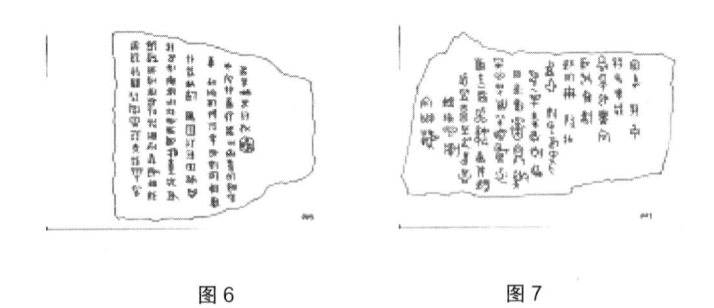

图6　　　　　　　　图7

这几件石刻中(姑且认为一件就是一"篇"),左边写满,而右边有一定的空余。这应该是先从左边写起、内容写完为止所造成的。而这样的布局特点在甘桑石刻中是明显的。

将以上二项综合考虑,我们初步确定了甘桑石刻文的章法即上下左右关系(如摹片图所示),并据此对全部甘桑石刻文进行了编码。

然而笔者同时认为,甘桑石刻文的章法即上下左右关系的最终证据必须在一定篇幅(跨行)的释读之后才能得到。

三、甘桑石刻文的性质——一种表意的古壮侗文

如前文所述，甘桑石刻文在外在形态上属于方块文字。再加上其"横平竖直"的笔画特点，人们在思考其性质和来源时很自然地将其与汉字（甲骨文）联系起来。当发现其不可读之后又将其与国内其他相关文字如纳西文、彝文、水书等联系起来。事实上，这些联想不能说完全没有一点依据。但是，正确的结论必须建立在科学的分析和翔实的证据基础之上。

下面将甘桑石刻文与相关文字做比较以提出初步结论。

1. 甘桑石刻文与甲骨文

从形态上来说甘桑石刻文与甲骨文有可比性，比如两者都是方块字，直笔、撇、捺普遍，部分字有明显的上下、左右结构等。经笔者逐字比较，可列举的甘桑石刻文与甲骨文[①]相似的字符如下：

---

① 本文甲骨文字符参考马如森:《殷墟甲骨文实用字典》，上海：上海大学出版社2008年版。

314　四、民族语言探究

以上两种文字相似或相同的字符很容易让人产生两者同源的想法。然而，支持这种想法的证据非常脆弱。理由是：其一，两种文字相同或相似字符的数量太少，不足以解读甘桑石刻文的任何词语，更毋论句子；其二，两种文字相同或相似的字符基本上是笔画比较少的字符，而笔画复杂的字符则找不到关联的字符。这就无法排除两者偶然相似的可能性；其三，甲骨文中最常见的象形字以及部首如"人"、"木"、"水"、"手"等均未见于石刻文，很难想象与甲骨文同源的文字会不采用那些甲骨文中最常见的象形字以及部首。

因此，笔者认为，没有足够的证据支持甘桑石刻文与甲骨文具有同源关系的论点。

2.甘桑石刻文与纳西文

纳西文包括东巴文（含玛丽玛萨文）、哥巴文。其中东巴文"高度象形"，与甘桑石刻文殊不类，而且两者的章法和笔法完全不同。

哥巴文属于音节文字。甘桑石刻文中有某些字符与哥巴文相似：

⊙（日）、乂（来）

看起来甘桑石刻文中数量很少的某些字符与哥巴文字相似只是偶然现象。

玛丽玛萨文。玛丽玛萨文是东巴文的派生文字。下面是甘桑石刻文与玛丽玛萨文的一些相似字符：

甘桑石刻文　　玛丽玛萨文　玛丽玛萨文字义

甘桑石刻文	玛丽玛萨文	玛丽玛萨文字义
⊠	⊠	十
旺	田	田
工	H	圈
⊙	○	碗
⋈	⊼	母
⋙	⋇	树
↓	↓	茶
▷	▷	翅膀
∃	E	麻

甘桑石刻文与玛丽玛萨文的相似字符也不足以说明两者的渊源关系。

3. 甘桑石刻文与彝文

彝文也是一种音节文字。甘桑石刻文中与彝文[①]相似的字符如下：

甘桑石刻文	彝文	彝文字义
川	川	三
H	H	独子
旺	丑	父
∃	∃	癸

彝族文字是发展较完备的文字系统，有 8000—9000 个字符。而在甘桑石刻文中能找到的两种文字相同或相似字符的数量太少，不足以解读甘桑石刻文的任何词语或句子。而且两者相似的字符笔画较简单，而笔画复杂的字符则找不到关联字。这也就无法排除偶然相似的可能性。

因此，笔者认为甘桑石刻文与彝族文字也没有渊源关系。

4. 甘桑石刻文与水书

甘桑石刻文出土后，曾有消息称有水族人士（水书先生）认为甘桑石刻文与水书类似并能认读其中的部分内容。此消息目前未经证实。科学的

---

① 本文彝文字符参考贵州省毕节地区民委彝文翻译组：《彝汉字典》，1978 年版。

办法还是要将两种文字逐字对照研究，不能凭印象下结论。下面是甘桑石刻文与水书①相同或相似的字符：

甘桑石刻文	水书	水书字义
		正
		正卯时
		酉
		风
		雨
		五
		秋
		跟
		木
		甲
		卦
		怪物
		年
		戌
		门
		火
		方
		宽
		地、代、第
		堂
		取走
		牲口
		沙朋（时间名）
		辰
		癸
		巳、东南方
		水田
		女
		丁

---

① 本文水书字符参考韦世方：《水书常用字典》，贵州：贵州民族出版社，2007年版。

水书字符 400 余个，主要用于占卜、祭祀。出土的古文字如甲骨文等也主要用于这方面。我们认为甘桑石刻文的主要内容也应当是占卜、祭祀等。甲骨文、甘桑石刻文字较多，内容当较广泛。而水书由于使用范围很有限而且日渐缩小，水书当是处在衰变的过程中。从上面列出的相同或相似字符来说，数量略多①，但如果仅是孤立的字例仍很难证明两者的渊源关系。

5. 以水书为线索对甘桑石刻文的释读尝试

要证明水书与石刻文的关系，必须在词语和句子层面上找到证据。

经反复描摹、逐字分析比较（包括与水书文本的分析比较），我们发现 002 号石片和 004 号石片的情况比较耐人寻味。

下图是根据水书中相同或相似的字符对 002 号石片的标注：

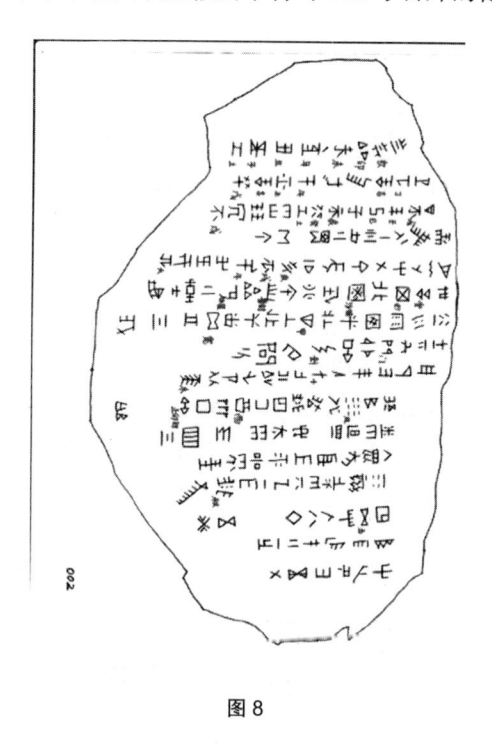

图 8

在同一块石片上，同一内容（关于天干/地支和其他时间名称）在两种文字中有关联的字符共 28 个。这恐怕很难用偶然性来解释。尤其是水书"沙朋""鲁封""休显"这三个表示特定时间名称的字符形、音、义都

---

① 此处是指相对于甘桑石刻文与甲骨文、纳西文、彝文的比较而言。

非常特别，从何而来？我们现在在甘桑石刻文中看到，笔者认为这很难用偶然性来解释。

004号石片石刻文的左起第一行似乎可以根据水书标注连接成句：

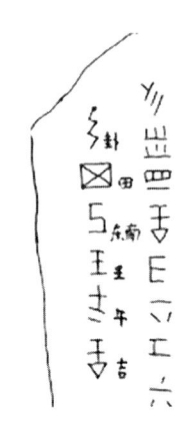

卦：东南方的水田壬午（日）吉利。

此句水语读音：（bji（35（（a35（i52（um31（o31（（t55。

壮语读音：pe：（1 na2（i6（um2（o4 kat7。

（壮侗语修饰成分在中心词之后，故"田东南"可释读为"东南方的水田"）

6. 关于甘桑石刻文性质的思考

如前文所述，目前尚没有明确的证据显示甘桑石刻文与甲骨文、纳西文、彝文具有渊源关系。而甘桑石刻文与水书则具有一些耐人寻味的关系证据。

不过，甘桑石刻文与水书显然不是同在一个历史平面上，更不是等同关系。理由是：

首先，从时间上来说，甘桑石刻文属上古时期，而我们今天看到的水书是近现代的作品，两者的时间差极大。

其二，甘桑石刻文的多数字符，尤其是笔画复杂的字符，未在水书中找到。

其三，甘桑石刻文字数多，水书字数少。甘桑石刻文字符笔画较复杂，水书字符笔画较简单。

其四，虽然上文列举了两种文字的共通之处并以水书为线索对甘桑石刻文作了解读的尝试，但主要内容仍无法释读。由此看来两种文字的距离是遥远的。

因此，笔者认为：甘桑石刻文是比水书古老得多的文字系统。水语在谱系分类学上属壮侗语族侗水语支。根据语言谱系分类学的原理，同一语族的诸语言均由同一祖语分化而来。也就是说，今天的壮语、水语、侗语等均由同一祖语即古壮侗语分化而来。根据中国各民族的历史发展进程，古壮侗语的存在（也可以说是古壮侗族的存在）当在上古时期。这与甘桑石刻文的年代是吻合的。因此，基于上文所揭示的事实，我们初步认为，甘桑石刻文是一种古壮侗文。这可以很好地解释甘桑石刻文与水书的关联：甘桑石刻文（古壮侗文）的盛行时期是古壮侗语未分化的时期。水语从古壮侗语分化出来之后仍沿用了一部分古壮侗文字符。随着历史的发展变迁，水语的文字水书逐渐变化、简化。并且，水书的使用范围逐渐缩小，字符也逐渐萎缩。这就是我们今天看到水书与甘桑石刻文有一定的关联却不能释读的原因。

关于古壮侗族、古壮侗语的分化历史及证据是极为复杂的课题，当另文讨论。

甘桑石刻文性质的另一个问题：表音文字还是表意文字。统观前文的分析，甘桑石刻文没有明显表示音节或音素的特征（有些字符以水书为线索认读的话是多音节的）。甘桑石刻文有象形的字符、"指事"或"会意"的字符，但看不出有形声字（甲骨文有部分形声字）。因此，我们初步认为，甘桑石刻文是一种表意文字（亦称意音文字）。

综上所述，关于甘桑石刻文的性质，我们的初步结论是：甘桑石刻文是一种表意性质的古壮侗文。

甘桑石刻文由于发现时间不长等原因，目前尚未引起学术界足够的重视（大多数语言文字学者甚至并未得到消息）。我们将初步研究成果发布出来，意在抛砖引玉，并为其他研究者提供必要的基础。

鸣谢：

1. 广西平果县委调研员、学者农敏坚先生为本项目的研究提供了大量帮助，特致谢忱。

2. 李锦芳教授（中央民族大学）、蒙元耀教授（广西民族大学）、伍宣华副校长（广西民族大学）、韦树关教授（广西民族大学）为此项研究提供了帮助，深表谢意。

3. 班玄实地观摩甘桑石刻文并协助描摹和制作石刻文摹片，鸣谢。

参考文献

［1］《土俗古字，石破天惊——壮族土俗字习俗学术研讨会资料》，中共平果县委宣传部，2013年1月25日。

［2］《甘桑刻画文——古骆越文字光照千秋》，梁庭望，载《壮族土俗字习俗学术研讨会论文提要》，2013年1月26-27日，广西，平果。

［3］《文字学概要》，裘锡圭著，商务印书馆，1988年8月。

［4］《殷墟甲骨文实用字典》，马如森著，上海大学出版社，2008年6月。

［5］《水书常用字典》，韦世方编著，贵州民族出版社，2007年9月。

［6］《彝汉字典》，贵州省毕节地区民委彝文翻译组，1978年6月。

［7］《中国的语言和文字》，班弨著，广西教育出版社，1995年7月。

壮语四音格及其类型学意义

班　召　宫领强

　　四音格是指汉藏语中四个音节的固定词组，汉语中也称作四字格。关于汉语四音格的研究已经不少，但将汉语四音格和其他汉藏语系语言的四音格放到一起讨论的却少见，而壮语的四音格则至今未有专文讨论。本文讨论两个方面的问题：一、壮语四音格的类型和结构描写；二、类型学（视角）下汉藏语四音格与相关结构形式的蕴涵关系（蕴含性共性）。

一、壮语四音格

　　根据语音结构类型的不同，壮语四音格主要包括 ABAC、AABB、ABCD、ABCB、ABAB 五种类型。

（一）ABAC 式

　　此种类型中，有实词义的 A 在两个位置出现，而根据 B 和 C 的几种不同性质表现，又将此型分为三个小类：

　　1. 第一小类，例如：

　　na:m^1 pi^2 na:m^1 pøt^8（na:m^1，嘀咕；pi^2，象声；pøt^8，象声）　嘀嘀咕咕

　　nau^6 pe^2 nau^6 pa:k^8（nau^6，臭；pe^2，状貌；pa:k^8，状貌）　臭气熏天

　　上述四音格 ABAC 中的 A 是实词词素，B 和 C 是表示象声或状貌的虚词词素，具有"双声"关系。笔者认为，这是壮语四音格的一种内部和谐现象。而这种音节间的连绵现象在汉藏语其他亲属语言的四音格中也很常见，是

汉藏语四音格词的一个倾向性共性。

2. 第二小类，例如：

ta:p⁷ pi² ta:p⁷ pøt⁸（ta:p⁷，碰撞；pi²，羡余音节；pøt⁸，象声）磕磕碰碰
kat⁷ ȵi² kat⁷ ȵa:k⁸（kat⁷，痒；ȵi²，羡余音节；ȵa:k⁸，状貌）阵阵瘙痒

第二小类中的 B 没有意义，属于羡余音节，类似汉语四字格"土里土气"中的"里"。这是与第一小类不同的地方。虽然 B 属于羡余音节，但 B 和 C 也存在"双声"关系。

3. 第三小类，例如：

pha:i³ hyn⁵ pha:i³ luŋ²（pha:i³，行走；hyn⁵，上；luŋ²，下） 来回走动
kai¹ tha:i¹ kai¹ di:u¹（kai¹，遥远；tha:i¹，死；di:u¹；生） 远得要命

从以上举例中可以看出，第三小类四音格中的 B 和 C 是实词词素，而且词素含义是相对、相反或相同、相近的关系：如 kai¹ tha:i¹ kai¹ di:u¹ "远得要命"中的 tha:i¹ 和 di:u¹ 的含义分别是"生"和"死"。

（二）AABB式

此类中，根据 B 的性质不同，又可将其分成两个小类。

1. 第一小类：A 是实词词素，B 是虚词词素，是羡余音节。A 和 B 具有"双声"关系。例如：

kan³ kan³ kai⁵ kai⁵（kan³，匆忙；kai⁵，羡余音节） 匆匆忙忙
lu:ŋ¹ lu:ŋ¹ lek⁷ lek⁷（lu:ŋ¹，沟；lek⁷，羡余音节） 沟沟坎坎

2. 第二小类：A 和 B 都是实词词素，两个词素的含义是相同、相近或相反、相对的。部分 AABB 四音格中的 A 和 B 具有"双声"关系，部分则没有。没有双声关系的原因看来是受到实词词素的限制：羡余音节可以"任意"选择某一声母的音节从而实现双声，而实词词素则不可能这样选择。

A 和 B 具有"双声"关系。例如：

la¹ la¹ li⁵ li⁵（la¹、li⁵，寻找） 东找西找
na¹ na¹ ne:ŋ⁵ ne:ŋ⁵（na¹、ne:ŋ⁵，缠绕、连接） 千丝万缕

A 和 B 没有"双声"关系。例如：

byk⁷ byk⁷ ɬa:ŋ¹ ɬa:ŋ¹（byk⁷，大；ɬa:ŋ¹，高） 又高又大
hou³ hou³ o:k⁷ o:k⁷（hou³，进；o:k⁷，出） 进进出出

（三）ABCD式：结构较为复杂，同样根据A和B的性质不同，分为三个小类

1. 第一小类：实词词素＋实词词素＋虚词词素＋虚词词素。例如：
thoŋ¹ loŋ⁴ ka:o¹ koi¹（thoŋ¹，通透；loŋ⁴，穿透；ka:o¹ koi¹，状貌） 破烂、四面透风

2. 第二小类：四个音节都是实词词素。例如：
mou¹ ma¹ pit⁷ kai⁵（mou¹，猪；ma¹，狗；pit⁷，鸭；kai⁵，鸡） 六畜

3. 第三小类：象声词，四个音节都是象声词素。例如：
ɕi⁴ li⁴ ɕø⁴ lø⁴（ɕi⁴ li⁴ ɕø⁴ lø⁴，象声［说话声］）叽里咕噜

（四）ABCB式：四个音节都是实词词素

we:ŋ² he:n⁴ tɕik⁸ he:n⁴（we:ŋ²，横；he:n⁴，啃；tɕik⁸，直） 左啃右啃
toŋ¹ pha:i³ ɬai¹ pha:i³（toŋ¹，东；pa:i³，行走；ɬai¹，西）四处乱逛

（五）ABAB式：实词词素＋虚词词素，其中虚词词素表示状貌

da⁵ thui² da⁵ thui²（da⁵，骂；thui²，状貌） 破口大骂
khua:i⁴ thui² khu:i⁴ thui²（khua:i⁴，舀；thui²，状貌）拼命舀（水）

二、汉藏语四音格的类型学考察

类型学的核心是蕴涵关系的推导。由观察并统计语种库得到的蕴涵性共性可以有两种逻辑上的等价的形式来表示，一种是蕴涵性命题。如果我们把格林伯格（Greenberg）讨论的有蕴涵关系的两种语言要素（即为语言共性）分别用字母P和Q来表示，蕴涵性命题可以表现为以下的文字性命题和蕴涵关系逻辑式。

（1）a. 文字式——假如P，那么Q。
　　b. 逻辑式——P ⊃ Q（⊃为蕴涵符号）

其中，P是蕴涵项，或者是前件，Q是被蕴含项，或后件。也就是说，当P这个前件成立的话，Q这个后件也成立。用我们下面要讨论的实例填入（1）的形式后，就得到：

（2）a. 假如汉藏语中一种语言有声调，那么，就有四音格。
　　 b. 有声调⊃有四音格

由（1）还可以得到一种逻辑上等价的推导式，即：

（3）–P ⊃ –Q

填入实例即为：假如汉藏语中一种语言没有声调，那么就没有四音格。

事实上，两个要素两两相配，可以得到四种可能性。这样就得到了一种逻辑性更强、讨论更细致的蕴涵性共性的另外一种表达式——四分表。这样，还是以 P 和 Q 为前后件，上述文字式就可以表示为：

（4）

+P, +Q	–P, +Q
*+P, –Q	–P, –Q

只要在跨语言考察中发现两个要素间存在有一格（打*的，一正一负的一格）为假（即在实际的语言调查中，此种情况不存在）的四分表关系，就能建立一条蕴涵性共性；如果四份表中有两个空格，即被考察的两项只有同正或同负时才真，一正和一负都为假，则成为难得的双向蕴涵关系。如果有且仅有一格有空格（一正一负时）则为单向蕴涵关系。

填入实例"假如一种语言浊辅音有送气和不送气的音位对立，那么清辅音也有这种对立"即变为：

（5）

浊送气、浊不送气对立，清送气、清不送气对立。	浊送气、浊不送气不对立，清送气、清不送气对立。
*浊送气、浊不送气不对立，清送气、清不送气对立。	浊送气、浊不送气不对立，清送气、清不送气不对立。

当经过大量的跨语言考察后发现，有一格为假，即不存在此种语言事实——一种语言浊辅音送气和不送气的音位不对立，清辅音却对立时，以上共性就是一条蕴涵性共性。如果"一种语言浊辅音送气和不送气的音位不对立，清辅音却对立"和"一种语言浊辅音送气和不送气的音位对立，清辅音却不对立"这两种语言事实都不存在时，即为双向蕴涵性共性。

此外，有一对前件和后件构成的蕴涵性共性是简单的共性，还有包含多个前件和后件的复杂蕴涵性共性。

（一）关于四音格与声调的蕴涵性共性

四音格是汉藏语的一个重要特征。除少数语言外，每个音节有固定的声调是汉藏语系语言在语音上的一个重要特点[①]。四音格与声调是汉藏语系语言两项重要的共性。下面我们考察一下汉藏语中声调与四音格的蕴涵性共性关系。在四份表中，把"有"和"无"分别换成"+"、"-"，表示如下：

（6）有声调⊃有四音格

+声调，+四音格。	-声调，+四音格。
+声调，-四音格。	-声调，无四音格。

经过考察大量的语言事实，我们得知，在汉藏语中，既有声调又有四音格的语言占了绝大多数，如汉语等；无声调、有四音格的语言如道孚语、藏语的某些方言等；无声调、无四音格的语言有羌语支嘉戎语等；而在我们调查的现有语料中，有声调、无四音格的语言不存在。具体情况如下表：

（7）

+声调，+四音格。（如汉语等）	-声调，+四音格。（如藏语的某些方言）
+声调，-四音格。（无）	-声调，-四音格。（如嘉戎语）

参考《汉藏语四音格词研究》（孙艳，2005）一书中的统计数据，可列出下表：

（8）

	有四音格	无四音格
有声调	32	0
无声调	1	2

据此我们可以认定，汉藏语中声调和四音格之间可以建立一条蕴涵性共性，即汉藏语中声调和四音格之间是蕴涵性共性关系，而且是单向蕴涵关系。

单向性的蕴涵关系两端的语言要素在语种分布上是不对等的，被蕴含

[①] 马学良：《汉藏语概念》，民族出版社，2003年，第4页。

项（后件）相对于蕴含项（前件）来说是优势项。在四分表中，优势项都出现两次，而非优势项只能出现一次。据（7）、（8）可见，有无声调是有条件的，即要看语言中有无四音格，而有无四音格是无条件的，不管有无声调。因此，相对于无四音格，有四音格为优势形式；相对于有声调，无声调为优势形式。

（二）关于四音格与单音节语的蕴涵性共性

单音节是汉藏语系诸语言的一大共性，当然这个共性是相对的。在汉藏语系诸语言中，单音节语占绝大多数，也有少量多音节语，如藏缅语族羌语支的嘉戎语、景颇语支的景颇语等。下面我们就考察一下汉藏语中，单音节语和四音格这两项语言要素之间的蕴涵性共性关系。同样地，在四分表中，我们把"有"和"无"分别换成"+"、"-"，表示如下：

（9）a. 属于单音节语⊃有四音格

b.

+单音节语，+四音格。	-单音节语，+四音格。
+单音节语，-四音格。	-单音节语，无四音格。

通过对汉藏语中大量语言事实的考察得知，汉藏语中属于单音节语，又有四音格的语言包括了以汉语为代表的大多数语言；不属单音节语，却有四音格的语言有藏缅语族景颇语支的景颇语等；既不属单音节语，又无四音格的有藏缅语族羌语支的嘉戎语等；而属于单音节语，却无四音格的语言没有。

具体情况如下：

（10）

+单音节语，+四音格。 （如汉语等大量语言）	-单音节语，+四音格。 （如景颇语）
+单音节语，-四音格。 （无）	-单音节语，-四音格。 （如嘉戎语）

参考《汉藏语四音格词研究》（孙艳，2005）一书中的相关统计数据，可列出下表：

	有四音格	无四音格
属于单音节语	33	0
非属单音节语	1	1

据此我们可以认定，在汉藏语中，单音节语和四音格之间是蕴涵性共性关系，而且是单向蕴涵。又根据在四分表中，优势项都出现两次，而非优势项只能出现一次，我们认为，相对于无四音格，有四音格为优势形式；相对于单音节语，非单音节语为优势形式。

参考文献

［1］班弨：《壮语描写词汇学》，北京：民族出版社，2010年。

［2］伯纳德·科姆里著，沈家煊译，《语言共性和语言类型》，北京：华夏出版社，1989年。

［3］戴庆厦、李洁：《汉藏语被动句的类型学分析》，《中央民族大学学报》，2007年第1期。

［4］蒋颖：《汉藏语名量词起源的类型学分析》，《中央民族大学学报》，2007年第2期。

［5］黎意：《汉藏语述补结构研究》，中央民族大学博士论文，2004年。

［6］刘丹青：《语序类型学与介词理论》，北京：商务印书馆，2003年。

［7］马学良：《汉藏语概论》，北京：民族出版社，2003年。

［8］瞿霭堂、劲松：《论汉藏语言的共性和类型》，《民族语文》，1998年，第4期。

［9］孙艳：《汉藏语四音格词研究》，北京：民族出版社，2005年。

［10］王力：《汉语史稿》，北京：中华书局，1980年。

［11］Lindsay J. Whaley：《类型学导论——语言的共性和差异》，世界图书出版公司北京公司，2009年。